Frank Busemann

Aufgeben gilt nicht

Frank Busemann

Aufgeben gilt nicht

Autobiographie mit 56 Fotoseiten

**DSV – Deutscher Sportverlag
Köln**

IMPRESSUM

Bildnachweis
dpa, AP, firo, Bergmann, Iris, Imago, Chai, Krebs, Rhein-Ruhr-Foto, Baumann, privat

Titelgestaltung und Layout
MS Kompakt
Amsterdamer Straße 72, 50735 Köln

Druck und Bindung
J. P. Himmer GmbH & Co. KG
Steinerne Furt 95, 86167 Augsburg

Verlag
© 2003 by DSV – Deutscher Sportverlag
Frankenwerft 35, 50667 Köln

Alle Rechte vorbehalten

ISBN 3-9808147-5-0

Für mich!

Das Rennen

Es sollte an jenem 22. Juli 1994 passieren. Es war der Tag, auf den ich mich ein Jahr lang vorbereitet hatte. Diese Trainingsphase war nicht irgendeine, sondern diejenige für die Juniorenweltmeisterschaften 1994 in Lissabon, dafür verzichtete ich seit dem 1. Januar 1994 sogar auf meine geliebte Schokolade.

Ein Jahr vor dem 22. Juli 1994 war das Ziel nur grob abgesteckt: Eine Medaille - egal welche. Früher als Schüler wollte ich immer der Beste der Welt sein, nachdem ich aber festgestellt hatte, wie gewaltig die Welt war, träumte ich etwas bescheidener. Allmählich entwickelte ich das Gespür für mein Können, und im Winter war mein Ziel festgesetzt: Der Juniorenweltmeistertitel über 110 Meter Hürden sollte es sein.

Dieser Traum ließ mich nicht mehr los. Vier Monaten vor diesen Titelkämpfen war ich Juniorenweltrekord in der Halle gelaufen. Ich konnte also der Beste der Welt sein, und das wollte ich im Wettkampf mit den anderen beweisen. Nachdem ich im Mai die Schule abgeschlossen hatte, trainierte ich wie ein Besessener. Den Ansporn bekam ich durch die Vorstellung, ich müsste mich in eine solche Überform bringen, dass ich selbst an einem schlechten Tag noch die Chance hatte, Weltmeister zu werden. Nach meinen ersten Läufen in der Sommersaison war das persönliche Ziel untermauert. Jetzt musste ich nur noch abwarten und gesund die Zeit bis zu diesem Moment durchstehen. Mein Leben bestand in diesen drei Monaten nur aus der Konzentration auf den 22. Juli 1994, 16.30 Uhr Ortszeit. Da sollte es geschehen. Es sollte der erste Platz werden, der Weltmeistertitel, nichts, aber auch wirklich nichts anderes. Darauf hatte ich mein Leben abgestimmt, und dafür lebte ich in den drei Monaten vor dem größten Wettkampf meiner bisherigen Karriere. Es sollte für mich der schönste Tag meines Lebens werden. Hundertmal, tausendmal stellte ich mir den Lauf vor, den ich als Sieger beenden wollte. Ich stellte mir vor, wie schön es nach dem Rennen sein könnte. Endlich am Ziel meiner Träume zu sein. Ich stellte mir vor, die Spannung, die sich in dieser langen Zeit angesammelt hatte, mit einem Urschrei aus meinem Körper herauszulassen. Frei von allen Bedenken, einfach nur der Beste zu sein und die Welt nicht mehr zu spüren - als wenn man auf einer

Wolke schweben und in einen Zustand der Trance fallen würde. Ich stellte mir vor, wie schön es danach sei, einmal richtig aus sich herausgehen zu können und der Euphorie freien Lauf zu lassen. Ich stellte mir vor, dass ich auf dem Siegerpodest stehe, als Erster, als Junioren-Weltmeister. Oft überkam mich ein Gefühl von Rührung, die Augen wurden feucht, obwohl noch gar nichts geschehen war. Es musste wunderschön sein. Dass ich Zweiter werden könnte, war aus meinem Kopf gestrichen. Dieser Gedanke existierte nicht für mich. Es gab nur den Titel.

Schließlich war es dann so weit. Im Vor- und Zwischenlauf konnte ich meine Stärke schon zur Einschüchterung der anderen und für mein eigenes Selbstbewusstsein demonstrieren. Es war ein schönes Gefühl, so schnell zu sein. Eigentlich konnte mir nichts passieren, aber der Endlauf hatte seine eigenen Gesetze, die man nicht unterschätzen durfte.

Dann war es endlich soweit, der 22. Juli 1994, 16.10 Uhr. Wir wurden in die Arena geführt. Ich fühlte mich gut, sehr gut. Ich war gerade in diesem Augenblick in der Form meines Lebens. Die nächsten 20 Minuten waren ein Zeitraum, an den ich mich später nicht mehr erinnern konnte. Es hätten fünf oder aber auch 50 Minuten sein können. Für mich gab es nur noch den Endlauf, den wichtigsten Lauf meines Lebens. Ich verfiel in einen komaähnlichen Zustand. Ich nahm nur noch mich und den Lauf wahr. Auf einmal war dieser kein Ereignis mehr, sondern ein Gegenstand, den man spüren und fühlen konnte. Ich sah die Hürden und dachte nur daran, wie ich laufen wollte – „in Perfektion". Die anderen Läufer um mich herum sah und hörte ich nicht. Das war auch gut, denn genauso musste es sein. Allmählich verstrich die Zeit, und der Uhrzeiger bewegte sich auf 16.30 Uhr zu. Das Zeichen kam und wir sollten unsere Trainingsbekleidung ablegen. Ich war cool. So ruhig und gelassen und trotzdem in höchstem Maße angespannt wie noch nie in meinem Leben in einer solchen Situation. Ich hatte den Blick eines überzeugten Siegers. Ich war bereit, genau das zu tun, was mich in den letzten drei Monaten, 24 Stunden am Tag, beschäftigt hatte: Ich war entschlossen zu gewinnen. Beim Startkommando verfiel ich in einen Zustand, der mich von meiner Umwelt distanzierte. Vor mir tauchte ein schwarzer Tunnel auf. Irgendwann muss dann wohl der Schuss gefallen sein, der mich auf die Reise, ans Ziel meiner Träume schickte. Instinktiv spulte ich mein Können ab und wachte bei 112 Metern aus dem schönsten Koma meines Lebens auf.

Der Blick zu meinen ärgsten Konkurrenten gab mir die Gewissheit, gewonnen zu haben. Es sollte so schön werden, der Erste zu sein. Ich dachte, ich würde in Tränen ausbrechen, vor Glück nur noch weinen, schreien, lachen. Aber es war ja beschlossene Sache, der Traum wurde Wirklichkeit. Ich war mir nicht ganz sicher, ob ich nicht wieder träumte. Also freute ich mich erst einmal, aber nicht so, wie ich es mir immer vorgestellt hatte. Es war schön, aber nicht unfassbar. Ich wusste, dass es nun die Realität war, die mich endlich Weltmeister werden ließ. Es war geschehen. Der Moment, auf den ich mein Leben abgestimmt hatte, war jetzt vorbei. Den Lohn für meine Arbeit hatte ich nun geerntet. Jetzt war alles getan, zu spät, um noch irgendetwas ändern zu können. Aber es war schön. Obwohl ich mich Monate auf diesen einen Lauf gefreut hatte, war es jetzt gut, dass es vorbei war. Ich hatte es geschafft, ich war der schnellste Hürdenläufer aller Kontinente. Vielleicht war dieser Traum einfach zu schön, zu unbegreiflich, um in diesem Moment ein anderer Mensch zu werden.

Der Zeitpunkt der absoluten Freude kam erst sehr viel später, aber dann kam er unaufhaltsam. Ich spürte ihn, wie er mich erfasste, wie er mich zu einem überglücklichen Menschen werden ließ. Am Tag des Rennens war dieses Ereignis einfach zu schön, um wahr zu sein. Zu unfassbar, zu unglaublich, dass ich der Beste der Welt sein sollte. Und die Welt war groß, sehr groß, wie ich jetzt wusste. Ich war Weltmeister.

Bis zu dem Augenblick im Zieleinlauf und die Stunden, Tage und Wochen danach war es das Schönste, was mir passieren konnte. Nach einiger Zeit des Genießens muss ich meinen Blick nun in die Zukunft richten. Die Vergangenheit vergessen, mich auf erlernte Fähigkeiten in solch wiederkommenden Momenten besinnen, meine Erfahrungen in jenen Augenblicken ausspielen, in denen wieder die ganze Welt zuschaut und teilnimmt. Ich hatte mir ein unglaubliches Ziel gesetzt und den Lohn erhalten. Zudem durfte ich noch einen Zustand des Glücks erfahren, der das Leben lebenswert machte. Ich hatte etwas Großes, Unglaubliches geschafft. Ich war der Beste von allen. So was konnte süchtig und dankbar machen. Ich wollte es wieder schaffen. Irgendwann!

Recklinghausen, im November 1994

Medaillen bleiben, Titel behält man, Fotos erinnern - doch welche Gefühle bringt ein solcher Moment? An was denkt man in der Vorbereitung, mit welchen Gedanken beschäftigt man sich? All diese Fragen wollte ich drei Monate nach Lissabon für immer konserviert wissen. Ich schrieb diese Zeilen mit 19 Jahren, um auch Jahre später genau dieses für mich greifbar zu machen. Diese kleine Geschichte sollte für immer in meiner Schublade verschwinden und mir an manchen Tagen ein wenig Freude bereiten und mich in Staunen versetzen, wenn ich das Verlangen danach hatte.

Im Jahr 2000 begann ich aus Lust an der Schreiberei, meine persönliche Geschichte aufzuschreiben. Ich wollte mich begleiten, wie ich, von Träumen und Ehrgeiz geleitet, den Weg zur Goldmedaille schaffen würde. Doch das Leben schreibt immer andere Geschichten, als man sie geplant hat. Trotzdem gibt es ein Happyend. Ohne Medaille, ohne Titel - nur mit viel Ehrlichkeit mir gegenüber gelangte ich zum Ziel.

Kapitel 1 – Von 1975 bis 1987

Meine Schweigedreier

Alles begann mit der Tatsache, dass ich der Sohn meiner Eltern bin. Ursprung der Familienplanung war der ortsansässige Leichtathletikverein in Recklinghausen, in dem sich Franz Josef Busemann und Sybille Herrmann zwei Jahre zuvor kennen lernten. Da sie dort beide aktiv waren und nachher dem Trainergeschäft nachgingen, wurde ich am 26. Februar 1975 einige Stunden nach meiner Geburt das jüngste Vereinsmitglied der Geschichte. Zuerst meldete mich mein Vater beim Verein an, erst dann schaute er beim Standesamt vorbei und meldete dort den neuen Erdenbürger Frank Busemann ordnungsgemäß an.

Bei der Geburt wog ich 4750 Gramm und maß ungefähr 54 Zentimeter! Was für ein Brummer ich war, und dann sollte ich später Leichtathlet werden, mit der ersten offiziellen Maßeinheit, die „ungefähr" lautete. Problem hierbei war mein Eierkopf, der aussah, als wäre ich ein Außerirdischer. Ich lag zehn Stunden im Geburtskanal, bevor mich ein Kaiserschnitt in diese Welt entließ, was meinen weichen Babyschädel zu Beginn derart deformierte, dass ich nur bis zur Oberkante des Ohres gemessen wurde, der Rest sollte sich von alleine ergeben und normal zurückbilden, was dann auch geschah.

Da war ich dann also, erst Vereinsmitglied, dann Erdenbürger mit Anmeldung bei der Stadt. Frank Busemann, geboren am 26. 02. 1975. Leicht zu merken, kein zweiter Name, der Erstgeborene und Waden wie ein - ...Boxer?.. - ...Elefant? - ...ein Leichtathlet halt. Das bemerkte die Hebamme sofort. Mein Gewicht ließ die Annahme zu, dass ich mal Kugelstoßer oder Diskuswerfer werden sollte.

Aber das geschah vorerst nicht. Ich wuchs wohlbehütet als Sohn eines Lehrerehepaares in einer 45 Quadratmeter kleinen Wohnung in Recklinghausen auf. An diese Jahre kann ich mich nicht mehr so richtig erinnern.

Zwei Jahre später fingen meine Eltern an zu bauen. Kein Geld, kein Plan, aber enormer Ehrgeiz und der Wunsch, ein eigenes Heim zu bauen. Es wurde ein Dreifamilienhaus, mit einem Wohnzimmer, das fast so groß war wie die zurückgelassene Wohnung. Mein Bruder, der erst ein Jahr nach Bezug des Hauses zur Welt kam, und ich hatten den Eindruck, wir befänden uns in einer riesigen Turnhalle. Das Konto meiner Eltern ließ den Eindruck erwecken, sie hätten tatsächlich eine Turnhalle gebaut. Allerdings ist die finanzielle Lage beim Bau der eigenen vier Wände nicht selten recht angespannt. Unsere Eltern gaben uns allerdings nie das Gefühl, dass es Probleme finanzieller Art geben könnte. Aber aus irgendeiner Tatsache musste ja mein heutiger so genannter Geiz zu erklären sein. Obwohl ich diesen Geiz lieber Sparsamkeit nennen möchte.

Da in diesem neuen Haus auch die Eltern meiner Mutter wohnten, waren wir nie allein zu Hause. Wenn meine Eltern arbeiteten, passten meine Großeltern auf mich auf. Mein Großvater unternahm mit mir oft Spazierfahrten mit dem Kinderwagen, die als Ziel den in der Nähe gelegenen Spielplatz hatten. Auf dem Weg dorthin kamen wir immer an einem Sportplatz vorbei. Da ich von Geburt an Vereinsmitglied war und nachmittags aufgrund der Trainertätigkeit von Vater und Mutter immer mit auf dem Sportplatz war, gab es für mich beim Anblick eines Stadions nur einen Impuls: laufen! Ich konnte noch nicht reden, nur Geräusche machen und zeigen, aber mein Opa wusste notgedrungen Bescheid. Er entließ mich also aus dem Kinderwagen und ich machte mich auf den Weg zu einem langen Dauerlauf um die Stadionrunde. Mit meinen kurzen Beinen und meinem unsicheren Laufstil dauerte es eine ganze Weile, bis ich die 400 Meter endlich geschafft hatte. Ich hatte dem Sportplatz meine Anstrengung aufgezwungen und war als Bezwinger des Ovals glücklich und zufrieden wieder in den Kinderwagen geklettert.

Im Kindergarten war ich in der „Grünen Gruppe" bei Gudrun und Ellen. Und dort zeigten sich auch meine ersten Charakterzüge. Ich war unscheinbar, aber sehr wissensdurstig, und wollte immer gefordert werden. Mit vier Jahren war es mir zu langweilig, die „Kinderspiele" der Kleinen mitzumachen, also täuschte ich eine Krankheit vor! Später ist man darauf gekommen, dass mir nicht übel wurde, wenn ich das Programm der Fünfjährigen mitmachen durfte. Ich war nie ein Kind, das durch große Worte auffiel, ich galt als sensibel und schüchtern. Die Eigenschaft des „Nicht-Verliehen-Könnens" legte ich später jedoch erfolgreich ab. Wenn ich an diese Zeit zurückdenke, ist es peinlich und amüsant zugleich. Alle Sicherungen sind mir oft durchgebrannt. So schüchtern ich vor dem Spiel war, umso rasender wurde ich beim Verlieren. Ich schlug mir beim Mensch-ärgere-dich-nicht-Spielen ein Loch in den Kopf, indem ich quer durch den Garten lief, mich mit aller Wut in den Sessel fallen ließ und dabei den hervorstehenden Holzholm des Sessels traf.

Die Folge war das erste Loch von vielen weiteren in meinem Kopf. Tränenüberströmt wurde ich wieder in die Realität zurückgerissen - ärgern lohnt sich nicht, und verlieren können ist eine hohe Kunst! Darauf sollte ich aber erst später kommen. Trotzdem wollte ich der Beste sein. Mein Ehrgeiz ließ sich oft nicht zügeln.

Im Kindergarten fand ich die Anführer der orangefarbigen Gruppe ziemlich beeindruckend. Ich wollte auch so einer werden. Der Boss der grünen Gruppe! Dann konnte ich die Schlachtgesänge anstimmen: „Attacke, Attacke, die Orangene hat ´ne Macke". Aber irgendwie hörte keiner auf mich. Ich machte zu wenig Mist, erzählte nicht genug Blödsinn, und mein Stimmorgan war alles andere als laut. Auf diese Weise konnte ich nicht auffallen. Daher agierte ich mehr im Untergrund, dann musste ich halt ein Untergrundkämpfer werden. Eine Profilierung vor der Masse mochte ich nicht. Ich bevorzugte eher den kleinen Rahmen.

Der Chef der Orangenen, Volker, der später mein bester Freund wurde, stellte mich auf die Probe. Nachmittags war im Kindergarten niemand, zudem war ein Loch im Zaun. Und auf dem Hof lag unser Lieblingsspielzeug: ein alter ausrangierter Autoreifen! Den wollte ich zum Spielen da rausholen. Ob der auf Lebzeiten oder nur für kurze Dauer ausgeliehen werden sollte, das weiß ich nicht mehr. Ich wollte beweisen, dass ich vor nichts Angst hatte. Ich hatte aber eine Mordsangst! Ich kletterte durch den Zaun und beobachtete die Lage. Alles ruhig. Jetzt aber los, es gab kein Zurück mehr. Wo war der Reifen? Da hinten lag er. Ich marschierte auf ihn zu, am Fenster der grünen Gruppe vorbei, auf einmal ging das Fenster auf - Gudrun! Verdammt, was machte die denn hier?

„Na, Frank, kommst du uns besuchen?" Puuh, ja was machte ich da? Ich wollte einen Reifen klauen. Aber das würde Gudrun und meinen Eltern gar nicht gefallen.

„Ääh, ich wollte nur mal... - rutschen!" Ich war erstaunt, dass mir das so schnell eingefallen war. Rutschen war schließlich erlaubt.

„Na, dann rutsch mal schön - und bis morgen!" Also zack, rauf auf die Rutsche, runtergerutscht und abgedampft! Das war´s mit meinem ersten Ausflug in die Illegalität. Fast erwischt und ohne Erfolg. Tja, ich war wohl doch nicht ein ganz so großer Gangster, wie ich kurzfristig sein wollte. Vielleicht war es auch gut, dass ich ziemlich schnell die Erfolglosigkeit dieses Unternehmens erleben durfte. Mit den Jahren stellte sich heraus, dass ich zum „Scheiß-Machen" nicht geboren war. Versuchte ich es, ging es garantiert schief.

Mit Volker lernte ich schwimmen. Wir gingen häufig mit meiner Mutter ins Hallenbad. Nach dutzenden Übungsstunden, die meine Mutter dem zwei Jahre älteren Volker widmete, fragte ich sie, was für ein Geschenk ich bekäme, wenn ich mein Seepferdchen schaffen sollte. Da ich nie ernsthaft mitgeübt hatte, konnte ich es eigentlich nicht schaffen. Ich wünschte mir für dieses scheinbar unmögliche Unterfangen eine elektrische Eisenbahn. Gewünscht, versprochen. Ich machte mich auf, um in dieses unsagbar tiefe Becken zu springen.

Die Aufgabe war der Sprung vom Startblock und das Durchschwimmen des 25-Meter-Beckens. Ich stand auf dem Block, schaute nach vorn und konnte den gegenüberliegenden Beckenrand kaum erkennen, so weit war er entfernt. Die Eisenbahn lockte. Ich sprang - und ging unter wie ein Stein. Meine Mutter fischte mich heraus. Das war wohl doch nicht so einfach, wie ich dachte. Ich sagte ihr, dass ich nun wisse, wie tief es hier sei, und dass es nun losgehen könne. Ich machte mich für meinen zweiten Versuch fertig. Ich sprang, tauchte wieder auf, suchte die Orientierung, drehte mich auf den Rücken und strampelte heftig mit den Beinen.

Nach einiger Zeit kam das andere Beckenufer näher. Ich hatte es geschafft. Ich war neuer Besitzer einer Eisenbahn, meine Mutter war stolz, überrascht und um 150 Mark ärmer.

Kurz nach der Einschulung wagte ich den Schritt zum Fußball. Ein Kindergartenfreund spielte bei der F-Jugend der SG Hillen, und so begleitete ich ihn. Schnell mauserten wir uns zu einem guten Team. Nach kurzer Zeit waren wir die unbezwingbare Macht aus Hillen. Da unsere Mannschaft den eigentlichen Sinn des Spiels verstand und darauf vertraute, dass ein Spieler am Ball genügte, spielten wir andere Teams schwindelig. Diese beherrschten lediglich die altbekannte Taktik der Pampers-Liga in Perfektion: Alle hinter dem Ball her!

Wir verteilten die Bälle geschickt und gewannen nicht selten in zweistelliger Höhe. Nach meiner Position befragt, gab ich immer „Krickelkrakel-Spieler" zur Auskunft - überall, wo ich gebraucht wurde, war ich zur Stelle, nur nicht im Tor. Zudem war ich der Bomber. Mit meinen starken Beinen schoss ich alles über den Haufen, was sich mir in den Weg stellte. Ich durfte alle Abschläge machen, alle Freistöße schießen, alle Siebenmeter versenken. Immer, wenn eine Abrissbirne gebraucht wurde, war ich zur Stelle. Auch an dem Tag, als ich meinen ersten Kampf durch K.o. gewann. Ich schoss einen direkten Freistoß auf das Tor, und ein Spieler der gegnerischen Mannschaft steckte seinen Kopf zwischen Abschussort und Ziel. Es gab einen Rumms, er fiel wie ein Baum und schlief wie ein Baby. Heute würde man sagen, er war ein wenig benommen, damals hatte ich ein tierisch schlechtes Gewissen, als er erst nach 30 Sekunden wieder die Augen aufmachte.

Als Wiedergutmachung brachte ich nach dem Spiel seine Limo-Flasche zurück zum Kiosk und hatte so wenigstens etwas Gutes getan. An meinen Abrissfüßen trug ich immer Joggingschuhe. Ich hasste diese klobigen, unbequemen Fußballschuhe, die überall drückten. Vor jedem Spiel wurde ich von den Gegnern belächelt, da ich ein ganz schöner Stümper sein müsse, wenn ich noch nicht mal richtige Schuhe hätte. Nach dem ersten Sprint lachten sie nicht mehr.

Irgendwann kam mein großer Tag, der mich zum Heulen brachte. Ich musste Mannschaftskapitän sein. Alles gut und schön, wenn man da nicht zur Begrüßung so einen auswendig gelernten Satz aufsagen musste. Mein erstes Problem war, dass ich mir den Namen des anderen Vereins nicht merken konnte, der mit SV Hochlar 28 unendlich lang und verdammt kompliziert zu sein schien. Das zweite Problem war, dass ich mir die Begrüßungsformel nicht merken konnte. Diese lautete leider nicht „Guten Tag", sondern „Mit einem dreifach kräftigen Hoi-hoi-hoi"! Eigentlich konnte ich mir nur merken, dass wir von der SG Hillen waren. Ich wollte kein Kapitän sein. Ich wollte nicht vor so vielen Jungs etwas sagen, von dem ich keine Ahnung hatte und dessen Inhalt mir nicht plausibel erschien. Ich hasste es, auswendig zu lernen. Ich weinte in der Kabine vor dem Spiel wie ein Schlosshund. Doch nach langem Zureden meines Trainers ging ich raus, sagte meine komplizierte Formel auf und fühlte mich besser.

Etwa zur gleichen Zeit begann meine steile Karriere als Schüler. Im Jahre 1981 wurde ich in der Grundschule an der Nordseestraße eingeschult. Zu Beginn gab es die Phase des Kennenlernens. Jeder musste sich vorstellen. Als ich meinen vollständigen Namen sagte, begannen einige Mitschüler zu kichern. Ich verstand deren Belustigung nicht. Ich lispelte zwar ein wenig, aber das konnte ja nicht so schlimm sein. Nachher hörte ich hinter meinem Rücken, wie getuschelt wurde: „Hey, da kommt der Tittenmann!". Ich war überrascht, wie man von Busemann auf Tittenmann kam. Trotzdem schämte ich mich ein wenig. Bei meiner Klassenlehrerin, Frau Tiemann, lernte ich die Sachen des Lebens und konnte bei ihr meinen ersten Wissensdurst löschen. Und der war nur sehr schwer zu stillen. Als ich dann endlich ein wenig lesen konnte, spielte ich nicht mehr Ich-sehe-was-was-du-nicht-siehst, sondern war verrückt nach Lernen und wollte die Welt der Großen erkunden. Schnell kannte man sich in der Klasse, und hier zählte auf einmal Wissen und nicht mehr Scheiß-Machen. So wurde ich dann zum Klassensprecher gewählt - in einer demokratischen Aktion.

Am 1. Mai 1982 durfte ich in Düsseldorf das erste Mal im Trikot des FC Schalke 04 starten. Mein Vater hatte dort ein Jahr zuvor als Trainer angefangen. Ich startete im 50-Meter-Lauf, den ich siebenjährig mit 8,2 Sekunden als Zweiter beendete. Kurz darauf folgte meine Rache, da ich den Sieger des Sprints im Weitsprung mit 3,50 Metern schlug. Durch den Gewinn zweier Urkunden wurde mein vierjähriger Bruder Lars aufmerksam. Er wollte auch solche Zettel gewinnen. Also meldeten meine Eltern ihn im Ballwerfen an, der letzten Disziplin des Tages. Hier waren nur vier Athleten am Start, und

Urkunden gab es für die ersten sechs Plätze. Ich heimste den zweiten Sieg meiner Wettkampfkarriere mit 37 Metern ein und Lars wurde Fünfter mit 15 Metern. Ob das weiter als 50 Meter oder weniger als 5 Meter war, wusste er nicht, es war ihm auch nicht so richtig wichtig. Das Wichtigste war sein heiß ersehnter Zettel.

Lars wollte oft das nachmachen, was ich als großer Bruder vorlebte. Wir waren nie das typische Bruderpaar, welches sich ständig stritt. Vielmehr ging jeder für den anderen durchs Feuer. Wir waren ein Herz und eine Seele. Die Werte, wie sie uns vermittelt wurden, hatten den höchsten Stellenwert in unserem Zusammenleben. Wir konnten uns auf den anderen verlassen. So war Lars mutiger und weniger kompliziert als ich und half mir oft trotz seines jugendlichen Alters aus der Patsche. Ich erledigte ungern Dinge, die mit einer zwischenmenschlichen Kommunikation zu tun hatten. Wenn es eben ging, schickte ich Lars, um diverse Unannehmlichkeiten zu erledigen. Für mich waren es Probleme, für ihn nicht. Wenn der Ball in Nachbars Garten geflogen war oder jemand nach der Uhrzeit gefragt werden musste, ließ ich dieses durch ihn erledigen.

Eines Tages tollten wir wild auf unseren Hüpfbällen umher. Diesem Anblick konnte ich als Fußballer nicht widerstehen. Ein riesengroßer Ball schrie förmlich danach, per Fuß getreten zu werden. Ich nahm Anlauf und verpasste seiner Gummikugel im höchsten Punkt einen Tritt, der beide nach vorne schnellen ließ. Der Hüpfball drehte sich unter Lars weg, riss ihn mit, am Scheitelpunkt der Umkehrung zeigte der Rücken meines Bruders waagerecht zum Boden, er fiel, der Ball fing seinen Körper nicht mehr ab. Mit einem dumpfen Knall krachte er mit dem Hinterkopf auf den Boden. Er schreckte kurz auf, begann so schnell zu weinen, wie er verstummte. Er machte keinen Mucks mehr.
Meine Eltern kamen hereingestürmt und sahen ihren ältesten Sohn etwas ratlos neben dem am Boden liegenden vierjährigen stehen. Sie bemühten sich um ihn, aber er blieb reglos. Ich war geschockt. Was hatte ich getan? Ich wollte mit meinem Bruder nur ein wenig Spaß machen. Meine Eltern brachten ihn ins Krankenhaus. Nach ein paar Stunden kam er wieder zu sich. Ich war so froh. Ich kümmerte mich zwecks Wiedergutmachung intensiv um ihn. Mein zweiter K.o. immerhin. Aber nicht zur Nachahmung empfohlen. Es machte immer ein so schlechtes Gewissen. Zum Glück war es noch einmal gut gegangen.
In Zukunft beschränkten wir uns auf die fiktiven K.o.-Schläge und suchten unsere Helden und Abenteuer in Fernsehserien wie „Ein Colt für alle Fälle" und „Captain Future". Da war der K.o. nur vorübergehender Natur und nicht so schmerzhaft wie im Selbstversuch getestet. In welchem Fernsehen eigentlich? Wir hatten gar keinen funktionierenden Apparat. Der hatte irgendwann

den Geist aufgegeben und stand jetzt als Staubfänger neben dem Vogelkäfig, in dem Hansi wohnte, ein Wellensittich, der uns irgendwann zugeflogen war. Wir schauten immer eine Etage höher bei unseren Großeltern.

Meine über alles geliebte Grundschule war oft der Mittelpunkt unserer nachmittäglichen Fußballspiele. Da wir noch nicht in der vierten Klasse waren und uns somit die Lizenz zum Mitspielen fehlte (nur den Ältesten der Schule war es durch ein ungeschriebenes Gesetz gestattet, am Pausenfußball teilzunehmen), tobten wir uns nachmittags an gleicher Stelle aus. Teilweise waren wir von der roten Asche des Platzes so dreckig, dass meine Mutter kaum wusste, welches Kind sie aus der Meute mit nach Hause nehmen sollte. In der Badewanne stellte sie aber immer fest, dass der mütterliche Instinkt sie niemals im Stich ließ.

Eines Nachmittags traten wir zu unserer Lieblingsvariante an - alle gegen alle. Im Endspiel, dem Siebenmeterschießen, gab es nur noch einen zehn Jahre älteren Jungen und mich. Sollte ich gewinnen, heimste ich die Bewunderung der anderen ein. Da jeder davon ausging, dass ich ohnehin verlieren würde, konnte ich nur gewinnen. Denn unmöglich scheinende Siege hatten eine enorme Anziehungskraft. Gewinnen konnte jeder irgendwann, irgendwie. Aber gegen diesen Riesen war es unmöglich. Für die anderen! Ich wollte gewinnen. Ich musste ins Tor. Er legte sich den Ball zurecht, nahm Anlauf und schoss auf meine linke Ecke. Ohne zu zögern machte ich einen Schritt auf die richtige Seite, streckte meinen Arm aus und fing den Ball ab. Er klatschte mit einem Knall vor meinen Unterarm. Ich hatte den Ball gehalten! Ich hatte gewonnen! Im zweiten Moment durchfuhr mich ein Schmerz. Es stach und fühlte sich nicht gut an. Ich begann zu weinen. Ich musste nach Hause. Aber wie? Der Arm tat zu weh, um mit dem Fahrrad zu fahren. Lars nahm beide Räder und wir gingen die dreihundert Meter nach Hause. Dort angekommen, entkrustete mich meine Mutter von der roten Staubschicht und wartete auf meinen Vater, der mit dem Familienwagen unterwegs war. Dass der Arm gebrochen war, wusste meine Mutter. Als Sportlehrerin hatte sie schon mehr gebrochene Arme gesehen als mancher Arzt. Später bekam ich im Krankenhaus einen schönen Gips, der nach vier Wochen erbärmlich aus dem Innenteil stank.

So langsam nahm meine Fußballkarriere ein Ende. Ich fühlte mich nicht mehr wohl. Nachdem mir bei einem Spiel derart heftig vor den Knöchel getreten wurde, dass ich vorzeitig den Platz verlassen musste, deutete sich mein Abschied an. Es war nicht mehr so fair wie früher, die Spielart wurde rauer, mit dem Trainer kam ich nicht mehr so gut zurecht. Nachdem wir in die E-Jugend kamen, gewannen wir auch nicht mehr so häufig. Es war nicht mehr mein Spiel. Der gebrochene Arm machte mir die Entscheidung leichter. Ich entschied mich für die faire Leichtathletik. Da gewann man, wenn man gut war, und man verlor, wenn man nichts drauf hatte. Um zu glänzen, konnte ich alleine laufen und musste aus statistischen Zwecken nicht dem Trainersohn den Ball überlassen, damit der Torschützenkönig wurde. Das Prädikat „Bester" konnte ich für mich alleine in Anspruch nehmen und musste es nicht mit Leuten teilen, die durch meine Hilfe besser da standen als ich. Ich war zwar nett, aber das ging mir zu weit.

Die Schule war da schon ein wenig gerechter. Ab der dritten Klasse bekamen wir Noten, welche Leistungen nicht nur in blumigen Worten beschrieben. Als ich einen Sachkundetest zurückbekam, musste ich zu meiner Verwunderung feststellen, dass ich vom Klima so viel Ahnung hatte wie der deutsche Sommer vom Schnee.

Ich behauptete beharrlich, dass man mehr Wasser hat, wenn es verdunstet. Oder dass man Grundwasser nicht unter der Erde, sondern in einem Fluss findet.

Nachdem meine schlechteste Note zu diesem Zeitpunkt eine Zwei war, musste ich nun feststellen, wie es sich anfühlt, eine Vier zu schreiben. Ich hatte einen Kloß im Hals. Ich konnte mir die Tränen kaum verdrücken. Ich fragte mich immerzu, wie das geschehen konnte. Das sollte nicht wieder passieren.

Frau Tiemann gab mir eine Chance. Beim nächsten Test schrieb ich alles auf, was mir einfiel. Auch Dinge, nach denen überhaupt nicht gefragt war. Ich musste meiner Lehrerin zeigen, dass ich alles wusste und nicht so dumm war, wie es der letzte Test auswies. Das Thema war die Kohle. Zur Beantwortung standen Fragen, die auf den Aufbau eines Bergwerks zielten. Ich wusste sogar, dass die Fördertürme aus Eisen und die Seile der Förderkörbe Drahtseile waren. Ich wusste einfach alles. Ich bekam von maximal möglichen 80 Punkten satte 117 Punkte. Ich war so gut. Ich war rehabilitiert. Dank Frau Tiemann, die diesen Kampf honorierte. Da ging es mir besser. Die gerade mal ausreichende Note war vergessen. Ich bekam in diesem Test eine Eins plus mit großem Sternchen! Ich war der Beste und zufrieden.

In der Leichtathletik eilte ich von einem Sieg zum nächsten und war meinen Konkurrenten um Längen voraus. Mein Talent ebnete mir den Weg zu Techniken, die manche Athleten in ihrer ganzen Laufbahn nicht erreichen konnten. Irgendwann war mir im Weitsprung das Kindergehopse zu langweilig. Ich hatte Carl Lewis bei den Olympischen Spielen in Los Angeles gesehen. Er machte keinen Schrittweitsprung wie alle Kinder in meinem Alter, sondern einen Sprung, der anders aussah. Carl Lewis war der Beste, und ich wollte auch der Beste werden. Also musste ich auch so springen. Ich ging zu meinem Vater und forderte eine neue Technik. Er dämpfte meine Euphorie ein wenig und erklärte mir, dass man für diese spezielle Carl-Lewis-Technik schon acht Meter springen müsse. Da dieses bei mir noch nicht der Fall war, empfahl er mir die Hangsprungtechnik. Sie sei äußerst schwer, und er habe glücklicherweise eine Lehrbildreihe zur Hand, die er mir gern ausleihen könne, damit ich für das kommende Jahr schon mal wüsste, was technisch möglich sei. Meine 4,80 Meter, die ich damals gesprungen war, bedeuteten auch gleichzeitig Europarekord für Neunjährige. Das erfuhr ich allerdings erst sechzehn Jahre später, als mein Vater eine frisch veröffentlichte Liste entdeckte.

Ich beschäftigte mich sofort mit dem neuen Anforderungsprofil und schaute mir die Bilder oft an. Mein Tatendrang wurde allerdings jäh gestoppt. Bei einem Wettkampf über die 50 Meter lag ich an zweiter Stelle und versuchte noch, mit einem Hechtsprung den Sieg zu erzwingen. Der Hechter entpuppte sich allerdings als Kopfsprung in die Bahn, da ich das Gleichgewicht verlor und nach vorne stürzte. Ich landete auf der Schulter und war trotz größter Schmerzen doch nur Zweiter. Das war nicht gut. Die Schulter tat zwar ganz schön weh, aber ich konnte mich im Weitsprung rächen. Den Typen, der mich geschlagen hatte, wollte ich danach deutlich besiegen. Ich versuchte zu laufen, aber das Gehen fiel mir schon schwer. Ich versuchte abzuspringen, aber der Schmerz lähmte mich. Es musste doch gehen. Es war bestimmt nur der Schreck, oder die Schürfwunden, die mich so handicapten. Ich wollte es nicht wahrhaben. Aber es ging absolut nicht. Wie auch? Das Schlüsselbein war gebrochen. So konnte es nicht gehen, und weit springen konnte man mit so etwas schon gar nicht. Die Saison war beendet. Jetzt musste ich die leichtathletische Disziplin Weitsprung mit den Augen und mit dem Kopf üben. Ich wollte den Hangsprung können - und ich konnte ihn. Bei meinem ersten Wettkampf der neuen Saison lief ich an und meine Eltern trauten ihren Augen nicht. Sie waren sich nicht sicher, ob dieser hangspringende Junge ihr Sohn war. Die Perfektion meiner neuen Technik begeisterte sie. Ich hatte mit den Augen trainiert.

Zum Ende meiner Grundschulzeit wollte ich das Maximale aus meinem Zeugnis holen. Ich gab alles, ich wollte die Note „sehr gut" zur Normalität werden lassen. So stellte ich meine Sauklaue in ein Schönschriftprogramm um. Meine Mühen sollten belohnt werden. Ich erhielt achtmal die Note „sehr gut" und dreimal „gut". Das war das maximal Mögliche. Ich war sehr zufrieden. Und sehr traurig. Mit dem Zeugnis in der Hand stand ich vor unserer Haustür und brach in Tränen aus. Das Abschlusszeugnis bedeutete gleichzeitig das Ende meiner Grundschulzeit. Es war so traurig. Ich musste in die fünfte Klasse. Auf das Gymnasium. Ohne Frau Tiemann.

Doch auf welches Gymnasium sollte ich gehen? Die Wahl der weiterführenden Schule wurde schwieriger als angenommen. Da es in Recklinghausen drei Gymnasien gab, meine Mutter aber an einem Lehrerin war, standen eigentlich nur noch zwei zur Auswahl. Das zweite entfiel, da hier in der fünften Klasse mit Latein und nicht, wie üblich, mit Englisch begonnen wurde. Und das dritte entfiel auch, da auf diese Schule ein gewisser C. mit seinen Freunden gehen wollte. Die hatten mir die letzten eineinhalb Jahre das Leben schwer gemacht, indem sie mich ständig mit sechs Leuten verprügelten und schikanierten, da C. auf meinen Klassensprecherposten scharf war und mich um meine sportlichen und schulischen Leistungen beneidete. Das war ein Dilemma. Im Grunde genommen blieb nur die Schule meiner Mutter, das Hittorf-Gymnasium. Vorteil war, dass meine Grundschulfreunde auch dort hingingen, großer Nachteil war, dass meine Mutter dort in einem recht gespaltenen Kollegium Lehrerin war. Aber es ließ sich nicht vermeiden. Ich war ja nicht doof. Vielleicht ein bisschen zu schüchtern und sehr zurückhaltend, besonders in neuen Umgebungen, aber die Anwesenheit meiner Freunde erleichterte mir den Anfang ungemein. Warum sollte ich nicht auch an der Schule meiner Mutter klarkommen?

Bei der Anmeldung wurde der Vorgang von einem Kollegen meiner Mutter mit den Worten kommentiert: „Wenn ich Ihren Sohn mal bekommen sollte, wird das bestimmt Probleme geben!" Dabei kannte er mich gar nicht. Der Grund für Herrn J. war lediglich die Tatsache, dass ich das Kind einer - seiner Ansicht nach - einfachen Diplom-Sportlehrerin war. In den Augen vieler Lehrer an dieser Schule war es nicht möglich, als Sportler klug genug zu sein, um den hohen Anforderungen der Schule zu genügen.

Ich war froh, dass ich mit meinen Freunden zusammen in die Schule gehen durfte. Ich verstand die Problematik ohnehin nicht. Ich fand meine Mutter nett, ich tat auch keinem was Böses, also warum sollte es da Probleme irgendwelcher Art geben?

Zu Beginn gab es die wieder obligatorische Vorstellung eines jeden Einzelnen. Ich wurde nervös, als ich an die Reihe kam. Schnell sagte ich meinen Namen. Frank war ohnehin wichtiger, bei Busemann nuschelte ich. Aber es wurde verstanden. Wieder wurden mir irritierte, verständnislose Blicke zugeworfen. Wie konnte man nur so heißen? Es wurde wie so oft mit einem hämischen Kichern quittiert. Ich errötete beschämt und provozierte wegen dieser Farbstörung meines Gesichtes noch mehr Getuschel.

Nach kurzer Zeit wurde der Klassensprecher gewählt. Diesmal wollte ich nicht. So blöd war ich kein zweites Mal. Das machte nur Ärger und Arbeit. Gewählt wurde, es wunderte niemanden, Martina. Sie war der Schwarm aller Jungs. Sie war klug, witzig, sportlich und nett. Sie hatte alles, was einem Jungen gefiel. Meine Beziehung zu Mädchen war eigentlich so, wie sie in diesem Alter ist. Ich fand Mädchen zwar nicht doof, aber viel konnte man mit ihnen nicht anfangen. Sie spielten keinen Fußball, gackerten nur und liebten Puppen. Aber es gab Martina. Sie war so anders.

Ich fühlte mich zunächst sehr wohl in der Klasse. Ich hatte schnell einige neue Freunde hinzugewonnen und war begeistert von der Atmosphäre der weiterführenden Schule. Es machte einfach Spaß. Man lernte viele neue

Fächer kennen und hatte sehr viele unterschiedliche Lehrer und gehörte zu den Großen. Na ja, nicht zu den ganz Großen, die waren in der Oberstufe, hatten manchmal schon einen Bart, knutschten in der Pause mit Mädchen rum und mussten demzufolge verheiratet sein und Kinder haben. Aber wir gingen auf eine Schule, auf welche die Furzknoten aus der Grundschule noch nicht gehen durften.

Die Noten waren jedoch nicht mehr so berechenbar, wie sie es in den vier Jahren zuvor waren. Auf einmal schrieb ich auch Klassenarbeiten mit der Note „befriedigend". Das war ein komisches langes Wort. In vier Jahren hatte ich nicht ein Mal diese Bewertung unter meinem Test stehen. Gut, ein Mal ein „ausreichend", aber das war ein Ausrutscher. Aber nun kamen derart schlechte Noten häufiger vor.

Ich lernte schnell das Gefühl, den Spott der anderen auf sich zu ziehen. Ich verwechselte im Englischunterricht das Geschlecht, da ich meinen Freund zu einem Mädchen gemacht hatte. Das amüsierte die anderen. Der Lehrer quittierte das mit einer spaßigen Bemerkung. Ich fand das gar nicht lustig. Ich hasste es, Fehler zu machen. Ich begann zu weinen. Ich saß dort und konnte mich kaum beruhigen. Ich war so furchtbar sensibel und ich hasste mich dafür. Zudem bekam ich einen hochroten Kopf.

Seit diesem Vorfall war es eine Tortur und Überwindung zugleich, mich zu melden. Ich wollte keine Fehler mehr machen. Der Spaß aus der Grundschule war weg. Frau Tiemann fehlte. Auch hier gab es nette Lehrer, aber der Ton war rauer. Ich war nicht mehr der Überflieger, der ich in der Grundschule war. Ich fühlte mich nicht wohl genug, um all meine Fähigkeiten zu entfalten. Zudem war ich zu schüchtern, um mich vor der Klasse jeden Tag auf ein Neues zu profilieren. Ich sagte lieber nichts, bevor ich eine falsche Antwort gab.

Meine Technik des Lernens, dass ich Sachen einmal las und sie gleich verstand, versagte auf der weiterführenden Schule immer öfter. Lernen definierte sich hier anders. Lesen und Hausaufgaben zu machen reichte nicht mehr aus. Es galt sich mit Dingen zu beschäftigen, die nicht nur in unmittelbarem Zusammenhang mit der Hausarbeit standen. Mein Anspruch, der Beste zu sein, beschränkte sich immer mehr auf den Sport. Druck ließ mich dort in ungeahnte Höhen schweben. Ich wehrte mich immer mit Händen und Füßen und zu hundert Prozent. Es konnte passieren was wollte, ich konnte immer noch ein Schüppchen drauflegen.

Bei neuen Bestleistungen quittierte ich dieses Ereignis mit Gefühlsausbrüchen der schüchternen Art. Es reichte mir, mich der Umwelt mit einem kurzen knackigen „JA!" mitzuteilen. Und ich strahlte über das ganze Gesicht. Das war alles. Reichte ja auch. Die Freude saß ganz tief in meinem Herzen und machte mich sehr glücklich.

In der Schule war das nicht mehr so. Mein Ehrgeiz wurde auf ein niedrigeres Niveau heruntergeschraubt. Ich musste in der Schule niemandem zeigen, dass ich gut war - ich war gut im Sport. Das reichte mir offensichtlich. Zudem musste ich im Sport keine falschen oder richtigen Antworten geben. Einen ungültigen Versuch verkraftete meine Sensibilität.

Am Ende des fünften Schuljahres durchzuckte mich ein Schmerz tief im Inneren. Martina verließ die Schule, da ihre Familie im Nachbarort Oer-Erkenschwick blieb und nicht wie geplant nach Recklinghausen zog. Der Schulweg war zu weit, und so sollte sie ab dem sechsten Schuljahr ein Gymnasium in Oer-Erkenschwick besuchen. Eines Morgens kam ich nach unten zum Frühstück und wurde von großer Traurigkeit übermannt. Ich realisierte, dass ich mit elf Jahren das erste Mal im Leben verliebt war. Ich sollte Martina nie mehr wieder sehen. Nach einem gemeinsamen Jahr trennten sich unsere Wege. Der Schulalltag sollte trister werden.

Nachdem ich neben der Leichtathletik das vergangene Jahr hauptsächlich Tennis gespielt hatte, wurde ich zu einem Turnier geschickt. Meine Mannschaft brauchte mich unbedingt. Ich steckte in einem großen Dilemma. Lars und ich hatten an diesem Wochenende einen Crosslauf. Das Tennis-Team jedoch rief und ich kam. Ich konnte sie nicht hängen lassen. Zudem fand ich nach Boris Beckers Wimbledon-Sieg Tennis irgendwie interessanter als Leichtathletik.

Ich wanderte zum nahe gelegenen Turniergelände und verabschiedete meine Familie, die sich Richtung Leichtathletik-Wettkampf aufmachte. Als ich die Halle erreichte, war noch niemand da. Nur ein paar Mädchen aus unserem Verein. Die spielten und spielten und spielten. Einen Satz nach dem anderen, ein Match nach dem anderen. Ich wartete. Meine Mannschaft würde schon kommen. Sie hatten ja gesagt, dass das Turnier am Tag des Crosslaufes stattfand.

Irgendwann sprach mich der Vater einer Spielerin an. Er verklickerte mir, dass die Turniere getauscht worden waren und heute nur die Mädchen spielten. Die Jungs waren die darauf folgende Woche dran. In der Woche, in dem ich weder den Crosslauf noch irgendeinen anderen Wettkampf gehabt hätte. Ich realisierte die Aussage erst zeitverzögert und verließ den Tenniscourt auf ewig. Im Freien brach ich in Tränen aus und verfluchte die Entscheidung, mich dem Tennis hingegeben zu haben. Ich wollte ab jetzt nur noch Leichtathletik machen. Mit meinen Eltern. Sie vergaßen mich nicht. Sie sagten mir, wenn ein Wettkampf verschoben wurde. Nach einiger Zeit hatte ich mich beruhigt. Aber als meine Familie von dem Crosslauf zurückkam und mein Bruder Lars freudestrahlend einen Pokal präsentierte, begann meine ganze Heulerei von vorn. Nie mehr wollte ich Tennis spielen.

In der sechsten Klasse begaben wir uns auf eine vierzehntägige Skifreizeit, die mir als beste Klassenfahrt aller Zeiten in Erinnerung bleiben sollte. Nicht nur, dass das Skifahren einen Riesenspaß machte, nein, auch das Programm drum herum sorgte für Zündstoff. Wir waren so beschäftigt, dass ich in den vierzehn Tagen nur einmal zum Duschen kam, was zur Folge hatte, dass einer mehr stank als der nächste. Irgendjemand kam nämlich auf den Trichter, um Geld zu pokern. Wir zockten nächtelang um hunderte von österreichischen Schillingen und wurden immer größenwahnsinniger. Die Scheine flatterten in die Töpfe, und wir fühlten uns mit unseren elf Jahren wie echte Mafiosi.

Die Erfahrungen dieser Reise zeigten mir die Möglichkeit der wundersamen Geldvermehrung. Durch die Investition eines bestimmten Betrages gab es die Möglichkeit, seinen Einsatz zu vervielfachen. Nachdem ich meinem Kumpel Thomas zu Hause beim Pokern die letzten Münzen aus der Tasche gezogen, er die Lust daran verloren hatte und sich auch die Spielchen in der Pause mit Groschen-an-die-Wand-Werfen abgenutzt hatten, musste ich mich nach anderen Verdienstmöglichkeiten umschauen. Als erstes fiel mir der Flohmarkt ein. Ich konnte dort alles verkaufen, was ich nicht mehr brauchte. Ich verscherbelte allerdings fast alles, was sich irgendwie zu Geld machen ließ und eigentlich noch brauchbar war. Das Geldverdienen war mir wichtiger als der Erhalt irgendeines Spielzeugs. Nachdem meine Mutter den Warenausgang kontrolliert hatte und noch einige Gegenstände vor dem Geschäftswahn ihres ältesten Sohnes retten konnte, machte ich mich auf den Weg und kehrte als reicher Mann mit 95 Mark wieder nach Hause.

Zur Feier des Tages ließ ich meinen unbändigen Geiz einen Abend ruhen und spendierte meinen Eltern und Lars bei McDonalds einen Hamburger. Gute Geschäfte musste man feiern. Meine Eltern trauten ihren Ohren nicht, als ich sie zu diesem exklusiven Abendessen einlud. Normalerweise verdurstete ich lieber, als dass ich mir auf Klassenfahrten etwas zu trinken kaufte. Das Geld für die Skifreizeit hatte sich in den zwei Wochen vermehrt und nicht verringert. Ich saß auf meinem Geld wie eine Glucke auf ihren Eiern. Ich sparte wie Dagobert Duck. Doch das Taschengeld alleine reichte nicht, um ein Vermögen anzuhäufen. Eines Tages fragte ich meinen Vater bei der Sparkasse, ob ich einen Dollar haben dürfte. Würde ich den Dollar nun bei einem Kurs von 2 Mark kaufen und ihn später für 2,50 Mark verkaufen, wäre das eine Rendite, die ihresgleichen in der Welt des Taschengeldes suchte.

Daraufhin schenkte mein Vater mir meinen ersten Dollar. Jetzt wusste ich, wie das Geschäft funktionierte. Ich brachte in unterschiedlichen Abständen mein gespartes Vermögen zur Sparkasse, um ein Dollarimperium im Dagobert-Duck-Stil aufzubauen. Da die Dollarscheine unabhängig vom Wert alle die gleiche Größe haben, wuchs das Bündel ständig, ohne den wahren Wert sofort preiszugeben. Ich zählte daher meine Noten in regelmäßigen, kurzen Abständen.

Im selben Jahr muss ich den Glauben an das System der Benotung verloren haben. Für die mündliche Mitarbeit bekam ich immer ein „befriedigend", da die Lehrer nie wussten, ob ich da war oder nicht. Die „drei" ist eine Note, die niemandem allzu viele Probleme bereitete, da beide Seiten damit leben konnten. Doch an jenem Tag wollte ich die Probe aufs Exempel machen. Im Physikunterricht behandelten wir ein Thema, welches mir ungemein lag. Ich wusste alles. Ich wuchs 45 Minuten über mich hinaus. Ich meldete mich bei jeder Frage, gab immer richtige Antworten und ließ den Finger fast die ganze Zeit in der Luft stehen. Ich wollte eine „eins" bekommen.

Da ich in der ersten Reihe direkt vor der Lehrerin saß, konnte sie mein Gefuchtel mit dem Finger nicht übersehen. Der Test ließ sich schnell auf Erfolg überprüfen, da sich diese Lehrerin nach jeder Stunde mündliche Noten aufschrieb. Ich war sehr zufrieden mit dem Verlauf der Stunde. Ich kam relativ häufig zu Wort, obwohl ich mir noch mehr Einsätze gewünscht hätte. Meine Meldequote lag bei 100 Prozent, und selbst die schweren Antworten stimmten. Ich linste ihr auf die Finger, als sie die Noten für die abgelaufene Stunde in ihr Buch schrieb. Hinter meinem Namen notierte sie: „3+". Ich konnte es nicht glauben. Ein „voll befriedigend" für diesen Stress. Es war unglaublich. Das musste ich mir in Zukunft nicht mehr antun. Ich hatte meinen Ruf in diesen drei Jahren derart gefestigt, dass ich von meinen Schweigedreiern nicht mehr wegkam. Da bekam ich lieber mit Nichtstun ein „befriedigend", als dass ich mich Tag für Tag der Gefahr aussetzte, einen roten Kopf zu bekommen oder etwas Falsches zu sagen. Still sein und darauf warten, dass die Zeit rum geht, führte zum gleichen Ergebnis. Das Experiment war fehlgeschlagen. Ich sollte ein Schüler der wenigen Worte bleiben.

Kapitel 2 – Von 1988 bis 1991

Halbstarke Rebellion

Die Dollargeschäfte wurden mittlerweile ein wenig stupide, da der Dollarkurs immerzu fiel. Ich konnte zwar andauernd meinen Einstandskurs verbilligen, doch ich wollte eine Rendite erwirtschaften und nicht nur nachkaufen müssen. Nachdem ich ungefähr 200 US-Dollar besaß, konzentrierte ich mich auf die Vermögensanlage in Wertpapieren. Da mein Vater schon seit einigen Jahren mit Aktien handelte, suchte ich mir die Zeitungen der vergangenen Wochen heraus und zeichnete auf Millimeterpapier Unmengen von Kursverläufen auf. Nach tagelangem Zeichnen und Auswerten unzähliger Titel entschloss ich mich für den Kauf der Aktie „Nino". Was das Unternehmen herstellte, wo es herkam und was es sonst noch zu beachten galt, wusste ich nicht. Der Kursverlauf der Vergangenheit zeigte mir jedoch, dass es nur nach oben gehen konnte. Ich wollte einen Teil meines Ersparten in Nino-Wertpapieren anlegen. Ich wusste, wie Dollars gekauft wurden, da könnten Aktienkäufe auch nicht so schwer sein. Mein Vater erklärte mir die Tatsache, dass ich achtzehn sein müsse und eine Order eine Größe von 3.000 Mark haben sollte, damit es sich mit den Gebühren rechne. Er bot mir ein Geschäft an. Er hatte drei Aktienorders, an denen ich mich beteiligen konnte. Ich entschied mich für Benetton, von denen er Optionsscheine orderte. Damit es mit dem Geldverdienen ein wenig schneller ging, entschied ich mich für das Risiko dieses Calls. Aber was sollte bei Benetton schon passieren? Ich investierte 202,- Mark. In meinen Augen sichere Papiere mit Zukunft. Die Zukunft war jedoch schneller erreicht, als mir lieb war, und mein Vater musste die Optionsscheine verkaufen. Der Kursverfall war enorm, und die ersten 95 Prozent Verlust meiner jungen Börsenkarriere waren eingefahren. Ich erhielt 10,50 Mark zurück. Das war ernüchternd, gerade auch weil sich mein eigentlicher Kaufwunsch „Nino" nahezu verdoppelt hatte. Ich hakte diese Fehlinvestition als Lehrgeld ab. Etwas später kaufte ich wieder mit meinem Vater zusammen drei Lufthansa-Aktien. Die kannte ich auch, die konnten fliegen und stürzten bestimmt nicht so krass ab wie Benetton.

Ich handelte auf dem Depot meiner Eltern Aktien und sie ließen mich an Sachen teilhaben, die aufregend, schön und vielseitig waren. Die beiden ermöglichten mir alles, was finanzierbar und irgendwie machbar war. Ich liebte die beiden abgöttisch. Dass sie mit mir Hand in Hand durch die Stadt gingen, hatte ich ihnen jedoch nach zwölf Jahren abgewöhnt.

Irgendwie brachte es der Lauf der Dinge mit sich, dass ich erwachsener wurde. Meine Interessen wurden vielfältiger, und ich demonstrierte im Alltag die Stärken eines Mehrkämpfers. Ich besuchte die Schach-AG der Schule, trieb meinen sportlichen Ehrgeiz nun mit vier- bis fünfmaligem Training in der Woche voran, stand an freien Tagen um sechs Uhr morgens auf, um all meine Aktivitäten in voller Länge und Intensität genießen zu können. Ich musste zum Konfirmandenunterricht und spielte neben der Leichtathletik noch ab und zu Tennis, aber nur noch mit Lars oder einem Freund.

In der Leichtathletik wollte ich etwas schaffen, was mein Vater als Trainer und ich als Nachwuchssportler noch nicht erleben durften: Deutscher Meister zu werden. Ganz im Gegensatz zu meiner Mutter, die nach ihrer erfolgreichen, aber kurzen Schwimmkarriere den nationalen Titel im Kugelstoßen gewann. Die Athleten meines Vaters belegten zahlreiche vordere Plätze und nahmen auch an internationalen Meisterschaften teil, aber die Vizemeisterschaft war der bisher größte Erfolg. Ich wollte dieses ändern. Ich wollte der erste nationale Champion meines Vaters werden. Ich, sein Sohn. Ich war dreizehn und sollte im nächsten Jahr das erste Mal diese große Gelegenheit bekommen.

Ein halbes Jahr vor meinen Meisterschaften reiste mein Vater mit dem Sprinter Christian zu den deutschen Hallenmeisterschaften. Christian war erkältet und mein Vater wollte vor Beginn des Wettkampfes keinen Fehler mit der Medikamentengabe machen und benötigte den Rat des Anti-Dopingarztes. Der Kommentar der anwesenden Funktionärin fiel in Anwesenheit zahlreicher anderer Trainer äußerst ungünstig aus. Mit den Worten: „Du kannst ihm geben, was du willst. Der Dopingkontrolleur ist heute nicht da!" löste sie eine kleine Lawine von Unterstellungen aus. Da mein Vater die Sicherheit und die Fairness dem vermeintlichen Betrügen vorzog, verbot er Christian die Einnahme von Nasentropfen. Musste er halt so laufen. Lieber sauber Letzter werden als mit Mittelchen, die eventuell verboten waren, zu gewinnen.

Die Ehre meines Vaters ließ keine Manipulation zu. Und Christian lief mit Schnoddernase. Als Jüngster des Feldes und eine Altersklasse höher startend wuchs er vor lauter Euphorie über sich hinaus und gewann. Er düpierte ganz überraschend das gesamte Feld und wurde der erste Deutsche Meister meines Vaters. Ich war glücklich und traurig zugleich. Christian hatte meinen Traum durchkreuzt, der Erste zu sein.

Ich war zwiegespalten. Ich war so neidisch. Warum hatte er etwas geschafft, was ich erst in einem halben Jahr schaffen konnte? Ich wollte der beste Athlet meines Vaters werden. Der Sieg Christians nahm aber noch Jahre später groteske Züge an. Oft wurde mein Vater angesprochen mit der Unterstellung: „Na, was haste ihm damals denn gegeben, dass er gewinnen konnte?". Es war ein Lauffeuer, das aus dieser unglücklichen Formulierung der Funktionärin entfacht war und sich hartnäckig hielt. Eine derartige Leistungssteigerung wurde nicht als sauber akzeptiert. Gute Leistungen wurden anscheinend immer mit Doping in Verbindung gebracht. Doch dieser Sieg war, wie alles, was unter der Führung meines Vaters entstand, unantastbar sauber.

In den letzten Jahren hatte ich alles daran gesetzt, immer besser zu werden. Krankengymnasten fühlten sich ziemlich überfordert, wenn sie meinen seltsamen Körper sahen. Doch ich hatte Talent, Ehrgeiz und Willen, das machte einiges wett. Die Füße platt, der Rücken rund, die Beine so stark, dass kein Oberkörper eines Vierzehnjährigen diese gewaltsamen Kraftschübe auf Dauer tolerieren konnte, zudem hatte ich gerade eine Verkrümmung der Wirbelsäule erfolgreich mit täglicher Krankengymnastik bekämpft.

Die zwanzigminütigen Programme kosteten mich zwar sehr viel Überwindung, aber der Erfolg rechtfertigte eine solche Anstrengung. Mit 14 Jahren reiste ich als Zweiter der Jahresbestenliste zu den deutschen Achtkampfmeisterschaften der Schüler. In den Wettkämpfen zuvor fuhr ich einige Westfalenmeistertitel ein und stellte sogar innerhalb weniger Minuten zwei neue Landesrekorde auf. Ich war in Topform. Eigentlich. Jetzt merkte ich schon auf der Fahrt zum Stadion, dass mich wieder Rückenschmerzen handicapten. Eigentlich war die Wirbelsäule o.k., daher wussten wir auch nicht, woher die Schmerzen kamen. Aber ich wollte es versuchen.

Auf der Starterliste sah ich, dass der Beste fehlte. Ich konnte gewinnen, ganz leicht und locker. Ich musste nur durchkommen, und diese Chance wollte ich nutzen. Ich verschwendete keinen Gedanken an einen Verzicht. Es ging auch schon so oft in der Vergangenheit, immer wieder hatte ich Schmerzen verdrängt oder ignoriert. Ich hatte mir ja schon mit 9 Jahren das Schlüsselbein bei einem Sturz ins Ziel gebrochen, nur weil ich gewinnen wollte. Ich hatte den Schmerz als ständigen Wegbegleiter kennen gelernt und gelernt, damit zu leben. Akzeptieren wollte ich ihn nie, dafür machte ich diesen Sport zu gerne. Bei den deutschen Meisterschaften, zudem bei meinen ersten, wollte ich schon gar nicht aufgeben. Wir begannen mit dem Hochsprung. Bei einer Bestleistung von 1,82 Metern besagte die von mir gewählte Anfangshöhe von 1,42 Metern alles. Es ging doch nicht. Ich hatte die ganze

Zeit auf ein Wunder gehofft. Hatte geglaubt, dass mein Einsatz und mein Wille belohnt würden, aber es klappte nicht. Nach dieser Anfangshöhe musste ich den Wettkampf beenden, bevor er angefangen hatte. Ich war am Boden zerstört.

Um auf andere Gedanken zu kommen, schickten mich meine Eltern auf eine einwöchige Fahrt mit dem Fußball- und Leichtathletik-Verband Westfalen ins Sauerland. Auf dieser Reise lernte ich das andere Geschlecht kennen. Ein Mädchen hatte etwas, was die anderen nicht hatten. Ich fand es unheimlich nett. Als ich morgens beim Frühstück kaum etwas runter bekam, glaubte ich, so etwas wie „Liebe" zu spüren. Ich war verknallt. Wie sonst war dieses elendige Gefühl zu erklären?! Vorsichtig tastete ich mich in Kinderspielchen an sie heran. Eigentlich machte sie alles und ich biss nur an. Eines Abends lagen wir im Bett und sie wedelte mit ihrer Nase immer über meine. Was sollte das denn? War das ein Liebesspiel, oder kratzte ihr Kopfkissen? Sollte ich sie vielleicht küssen? Ich spitzte die Lippen ein wenig und guckte, was passierte. Unsere Lippen berührten sich und wir küssten uns. Wie weich das war und wie gut das schmeckte. Plötzlich spürte ich ihre Zunge und ich öffnete den Mund. Boah, mit Zunge! Mann, war das ein Mädchen, die ging aber ran! Ich genoss es in vollen Zügen. Da ich nicht wusste, was alles erlaubt war, beschränkte ich mich auf die Reaktion und ließ sie machen.

Wieder zu Hause schwebte ich im siebten Himmel. Ich wollte unbedingt sehen, wo sie wohnte. Da sie in Marl, rund zehn Kilometer entfernt von Recklinghausen, zu Hause war, stellte ein Besuch eine logistische Meisterleistung dar. Ich war zu allem entschlossen, ob Bus, Bahn, Fahrrad oder Mama-Taxi, irgendwie würde ich schon nach Marl kommen. Ich malte mir die Zukunft aus. Ich tanzte zwar nicht so gerne, aber mit ihr würde ich auch einen zweiten Tanzkurs wagen. Meinen ersten hatte ich mit mäßigem Erfolg und der Erkenntnis der fehlenden Begabung vor einigen Monaten mit meiner besten Freundin Steffi gemacht. Wir könnten uns bestimmt zwei Mal die Woche sehen und würden die Distanz locker überbrücken. Ich war so verliebt! Das Leben war so schön.

Nach zwei Wochen, einem Telefonat, keinem Besuch und dem zweiten Brief verfiel ich allerdings in Lethargie. Sie machte mit mir Schluss. Einfach so. Sie schrieb mir, dass die Entfernung von zehn Kilometern zu weit sei. Nach zwei Wochen verlor sie schon die Nerven. Ich war noch nicht mal wütend. Nur traurig. Endlos traurig. Ich hätte alles für sie gemacht. Ich wäre sogar zu ihr nach Marl gelaufen, und ihr war die Entfernung zu weit. Ich versuchte mich abzulenken und joggte so lange, wie ich es noch nie getan hatte. In der Trauer beschäftigte ich mich mit meinem liebsten Hobby. Wenn ich Kraft in meine Leichtathletik investierte, bekam ich etwas zurück. Sei es eine Bestleistung oder nur ein gutes Gefühl der Erschöpfung. Da gab es nur mich und meinen Körper und nicht irgendwelche blöden Mädchen, deren scheinheilige Ausrede die Entfernung war. Vor allen Dingen nicht, weil ich nachher erfuhr, dass sie sowieso andauernd mit dem Bus in Recklinghausen war. Vielleicht war ich ihr nur zu langweilig. Ich musste etwas ändern.

Ich konnte auch anders. Erst mal bekam ich eine neue Frisur. So eine wie mein Freund Axel. Mit Mittelscheitel. Das war schon sehr verwegen. Allerdings gehörte dazu auch eine Menge Mut. Nach vierzehn Jahren änderte ich auch mein Outfit. Ich musste lässiger werden. Mit meinem Freund Groby ging ich in irgendwelche coolen Geschäfte und kaufte mir Klamotten. Ich durfte nicht mehr aussehen wie ein Kind. Ich hatte zwar noch kein einziges Schamhaar, aber ich wollte älter werden. Axel und Groby waren da die richtige Adresse. Sie wussten, was „in" war, und an ihnen konnte ich mich orientieren. Fortan bekämpfte ich meinen Geiz ein wenig, ich musste in Coolness investieren. Wenn man mitreden wollte, brauchte man neben den Klamotten auch CDs. Ich kaufte Unmengen dieser Tonträger. Hauptsache, sie waren in den Charts, waren billig oder gefielen mir wirklich. Ich wollte so viele CDs haben, dass ich für jeden Geschmack etwas hatte, wenn ich besucht wurde. „In"-Sein war nicht billig.

Im Winter standen die Westfalenmeisterschaften in der Halle an. Der Rücken machte mir zwar keine Probleme mehr, aber die Leiste und das Bein schmerzten. Ich konnte kaum aufrecht gehen, wollte aber gewinnen. Dazu musste ich 6,25 Meter springen, ich hatte aber nur 6,12 Meter geschafft und kämpfte mehr gegen mich als gegen meine Gegner. So verging der Wettkampf, und ich bemühte mich redlich, noch ein paar Zentimeter draufzupacken.

Ich hatte nur noch einen Versuch. Er war der letzte der gesamten Konkurrenz. Wenn ich es jetzt nicht schaffte, war ich nur Dritter. Ich lief an, traf den Balken und sprang 6,30 Meter. Vor diesem Versuch bekamen meine Eltern ein Gespräch mit. Sie hätten mich schon verheizt und so, wie es aussah, hätte ich wohl auch nichts mehr drauf. Meine Eltern - mich verheizt? Es war so lächerlich. Ich hatte meinen Anspruch, der Beste zu sein, befriedigt und zog mit dem Titel im Gepäck zufrieden und humpelnd von dannen.

Auch diese Schmerzen gingen, und der Sommer kam wieder - also ein weiteres Jahr mit deutschen Achtkampfmeisterschaften. Es war die gleiche Konstellation wie ein Jahr zuvor. Ich war Zweitbester der Liste, der Führende fehlte erneut, und mein Rücken tat wieder weh. Dieses Jahr kam ich allerdings bis zur dritten Disziplin. Für das Endresultat änderte das nicht viel. Wieder gewann der Vorjahressieger, wieder war ich deprimiert und dachte, die Welt hört auf, sich zu drehen. Warum mussten Chancen immer ungenutzt an mir vorüber ziehen? Warum konnte ich nicht ein Mal den Sack zumachen und den großen Coup landen? Alle Fragen nützten nichts, sie waren pure Zeitverschwendung.

Mein Vater nahm mich nach diesem Wettkampf zur Seite und machte mir einen schwerwiegenden Vorschlag. Er legte mir nahe, einige Jahre dem

Mehrkampf abzusagen. Ich sollte das, was ich am meisten liebte, nicht mehr tun. Ich wollte es nicht einsehen, so groß konnten die Rückenschmerzen nicht sein, als dass ich freiwillig aufgab. Doch nach langen Diskussionen überzeugte er mich. Da ich für mein Alter technisch fast perfekt war, würde ich den Einstieg in den Mehrkampf schnell wieder finden. Es war wie Fahrradfahren, was ich einmal konnte, würde ich nicht verlernen. Er versprach mir, sobald alles ausgeheilt sei, wieder in den Mehrkampf einsteigen zu können.

Für den Moment war es besser, alle Sprung- und Wurfbelastungen zu meiden und den jugendlichen Körper zu schonen. Ein Versprechen meines Vaters war Gesetz. Sobald ich wieder gesund war und ein Jahr den Körper entlastet hatte, durfte ich wieder die Vielseitigkeitsprüfung der Leichtathletik versuchen. Bis dahin hieß es laufen, laufen, laufen. Ich willigte ein, da er mir die Vorzüge dieser schonenden Vorgehensweise verdeutlichte und ich nicht den Sport aufgab, sondern ihn nur ein wenig aufschob. Trotz all der Versprechungen meines Vaters war ich extrem niedergeschlagen. Wieder war das Ziel in weite Ferne gerückt.

Das schrie förmlich nach Egobefriedigung. Ich war doch gar nicht so schlecht. Ich hatte zwar diesen Wettkampf nicht gewonnen, aber meine Pokale zu Hause sagten etwas über den eigentlich Besten aus. Ich begab mich an die Präsentation meiner bis dahin gewonnenen Trophäen. Es waren viele, verdammt viele. Ich holte sie aus dem Schrank hervor und stellte sie auf. Alle zwanzig. Ich rückte sie dahin und dorthin, bis sie in meinem Zimmer in Reih und Glied standen und nur darauf warteten, auch von anderen bestaunt zu werden. Zudem konnte ich sie jeden Tag selbst ansehen, um mich besser zu fühlen. Da stand der Beweis, dass ich gut war. Pokale gewann man nur ganz selten zu besonderen Anlässen, und ich hatte zwanzig. Ich war zwar kein Deutscher Meister, aber ich hatte eine Unmenge Trophäen.

Später ließ ich mir in meinem Geltungswahn von Tante Erna, der 90-jährigen Schwester meines verstorbenen Opas, meine „Pferdchen" auf die Hose nähen. Für einen Westfalenmeistertitel bekam man als Sieger einen Stoffaufnäher, der das Wappen des Leichtathletikverbandes trug, ein Pferd mit der Jahreszahl. Ich belächelte meist andere Athleten, die mit ihrem einen „Gaul" angeben wollten. Tja, ich hatte zehn und Tante Erna sollte sie auf meine Hose nähen. Alle! Ich war der Beste. Mehr als zehn Landesverbandstitel und mehr Pokale als ich hatte niemand. Der Anblick des Gestütes auf meiner Sporthose machte mich zufrieden.

Bei meinem ersten Wettkampf mit der Hose, die ganz klar zu dick auftrug, fand ich diese Prahlerei plötzlich alles andere als angebracht. Ich ertrug die Blicke der anderen nicht, die staunend, neidisch, fast hämisch auf meine Aufnäher guckten. Ich stand auf dem Präsentierteller und förderte das noch. Dass ich in der Leichtathletik gut war, wussten die anderen eh. Ich verfluchte meine Großkotzigkeit. Zu Hause entfernte ich die Aufnäher allesamt und ausnahmslos. Meine Pokale zu Hause verteidigten noch eine Zeit lang ihren Vorzeigeplatz, da sie der Öffentlichkeit nicht so penetrant präsentiert wurden - aber auch sie verschwanden nach einiger Zeit. Schließlich war die aufdringliche Zurschaustellung meiner Erfolge ohnehin nicht mein Ding. Wurde etwas über mich erzählt, las ich eine Geschichte über mich in der Zeitung oder wurden meine Erfolge sonst wie bekannt, war ich stolz, aber ein übertriebenes Mitteilungsbedürfnis plagte mich nicht mehr. Ich bekam ja schon einen hochroten Kopf, wenn ich während der Vereinsfeier besonders erwähnt wurde.

Wir mussten die Ursache der Rückenschmerzen finden, so dass wir von einem Arzt zum nächsten fuhren. Niemand jedoch konnte sich diese Leiden erklären. Viele schickten uns einfach wieder raus, nachdem sie gesehen hatten, dass ich erst fünfzehn war. Die Diagnose lautete „Wachstumsbeschwerden, der Nächste bitte!" Aber ich war seit Jahren nur noch langsam gewachsen und entsprach dem Durchschnitt der Gleichaltrigen. Meine Mutter startete den letzten Versuch. Ein Arzt mit einem exzellenten Ruf. Er war unsere letzte Hoffnung. Doch nach Schilderung der Probleme machte er die Tür auf und warf uns raus. Wenn wir schon zehn Kollegen konsultiert hatten, sei das Vertrauensverhältnis von Anfang an gestört und wir würden uns nie mit einer Diagnose zufrieden geben. Wir brachen die Arztbesuche ab und halfen uns selbst, indem wir notgedrungen auf die Zeit setzten und alte Hausmittelchen bemühten.

Auch am Ende dieses Jahres, welches sportlich nicht die erhofften Ziele in der Endabrechnung präsentierte, fuhr ich mit Gleichaltrigen weg. In der 10. Klasse stand eine weitere Fahrt auf dem Programm. Es sollte ein fünftägiger Trip in ein 300 Kilometer entferntes Feriendorf werden. Unterbringung zu sechst in Bungalows und Selbstverpflegung. Auf der Klassenpflegschaftssitzung wurden die Formalitäten geklärt. Verhaltensmaßnahmen wurden festgelegt, um gewisse Spielregeln zu haben. Es wurde darüber abgestimmt, ob hochprozentiger Alkohol erlaubt war oder nicht. Meine Eltern protestierten lautstark. Es wurde nicht darüber gesprochen, ob Alkohol generell erlaubt war, sondern wie viel Prozent er haben durfte! Die Hälfte der Klasse war noch keine Sechzehn! Ein Vater wandte ein, dass sein Junge abends sein Bierchen bräuchte. Unter dem Protest meiner Eltern wurde der gemäßigte Alkoholkonsum gestattet. Aber was war gemäßigt? Ein Bier, ein Promille, ein Kasten?

Auch ich wollte mich diesem Test nicht verweigern. Als ich zwölf war, hatte mein Vater mit mir zwar einen Vertrag geschlossen, dass ich zu meinem zwanzigsten Geburtstag 5.000 Mark bekommen würde, sollte ich bis zu diesem Zeitpunkt nicht geraucht haben. Aber trinken war nicht rauchen. Den Vertrag befolgte ich, hatte sogar bei dem unvermeidlichen Passivrauchen in öffentlichen Räumen ein schlechtes Gewissen, dass ich als vertragsbrüchig gelten könnte, aber ich rührte keine Zigarette an. Mein Wort zählte. Mein

Vater setzte auf meine Ehrlichkeit. Und darauf konnte er sich verlassen. Aber von Alkoholabstinenz war keine Rede. So probierte ich mit Axel und Groby die erste Flasche Bier meines Lebens. Dieses Gebräu schmeckte scheußlich. Es war so bitter und es war eine Überwindung, weiter zu trinken. Wer trank so was freiwillig? Nach drei Flaschen war ich betrunken. So ging es am dritten Tag weiter. Auf unserer weiterbildenden Selbsterfahrungsreise stand eine Weinprobe auf dem Plan. Jeder zweite Schüler der Klasse war noch 15, und dann eine Weinprobe! Egal, doch verwunderlich, dachte ich. Nach dem Bier konnte ich jetzt also mal den Wein probieren. Wir stiegen in den Keller hinab und begannen mit der Probe. Nicht lange riechen, nicht so lange im Mund zergehen lassen. Weg damit! Der Wein war zwar nicht so bitter wie das Bier, aber der Alkohol schmeckte einfach nicht. Die Süße des Weißweins ließ es erträglicher werden. Nachdem wir vier verschiedene Sorten probiert hatten, torkelte ich, mühsam auf Haltung achtend, nach oben. Dort kauften wir für unsere Eltern Wein. Ich kaufte zwei Flaschen. Eine für 2,90 DM, die andere für 3,90 DM. Die erste Flasche erlebte den nächsten Morgen nicht mehr. In unserem kollektiven Klassenbesäufnis killten wir die Geschenke für unsere Erziehungsberechtigten. Auch zu Hause konsumierten wir die nächsten Wochen Alkohol. Bei einem Freund entschlossen wir uns, über Nacht nicht nur Bier zu trinken, sondern auch Rum. Das war meine Erlösung. Am anderen Morgen war mir nämlich so schlecht, dass ich auf ewig geheilt war. Die Widerwärtigkeit des Alkohols war schlimmer als jeder Gruppenzwang.

Die Notenvergabe beinhaltete im letzten Jahr der Mittelstufe einigen Zündstoff. Nachdem sich mein alter Lateinlehrer, Herr Vach, vorzeitig in seine wohlverdiente Pension verabschiedete und der ihn ersetzende Lehrer nach einem halben Jahr eine Direktorstelle an einer anderen Schule bekam, blieben nur noch zwei Lateinlehrer übrig. Doch diese beiden hatten Töchter genau in meinem Kurs. Als einzige Möglichkeit gab es den seit zehn Jahren nicht mehr Latein unterrichtenden Lehrer Herrn J.! Derjenige, der sechs Jahre zuvor bei der Einschulung schon einen bevorstehenden Konflikt mit mir angekündigt hatte. Aber es sollte nur das letzte Jahr in Latein sein. Auch dieses würde ich überstehen. Aber da war er ganz anderer Ansicht. Bei Rückgabe der ersten Klassenarbeit fiel ich in ein Loch. Ich schlug mein Heft auf und blickte auf die schlechteste Note, die ich jemals in irgendeinem meiner Hefte lesen musste: „noch mangelhaft". Also gerade keine „sechs".

Das war Negativ-Rekord. Bisher hatte ich in Latein immer sicher „befriedigend" gestanden, schriftlich wie mündlich. Bei einem Vergleich mit meinem Nachbarn stellte sich heraus, dass er mit 40 Fehlern eine „vier minus" erhalten hatte und ich mit 25 Fehlern eine „fünf minus". Mit beiden Heften bewaffnet suchten wir Rat bei meinem alten Lateinlehrer, der immer durch seine gerechte Strenge aufgefallen war. Der wunderte sich auch. Die Arbeit wurde nach einem Einspruch wiederholt und ich schrieb fortan nur noch Arbeiten mit der Note „noch ausreichend". Da eine schwache „vier" nicht für das Erlangen des großen Latinums reichte, musste ich mich anstrengen. Herr Vach, vor dem ich jahrelang gezittert hatte, bot mir seine Hilfe an. So bekam ich nach unzähligen Nachhilfestunden in Englisch, vereinzelten Mathestunden bei meiner Patentante Edith, auch in Latein, den Griff unter die Arme.

Meinen Klassenlehrer hatte ich in den Fächern Politik und Geschichte. Zu Beginn des Schuljahres hatte er meiner Mutter erklärt, dass ich in den schriftlichen Teilen der Fächer mindestens eine „drei" haben müsse, wenn ich diese Note auf dem Zeugnis wieder finden wollte. Ich kannte also die Marschroute. Es war wie für mich gemacht, da ich im Schriftlichen ohnehin besser war. Ich erhielt in all meinen Tests und Referaten gute Noten, und selbst mündlich verbesserte ich mich - meiner Meinung nach. Kurz vor den Zeugnissen wurden die Noten bekannt gegeben und ich hoffte auf den Lohn meiner Arbeit. Ich erwartete in beiden Fächern eine „zwei". Aber auch dieses Mal wurde ich enttäuscht, da beide Fächer lediglich mit „befriedigend" bewertet wurden. An dieser Schule war es allerdings üblich, um seine Beurteilung zu feilschen. Das probierte ich dann auch mal aus. Ich war mutig und stellte mich am Ende der Überredungsschlange an. Es war mir so zuwider. Aber ich wollte um Gerechtigkeit kämpfen. Als ich an der Reihe war, erklärte ich ihm, dass ich mich in diesem Jahr stark verbessert habe und meine schriftlichen Noten wirklich gut waren. Ohne Diskussion bestätigte er mir dieses und meinte, ich sollte mich überraschen lassen.

Als meine Mutter später in die Zeugnislisten blickte, stand dort in beiden Fächern ein „befriedigend". Sie wies ihn auf seinen Fehler hin. Er versicherte ihr, dass er die Politik-"drei" noch auf eine „zwei" verbessern würde. Meine Mutter guckte etwas verständnislos, da sie aufgrund der Vorgeschichte in beiden Fächern eine „zwei" erwartete. Das ginge nicht, erklärte er ihr. Wenn sie wolle, bekäme ich in Geschichte die „zwei" und in Politik die „drei", aber beides zusammen, das ginge nicht. ??? ! Nach der schulüblichen Zeugnisdiskussion wurden beide Noten auf „gut" umgeschrieben. Es ging zu wie auf einem Basar.

Zum Ende des Schuljahres reifte in mir ein Entschluss, den ich nie bereute. Ich wollte diese Schule verlassen. Ich wollte es mir zwar noch nicht eingestehen, aber die Entscheidung war schon lange gefallen. Spätestens auf die Frage meines Lateinlehrers: „Warum wird auf der Welt denn kein Latein mehr gesprochen?", die ich patzig mit „Weil Latein keine Sau interessiert!" beantwortete, nahm der Entschluss Kontur an. Ich glaubte meinen Ohren nicht zu trauen - ich hatte offen rebelliert. Für diese Antwort hatte ich mich sogar ganz vorschriftsmäßig gemeldet. Ich fühlte mich hier ungerecht behandelt. Ich musste gehen. Der Schritt fiel mir unendlich schwer, aber ich sah keine andere Möglichkeit. Da ich innerhalb der Stadt nicht wechseln durfte, verschlug es mich auf das Städtische Gymnasium nach Oer-Erkenschwick.

Kapitel 3 – Von 1991 bis 1994

Be cool, Frank!

Ich hatte einen Schritt vollzogen, den ich mir niemals zugetraut hätte. Ich ließ meine Freunde und bekannte Umgebung zurück. Der Wunsch nach Gerechtigkeit trieb mich zu dieser Verzweiflungstat.

Ich fühlte mich am ersten Tag sehr unwohl. Ich sah zwar jetzt nicht mehr so aus wie der Bubi aus dem Kindergarten und hatte neben meiner neuen Frisur auch etwas coolere Klamotten, aber seit einiger Zeit fand ich die ersten hartnäckigen Pickel in meinem Gesicht. Es war zum Kotzen, gerade da, wo mir alle Menschen hinguckten, wucherten um den Mund unzählige unschöne Zeichen der Pubertät. Ich fühlte mich nackt und ungeschützt. Zu meiner Schamesröte musste ich mich jetzt noch mit dieser großen Schwäche auseinandersetzen. Andere schlugen sich damit zwar auch herum, aber ich konnte die Pickel bestimmt am wenigsten auf dieser Welt leiden. Und dann musste ich, so unsicher wie ich war, in die Höhle des Löwen. Nach Überwindung des ersten Schocks wollte ich am zweiten Tag meinen Augen nicht trauen, ein Mädchen kam mit einem Lächeln auf mich zu. Es war Martina! Meine erste große Liebe. Sie war das Mädchen, welches sich vor Jungen am Hittorf-Gymnasium kaum retten konnte. Ich war so eingeschüchtert. Sie erkannte mich trotz der Pickel und der neuen Frisur. Wir hatten uns nur einmal kurz ein Jahr nach ihrem Schulwechsel gesehen und uns nur einmal geschrieben. Zum Glück war ich nicht mehr in sie verknallt. Sie war wie früher, nur etwas größer.

Nach meinem Weggang kam eine Lehrerin des Hittorf-Gymnasiums zu meiner Mutter und erläuterte ihr, dass ich nicht hätte wechseln müssen. „Frau Busemann, wir haben schon so viele Schüler durch das Abitur gezogen, Ihren Sohn hätten wir da auch noch durchbekommen!" Meine Entscheidung, die Schule zu wechseln, war also genau richtig gewesen. Einige Lehrer des Hittorf-Gymnasiums hatten wohl den Eindruck, dass ich das Abitur nur unter größter Mühe geschafft hätte. Ich lebte förmlich auf und hatte nach einer kurzen Zeit des Beschnupperns auch keine Probleme, Anschluss zu finden. Zwar hatte ich vor keinem Einzelnen der 80 Schüler Angst, doch schon zwanzigmal ein Schüler ergab eine große Gruppe, und die schüchterte mich ein. So änderte sich in meinem Verhalten gegenüber meinen Mitschülern und im Unterricht nicht viel: Ich verlegte mich aufs Zuhören und sagte nichts, was in der mündlichen Note meist irgendwelche „Dreien" zur Folge hatte (war er nun da oder nicht?).

Nachdem ich im Winter überraschenderweise schon den zweiten Platz bei den Deutschen Meisterschaften der bis zu zwei Jahre Älteren erreicht hatte, wollte ich im Sommer 1992 wieder das Unternehmen „Deutscher Meister" in Angriff nehmen. Zuvor musste ich jedoch mein erstes öffentliches Interview überstehen. Ich stand schon oft in der Zeitung und hatte bis dahin Journalisten auch schon ein paar Mal Auskunft gegeben, aber jetzt sollte ich in ein Radiostudio. Ich war nervös. Ich hatte einen roten Kopf und mir fiel es schwer, zusammenhängende Sätze zu formulieren. In diesem Stress war ich nicht in der Lage, komplette Sätze zu bilden. Ich vertauschte Silben und versilbte Tauschen. Es war ja auch kein Wunder. Ich reihte wie ein Roboter ein Wort hinter das nächste. Doch irgendwann war auch diese Erfahrung geschafft und ich mochte sie nicht wirklich. Ich konnte zwar über das sprechen, was ich am besten konnte und am meisten liebte, aber in der Öffentlichkeit zu reden war nicht das Gleiche wie in der Öffentlichkeit zu laufen.

Wir fuhren zur optimalen Vorbereitung und zwecks Erlebnisses des ultimativen Urlaubs für drei Wochen in die USA. Geplant waren zwei Wochen San Diego und eine Woche Las Vegas. Es war wie in den letzten Jahren über Ostern ein Familienurlaub mit zahlreichen anderen Sportlern, welcher als Trainingslager gedacht war. Was anderes konnte ich mir auch nicht vorstellen. Was sollte man sonst im Urlaub machen, wenn nicht seinem liebsten Hobby nachgehen? Allerdings entpuppte sich die Anreise als extrem anstrengend, da ich seit meinem dreizehnten Lebensjahr eine Mordsangst vor dem Fliegen hatte. So sehr ich Flugzeuge von außen liebte, so sehr hasste ich sie von innen. Und das nur, weil ich bei meinem ersten Flug nach Tunesien schlechte Erfahrungen gemacht hatte. Als das Fahrgestell einrastete und ich wegen des Geräusches vor Schreck eine Hitzewallung bekam, dachte ich, es brennt. In meiner Todesangst sah ich mich plötzlich von außen. Ich war mir und meinem Leben so weit entfernt, dass diese Situation unwirklich und angsteinflößend war. Bei meinem ersten Flug sollte ich schon sterben!? Ich bekam Panik. Dass diese Geräusche alle ganz normal waren, interessierte mich die folgenden Jahre nicht mehr. Ich dachte, dem Tod ins Angesicht geblickt zu haben, und ich musste immer wieder in diese verdammten Flugzeuge. Das war auf dem zehnstündigen Flug nach Amerika nicht besser, ich entstieg dieser Kiste schweißgebadet und völlig entkräftet, da ich 600 Minuten auf mein Lebensende wartete und bei jeder kleinen Turbulenz bereit war, mit meinem Leben abzuschließen. Der Aufenthalt in den USA entschädigte allerdings für die Strapazen. Da sich der Dollar in der Zwischenzeit von 2 Mark auf 1,50 Mark verbilligt hatte, kauften mir meine Eltern meine bis dahin angesammelten 600 US-Dollar für meinen Durchschnittskurs von 1,68 Mark ab.

Das Trainingslager verlief recht vielversprechend und sollte sich einige Monate später auszahlen. Bei den deutschen Jugendmeisterschaften lief ich im Vor- und Zwischenlauf gute, lockere Zeiten, mit ein wenig Bluff. Die Karten waren nicht vollends aufgedeckt, und den Joker hatte ich noch im Ärmel. Im Endlauf lief ich über die ersten Hürden und merkte, dass sich mein Gegner zwei Bahnen neben mir nicht einfach geschlagen geben würde. Die Strecke zum Ziel wurde immer kürzer und der Abstand zum Ersten nicht wesentlich weniger. Ich entschloss mich, einen Endspurt anzusetzen. Dies war völlig absurd, da man die 110 Meter Hürden vom Start bis zum Finish mit maximaler Geschwindigkeit läuft. Mein Endspurt erhöhte das bereits maximale Tempo. Und dann hatte ich mit den gleichen Problemen zu kämpfen wie ein Auto, welches im überroten Drehzahlbereich gefahren wird. Mein Motor - sprich meine Beine - wollte schneller laufen, als der Fahrer - sprich ich - überhaupt konnte. Ich stieß vor die neunte Hürde und sah die letzte Hürde immer näher auf mich zu stürmen. Doch ich war noch nicht bereit für den Schritt über das Hindernis. Ich merkte nur einen Schlag vor den Spann meines rechten Fußes.

Mein Oberkörper bewegte sich Richtung Ziel, der Motor blieb aber irgendwo hängen. Kurze Zeit später stürzte ich mit voller Wucht auf den Boden. Es war aus. Ich hatte verloren. Schon wieder. Wann sollte ich diesen Titel des Deutschen Meisters endlich erreichen? Niemals? Ich fasste mir an das Schlüsselbein, da ich hier den größten Schmerz spürte. Ich erschrak. Das Schlüsselbein fühlte sich spitz und verbogen an, nicht mehr so glatt und gerade wie wenige Sekunden vorher. Ich war enttäuscht, traurig und blieb einfach liegen. Der eigentliche Hauptschmerz war aber der seelische, da ich es wieder nicht geschafft hatte. Nach dem Schock kam erst der Schmerz in der Schulter. Die behandelnde Ärztin meinte, dass ich mich nicht so anstellen solle, es sei nur ein Schlüsselbeinbruch. Sie konnte nicht nachvollziehen, wie enttäuscht ich war. Ich hatte so lange für dieses Rennen trainiert, wollte mir diesen Traum erfüllen, hatte so viel Kraft und Zeit investiert, um mir in einem Bruchteil einer Sekunde alles zu zerstören. Aber ich schwor Rache. Ich musste aufstehen, nach vorne gucken und es wieder probieren. Das Potenzial hatte ich. Irgendwann sollte mein Tag kommen. Irgendwann. Garantiert.

Wie die Besten aussahen, konnte ich 1992 bei den Olympischen Spielen in Barcelona live mitverfolgen. Nach dem Osteraufenthalt in den USA war dieses Jahr ein besonderer finanzieller Kraftakt für meine Eltern. Sie wollten uns ein derartiges Spektakel nicht vorenthalten und entschieden sich für zwei große Reisen in einem Jahr. Mussten sie halt einen Kredit aufnehmen, das war es ihnen wert. Da mein Vater ein kühler Rechner war, konnten alle Belastungen wieder abgestottert werden. Und wir sahen Olympische Spiele vor Ort. Es war beeindruckend, in einem Stadion mit 70.000 Menschen zu sitzen und die Wettkämpfe zu verfolgen. Es war unglaublich, wie viel Begeisterung durch gute Leistung entfacht wurde. In dem Moment konnte ich mit meinem gebrochenen Schlüsselbein gerade mal aufrecht sitzen und ein wenig klatschen, aber auch der fünfte Knochenbruch meines Lebens würde wieder verheilen und dann würde ich alles daran setzen, irgendwann auch mal dort unten ganz oben zu stehen. Vor 70.000 Menschen, bei Olympischen Spielen. Ich wollte es schaffen und dabei sein. Vielleicht im Jahr 2000, da wäre ich 25 Jahre alt und im besten Alter für die Herausforderung „Angriff auf den Olymp".

Als wir aus Spanien zurückgekehrt waren, musste ich meine neu angestachelte Motivation ausleben. Die Zeit des Nichtstuns mit dem gebrochenen Schlüsselbein war einschläfernd. Da das mit dem Deutschen Meister mal wieder nicht geklappt hatte, galt es andere Ziele anzupeilen - wie die Verbesserung des Westfalenrekords über die 300 Meter Hürden. Es war zwar nur ein kleines Ziel, aber verfolgenswert. Als ich endlich soweit war, fuhren wir nach Kamen, und dort wollte ich unter 38 Sekunden laufen. Die Disziplin war recht ungewöhnlich, so dass nur wenige Athleten am Start waren. Einen sah ich bei solchen Gelegenheiten immer.
Er war wohl genauso verrückt und sportverliebt wie ich. Wir begrüßten uns und er stellte mir seine Freundin Katrin vor. Er hatte es gut. Ich hatte seit drei Jahren keinen weiblichen Kontakt mehr. Und so eine Freundin hatte schon was. Egal, ich wollte Westfalenrekord laufen und hatte kein Auge für irgendwelche Mädchen. Da war der Lauf halt meine Freundin. Ich lief 37,96 Sekunden und hatte das Ziel, welches ich mir vor kurzer Zeit gesteckt hatte, erreicht. Ich kotzte mir zwar beinahe die Seele aus dem Leib, aber das war ich gewohnt. Ich zollte der Übersäuerung wie immer Tribut. Nach einer Stunde fühlte ich mich wieder besser und war um ein Erfolgserlebnis reicher.

Ein halbes Jahr später trainierte ich ruhig und motiviert weiter. Ich bluffte von Rennen zu Rennen und tat nur soviel, wie ich musste, um zu gewinnen. Ich wollte am Tag der Entscheidung bei den deutschen Jugendhallenmeisterschaften ganz vorne sein. Nur der Sieg zählte, nicht der zweite oder der dritte Platz. Ein fast hoffnungsloses Unterfangen. Dazu musste ich den Titelverteidiger schlagen, der zudem noch Junioreneuropameister und Vizeweltmeister der 19-Jährigen war. Er sollte meine Sehnsucht zu spüren bekommen. Ich war konzentriert und aggressiv. Unfreundlich und unnahbar.

Es war mir egal, was um mich herum geschah, es gab nur mich und diesen Lauf. Auf den Kommentar meiner Cousine Simone, dass ein zweiter Platz auch toll sei, erwiderte ich giftig: „Ich bin nicht hier, um zu verlieren!" Gesagt, getan. Den Vor- und Zwischenlauf gewann ich souverän und demonstrierte meine Stärke fast arrogant, indem ich keine Miene im Ziel verzog und die Linie immer trudelnd überquerte. Der Endlauf war das Mittel zum Zweck. Hier wurde der Titel vergeben, den ich so gerne haben wollte. Ich lief wieder schneller, als ich konnte, aber dieses Mal kam alles mit. Die Beine, der Oberkörper, der Kopf. Nach 7,60 Sekunden brachte ich alles zusammen über die Ziellinie.

Ich blickte zur Seite und verschaffte mir die Gewissheit, dass heute der Tag war, den ich mir fünf Jahre gewünscht hatte. Ich war Deutscher Meister, es hatte geklappt. Meine Hartnäckigkeit wurde belohnt, und die Schmerzen der Vergangenheit waren mit einem Mal vergessen. All der Einsatz, die vergeblichen Versuche der letzten Jahre fanden in diesem Rennen einen Sinn. Dass wir nachher noch mit der Staffel gewannen, war zwar schön, aber nicht so überwältigend wie der Titel, den ich mir ganz alleine mit der Hilfe und unter Anleitung meines Vaters erkämpft hatte. Ich hatte zudem noch einen deutschen Rekord aufgestellt. Ich war der schnellste deutsche Jugendliche, den es jemals über diese Strecke gegeben hatte. Ich hatte mit unablässigem Glauben an mich mein Ziel erreicht. Vorerst.

Um die Anerkennung für diesen Rekord zu erlangen, musste ich zu der notwendigen Dopingkontrolle. Meine erste überhaupt, so dass ich keine Ahnung hatte, wie so etwas ablief. Ich hatte leichte Probleme, mir beim Pinkeln zugucken zu lassen. Der Kontrolleur hat immer die Aufgabe, sich von der ordnungsgemäßen Funktion der Austrittsöffnung zu vergewissern. Nach langer Zeit und Riesenhemmungen bekam ich endlich die vorgeschriebene Menge von 75 Millilitern heraus. Wir versiegelten alles, verplombten die A- und B-Probe mit heißem Wachs, ich drückte meine Fingerkuppe in das Wachs der zweiten Probe und unterschrieb die Ordnungsmäßigkeit des Abnahmeverfahrens.

Um mich von der Gefahrlosigkeit dieser Kontrolle zu überzeugen, ging ich in Gedanken meine Nahrungsaufnahme der letzten Tage durch. Auf einmal bekam ich Angst. Was wäre, wenn in der Pizza beim Italiener irgendetwas Verbotenes gewesen war? Wenn die Meeresfrüchte mit Hormonen hochgezüchtet waren? Was wäre, wenn ich ein Hustenbonbon gelutscht hätte, das verbotene Stoffe enthielt? Plötzlich wurde ich unruhig. Ich konnte hundertprozentig ausschließen, dass ich etwas wissentlich genommen hatte, aber was war mit dem Gefahrenfaktor des Unbekannten? Es war zwar absurd, aber auszuschließen war es nicht. Ich träumte nachts von einer positiven Kontrolle. Schweißgebadet erwachte ich aus meinem Albtraum. Kein Athlet würde mehr mit mir sprechen, alle würden mit dem Finger auf mich zeigen.

Niemand würde mir glauben, dass ich diesen Erfolg ehrlich und mit Fleiß errungen hatte. Diese Gedanken waren vollkommen absurd, aber was wäre, wenn dort etwas wäre, was ich nicht erklären konnte?

Ich war sauber, und das war für mich die einzige Art des fairen Sports. Ich hatte nie über so etwas nachgedacht, aber mit dieser Kontrolle wurde ich mit dem Thema konfrontiert. Ich fühlte mich wie ein Verdächtiger, dem man Missbrauch vorwerfen wollte.

Natürlich war die Probe negativ, natürlich wurden der Sieg und der Rekord anerkannt. Ich durfte nun noch ein wenig stolzer auf meinen Titel sein, da ich mit dieser Dopingkontrolle beweisen konnte, dass ich es aus eigener Kraft, mit den mir gegebenen Fähigkeiten und meinem Ehrgeiz geschafft hatte. Die Dopingkontrolle verlieh dem Ganzen das Prädikat: fair, sauber und korrekt. Dopingkontrollen durfte man als sauberer Sportler nicht als böse Verdächtigung auffassen, sondern als Chance für sich selbst. Nur so konnte man allen Zweiflern das Gegenteil beweisen. Man war das Produkt seines Talentes und Ehrgeizes, und nicht das Produkt der Chemie.

Der Lohn war eine Nominierung zum Länderkampf nach Minsk. Ich war das erste Mal im internationalen Geschäft, ich durfte mit einer Mannschaft des Deutschen Leichtathletik Verbandes (DLV) zu einem Vergleich nach Weißrussland fliegen. Ich war gespannt und aufgeregt, da ich neu in dieser homogen scheinenden Reisetruppe der Sportler war. Ich war der jüngere Jahrgang und bestritt meinen ersten Länderkampf. Ich kannte niemanden, nur meinen Disziplinkollegen und Freund Filipp. Aber ich würde schon Anschluss finden. Das Eintauchen in diese, mir fremde Welt des weißrussischen Landes mit dieser Mannschaft war aufregend und spannend zugleich. Zu meinem Verdruss erhielten Filipp und ich jeweils ein Einzelzimmer. Am Abend vor dem Wettkampf kamen drei Athleten auf meine Bude, die mit mir meinen achtzehnten Geburtstag feiern wollten. Filipp, ein Vereinskollege und noch ein Sportler der deutschen Mannschaft gesellten sich zu mir. Um 0:00 Uhr holte ich eine Packung Müsliriegel heraus, um den Anlass gebührend zu feiern.

Kontakt zu weiteren Teammitgliedern konnte ich nach dem Wettkampf in der von den Russen initiierten Disco aufnehmen. Ich hasste derartige Veranstaltungen zwar, aber hatte Angst, etwas von der Welt zu verpassen. Da ich meinen Wettkampf aufgrund einer Zielfotoverwechslung mit Filipp verloren hatte, war ich alles andere als zufrieden. Lediglich mein Ehrenpreis war okay. Filipp erhielt als vermeintlicher Sieger eine bunte Vase, die in ihrer Hässlichkeit nicht einmal von den schlimmsten Kirmeskreationen übertroffen wurde. Ich hingegen bekam für meinen nun dritten Platz eine Holzkiste, die mir sehr gut gefiel und heute noch einen Ehrenplatz einnimmt. Ich wertete sie ganz einfach als den Preis für den Sieger. Filipp vergnügte sich die Zeit, die von den Russen angeschleppten mit Wodka gefüllten Wassergläser zu leeren. Ich fand es amüsanter, mich ganz unverhofft mit einer Sprinterin zu unterhalten. Wir palaverten einige Zeit, und in der Dunkelheit bemerkte ich erst viel später, welche Schönheit meine Worte erwiderte. Konnte das denn wahr sein? Mir, dem pickeligen Jungen aus Recklinghausen, der in seiner Schüchternheit gefangen war? Mir, der erst immer auftaute, wenn einige Zeit vergangen war und ich mich absolut wohl fühlte?

Es schien so. Unverfänglich fragte ich sie, wie alt sie sei. Sie sagte 15, und ich erschrak. Ich baggerte ein halbes Kind an. Dann wiederum besann ich mich auf die Tatsache, dass ich sie älter eingeschätzt hatte und ich sie auch so weiterbehandeln musste. Wir verschwanden in mein Einzelzimmer. Was wir zwei da gemacht hätten, wollten meine Freunde später wissen. Wir hatten uns lange unterhalten und die Stille außerhalb der lauten, flackernden Disco genossen, ich hatte ihr ein paar Kartentricks gezeigt. Aber das löste bei meinen Zuhörern nur Gelächter aus. Mir war deren Getratsche nicht unrecht, da ich so trotz all meiner Dementis ein wenig als erfahrener Frauenvernascher dastand. Ich brachte sie kurz vor Sonnenaufgang auf ihr Zimmer und drückte ihr einen Kuss auf die Lippen. Ich musste ihr zeigen, dass ich Interesse hatte, da wir in wenigen Stunden wieder nach Hause flogen und sie dann 350 Kilometer von mir entfernt war.

Am nächsten Morgen hatten wir beide Probleme, uns in der Öffentlichkeit zu zeigen. Wir verabschiedeten uns mit einer Umarmung am Flughafen und gingen auseinander, aber ich war schwer verliebt, und nur das zählte.

Die Zeit danach stellte unsere „Beziehung" auf eine schwere Probe. Die räumliche Distanz ließ sich aufgrund meiner neugewonnenen Mobilität leicht überwinden - einen Tag nach meiner Rückkehr holte ich meinen Führerschein ab. Sie wollte aber nicht. Es passte ihr hier nicht, es passte ihr ein anderes Mal nicht. So telefonierten wir nur. Das war wenigstens etwas. Und ich schrieb ihr seitenweise Briefe. Sie schrieb selten zurück. Ich verstand es, da ich früher auch so schreibfaul war. Ich säuselte ihr in meinen Briefen vor, wie sehr ich sie liebte und wie sehr ich sie vermisste. Sie schrieb selten. Manchmal rief sie sogar an. Manchmal. Aber ich war so verliebt. Aber war sie das auch? Es hatte so gar nicht den Anschein.

Plötzlich bekundete ein Mädchen meiner Stufe reges Interesse an meiner Person. Es war zum Verrücktwerden, da ich sie seit Beginn der Oberstufe außergewöhnlich fand. Sie strahlte etwas aus, was ich nicht deuten konnte. Es war etwas Anziehendes, was mir Angst machte. Und jetzt interessierte sie sich plötzlich für mich. Sie war aufbrausend und direkt, ich dagegen war schüchtern. Sie machte mir unmissverständlich klar: Frank, ich will dich! Ich war ganz verdreht, da ich doch noch eine „Freundin" 350 Kilometer von mir entfernt hatte. Aber liebte die mich überhaupt noch? Nein, offensichtlich nicht. Wir hatten zwar nicht Schluss gemacht, aber hatten wir überhaupt angefangen? Das war mir jetzt auch egal. Auf ihrer Geburtstagsfete kam ich mit meiner neuen Flamme zusammen. Ich hatte jetzt eine richtige Freundin. Eine, die ganz nah bei mir wohnte und die ich jeden Tag sehen konnte. Meine beste Freundin Steffi lachte sich kaputt, das war keine Monogamie! Der Frank, der schlimme Finger. Und ich fand´s irgendwie verwegen. Zwei Frauen auf einmal. Na ja, sagen wir besser mal 1,25 Frauen. Eine drei viertel, bei der ich nicht wusste, ob ich sie wirklich liebte, da dieses Kribbeln im Magen fehlte, und eine halbe Frau, bei der ich eigentlich gar nichts mehr wusste.

Doch so richtig warm wurde ich mit meiner Oberstufenliebe nicht. Das Wildeste, was wir nach vier Wochen getan hatten, waren ein kurzer Lippenkuss und das Gassigehen mit dem Dackel. Sie war mir eine Kragenweite zu groß. Ich entschloss mich, die Beziehung vor den nun anstehenden Junioren-Europameisterschaften zu beenden. Es musste sie getroffen haben wie aus heiterem Himmel. Ich rief sie mutig an und sagte:

„Ich wollte das, was man so gerne Beziehung nennt, beenden. Ich fühle mich nicht mehr wohl!"

„Und das sagt du mir einfach so am Telefon?" fauchte sie.

„Ich wollte es dir erst schreiben, aber ich dachte, das wäre zu unpersönlich," erwiderte ich Naivling.

So war auch diese Beziehung nach vier Wochen beendet und ich konnte entspannt zu meinen Meisterschaften fahren.

In diesem ganzen Liebes-Hickhack vergaß ich immer für kurze Zeit, dass mir die Füße schmerzten, als hätte ich Ermüdungsbrüche mit mir rumzuschleppen. Die Diagnose wurde zum Glück nicht gestellt, so dass ich schmerzgeplagt einfach weitertrainierte. Aufgetreten waren die Probleme in meinem ersten außerfamiliären Trainingslager auf Lanzarote. Ich trainierte dort unter der Anleitung des Junioren-Bundestrainers Claus Heemsoth, der mir alle Techniken beibrachte, um noch schneller laufen zu können. Bisher war ich nur ein Talent mit Ehrgeiz, aber ohne Ahnung. Claus brachte meinem Vater und mir die Tricks für das richtig schnelle Laufen bei. So trainierte ich in Reihen des A-Kaders und überdrehte in meinem Enthusiasmus ein wenig, so dass mir die Füße signalisierten, dass ich die Sache etwas ruhiger angehen lassen sollte.

Würde ich jedoch zurückziehen, würden die anderen durch ihr Training weiterkommen und ich mich sogar zurückentwickeln. Ich biss die Zähne zusammen und trainierte gegen den Schmerz. Allerdings konnte ich nur noch mit zwei Tapeverbänden laufen, die ich mir vor jeder sportlichen Betätigung anlegte. Da eine Rolle Tape 16 Mark kostete, gerade Mal für drei Verbände reichte und ich täglich trainierte, wurde die Angelegenheit nicht billig. Aber die monatliche Aufwandsentschädigung in Höhe von 600 Mark, die ich vom Verein für meinen Sport bekam, deckte die Kosten mehr als genug.

Trotz der Probleme hatte ich als bester Deutscher die Qualifikation zu den

Junioreneuropameisterschaften in San Sebastian geschafft. Natürlich wollte ich gewinnen. Ich hatte zwar keine Chance, aber ich musste diese einmalige Chance nutzen. In der Bestenliste war ich gerade mal unter den ersten Acht, doch ich fühlte mich gut, und dank meiner Begabung, in wichtigen Situationen über mich hinauszuwachsen, glaubte ich felsenfest an mich. Der Tag der Wahrheit sah allerdings komplizierter aus.

Ich stürmte dem Feld im Endlauf vorweg und realisierte plötzlich, dass wirklich eine gute Chance bestand, Junioreneuropameister zu werden. Doch leider war an der fünften Hürde nicht das Ziel, und eine Zwischenwertung für den schnellsten Anfang war auch nicht vorgesehen. Ich wurde durch mein unkonzentriertes Gedankenspiel aus der Bahn geworfen und belegte letztendlich den dritten Platz. Bronze bei meinem ersten internationalen Auftritt! Ich heulte vor Enttäuschung! Ich war soeben der drittbeste europäische Junior geworden und war unzufrieden. Ich hatte es in der Hand gehabt. Glaubte ich. Ich konnte den Sack aber nicht zumachen, weil ich eine derartig harte Gegenwehr meiner Konkurrenten nicht gewohnt war. Ich freute mich nicht über den dritten Platz, sondern ärgerte mich über den verlorenen Titel.

Meinen Freund Filipp traf es noch härter. Er wurde Vierter, nur vier Hundertstel hinter mir, und verschwand für die nächsten Stunden. Ich wurde von einem mitgereisten Journalisten getröstet, der total begeistert war. Mittlerweile war ich den Medienvertretern gegenüber etwas offener und selbstsicherer. Filipp unterdessen tröstete sich alleine, kehrte erst nach einer ganzen Schachtel Zigaretten zurück und hatte so seinen Frust wenig erfolgreich bekämpft. Ich wuchs mit den Niederlagen. Ich verschob meine Ansprüche mit jedem sportlichen Erlebnis, meist nach oben. Weit nach oben. So weit nach oben, dass ich schnell Menschen fand, für die meine Visionen nur Hirngespinste waren. Es war Zeit zu wetten.

Ich liebte es, andere Menschen und vor allem mich selbst in Staunen zu versetzen. Im Wettkampf peilte ich immer Bestleistungen an, im Training dagegen war ich ein viel schlechterer Athlet. Zwar wusste ich das, aber ich verlor oft die Nerven, wenn ich in einer Übungseinheit nicht die erhoffte Bestleistung aufstellte. Wie auch? Ich brauchte den Stoß des Adrenalins, und den bekam ich nur im Wettkampf. Ich wuchs meist über mich hinaus. Meterweise. Und das überraschte auch mich immer wieder. Im Training wollte ich diese fehlende Anspannung nicht wahrhaben, manchmal wurde ich richtig wütend. Ich feilte mit einer Akribie an meiner Technik, die nur in der Perfektion ihre Zufriedenheit fand. Meine Wettkampfstärke nutzte ich aus. Ich baute mir einen noch höheren Druck auf, als er ohnehin schon durch meine eigenen Ansprüche war. Ich forderte mich heraus, um andere zu erstaunen. Nun wurde gewettet. Utopisch gewettet. Ich liebte die Herausforderung und den Wettkampf. Nach der Arbeit kam das Vergnügen. Ich hatte mit 15 Jahren den Weitsprung aufgegeben und erst im letzten Jahr wieder einen Wettkampf bestritten.

Die 6,91 Meter damals waren nicht die ganze Wahrheit, da ich nur einen gültigen Versuch hatte. Mein Vater und ich erzählten ein wenig über die diesjährige Ambition. Alle glaubten an sieben Meter. Dass es ein halber Meter mehr sein sollte, ließ uns lächerlich wirken und alle dazu hinreißen, mit uns um eine Pizza zu wetten. Ich hatte nach der langen Sprungabstinenz meinem Vater versprochen, nur drei Versuche zu machen. Der erste Sprung fühlte sich sehr gut an, war aber ungültig. Verdammt, ich hatte es drauf, aber nur noch zwei Versuche. Ich wurde nervös, ich musste nur den Balken treffen, der Rest war reine Formsache. Der zweite Sprung schlug bei 6,93 Meter in die Grube. In Gedanken bestellten meine Wettgegner schon ihre Pizza. Ich hatte nur noch einen Versuch. Ich sprang und landete bei 7,55 Meter! Gewonnen! Ehre bewahrt, Pizzen gewonnen!

Als einer der besten Nachwuchsathleten des westfälischen Leichtathletikverbandes wurde ich zu einem internationalen Jugendlager während der Weltmeisterschaften in Stuttgart eingeladen. Ich durfte nun nicht wie 1989 beim Besuch der deutschen Jugendmeisterschaften als einer der besten deutschen Schülerleichtathleten in leergeräumten Klassenzimmern auf Luftmatratzen, sondern mit etwa 100 deutschen und genauso vielen internationalen Nachwuchsathleten in einer Jugendherberge in Stuttgart übernachten und die wildesten zwei Wochen meines Lebens feiern. Die Stuttgarter WM-Stimmung war ohnehin legendär, aber die Stimmung in unserer Gruppe war ebenso unübertroffen. Ich knüpfte allerhand neue Bekanntschaften und wurde fast ein Partylöwe. Nach diesem Erlebnis hatte ich vier neue Briefbekanntschaften. Ich fühlte mich in diesen zehn Tagen so unglaublich wohl, und die Freude an meinem Leben währte nun schon achtzehn lange Jahre lang.

Es war komisch. Mir liefen die Mädchen hinterher. Ich hatte zumindest den Eindruck. Aber wie konnte das sein? Ich hatte Pickel, sollte demnächst eine erblich bedingte Glatze bekommen und war schüchtern - auf den ersten Moment. Ich musste erst einmal auftauen, dann konnte man mich nicht mehr bremsen. Ich erzählte manchmal zu viel. Aber das war immer das Zeichen, dass ich mich wohl fühlte. Ich wollte mein Äußeres verbessern. Dies tat ich zwar schon, seitdem ich ein erstes Interesse für Mädchen zeigte, aber nun sollte es weiter fortgesetzt werden. Ich wollte der Erbmütze meines Vaters zuvorkommen. Der war mit 22 schon fast blank auf dem Kopf. Das sollte mir nicht passieren. Ich steuerte dagegen, indem ich mich in diversen Zeitschriften und Zeitungen über irgendwelche Wundermittelchen informierte, die ewige Haarpracht und jugendliches Aussehen versprachen. Ich fand ein Mittel, welches ich ausprobieren wollte. Es sah gut aus, fernöstlich, mit chinesischen Schriftzeichen. Das Nonplusultra der modernen Forschung, stand zumindest neben dem Preis: 72,-- Deutsche Mark! Das war ein Hammer. Und die Pulle reichte nur für drei Wochen. Aber das war egal. Ich verdiente durch den Sport mehr als viele anderen Jugendlichen meines Alters, dann konnte ich mir auch ein Haarwasser kaufen, das eigentlich für den gutverdienenden Herrn Mitte 50 konzipiert war. Deshalb schämte ich mich auch während des Kaufes. Ich suchte mir jedes Mal eine andere Apotheke aus und wartete, bis ich mit der Verkäuferin allein war. Ich organisierte das Haarwasser in einer geheimdienstlichen Art, wie man es in diesen Zeiten nur mit Kondomen tat.

Ich ließ mir die Haare wachsen und achtete auf Klamotten, die „in" waren. Nicht so ein alberner No-Name-Fummel für Arme. Ich gehörte dazu, und deshalb musste ich gute Klamotten tragen. Axel und Groby machten es mir vor. Sie waren in Kleidungs- sowie Szenefragen meine Orientierungshilfe. Ich hatte die Schule zwar gewechselt, aber unsere Freundschaft hielt. Sie zerrten mich abends öfter mit in die Stadt, ins „Vergnügen". Meist landeten wir im „Lighthouse". Es war der Treffpunkt aller Recklinghäuser, die etwas auf sich hielten. Aus diesem Grund war der Laden so voll, dass einem beim Betreten immer ein paar Leute entgegenfielen. Ich hasste dieses Schaulaufen. Jeder wurde von oben bis unten gemustert und tauchte kurz darauf in eine Rauchwolke von Zigarettenqualm ein. Ich ließ mir nichts anmerken. Zudem war es höllisch laut. Aber ich war cool, ich war lässig, ich war dabei und - stand meist im Weg. Ich fühlte mich total beschissen. Aber ich musste da durch. Wie sollte ich sonst ein Mädchen kennen lernen, was vielleicht in der Nähe wohnte? Die Briefbekanntschaften waren nett, aber nicht meine Vorstellung von Partnerschaft und Liebe. Axel und Groby hatten die Kontakte, und ich brauchte nur zu warten. Ich war ja mittendrin. Und so wartete ich unzählige Besuche, indem ich blöd rumstand, kaum ein Wort sagte, da ich sowieso nichts verstand und gegen den Lärm auch nur schwer anschreien konnte und den Coolen mimte.

Ich kannte zwar ein paar Mädchen und verstand mich auch gut mit ihnen, aber keine riss mir die Klamotten vom Leib und zwang sich mir auf. Oder war ich zu wählerisch? Meine Stärke war eher das Vier-Augen-Gespräch ohne lärmende Discomusik und cooles Getue. Die Abende waren sehr ernüchternd. Hoffnungsvoll startete ich immer mit einer gehörigen Portion Schiss im Anzug die Streifzüge im Schlepp der beiden, und abends fragte ich mich nach dem Sinn meines erfolglosen Tuns.

Da gab mir der Sport einiges mehr. Die freigesetzten Glückszustände nach der Erschöpfung und das Gefühl des Erlebens waren besser als verrauchte Klamotten und zerplatzte Abenteuerträume. Wer definierte überhaupt „Coolness" oder „In-Sein"? Es war die Masse, nicht der Einzelne. Nur weil es allen anderen Spaß machte, musste es für mich doch nicht Gesetz sein. Ich musste doch nicht auf einem mir unliebsamen Terrain Eindruck schinden. War es nicht cool, früh ins Bett zu gehen und ausgeschlafen den Tag zu genießen? Konnte es nicht cool sein, zielgerichtet seinem Hobby zu frönen und dabei Spaß zu haben? Warum schloss ich mich den Erwartungen des vermeintlich Interessanten an und verließ meinen Weg? Axel und Groby akzeptierten mich auch so. Aber ich wollte dazu gehören. Ich war ruhig, sensibel und schüchtern, aber ich fühlte mich mehr zu den Menschen hingezogen, die hipper als ich waren und das gewisse Etwas ausstrahlten. Ich wollte nicht langweilig erscheinen und ging mit den beiden auf diese verhasste, verfluchte Piste.

Dass mir all diese Kneipentouren nicht so richtigen Spaß machten, zeigte auch die Tatsache, dass ich für Stufenfeten meist eine Ausrede parat hatte. Ich erntete immer bedauerndes Verständnis. Ob ich es nicht leid wäre, aufgrund meiner sportlichen Verpflichtungen auf all die Partys, auf den Alkohol und auf das Durchzechen der Nächte zu verzichten? Diese Frage konnte ich mit ruhigem Gewissen verneinen. Der Sport gab mir mehr, als es ein Bier oder eine Fete jemals schaffen konnte. Für ihn konnte ich auf alles verzichten. Und war mir doch nie sicher, ob ich etwas verpasste. Schließlich konnte das Mädchen der schlaflosen Nächte irgendwann, irgendwo auftauchen und ich war nicht dabei.

Kurz vor Abfahrt zu einer zweiwöchigen Kursfahrt meldete sich der Laufbahnberater des Olympiastützpunktes und schlug mir eine Bewerbung bei einer Bank vor. In den Gesprächen vorher hatten sich meine Neigungen und Interessen herauskristallisiert. Da ich weder genügend Passfotos noch genügend Zeit hatte, bekam die Bewerbung ein bisschen wenig Aufmerksamkeit ab. Und plötzlich musste auch alles sehr schnell gehen. Ich hastete in die Stadt, ließ Fotos machen, hämmerte ein paar Zeilen zusammen, faltete die wenigen Blätter und schickte diese geknickten Unterlagen ohne Unterschrift in einem Kuvert, mit zu wenig Porto, zur Stadtsparkasse Dortmund. Dann konnte ich also nach Frankreich fahren. Trotz dieser zahlreichen Nachlässigkeiten erhielt ich nach meiner Rückkehr von dieser Studienfahrt eine Einladung zum Einstellungstest.

Ich entschloss mich, mir die passende Kleidung für einen Termin bei einer Bank überzuwerfen. Mein einziger Anzug wurde entstaubt, die Familienkrawatte von Papa Busemann musste her, und dann konnte es auch schon losgehen. So langsam wurde mir bewusst, was ich da fabriziert hatte. Ich hatte mich mit einer Nonchalance beworben, die an Frechheit grenzte. Ich fuhr los und wollte bei meiner Ankunft im Erdboden versinken. Ich war dermaßen overdressed, dass ich mich schämte. Es gab niemanden in einem Sakko, geschweige denn mit einem Schlips.

Ich hatte das komplett falsche Outfit gewählt. Ich überlegte, wie die Situation zu retten sei. Einfach so tun, als liefe ich immer so rum, einfach so tun, als sei das ganz normal für mich, einfach so tun, als lägen alle anderen dresscodemäßig daneben! Aber es war nicht überzeugend. Zu Beginn des Tests erhielten alle ihre wunderschön geordneten Bewerbungsunterlagen zurück, mein Kuvert sah ich nie wieder. Offensichtlich hatte ich bisher nicht viel richtig gemacht. Ich versuchte mich damit zu beruhigen, dass dieser ganze Schnickschnack die Einstellungschancen nicht wirklich verbesserte. Als ich wieder im Auto saß, riss ich mir die Krawatte vom Hals und verfluchte meine dreiste Unbekümmertheit. Aber ich lebte ja noch, und in Zukunft wusste ich, dass eine Bewerbung sehr viel mehr als ein Brief unter Freunden war.

Trotz allem bekam ich kurze Zeit später eine Einladung zu einem persönlichen Gespräch. Wieder bekam ich Hitzewallungen, die nicht sehr gesund schienen. Wieder pochte mein Herz vor Aufregung, und diese konnte man an der Färbung meines Gesichts unweigerlich als enorm ablesen. Trotz sechs Baldrianpillen gegen die Nervosität floss ich aus dem Anzug.

Da wohl auch alle anderen vier Bewerber nervös waren, verbuchte ich die Tatsache, dass ich der einzige war, der die Prüfer grüßte, als meinen Pluspunkt. Hinten raus hat mich meine Ehrlichkeit wohl nicht weiter nach vorne gebracht. Nachdem ich zu einem Thema einen einminütigen Vortrag halten sollte und nach vierzig Sekunden zum dritten Mal das Gleiche wiederholte, beendete ich meine Ausführungen offensiv mit den Worten, dass ich doch hier lieber ende, da ich schon ein paar Mal das gleiche erzählt hätte und mich offensichtlich im Kreis drehe.

Ich fand diese Strategie gut, da sie ehrlich und ungewöhnlich war, wenn man im Gegensatz dazu die Steifheit der anderen sah. Meine revolutionäre Vortragsweise überzeugte offensichtlich nicht - nach einiger Zeit bekam ich die Absage.

Trotz oder gerade wegen dieser Absage blühte ich in der Schule richtig auf. Ich genoss es zu lernen. Nicht klassisch gesehen, mit dem Studium der Bücher, mit dem Herausarbeiten irgendwelcher Thesen und Formeln, sondern ich fühlte mich wohl bei dem, was ich tat. Ich ging gerne auf diese Schule, hier war ich nicht der doofe Sportler, der Sohn von der doofen Sportlehrerin. Ich war einfach Frank Busemann, ein Schüler der Oberstufe. Doch die Schulzeit neigte sich allmählich dem Ende zu und das Abitur rückte näher. Meine Wahl, Physik als Ersatz für mein viertes Fach Sport zu wählen, stellte sich immer mehr als Fehler heraus. In der elften Stufe war Physik noch ganz in Ordnung, nachher verstand ich nur noch Bahnhof, und mein ewig gehasstes Fach Deutsch entpuppte sich als Lieblingskind. Aufgrund meiner unendlich vielen Briefe lernte ich, Dinge besser auf den Punkt zu bringen, und hatte unter einer meiner letzten Klausuren die - wie ich fand - schmeichelhafte Kritik stehen, dass ich zu pathetisch schriebe. Ich war begeistert von meiner neuen Ausdrucksweise. Zum Glück verletzte ich mich nicht und konnte alle 15 Sportpunkte in den Durchschnitt einbringen. Ich wusste, dass der Höhepunkt der Schullaufbahn nun unmittelbar bevorstand. In einem halben Jahr gingen dreizehn lange Jahre zu Ende, mit einer Zusammenfassung in Form einer Dezimalzahl, die den weiteren Lebensweg vorzeichnet.

Kapitel 4 – 1994

Die Explosion

Ich sprintete bei den deutschen Hallenmeisterschaften im Vorlauf aus Versehen deutschen Jugendrekord und verbesserte meine eigene Bestmarke aus dem Vorjahr um drei Hundertstel. Dass es so einfach war, überraschte mich, aber in guter Form und mit der nötigen Lockerheit schwebte ich förmlich über die Bahn. Die Belohnung war wiederum ein Länderkampf in Moskau. Mittlerweile war ich im Team etwas etablierter und nicht mehr so unsicher.
Es war wie immer. Filipp war der zweite Hürdensprinter, und wir fuhren wieder den Sieg ein, diesmal war ich es aber, und wiederum war das weibliche Angebot sehr beeindruckend. Problem war nur, dass meine Auserwählte in der Sporthalle auf Filipps Schoß sprang, was mich dazu veranlasste, den Rückzug anzutreten. Es war ja offensichtlich, dass sie was von Filipp wollte. Doch der Abend entwickelte sich überraschend. Plötzlich lag sie auf mir?! Die Frau meiner Begierde lag in meinem Arm, ohne dass ich etwas unternommen hatte. Filipp guckte mich am nächsten Morgen kaum noch mit dem Hintern an. Dabei war ich der Unschuldigste von allen dreien, ich hatte mich nur meinem Schicksal gefügt, dass es mir aus der Seele sprach, war halt glücklicher Zufall. Das interessierte meinen Freund allerdings herzlich wenig.
 Kurz vor meiner Abfahrt zu einem ersten Liebesbesuch, der mich nach Berlin führte, brachte der Briefträger einen großen Umschlag vorbei, der mir ein hämisches Grinsen entlockte. Nach über einem Jahr bekam ich das erste Mal einen Brief von meiner Winterbekanntschaft des letzten Länderkampfes, der als Liebesbeweis hätte durchgehen können. Ein Brief, der mit Herzen versehen war und signalisieren könnte „Hallo, ich liebe Dich!" Zu spät. Monatelang war ich blind vor Liebe und habe keine Erwiderung gefordert, doch jetzt kam dieser Brief zu spät. Ich fühlte mich so gut. Meine Berlinerin

durfte ich besuchen und musste nicht um eine nie stattfindende Audienz betteln. Hier war ich mir wenigstens sicher, dass die Liebe auch erwidert wurde. „Zu spät, Prinzessin, ich bin vergeben, glücklich vergeben", dachte ich nur. Es war ein schönes Wochenende, doch es war viel zu kurz.

Ich war die nächsten Tage und Wochen wie aufgedreht. Meine schulischen und sportlichen Leistungen wurden immer besser. Ich fuhr zu den Halleneuropameisterschaften der Erwachsenen und stellte dort sogar mit 7,67 Sekunden eine neue Weltbestleistung für Junioren auf.

Ich war im Trainingslager auf Lanzarote, sie zur gleichen Zeit in Israel - so konnten wir uns zwei Wochen nicht erreichen.

Am Tag meiner Abreise rief ich sie endlich an. Sie war erst vor kurzer Zeit aus Israel zurückgekommen und war extrem kurz angebunden - versprach aber, sich am nächsten Tag zu melden. Die dreißig Münzen, die ich mir zurechtgelegt hatte, um ausgiebig vom Flughafen aus mit ihr zu telefonieren, wanderten zurück in meine Tasche. Na ja, dachte ich, zwei Wochen sind eine lange Zeit, da muss man erst mal wieder auftauen. Oder war es doch mehr?

Sie war schon extrem komisch. Zu Hause las ich ihre Ansichtskarte und konnte keine Auffälligkeiten erkennen. Glück gehabt. Es war alles in Ordnung. Dachte ich. Sie rief nicht an. Nicht am vereinbarten Tag, nicht am nächsten.

Ich verlor die Nerven und meldete mich. Sie war nicht da. Am nächsten Tag versuchte ich es erneut, und meine Freundin war wie immer. Euphorisch, nett und aufmerksam. Nicht mehr so abweisend wie drei Tage zuvor. Ich war beruhigt. Da hatte sie wohl nur einen schlechten Tag gehabt, hat man ja manchmal. Doch als sie untypischerweise nach 25 Minuten das Gespräch beendete, befragte ich sie doch zu unserem unterkühlten kurzen Gespräch einige Tage zuvor.

„Da kann ich jetzt nicht drüber reden!" sagte sie plötzlich sehr ernst.

Mir lief es eiskalt den Rücken herunter.

„Warum nicht? Sag es mir doch bitte!"

Ich flehte sie an, doch sie blieb stur. Sie könne jetzt nicht darüber sprechen. Sie ließ sich trotz aller Versuche auch nicht dazu hinreißen, ihr Geheimnis zu offenbaren. Ich musste ihre Entscheidung wohl oder übel akzeptieren, auch wenn es mir danach total beschissen ging. Ich überlegte. Was konnte ein Grund sein. Ein anderer Freund? Wohl kaum, dafür waren wir bei unserem Auseinandergehen und in den letzten Wochen vor unseren Trainingslagern zu glücklich. Oh Gott, es konnte nur ein Kind sein. Sie war schwanger! Aber woher? Wir hatten nicht miteinander geschlafen, nur gekuschelt. Davon wird man doch nicht schwanger!?

Es gab aber immer Dinge, die nicht erklärbar waren. Mit neunzehn Vater, zu früh, ich war selber noch ein Kind! Ich war am Ende. Warum tat sie mir dies alles an? Hatte ich das verdient? Doch das war alles gar nicht möglich. Die ganze Nacht überlegte ich. Was würde ich sagen, was sollte da kommen?

Ich hatte für jede Situation die passende Reaktion parat. Aber nur verbal. Die Wahrheit machte mir Angst. Mit neunzehn Jahren Vater werden, ohne Sex gehabt zu haben. Das war schlimm. Das war blöd.

Als ich am nächsten Tag aus der Schule kam, war ein Brief von ihr in der Post. Ich riss ihn auf und begann zu lesen. Sie machte sich schlecht, ich wäre so gut, ich hätte etwas Besseres verdient - aha, sie hatte einen neuen Freund im Trainingslager kennen gelernt! Das war doch super! Ich wurde doch nicht Vater! Sie hatte nur einen neuen Freund. Das war die angenehmste aller durchgespielten Hiobsbotschaften. Ich war so erleichtert. Das Telefon klingelte. Sie war es. Als hätte sie meinen Brief abgewartet. Ich schmetterte all die Sätze los, die ich mir in der Nacht zurechtgelegt hatte. Sie hätte es mir doch sagen können, das kann ich doch verstehen, kann ja mal passieren, alles halb so wild. Ich erdrückte sie mit meinen Ausschweifungen. Es war mir so egal. Hauptsache, nicht mit neunzehn Vater werden.

„Aber da gibt es noch was!" sagte sie ernst und leise. Oh nein, war sie zudem doch noch schwanger? Von mir? Das wäre ja noch schlimmer. Freundin schwanger und dann auch noch weg. Was sollte in ihrem nächsten Satz kommen?

„Ich habe gestern mit ihm Schluss gemacht, können wir es noch mal probieren?"

Ich war geplättet. Ich glaubte, den Hauptgewinn gezogen zu haben. Freundin nicht schwanger und wieder zurück, also eine nicht schwangere nicht Ex-Freundin. Alles beim alten.

„Ja klar! Kein Problem!" Ihre Stimmung hellte sich auf und ich war ohnehin überglücklich. Das war ein Tag. Wie zerronnen, so gewonnen.

Das Abitur und die Juniorenweltmeisterschaften standen bevor und ich freute mich darauf und war zutiefst auf diese Aufgaben fixiert. Da konnte ich es irgendwie auch verschmerzen, dass meine Freundin zur Ex geworden war. Als ich sie nach unserer kurzzeitigen Trennung und der darauffolgenden unkomplizierten Wiedervereinigung wieder einmal in Berlin besuchte, herrschte eisiges Klima. Warum, war mir nicht klar, da wir uns nicht gestritten hatten und die Welt eigentlich in Ordnung hätte sein müssen. Sie ließ mich antanzen, um mir unmissverständlich klar zu machen, dass unsere Beziehung am Ende war.

Erst drei Tage später telefonierten wir wieder. Sie teilte mir mit, dass sie in den Pfingstferien mit ihrer Freundin wegfahren wolle. In unseren Pfingstferien! Für die wir in unserer allerersten Nacht eine Verabredung getroffen hatten. Sie hielt sich also nur sehr lose an Versprechungen, wie es schien. Ich war enttäuscht und erleichtert. Mich machte ihre Taktik traurig, dass sie sich nicht traute, mir den erneuten Laufpass zu geben, obwohl sie an der Beziehung offensichtlich kein Interesse mehr hatte. Sie brach Versprechungen, indem sie unsere gemeinsame Woche in den Pfingstferien mit einem Satz wegfegte. Nach einer Nacht der reiflichen Überlegung rief ich am nächsten Abend bei ihr an und fragte sie, ob es nicht besser sei, die Beziehung zu beenden. Ohne zu zögern und ohne überrascht zu sein meinte sie nur, dass es auf diese Entfernung schwierig und es so vielleicht besser sei. Alles Ausreden, ich wollte mich in einigen Monaten sogar für sie zur Bundeswehr nach Potsdam versetzen lassen.

Ich hätte alles gemacht. Aber vielleicht war es das. Ich versuchte ihr alles recht zu machen, da ich sie so abgöttisch liebte. Dabei war sie mir doch auf den Schoß gesprungen und nicht umgekehrt. Ich verstand die Frauen eben nicht, und in diesem Moment war es mir auch egal. Es gab noch das Abitur und meinen Sport. Beides konnte ich auch mit Pickeln und ohne Freundin machen. Ich vergrub meinen Kummer in der Arbeit und konzentrierte mich total auf diese beiden Aufgaben. Der Sport enttäuschte mich nicht.

Ich hatte mir schulisch eine Form antrainiert, die beruhigend war. Ich war wohl der einzige Schüler, der sich am Morgen des Abiturs auf die Prüfung freute. Selbstsicher und optimistisch ging ich die Sache an. Klausuren zu schreiben war wie Leichtathletik, erst trainierte man und dann bewies man im Wettkampf seine Leistungsfähigkeit. Meine erste Klausur war die der Mathematik. Das war ohnehin mein bestes Fach und ein gelungener Einstieg. Mein Lehrer Franz Hagen hatte die Gabe, Schülern die Komplexität der Mathematik so simpel zu vermitteln, dass ich mir als Resultat meiner Abiturklausur nur eine „eins plus" vorstellen konnte. Ich war so überzeugt von mir.

Dreizehn Jahre hatte ich auf diesen Punkt hingearbeitet und bewegte mich am Tag der Entscheidung mit einer selbstwandlerischen Sicherheit, wie ich sie nur vom Sport kannte. Ich konnte die Gabe, im entscheidenden Moment topfit zu sein, eins zu eins auf die Schule übertragen. So gut war mir das all die ganzen Jahre nicht gelungen. Die zweite Klausur, Erdkunde, war schon etwas kniffliger. Ich schrieb meist „Dreien". Zu Beginn des Leistungskurses sogar „Vieren".

Es war wie verhext. Ich wähnte mich immer im „Einser-" oder „Zweier-Bereich" und kontrollierte bei Rückgabe diverser Klausuren erst einmal den Namenszug auf den Bögen, da mir eine derart schlechte Leistung nicht möglich schien. Meine Mutter griff ein und besorgte mir ein Jahr vor dem Abitur von ihren Kollegen immerzu irgendwelche Fachbücher, die ich brav auf meinen Tisch legte und jeden Tag ein paar Seiten weiterblätterte, so dass es immer nach Arbeit aussah.

Dass ich mich zur gleichen Zeit verbesserte, lag aber eher daran, dass ich als schreibwütiger Charmeur täglich irgendwelche Briefe schrieb und jetzt besser in der Lage war, Sachen auf den Punkt zu bringen. So hatte sie ihr Erfolgserlebnis und ich meine Ruhe. Gleiches galt für meine Lehrerin, die auf Gliederungen stand. Da ich zu Beginn der Klausur aber selten wusste, was ich am Ende schreiben würde, schrieb ich zunächst meine Klausur, nahm mir dann ein Blatt Papier und fertigte anhand der Arbeit ein Konzept an, das ich mit Marker und Stichworten am Text noch echter wirken ließ.

Da ich der einzige Schüler mit einer Klausur in dem Fach Kunst war, hatte ich die freie Auswahl. Die Lehrerin präsentierte mir vier mögliche Themengebiete. Nach dreißig Sekunden hatte ich meine Wahl getroffen. Die drei verschmähten Bilder gaben so viel her wie ein Stück Mist in Josef Beuys´ Badewanne. Ich konnte sie nicht deuten. Ich beeilte mich, da ich meine Chancen auf eine gute Note als nicht sehr groß einschätzte, und vertraute auf das Gesetz der Serie. Wie bisher musste ich etwas zwischen „zwei minus" und „drei plus" schreiben.

Die Note gab mir recht: eine „drei plus". Wie immer. Die Mathenote war eine „eins", und die Erdkunde-Note eine „zwei" und Sport, wie sollte es anders sein, „eins plus". Das ergab auf meinem Zeugnis einen Notendurchschnitt von 2,2. Nachher tunte ich diesen Schnitt zum Leidwesen und Unverständnis meiner Freunde mit Hilfe einer Sportlerregel auf eine 1,9. Athleten, die während ihrer Oberstufenzeit einem Bundeskader angehörten, erhalten auf Antrag eine Verbesserung des Durchschnittes von 0,2 bis 0,8, da sie aufgrund des sportlichen Einsatzes nicht soviel Zeit zum Lernen hatten. Soweit die Regel. Ich nahm sie mit ein wenig schlechtem Gewissen in Anspruch. Ob ich ohne Sport mehr gelernt hätte, wage ich zu bezweifeln. Der große Lerner war ich nie. Die Kunst des richtigen Lernens blieb mir auf ewig versagt. Ich lernte meist mit der Maßgabe, einmal lesen muss reichen.

Ich hatte es geschafft und wollte jetzt mein Leben in vollen Zügen genießen. Selbst mein Abiturzeugnis holte ich nicht selbst ab, und einen Abiball kenne ich bis heute nur aus Erzählungen, da ich just zu diesen Momenten bei einem Länderkampf in Warschau war. Ich wollte das Erlebnis des sportlichen Wettkampfes und den Gewinn einer überaus hässlichen Kristallvase gegen keine Zeugnisübergabe der Welt eintauschen. Was war das Zeugnis? Ein Blatt Papier, welches zwar die Arbeit der letzten Jahre dokumentierte, aber es blieb nur ein Blatt Papier.

Was dann folgte, war eine große und schöne Herausforderung. Ich verordnete mir eine Ernährung, die mich nicht befriedigte, aber Grundvoraussetzung für die bestmögliche Vorbereitung war. Es war mir egal, ob was schmeckte oder ob ich auf irgendetwas Lust verspürte, wenn es dem Erfolg zuträglich war, wurde es runtergewürgt. Vor den Juniorenweltmeisterschaften stürzte ich mich dermaßen akribisch in die Vorbereitung, dass es fast beängstigend war. Nach dem Abitur hatte ich unendlich viel Zeit, die ich nutzen wollte. Zur Freizeitbewältigung führte ich zu Hause ein wenig den Haushalt, ging mit dem Hund spazieren und trainierte. So konnte ich mich optimal auf meine Meisterschaft vorbereiten. Ich wollte mir aus eigener Kraft, mit den mir eigenen Möglichkeiten einen Traum erfüllen, den ich ein Leben lang in mir trug. Ich wollte der Beste der Welt sein. Dafür arbeitete ich hart. Sehr hart. Neben dem normalen Training absolvierte ich zu Hause zusätzlich noch diverse leichte Einheiten.

Ich ließ den lange gelebten Traum Wirklichkeit werden. Beim Einlaufen für das Halbfinale stieß ich eine Hürde mit der Hand um. Die Latte war zerbrochen, die Hand schmerzte ein wenig, aber ich wollte es nicht merken. Doch ich sah Blut. Ich tastete den Bereich um die Wunde ab und bemerkte ein großes Holzstück. Es steckte in der Handfläche zwischen den Knochen des kleinen und des Ringfingers und drohte an der anderen Seite wieder herauszukommen. Ich musste all das vor der Konkurrenz verbergen. Es hieß nur Stärke demonstrieren. Im Ziel bekam ich auf einmal Angst, dass das Holzstück eine Sehne verletzt haben könnte. Ich konnte den Finger nicht mehr so richtig bewegen. Oder wenn es sich jetzt entzündete und ich eine Blutvergiftung bekam, war alles vorbei. Aber was sollten all diese Ängste? Bis zum nächsten Tag sollte ich es schon aushalten, und dass die Blutung nachließ, beruhigte mich.

Am nächsten Tag wurde ich Junioren-Weltmeister über 110 Meter Hürden. Ich lebte zum ersten Mal in meinem Leben Freude aus. Ich war nie der extrovertierte Typ, der es liebte, seine Emotionen zu zeigen, doch jetzt explodierte ich förmlich. Nicht so, wie ich es mir gewünscht hatte, doch ich hatte das Ventil endlich gefunden. Ein Weltmeistertitel war es würdig, ausgelassen bejubelt zu werden. All die fünf bisherigen Knochenbrüche, all die unzähligen Sehnen-, Muskel- und Wachstumsschmerzen - dieser Moment war es wert, sie ertragen zu haben, dafür hatten sich alle denkbaren Qualen gelohnt.

Wie von Sinnen kam ich von meinem Zielauslauf zurück, der nicht hätte enden müssen - und ich wurde auf die nächste Probe gestellt. Ein Kamerateam kam auf mich zu. Eurosport! Wow, und am Mikrofon war Jonathan Ridgeon, der Athlet, dem ich seinen uralten Juniorenweltrekord in der Halle entrissen hatte. Der war jetzt beim Fernsehen und wollte mich interviewen. Scheiße! Der war ja Engländer. Der konnte gar kein Deutsch und ich kein Englisch. „Well, wots abat ya race inßät fabjolus taim?!" Ich wusste urplötzlich, dass Englisch in der Schule doch nicht nur reine Schikane war. Aber ich hatte auch in den Englischstunden meist geschwiegen, wie sollte ich jetzt plötzlich fließend in dieser fremden Sprache antworten? Ich verstand zwar seine Frage nicht, versuchte aber trotzdem, irgendetwas zu sagen. Es musste über den Lauf und um die Zeit gegangen sein. Ich legte los „...äh, I was in good shape...blablabla", was sollte ich mit meinen paar Brocken erzählen. Ich verfluchte sogar für einen Moment, gewonnen zu haben. Wie peinlich. Ich konnte mich nur sehr schwer mit meinem Gegenüber unterhalten. Noch peinlicher war, dass er mir dabei auch noch ein Mikrofon unter die Nase hielt. Doch es gehörte dazu. Wie das folgende Interview mit einem schwedischen Medienvertreter. Da war ich allerdings nicht mehr so geschockt, schon wieder etwas bei Sinnen, und die Schule zeigte doch ein wenig Wirkung. Ein deutscher Journalist, Eike, wedelte in der Mixed Zone mit einer Riesentafel Milkaschokolade. Ich hatte ihm in einem Interview mal erzählt, dass ich für den Erfolg sogar seit dem ersten Januar komplett auf meine geliebte Schokolade verzichtete. Er war derjenige, der mich schon ein Jahr zuvor bei der Junioren-EM tröstete, und jetzt überreichte er mir freudestrahlend eine durch die Hitze aufgeweichte Tafel, mit geballten 1500 Kalorien. Ich war begeistert, wie sich die Journalisten mit mir freuen konnten. Und ich konnte reden, alles herausposaunen, ich sprudelte vor Glück.

In Lissabon wurde ich mit Angeboten konfrontiert, die sich jeder Athlet wünscht. Amerikanische Universitäten boten mir Stipendien an, eine nach der anderen. Ich sollte für einige Jahre dort studieren und für die Uni laufen, die besten amerikanischen Trainer bekommen und einen Abschluss der Extraklasse erhalten. Diese Lizenz zum Gelddrucken sollte mich keinen einzigen Dollar kosten. Ich war mir der Exklusivität dieser Angebote bewusst und war beeindruckt, dass ich weder Studiengebühren noch Verpflegung hätte bezahlen müssen. Der Schritt zu einem anderen Trainer wäre aber mein sicherer Untergang gewesen. Auf der Bahn sah man nur den Athleten, der die Hürden in 13,47 Sekunden lief, aber dass dieser Sportler im Training mit Samthandschuhen gecoacht werden musste, dass konnte keiner wissen. In der Masse des Unisports würden sie mich über die Klinge springen lassen, dafür hatten sie zu viele gute Athleten. Einer mehr oder weniger würde da nicht auffallen. Was nützte mir ein interessanter Abschluss, wenn ich mich einige Jahre meines Lebens nicht wohlfühlte? Ich wollte nicht von zu Hause weg, ich wollte bei meinem Vater trainieren, bei meinen Eltern wohnen und in der Nähe meiner Freunde sein. Außerdem vertraute ich in einem so großen Maße auf mich, dass mir die verbesserten Verdienstmöglichkeiten durch die berufliche Schiene nicht wichtig erschienen. Ich lehnte alle Angebote mit ruhigem Gewissen ab. Ich würde nichts verpassen.

Die Zufriedenheit zog sich durch die restlichen drei Monate der Saison. Ich hatte bis zum Antritt des Grundwehrdienstes bei der Bundeswehr noch Zeit, so dass mein Vater sein vier Jahre altes Versprechen von 1990 einlöste. Ich durfte in diesem Jahr einen Zehnkampf machen, da der Körper mittlerweile so stabil war, dass eine derartige Belastung toleriert werden konnte.

Anfang Oktober war es soweit. Nach einem sportlich perfekten Jahr absolvierte ich einen Zehnkampf unter Erwachsenenbedingungen. Der Juniorenweltmeister hatte in der Saison ungefähr 7600 Punkte gemacht und die Jahresweltbestleistung lag bei 7925 Punkten. Ich wollte die 8000 Punkte-Marke angreifen. Auf dem Papier schien es möglich. Als mir beim 100-Meter-Lauf allerdings der Startblock wegrutschte und ich einen Sturz nur knapp vermeiden konnte, fing ich während des Laufes schon fast an zu heulen. Da hatte ich solange auf diesen Zehnkampf gewartet, und gleich die erste Disziplin würde zum Desaster. Ich lief und erreichte als Erster das Ziel.

Die Uhr blieb bei 10,68 Sekunden stehen. Nur neun Hundertstel über meiner Bestleistung, und das mit diesem Malheur. Ich ärgerte mich, da es viel besser hätte laufen können. Der Weitsprung war auch alles andere als optimal. Der erste Sicherheitssprung auf 7,37 Meter wurde gewertet. Die beiden ungültigen Versuche maß der Kampfrichter rein interessehalber auch mal ab - 7,70 Meter. Mehrkampf konnte so ätzend sein. Die Hochsprunglatte fiel bei 2,07 Metern. Und das auch erst nach einiger Zeit. Es war so ärgerlich. Die Nacht war grausam. Ich tat kein Auge zu und schob diese Unruhe auf die laute Bundesstraße vor der Pension, in der auch meine Mutter und mein Bruder schliefen. Mein Vater hatte eine Trainerfortbildung und war nicht vor Ort. Das Coachen hatte Hürdenbundestrainer Claus Heemsoth übernommen. Er war früher auch Mehrkämpfer und vor über 20 Jahren mit meinem Vater oft zum Training gefahren, da sie dem gleichen Verein angehörten.

So schloss sich der Kreis wieder. Und ich war bestens versorgt. Der zweite Tag ließ mich erschaudern. Es regnete, war windig und kalt. Aber ich freute mich auf die Herausforderung. Selbst meine Freunde Steffi und Philipp hatten den Weg ins 250 Kilometer entfernte Zeven angetreten, um mich bei meiner ersten Vielseitigkeitsprüfung zu unterstützen. Beim abschließenden 1500-Meter-Lauf machte ein anderer Zehnkämpfer für mich das Tempo. Ich wollte die 8000 Punkte angreifen und musste dafür 4:28 Minuten laufen. Er lief wie ein Uhrwerk und versuchte mich mitzuziehen. Ich hingegen musste immer aufpassen, dass ich ihm nicht in die Hacken trat, so dass ich immer ein wenig Abstand hielt. Aber nur einen kleinen. Ich dachte so an ein bis zwei Meter. Auf dem Video entpuppte sich diese kleine Lücke später als zehn bis fünfzehn Meter, und jetzt verstand ich auch, weshalb er sich immer umdrehte und mich anfeuerte. In 4:37 Minuten kam ich ins Ziel, hatte zwar eine Jahresweltbestleistung aufgestellt, aber die vorher geplanten 8000 Punkte verfehlt. Aber das war egal, der Zehnkampf hatte was. Was ganz Spezielles.

Das Jahr 1994 war sowohl sportlich, als auch finanziell sehr erfolgreich. Ich wurde in Recklinghausen „Sportler des Jahres", bei der Juniorsportlerwahl der Deutschen Sporthilfe für mich sehr überraschend Zweiter und erhielt dafür eine Extraunterstützung in Höhe von 9000 Mark. Der Verein zahlte mir jetzt 1500 Mark monatlich und hinzu kam noch die Unterstützung von meinem Ausrüster adidas. Zudem lernte ich jetzt die Fernsehgagen kennen. Nach einem Auftritt beim WDR sollte ich meine Kontonummer hinterlassen. Ich wertete dieses als Angebot der Fahrtkostenerstattung und rechnete mit einem Wahnsinnsbetrag von 50 bis 60 Mark. Der mir zugeschickte Honorarvertrag wies 404 Mark aus. Ich wohnte zu Hause, hatte kaum Ausgaben und schwamm im Geld. Ein Jahr nach diesem Erfolg fühlte ich mich wie ein kleiner Krösus. 1993 musste ich noch 32,70 Mark Einkommenssteuer zahlen. Das änderte sich jetzt.

Nach diesem Zehnkampf begann für mich ein ganz neuer, unbekannter Abschnitt meines Lebens. All meine Bemühungen, mich vor der Bundeswehr zu drücken, wurden durch meine Ehrlichkeit mit einem Wisch beseitigt. Bei der Musterung hatte ich Röntgenbilder mitgebracht, die in ihrer Vielfalt und Problemdarstellung aus einem medizinischen Buch der Anatomie hätten stammen können. Man sah auf diesen Aufnahmen, wie schief ich zusammengesetzt war und welche körperlichen Gebrechen ich mit mir rumschleppte. Ich musste erkennen, dass eine Frage des Bundeswehrarztes nach der Sportnote nicht unverfänglich sein musste. Ich blieb bei der Wahrheit und sagte: „Fünfzehn Punkte!", „Ui," sagte er „da machen Sie bestimmt auch Vereinssport?" „Ja, Leichtathletik!" „Ah, da kenne ich mich aus. Was laufen sie denn über 100 m?" „10,59!" antwortete ich. Er war mehr als nur beeindruckt. „Boah, ich, ich war kein Schlechter und ich bin 12,0 gelaufen! So schnelle Jungs wie Sie braucht die Bundeswehr. Sie sind dabei. Sie brauchen gar nicht mehr auf das Ergebnis der Untersuchung hier zu warten." So half dann auch mein Blutdruck von 250 zu 180 nichts, den ich mir mittels einem Liter superstarken Kaffees hochgepusht hatte.

So landete ich ein paar Monate später bei diesem Haufen, den ich verfluchen und lieben lernte. Nirgendwo anders gibt es eine derartige Mixtur verschiedenster Charaktere, die auf engstem Raum miteinander auskommen müssen, und nirgendwo anders gibt es mehr Situationskomik. Ich hoffte, mit meinen Vereinskollegen Dirk und Jan auf eine Bude zu kommen, aber das interessierte niemanden - die Jugendherberge mit Wunschbelegung war fünf Straßen weiter. So wartete ich gespannt auf meine drei anderen Zimmergenossen. Die Belegung des Zimmers war mit dem Sohn des Vorstandes eines Industrieunternehmens, dem ältesten Sprössling eines Zitronenplantagenbesitzers und dem Nachkommen eines Metzgereiinhabers und mir, als Sohn eines Lehrerehepaares, alles andere als homogen. Wir arrangierten uns und hatten ein angenehmes Zusammenleben für die nächsten drei Monate.

Die Einkleidung erinnerte an die freie Auswahl in einem Kaufhaus. Wir erhielten alles, vom Schlafanzug über Schuhe bis hin zu Unterwäsche und Socken. Hätte ich die Olympischen Spiele zu diesem Zeitpunkt schon erlebt, hätte ich mich in einer Einkleidung für diesen Wettkampf gewähnt, allerdings auf einem modisch recht eintönigen Niveau. Es war ein Hühnerhaufen, der jeden Artikel mit Belustigung empfing. Die ersten Tipps kursierten. In die Stiefel sollte man reinpinkeln, bevor man sie anzog, dann würden sie nicht so stark drücken. Zudem sollte man die Socken vorher waschen, sonst wurden die Blasen riesig. Mit Sack und Pack bestückt fuhren wir wieder in die Kaserne und veranstalteten eine kurze Modenschau. Dann mussten wir antreten.

Ich nahm mir vor, meine Sensibilität zu Hause zu lassen und auch

Anraunzer an mir abtropfen zu lassen. Aber ich merkte, dass zahlreiche Rekruten eine straffe Führung brauchten. Ich stellte mich blöd und trieb einfach mit. Es war so lustig, wie viel Arbeit es bedurfte, bis zwanzig völlig unvorbelastete junge Männer im Gleichschritt gehen oder sich auf Zuruf drehen konnten. Trotz aller Anstrengungen genossen wir eine humane Ausbildung. Nach zwei Wochen musste ich bei Hauptmann Stöpel antreten. Er wollte wissen, weshalb ich nicht trainiere. Da ich die abenteuerlichsten Märchen über Grundausbildungen gehört hatte, wollte ich eine dreimonatige Trainingspause einlegen, bis zur Versetzung in die Sportfördergruppe im Januar. Mein Vorgesetzter kannte meine nächste Stationierung und riet mir, meinem Sport nachzugehen, da ich zu 95 Prozent auf den Feierabend um 16:30 Uhr setzen konnte. Diese Chance wollte ich nutzen. Ab sofort liefen meine Tage nach dem immer gleichen, stressigen Schema ab. Es war zwar sehr hektisch, da ich mit öffentlichen Verkehrsmitteln von Hamm zum Training nach Dortmund fahren musste und meine Tage jetzt immer um halb sechs begannen und um 22:00 Uhr endeten. Doch mein Training stand über allem.

Als eines Abends drei mit Atemschutzmasken maskierte Rekruten über einen nicht allzu beliebten Soldaten mit Wasserschläuchen herfielen und der gesamte Zug sehr belustigt zuschaute, endete der zweifelhafte Spaß mit einem kaputten Schlafanzug. Der Gepeinigte machte sich platschnass und mit nur noch wenigen Fetzen Pyjama am Leib auf den Weg zum Unteroffizier vom Dienst. Der Initiator des Unternehmens schwor uns ein, ganz schnell die unschuldig Schlafenden zu mimen. Der Erfolg der Aktion: Anstatt den Feierabend zu genießen, mussten wir einen Aufsatz über das „Zusammenleben in der Gruppe" schreiben. Da diese Strafe mein Training verhinderte und ich für etwas bestraft wurde, was ich nicht zu verantworten hatte, versuchte ich, die Situation zu erklären. Mein Schweigen hatte eine derartige kollektive Strafe gefördert und durch mein passives Zuschauen konnte diese Situation überhaupt erst entstehen. Das wollte ich aber nur teilweise einsehen, denn ich sah die Macht der Gruppe und die Macht der Chaoten als größeres Problem.

Stellte man sich gegen die Gruppe der Aufrührer, konnte einen die gleiche kalte Dusche ereilen. Ich kritisierte die Anführer der Gruppe, die anderen Schläge androhten, falls sie auspackten. Ich nannte keine Namen und wurde auch nicht als Verfasser dieses Textes genannt. Nachdem der Ausbilder meinen mit sehr gut bewerteten Aufsatz vorgelesen hatte, ließ ich ihn schleunigst in der Tasche verschwinden. Die Initiatoren der Schlägerei waren von meiner beschriebenen Eskalation innerhalb der Gruppe sehr überrascht und hielten sie natürlich für völlig überzogen. Als ich am Abend mit den Wasserwerfern zusammensaß, grübelten diese über den Verfasser des Textes und drohten ihm unbekannterweise Schläge an. In diesem Moment war die Anonymität mächtiger als alle Vernunft.

Am Ende des Jahres nutzte ich einen Hürdenlehrgang in Berlin, um mich mit meiner verflossenen Liebe zu treffen. Ich musste mit ihr reden. Ich machte mir immerzu Hoffnung, dass es noch mal was werden könnte. Sie hatte schon längst den Nächsten verbraucht und sich schon lange nicht mehr gemeldet, aber ich überwand die Trennung nicht. Ich musste mit ihr reden. Ich musste einfach. Ich begann einen Monolog zu halten, indem ich ihr meine immer noch währende Liebe offenbarte. Ich redete fast eine halbe Stunde, und das Einzige, was sie sagte, war „Och!?". Ich wusste nicht, weshalb ich meine Gefühle so blank legte. Aber nach ihrer Reaktion wusste ich, diese Liebe ist tot. Beiderseits. Mit drei Buchstaben aus ihrem Mund und ein wenig Gestik hatte sie mir meine Ruhe und meinen Frieden geschenkt. Ich war erlöst. Die Liebe war aus dem Spiel, nun war sie nur noch eine Freundin. Mehr nicht.

Kapitel 5 – Von 1995 bis 1996

Hallo, Katrin

Am Ende dieser dreimonatigen Grundausbildung war ich froh, dass ich nicht ausgemustert worden war und das Abenteuer Bundeswehr erleben durfte. Es gab nur selten Zeiträume, in denen ich mehr und heftiger gelacht hatte als zu dieser Zeit. Eine Wiederholung musste zwar nicht sein, aber der Einblick in eine nie für möglich gehaltene Vielfalt der verschiedensten Menschen und die Situationskomik in einem Leben auf engstem Raum musste man mitgemacht haben. Danach begann für mich eine Zeit, in der ich von meinen Freunden beneidet wurde. Ich konnte bei der Sportförderkompanie den ganzen Tag meinem liebsten Hobby, der Leichtathletik, nachgehen und bekam dafür auch noch meinen Soldatensold. Mein neuer Chef der Kompanie versuchte uns klarzumachen, dass wir in diesem Jahr den ungewohnt vielen Trainingseinheiten Tribut zollen würden und uns daher große Leistungen abschminken könnten, aber spätestens im nächsten Jahr davon profitieren sollten.

Ich konnte es nicht nachvollziehen, da ich in der Hallensaison von einer Bestleistung zur nächsten sprintete und plötzlich auch noch meine stets angedrohte und als Scherz gedachte Ankündigung wahrmachte, Deutscher Hallenmeister werden zu wollen. Ich wusste zwar nicht, weshalb ich so schnell war, aber vielleicht waren es diese notwendige Lockerheit und das entsprechende Training in der Grundausbildung, mit der ich die drittschnellste Zeit lief, die je ein Deutscher schaffte. Die Müdigkeit der vielen Trainingseinheiten erreichte mich erst im Sommer.

Bei den folgenden Hallenweltmeisterschaften machte ich eine Erfahrung, die mich in meinen weiteren Wettkämpfen entscheidend prägen sollte. Eigentlich wollte ich im Endlauf Vierter werden, doch der von mir schwächer eingeschätzte Kubaner ging an mir vorbei. So konnte ich nur noch Fünfter werden, da die ersten drei Plätze von drei übermächtigen Athleten belegt waren. Ich war enttäuscht und gab mich auf, so dass auch der nächste an mir vorbei zog. Im Ziel angekommen, wähnte ich mich auf dem sechsten Platz. Doch da irrte ich auch. Ein Finne hatte sich mit einem Hechter ins Ziel geworfen und mir auch diesen Platz mit gleicher Zeit weggeschnappt. So wurde ich nachlässig und aufrecht ins Ziel laufend nur Siebter. Über den vorletzten Platz des Laufes ärgerte ich mich schon genug, aber vielmehr ärgerte mich die Tatsache, dass ich trotz aller Fehler nicht noch das Beste aus der Lage gemacht hatte.

Die 60 Meter waren in diesem Rennen für mich schon nach 50 Metern vorbei, zehn Meter zu früh und zwei Plätze zu spät. Ich hätte besser abschneiden können, hätte ich mich nicht hängen lassen. Das war das Schlimmste. Ich wollte nie mehr aufgeben. Ich musste in Zukunft immer kämpfen. Ich sollte immer alles versucht haben. Dann konnte ich nicht unzufrieden mit mir sein. Als Kämpfer konnte man niemals gegen sich verlieren. Nur gegen andere, und die waren manchmal besser. Aber gegen sich selbst zu verlieren war schlimm.

Über einen Trainer im Verein wurde ein Kontakt zu einem sogenannten Manager hergestellt. Dass so eine Betreuung möglich und nötig war, erschloss sich mir nicht zwingend - aber der Ruf des Geldes war verlockend. Er wollte nicht meine Wettkämpfe betreuen, sondern mir außerhalb des Sports Geld verschaffen. Sein Konzept war so einleuchtend wie einfach. Ein Einzelsportler ließe sich unter keinen Umständen vermarkten. Dafür setzte man dem geldgebenden Unternehmen ein zu großes Risiko ins Nest, da bei einer Verletzung der gesamte Werbewert dieser Beziehung gegen Null ginge. Er baute ein Team mit drei etablierten und drei Nachwuchsathleten auf. Die Erfolgreichen hatten den Namen, und die jüngeren Athleten konnten sich in diesem Schatten entwickeln. Das Konzept war stimmig und plausibel.

Ich gehörte zu den jungen, wilden, unentdeckten Perlen, die er vermarkten wollte. Plötzlich hatte er eine andere Idee. Er schlug mir eine Einzelvermarktung vor, da ich gut genug sei, Sponsoren gewinnen zu können. Dass die etablierten Athleten kein Interesse an seinem geplanten Konzept hatten, verschwieg er. Wir unterhielten uns über die letzten Kleinigkeiten des Vertrages, und als Mindestsumme der Sponsorengelder trug er kurzerhand „…sagen wir mal - 50.000 Schweizer Franken!" ein. Er sagte es so beiläufig und gelangweilt, dass ich daran glaubte. Die Währung ließ mich zwar ein wenig stutzen, aber letztendlich ignorierte ich alle Bedenken, und große Geschäfte wurden eben in großen Währungen gemacht. Das waren ja 60.000 Mark. Wollte mich ein Sponsor haben, musste er sechzig Mille auf den Tisch legen, und das sei kein Problem bei mir, versicherte er mir. Hier war ich richtig. Geldverdienen schien wirklich einfach zu sein.

Mein neu entfachter Größenwahn bestätigte sich zunächst auch in meinem ersten Wettkampf, den ich nahe an der Bestleistung ins Ziel brachte. Wie das zu erklären war, schien mir nicht einleuchtend, da ich mit starken gesundheitlichen Problemen zu kämpfen hatte, aber Überraschungen zu meinen Gunsten nahm ich ohne Hinterfragen an. Ich glaubte, eine ganz neue Qualität erreichen zu können. Da ich im letzten Jahr gut gelaufen war, stieg mein Selbstbewusstsein, zudem war ich in der Halle der beste Deutsche, war jung und sollte mich entwickeln.

Was sollte schief gehen? Mein Manager für Wettkämpfe, Bernie, verschaffte mir einen Start im Ausland. Nach diesem ersten hervorragenden Rennen setzte ich mir eine neue Bestleistung zum Ziel. Die doppelte Antrittsprämie in Höhe von 2.000 Mark, die er ausgehandelt hatte, verlangte eine gute Zeit. Ich war gut drauf und setzte mir zum Ziel, das Feld zu schlagen. Dass mit Mark McCoy und zahlreichen anderen Hürdensprintern von Weltklasseformat eine nicht ganz leichte Aufgabe auf mich wartete, ignorierte ich.

Ich war gut, und wenn ich es wollte, konnte ich alle schlagen, selbst den Olympiasieger und Hallenweltmeister McCoy. Im Nachhinein betrachtet war es gut, dass meinem Vater die 2.000 Mark schon vorher in die Hand gedrückt worden waren. Nach meinem letzten Platz hätte ich nicht mehr den Mumm gehabt, die Knete abzuholen. Diese maßlose Selbstüberschätzung verschaffte mir eine solch schlechte Laune, dass ich mir im nächsten Rennen Wiedergutmachung schwor. Aber auch dieses Vorhaben scheiterte. Die gesundheitlichen Probleme waren nicht zu leugnen, und meine Arroganz hemmte mich in meinem Tun und holte mich langsam, aber sicher auf den Boden der Tatsachen zurück. So einfach waren Weltklasseleistungen doch nicht, es gehörte sehr viel mehr dazu als der Wille und der Wunsch. Ich verkrampfte zusehends und holte allzu oft die Brechstange heraus.

Ich musste etwas ändern und schraubte meine Ansprüche eine Stufe zurück. Es machte keinen Spaß, Zielen meilenweit hinterherzulaufen. Ich merkte, dass ein Training auch gut sein konnte, wenn es sich gut anfühlte, und nicht nur, wenn die Zeit gut war. Zudem kam noch der von meinem Bundeswehr-Spieß angemahnte Faktor der Müdigkeit hinzu. Viel Training hilft nicht immer viel, man muss es auch verkraften können, und eine Pause war genauso wichtig wie die Belastung. Dass ich mir jetzt die Substanz für die nächste Saison antrainierte, schien mir suspekt.

Der Vertrag mit dem sogenannten Manager lief ein Jahr - ich führte die Zusammenarbeit mit ihm nicht fort. Selbstverständlich konnte man mit einem Nachwuchssportler, auch wenn er Juniorenweltmeister war, keine 50.000-Schweizer-Franken-Verträge an Land ziehen und schon gar nicht mit seiner Arbeitsweise. Ich las in der „Sport-Bild" einen Bericht über unseriöse Sportmanager, und zu meinem Schrecken tauchte dort auch der Name meines großen Zampanos auf. In diesem Artikel erntete er nur Häme. Ich erschien ebenfalls in diesem Bericht. Namentlich. Nicht als Abzocker, eher als armes, naives Opfer. Das tröstete mich wenig. Die Masche dieses Herrn war recht einfach. Zuerst sprach er jedem seiner avisierten Nachwuchsathleten außergewöhnliches Talent zu und bot seine Schützlinge per handgeschriebenem Fax einer Masse von potenziellen Sponsoren an. Diese Erfahrung reichte, um wieder auf den Boden der Tatsachen zurückzukehren.

Nach meiner ersten Bewerbungspleite konnte ich ein Jahr später meine Erfahrung ausspielen. Beim zweiten Versuch klappte es. So stieg ich am 1. August 1995 in meinen Anzug und trat bei der Stadtsparkasse Dortmund meine Stelle als Auszubildender an. Ich war nach der langen Zeit der Hirnabstinenz gierig nach Input und freute mich nach 16 Monaten der intellektuellen Stille darauf, mich endlich wieder geistig betätigen zu können. Aufmerksam hörte ich in der Einführungswoche die Dinge, die da besprochen wurden, und war nach zehn Minuten fix und fertig. Ich musste den Kopf erst wieder an solche Belastungen gewöhnen.

In der ersten Woche waren wir mit dem ganzen Ausbildungsjahr in einer Jugendherberge, um uns gegenseitig und die Ausbilder besser kennen zu lernen. Ich hatte vereinbart, dass ich abends immer zum Training fahren durfte. Auf die Frage meiner Zimmerkollegen nach meinem Ziel antwortete ich lediglich, dass ich zum Sport fahre. Sie bohrten so lange, bis ich ihnen mein wahres Leistungsniveau offenbarte. Ich wollte nicht erzählen, dass ich Juniorenweltmeister war, unter Umständen interessierte sie das auch nicht. Ich hatte mir geschworen, nie mehr von mir aus von meinen sportlichen Erlebnissen zu erzählen. Wenn sie es wissen wollten, erzählte ich es gerne und ging völlig in meinen Erlebnissen auf, bei Desinteresse schwieg ich lieber.

Mit dem Schritt in die Ausbildung erhoffte ich mir nun endlich eine weitere Chance, ein Mädchen kennen zu lernen. Sie sollte mir so sehr gefallen, dass ich mich in sie verliebte, aber der erste Blick in die Runde der 35 Azubinen war sehr ernüchternd. Nix da. Mir gefiel keine. Die Ausbildung hatte in punkto Kontaktaufnahme mit dem anderen Geschlecht nichts gebracht.

Ich fügte mich meinem Schicksal und begann erst mal zu arbeiten. Dafür hatte ich mir eine Jahreskarte der öffentlichen Verkehrsmittel gekauft, um von Recklinghausen nach Dortmund zur Hauptstelle der Stadtsparkasse zu fahren. Der Tag begann um sechs Uhr. Jeden Morgen Haare waschen, Scheitel ziehen, was manchmal zehn Minuten dauerte, da ich nicht die exakte Mitte traf und mir nicht vorstellen konnte, derart schlampig vor die Tür zu gehen. Ich bestieg um 6:50 Uhr den Bus, stieg zweimal um und kam aufgrund diverser Verzögerungen der Bahn meist zu spät. Ich arbeitete von 8:30 Uhr bis 16:30 Uhr, donnerstags bis 18:00 Uhr, ging danach zum Training, schlüpfte in die Sportklamotten, die mir mein Vater von zu Hause mitgebracht hatte, und war gegen 21:00 Uhr wieder daheim. Unser Haus sah ich in den Wintermonaten werktags nur im Dunkeln. Zum Glück hatte ich keine Freundin, die hätte mich total geschafft. Ich war froh, dass ich am Wochenende noch lebte. Der schönste Moment der Woche war Freitag, 16 Uhr.

Als der letzte Kunde gegangen war, hatte ich bis zum Arbeitsbeginn am Montag 64,5 freie Stunden. Ich genoss sie in vollen Zügen, um in der Woche wieder mit allen wissenswerten Dingen des Bankerlebens vertraut zu werden. Dabei war ich ein nicht zu rühmender Azubi. Irgendwie war ich faul und war am zufriedensten, wenn ich abheften durfte oder den Keller aufräumen musste.

Die Ausbildung bescherte mir auch Überraschungen, die nichts mit meiner Azubitätigkeit zu tun hatten. So läutete eines Tages das Telefon und man wollte mich sprechen. Nicht den Chef oder einen Kollegen. Mich - den Azubi. Allerdings in Person als Sportler. Es war eine Agentur, die mich fragte, ob ich Interesse an einem Vertrag mit einem Autosponsor hätte. Diese Vereinbarung, die mich in ein Juniorteam aufnehmen sollte, sicherte mir ein Fahrzeug und eine monatliche Zuwendung von 2.500 Mark. Ich konnte mit diesem Vertrag all meine Einnahmen verdoppeln! Ich hatte so ein Glück! Zudem war ich jetzt nicht mehr auf meine Eltern als Autosponsor angewiesen.

Nachdem ich allzu oft zu spät und mit größtem Stress zur Arbeit gekommen war, gab ich mein Zugticket zurück und brauchte nun das Auto meiner Mutter. Den ersten Fiat Panda und den jetzt bereitgestellten Seat Ibiza hätte ich mir eigentlich mit ihr teilen sollen, aber sie verzichtete immer, da die Mobilität ihres Sohnes vor ihrer Bequemlichkeit stand. Und jetzt sollte ich ein Auto für mich ganz alleine bekommen. Es war zu schön, um wahr zu sein. Und gar kein Haken? Ich sah keinen, trotzdem wurde mir von Agenturseite geraten, eine Nacht darüber zu schlafen und vor Einwilligung noch einmal mit einer Person meines Vertrauens zu sprechen. Natürlich gab es nichts dagegen einzuwenden, ich hatte bisher nur einen Ausrüstervertrag mit adidas, und die stellten genauso wenig Autos her, wie die Automobilhersteller Turnschuhe produzierten. Schnellstmöglich versuchte ich am folgenden Tag, den Kontakt zu der Agentur herzustellen und alles einzutüten.

Es war so leicht. Ich musste nur Ja sagen und sie würden mir den Vertrag zwecks Unterzeichnung zuschicken. Ich rief an und mein Ansprechpartner war nicht da. Später rief ich noch mal an und sie kannten mich nicht. Ich bat um einen Rückruf und warte bis heute auf das Klingeln des Telefons. Ich war enttäuscht. Erst machten sie mich heiß und dann kannten sie mich nicht und behandelten mich wie einen Schmarotzer. Es wäre auch zu schön gewesen.

Ich brauchte auch niemanden, der mich verarschte. Ich brauchte nur mich und meine Eltern, die mich formten wie einen Diamanten. Ich brauchte niemandem in den Hintern zu kriechen und musste nur auf meine eigenen Stärken vertrauen und alles würde gut werden. Ich trainierte mit dem mir gewohnten Ehrgeiz und Enthusiasmus und bekam eine Einladung zu einer sportmedizinischen Untersuchung der Zehnkämpfer. Mein deutscher Juniorenmeistertitel zwei Monate vorher hatte wohl Eindruck gemacht, und auch meine Jahresweltbestleistung aus dem Vorjahr war nicht in Vergessenheit geraten.

Doch all das deutete noch nicht auf einen Disziplinwechsel hin. Der ausschlaggebende Punkt war vielleicht eine ganz simple Autofahrt. Bei der sportmedizinischen Untersuchung, die den Mehrkämpfern zweimal jährlich in Freiburg angeboten wurde, hatten wir für sieben Personen nur ein Fahrzeug. Um Zeit und Wegstrecke zu sparen, quetschten wir uns für den kurzen Weg zum Hotel mit fünf Personen auf die Rückbank. Dabei wurden meine Hüfte und mein Bein so stark verdreht, dass ich es erst als zu tolerierende Dehnung abtat und einige Wochen später immer noch als quälenden Schmerz hasste.

Ich konnte nicht mehr schnell laufen. Es war wie verhext. Sobald ich sprinten wollte, streikte das Bein. So beschränkte ich mich notgedrungen mit dem Training im 70 prozentigen Bereich. Nicht schneller. Vorteil war, dass ich mich bei dieser Geschwindigkeit nicht verletzen konnte. Die Probleme hielten sich hartnäckig. Der Arzt diagnostizierte eine Zerrung, was absurd war, da eine solche Verletzung spätestens nach vier Wochen nicht mehr spürbar sein durfte. Der nächste Fachmann war ratlos, was ich verstehen konnte, da der Schmerz nur sehr schwer zu erklären und zu deuten war. Bei einem 500 Kilometer entfernten Fachmann hatte es den Anschein, als hätte meine Reise ein Ende. Er diagnostizierte freudestrahlend einen Ermüdungsbruch in der Lendenwirbelsäule! Ich war fix und fertig, und er meinte nur, dass ich froh sein könne, da ich nun wisse, was ich habe. Sehr ernüchternd.

Die letzte Diagnose, die gestellt wurde, war unter anderem ein Gleitwirbel. Diese konnte ich akzeptieren, da sie einleuchtend und erklärbar war. Daraufhin fuhr ich zu meinem Orthopäden, um das Problem mit einer ausgedehnten Spritzenkur in den Griff zu bekommen. Bei jeder Sitzung setzte er mir bis zu sechs Injektionen in den betroffenen Bereich, um die Reizzustände zu nehmen. Nach zahlreichen Behandlungen und der Kräftigung des Wirbelsäulenbereiches wurde es dann auch besser. Die ganze Prozedur hatte mich ein halbes Jahr gekostet, wir hatten März und ich musste bis zu dieser Zeit mit angezogener Handbremse trainieren. Ich hatte das erste Mal eine geplante Hallensaison abgesagt und gelernt zuzuschauen. Es war nicht schön, aber erträglich.

Diese Verletzung sollte der Wegbereiter für meine nächste Karriere sein. Mein Vater merkte meinen gedanklichen Umbruch schon recht früh, da ich mich Monate zuvor allzu oft mit dem Zehnkampf beschäftigte und auf dem Papier dauernd Punkte zusammenzählte. Ich hingegen konnte und wollte es doch noch nicht wahrhaben. Ich war Hürdensprinter, Juniorenweltmeister, Deutscher Hallenmeister, und so sollte es auch bleiben - trotz der schlechten Saison im Jahr zuvor. Ich war Hürdensprinter. Noch. Auf dem Papier. Aber nicht mehr in meinem Kopf.

Eines Tages rief sie an. Eine ganz andere. Doch wer war sie? Ich wusste es nicht. Ich kannte sie kein bisschen. Noch nicht mal aus der Ferne. Sie rief einfach an und sagte, dass sie mich treffen wolle, da sie mich nett fände! Das war ja wie im Film. Sie hätte mich bei den deutschen Juniorenmeisterschaften gesehen und wollte mich jetzt näher kennen lernen. Mich, den Bubi aus Recklinghausen. Ich war geplättet. Sie wollte auch vorbei kommen, und dabei wohnte sie im Saarland. Ich war so ein Glückspilz. Die Frauen riefen einfach bei mir an und wollten einen klarmachen. Herrlich. Das Problem war nur, dass ich kurze Zeit später nach Lanzarote ins Trainingslager fliegen musste und somit etwas weit von einem möglichen Treffpunkt entfernt war.

Wir verabredeten uns für später. Sie wollte sich wieder melden. Wir legten auf und ich wusste nichts. Weder ihre Adresse noch ihre Telefonnummer. Nur ihren Namen. Ich war so perplex, dass ich alles vergaß. Ich musste erst mal Erkundigungen anstellen. Ich rief einen Athleten an, den sie in ihren Erzählungen erwähnte und den ich von zahlreichen Sportfesten und Länderkämpfen kannte. Ich schilderte ihm mein Problem und fragte nach einer Möglichkeit der Kontaktaufnahme und seinem Urteil über ihr Aussehen. Wenn sie hässlich war, brauchte ich nicht weiter am Ball bleiben, aber Michael versicherte mir, dass sie ganz passabel aussehe. Die Adresse habe er nicht parat, aber er kenne ihr Auto, und vor welchem Haus das immer stehe, wisse er auch. Er würde mir ihre Adresse schon besorgen. Gesagt, getan. Es gab immer einen Weg. Im Sport wie in der Adressenbesorgung. Man musste nur wissen, wie. Wir vereinbarten einige Wochen später einen Treffpunkt bei mir in Recklinghausen. Ich hatte keine Lust, die 400 Kilometer nach Saarbrücken zu fahren, um unter Umständen auf der Hacke wieder umdrehen zu müssen, weil sie mir nicht gefiel. Außerdem hatte sie angerufen und wollte vorbeikommen.

Ich fuhr zum vereinbarten Treffpunkt und war extrem zwiegespalten. Auf der einen Seite hoffte ich, dass der Traum Wirklichkeit wurde und dass mir die Frau meiner Begierde ohne Anstrengung einfach um den Hals fiel, auf der anderen Seite hoffte ich, dass aus diesem Treffen keine Beziehung würde, da meine Freundin dann wieder 400 Kilometer von mir entfernt leben würde und ich darauf nach zwei schlechten Erfahrungen keine Lust mehr hatte. Sie kam mit einer Freundin um die Ecke und ich war glücklich. Sie würde niemals meine Freundin werden.

Ich brauchte keine 400 Kilometer nach Saarbrücken fahren und hatte keine Verpflichtungen. Nachdem sie nach unserem dreistündigen Treffen wieder nach Hause fuhr, war ich erleichtert. Kaum zu Hause, rief sie mich an, wie ich sie denn jetzt fände. Ich konnte ihr natürlich nicht sagen, dass es überhaupt nicht gefunkt hatte und dass der Nachmittag so „la-la" war. Das hätte ich lieber tun sollen, da noch ein paar Versuche folgten, und als all das nicht mehr fruchtete, rief die kleine Schwester an, ob ich sie nicht zu ihrem Geburtstag zum Essen einladen könnte und sie würde mir das Geld dann auch zurückgeben. Ich musste Klartext reden. Mit Nettigkeit kam ich jetzt nicht mehr weiter. Ich wollte jetzt meine Ruhe haben. Endgültig. Träume ließen sich doch schwerer filmreif umsetzen, als es Hollywood vorgaukelte.

Im März 1996 erläuterte ich im Trainingslager auf Lanzarote meinem Hürden-Bundestrainer meine Gedanken, die mir in den letzten Tagen gekommen waren. Diese Gedanken, dieser Schritt, den ich dort einleiten wollte, sollten schwerwiegende Folgen für meine Karriere haben. Ich hatte vor kurzem in meinem Trainingsbuch eine Skala eingeführt: Um Trainingsergebnisse besser einschätzen zu können, mit wie viel Schmerz ich zurechtkommen musste, setzte ich mit der Erfahrung der letzten Monate für Beschwerdefreiheit eine Null und für Abbruch des Trainings aufgrund zu großer Schmerzen eine Zehn. Da ich penibel Buch über alles führte, was ich machte, war das eine enorme Hilfe, um die Entwicklung ablesen zu können. Dazu notierte ich immer, wie viele Schmerztabletten ich genommen hatte. So konnte ich anhand der Aufzeichnungen ablesen, dass meine gesundheitlichen Probleme besser wurden, die Schnelligkeit aber fehlte.
Ich wollte die Disziplin wechseln. Ich sah für mich aufgrund der langen Verletzung und der damit verbundenen Einschränkungen in der Schnelligkeitsentwicklung überhaupt keine Chance, internationale Sportplätze zu sehen. Dafür würde ich in diesem Jahr nicht schnell genug sein - dachte ich. Ich eröffnete ihm, dass ich in dieser Saison 1996 lieber im Zehnkampf antreten wolle.
Die Chancen waren dort allemal besser, international eingesetzt zu werden, als im Hürdensprint. Sollte ich mich nicht für die Olympischen Spiele in den USA qualifizieren, und davon ging ich erst einmal aus, dann gab es noch die Möglichkeit, beim Vergleichskampf gegen die amerikanischen Mehrkämpfer eingesetzt zu werden - auch in den USA! Da musste und wollte ich hin. Schon allein, weil alle meine Jeans kaputt waren, und dort konnte ich mich billig eindecken! Ich sagte ihm, dass ich mir in zwanzig Jahren nicht vorwerfen wollte, dass ich es in der falschen Disziplin versucht und meine eigentlich stärkere Sportart nicht wahrgenommen hatte. Ich sah meine Chance zukünftig im Zehnkampf, und diese Chance wollte ich wahrnehmen. Es war ein Gefühl. Die Aufzeichnungen spielten dabei keine Rolle. Ich wollte Zehnkämpfer sein. Er verstand mich. Ich kehrte meiner eigentlichen Disziplin, dem Hürdensprint, den Rücken und versuchte es auf ganz neuem Gebiet. Ich setzte mir ein neues Ziel. Ich schätzte meine Chancen jetzt endlich realistisch genug ein, um feststellen zu können, dass mein Talent mich in

„Wo geht's denn hier zum Sportplatz?"

muss wohl die erste Frage meines Lebens gewesen sein, nachdem meine Eltern mich am Tag meiner Geburt zuerst im Verein und dann am Standesamt angemeldet hatten. Ich beschränkte mich notgedrungen auf die passive Mitgliedschaft und spielte dort in Weitsprunggruben im Sand und verschlief das Training im Kinderwagen. Da man als Kind noch kein Profi werden konnte…

... beschäftigte ich mich mit meinem drei Jahre jüngeren Bruder Lars erst mal mit der neuesten Mode der Spiderman-Kollektion, die Weihnachten 1981 zu den Höhepunkten des Festes gehörte. Leider verschwand die Unterwäsche einen Tag später für immer im Schrank, da sie dermaßen kratzte, dass es selbst Spiderman persönlich nicht ertragen hätte. Mit den Lebensinhalten eines Mannes „Haus bauen, Baum pflanzen, Kinder kriegen" begannen wir im Sommer 1982 mit der Errichtung unserer ersten Villa. Die Finanzierung dafür trieben wir auf dem heimischen Flohmarkt ein, indem wir alles verkauften, was sich zu Geld machen ließ. Ich war für die Finanzen zuständig und er für das Geldeintreiben. Ob eine DM mehr als zehn DM waren, wusste er noch nicht. So ergänzten wir uns genauso vorzüglich wie in der Freizeitgestaltung.

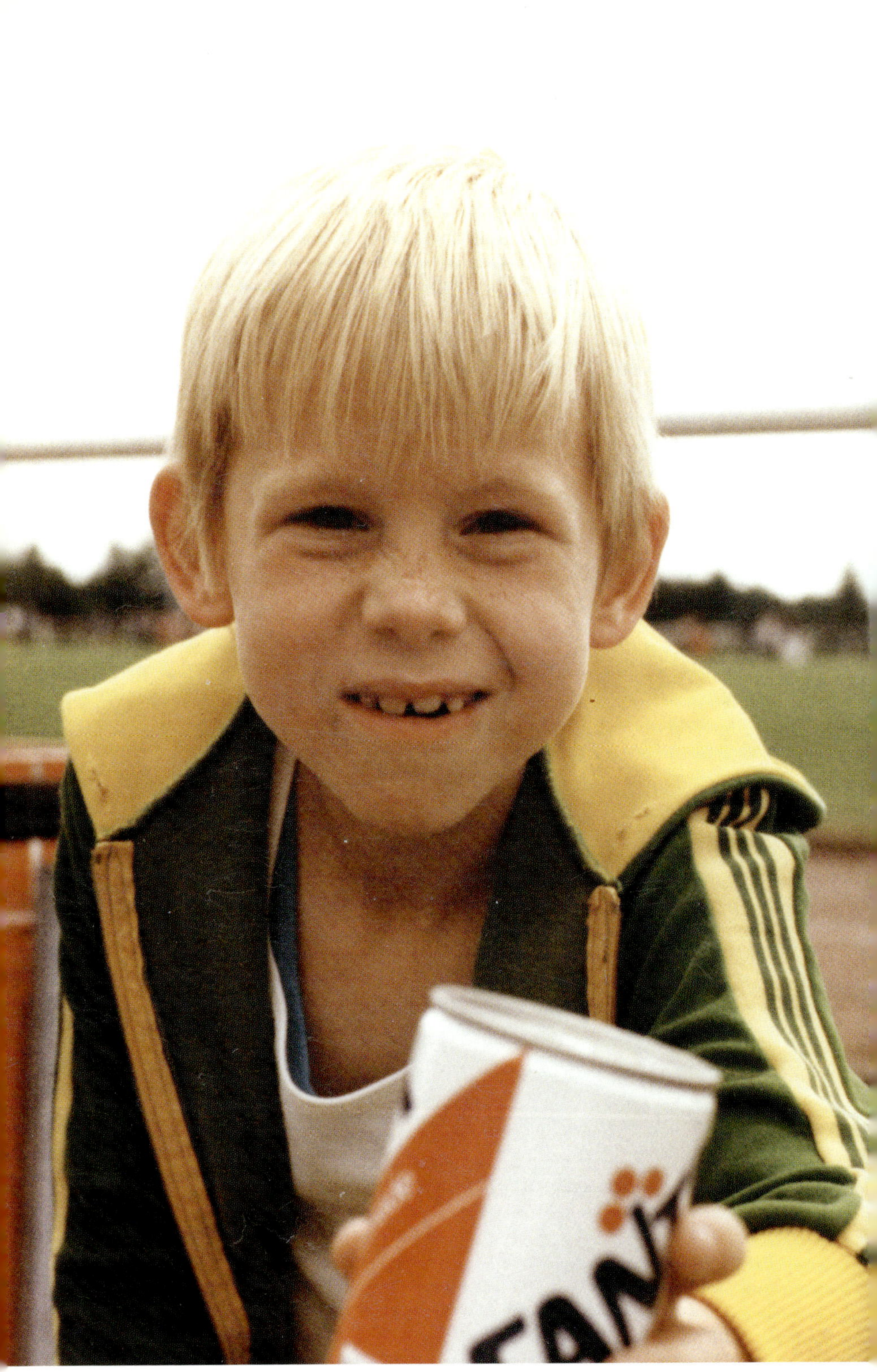

Da mir die Begeisterung für Sportplätze in die Wiege gelegt worden war, erinnerten Ausflüge zu Wettkämpfen nicht selten an Picknick mit besonderer Atmosphäre. Obwohl wir am ersten Mai die Wettkämpfe in kurzen Hosen bestritten, konnte man den Eindruck gewinnen, dass wir uns auf sibirischen Landesmeisterschaften befänden. Unsere Eltern ermöglichten uns Erlebnisse, die wir …

... im Fußball scheinbar nicht erleben konnten. So schön das Spiel im Verein auch war, irgendwann entschied das Herz, und nach einem ungleichen Elfmeter-Duell, bei dem mir mit einem Schuss der Arm gebrochen wurde, ließ ich die Bolzplätze dieser Welt zurück und konzentrierte mich auf die Weitsprunggruben, die ich mit größtem Talent nur in Ausnahmefällen als Zweiter verließ.

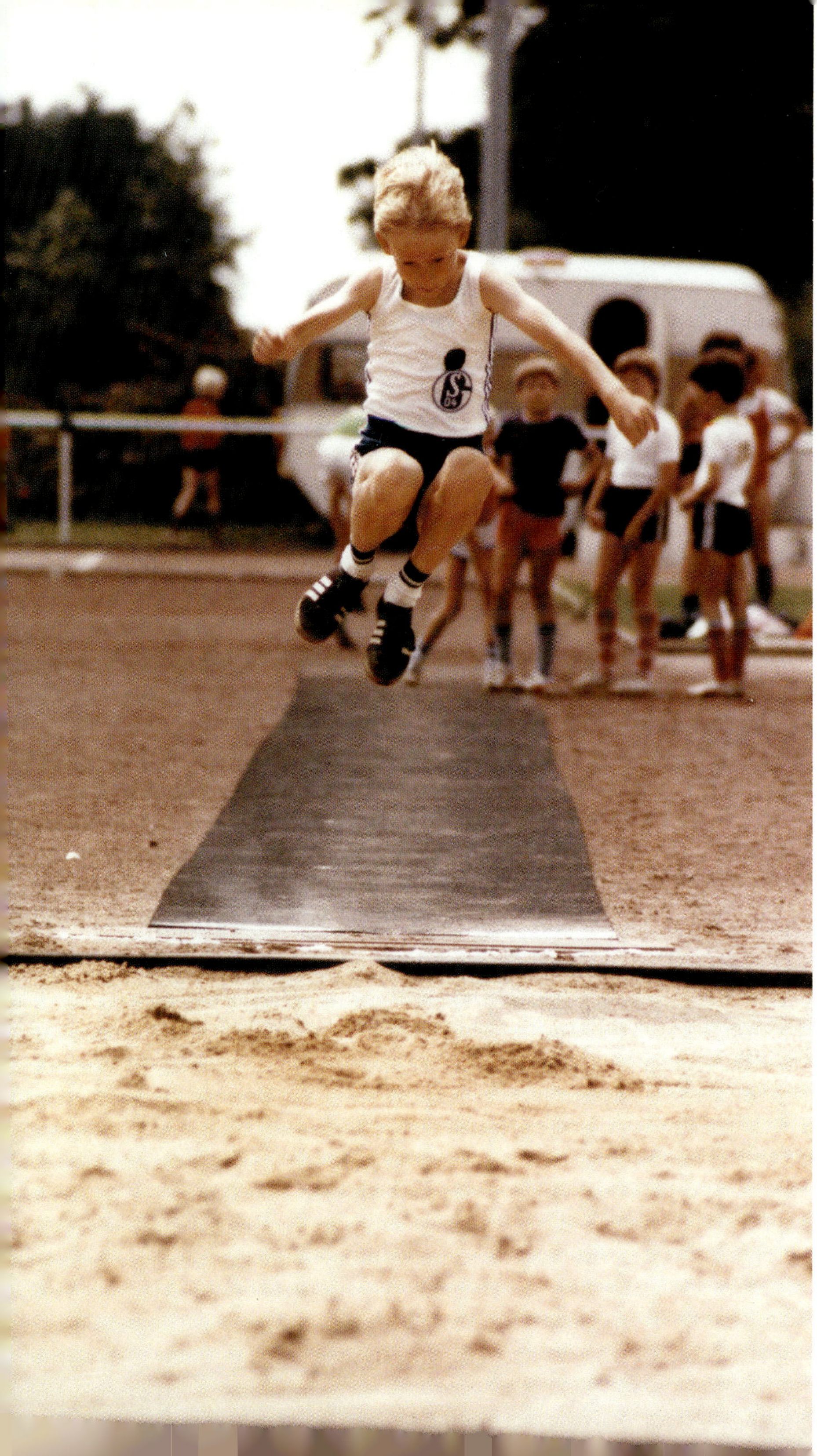

Die Leichtathletik bot so viel Abwechslung, dass wir unseren Vater dazu nötigten, die Baumärkte zu durchstöbern, um die Disziplinen der Erwachsenen zu erkunden. Da es für Achtjährige keine Stabhochsprungstäbe gab, aber Bambusstangen den gleichen Zweck erfüllten, präsentierte er uns freudestrahlend seine Alternative. Die Konstruktion seiner Hürden aus leichten Abflussrohren ließ uns Stunden durch den heimatlichen Garten hüpfen. Dass ich durch die neue Weitsprungtechnik mit neun Jahren auf 4,80 Meter segelte und eine europäische Bestleistung aufstellte, erfuhr ich allerdings erst sechzehn Jahre später.

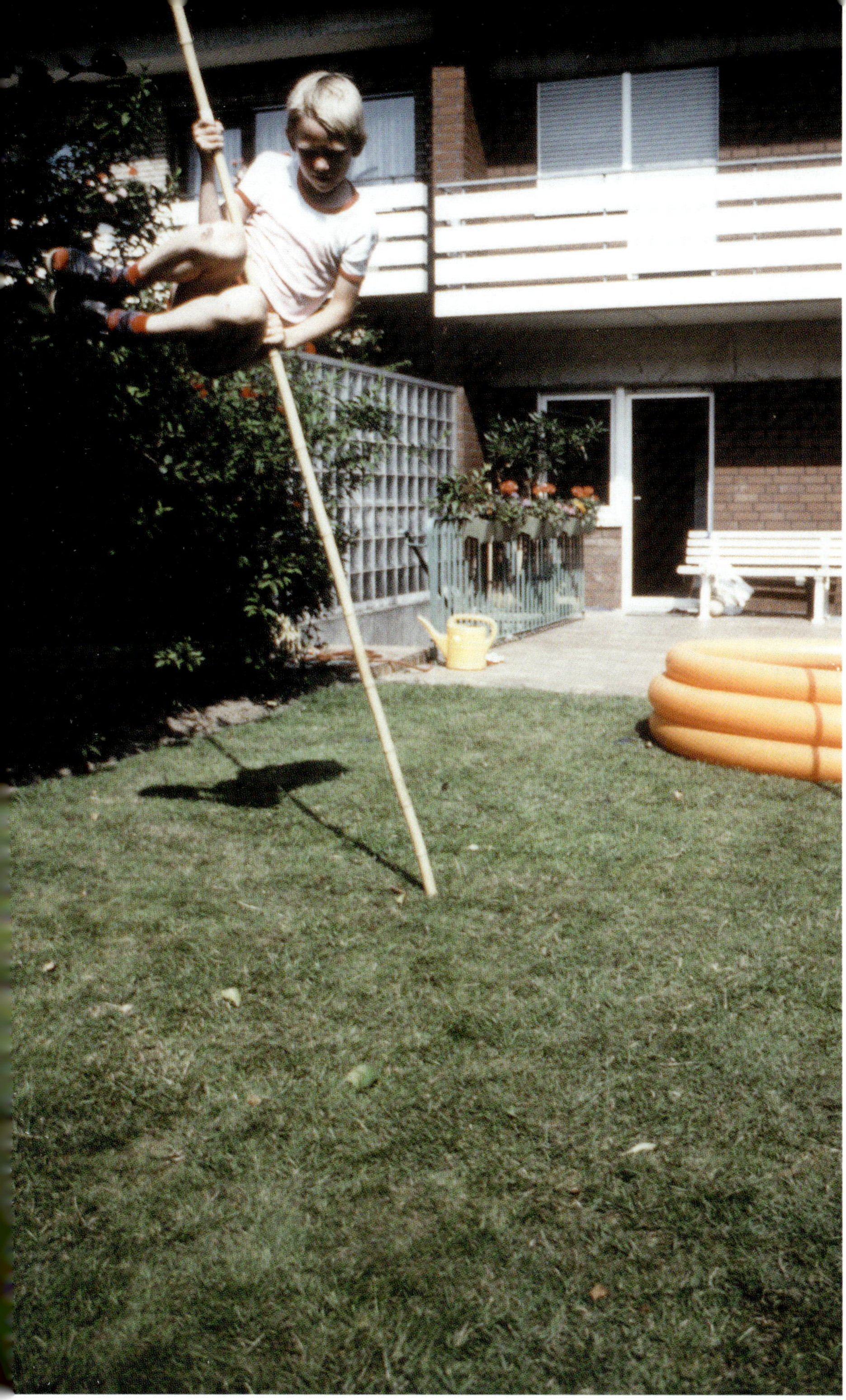

Ob Sprung oder Lauf, die Vielseitigkeit war früh zu erkennen. Im Krefelder Martinscross ging es über Stock und Stein, doch nach dem Sieg ein Jahr zuvor musste ich mich jetzt mit dem vierten Platz begnügen. Da es für die drei Erstplatzierten Ehrenpreise in Hülle und Fülle gab, blieb für mich lediglich ein Stutenkerl, den jeder Finisher bekam.

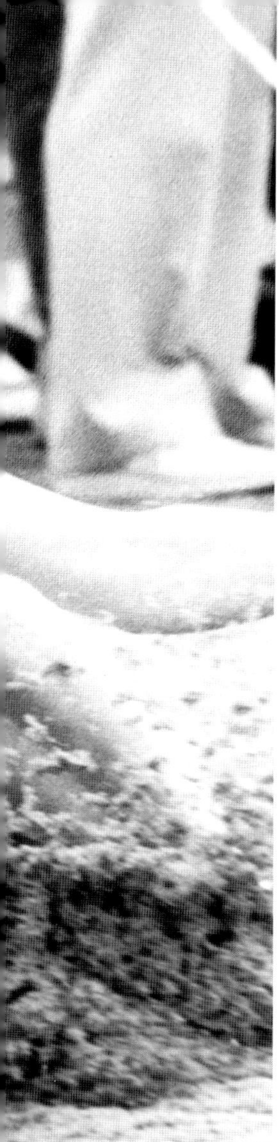

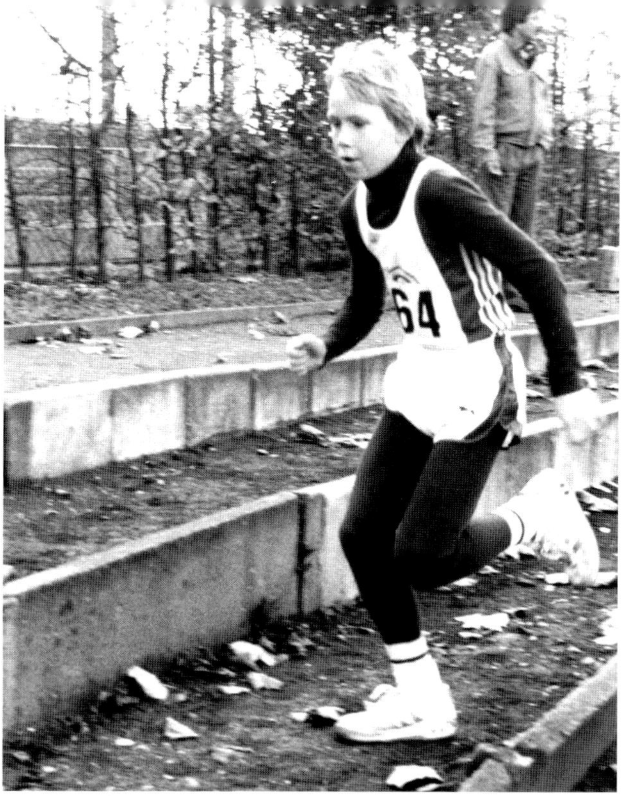
64

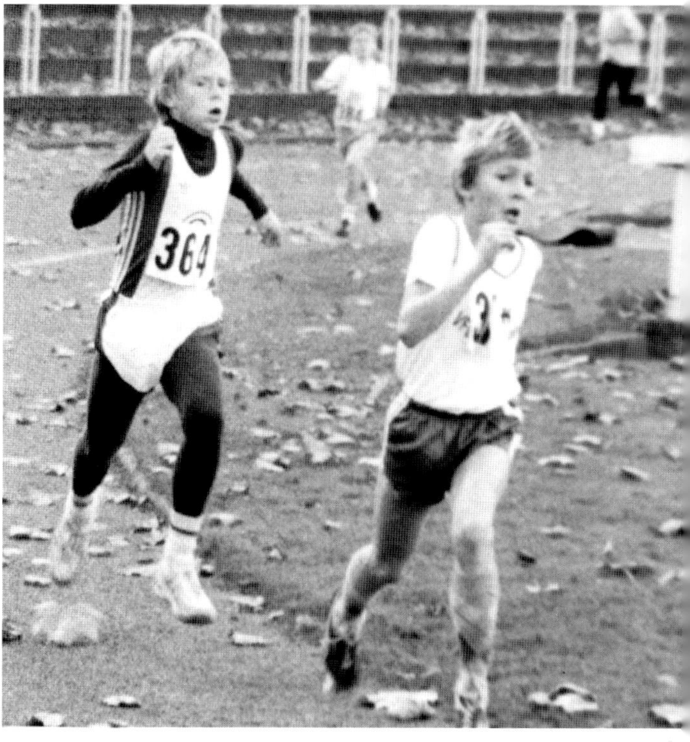
364

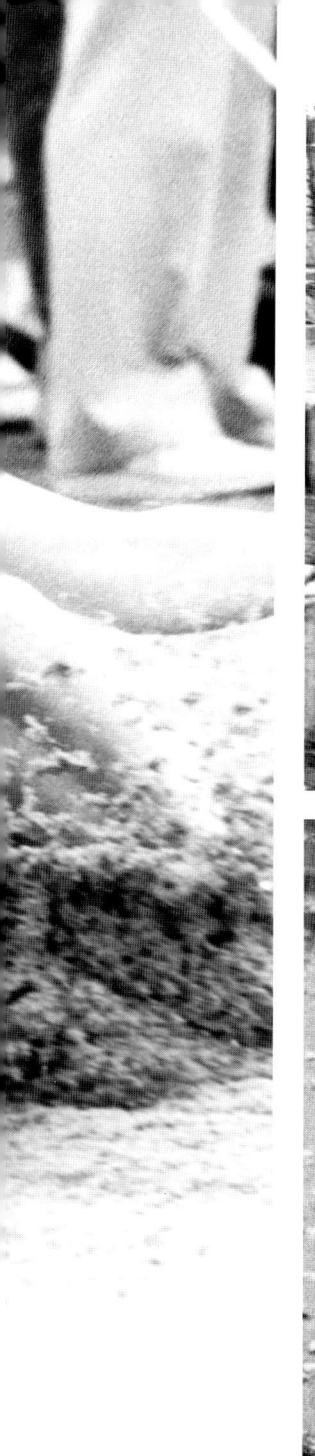

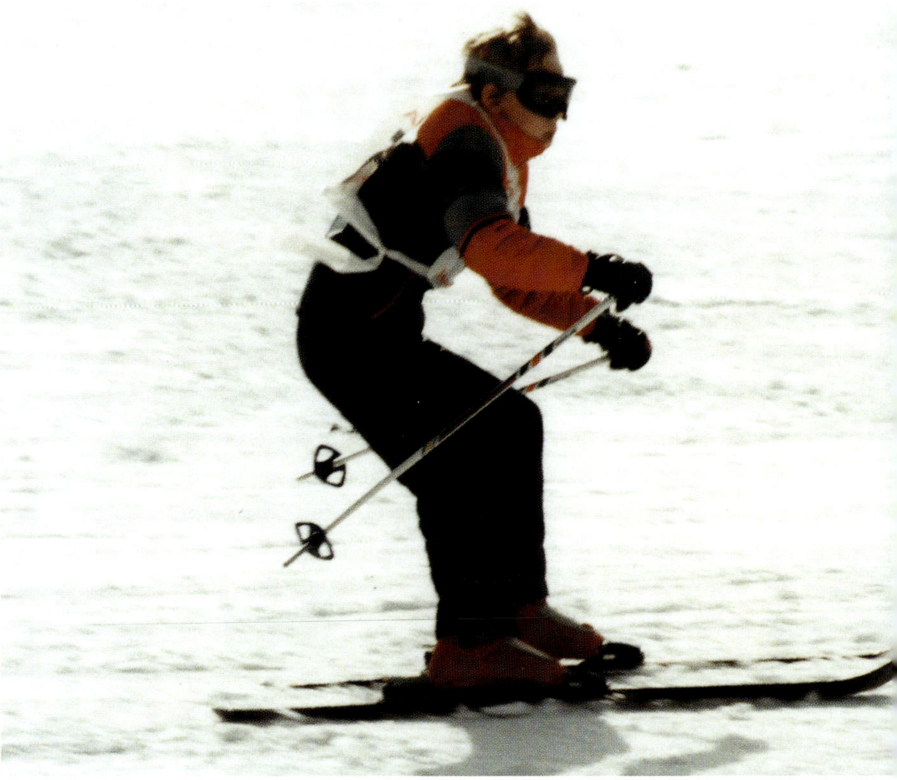

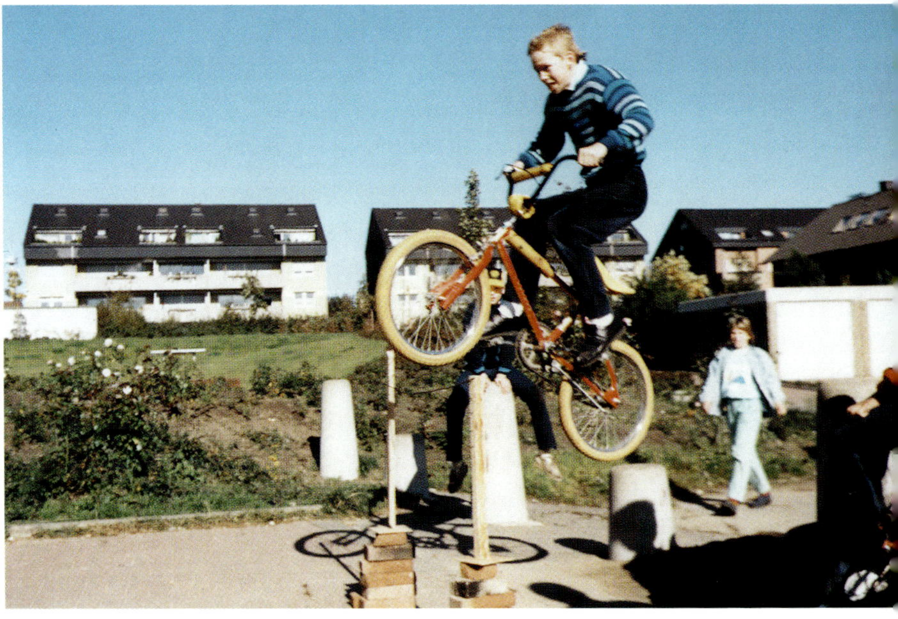

Trotz aller sportlichen Erfolge hatte es den Anschein, als könnte ich mich letztlich nicht auf eine Sportart festlegen. Den alpinen Rennzirkus ließ ich nach einem gebrochenen Daumen für immer ohne mich weiterziehen, und auch der Deutschlandachter musste auf mich verzichten, da mir aufgrund der ewigen Fahrt im Kreis die Lust recht schnell verging. Meine BMX-Karriere währte nur eine Saison, da ich nach diesem Sprung aus Lars´ BMX-Bike ein Faltrad gemacht hatte.

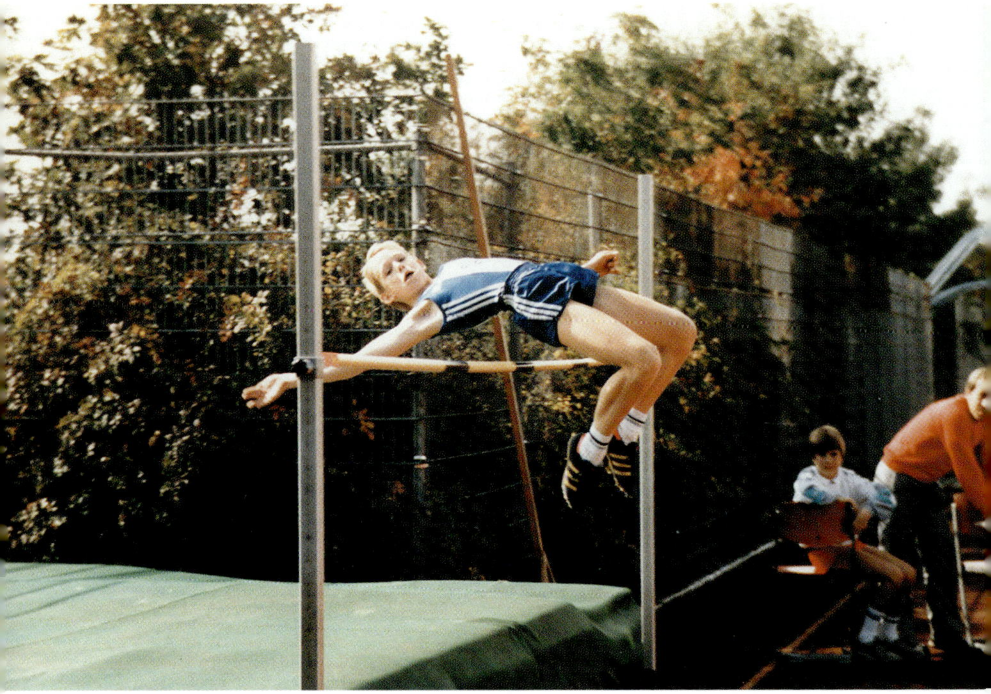

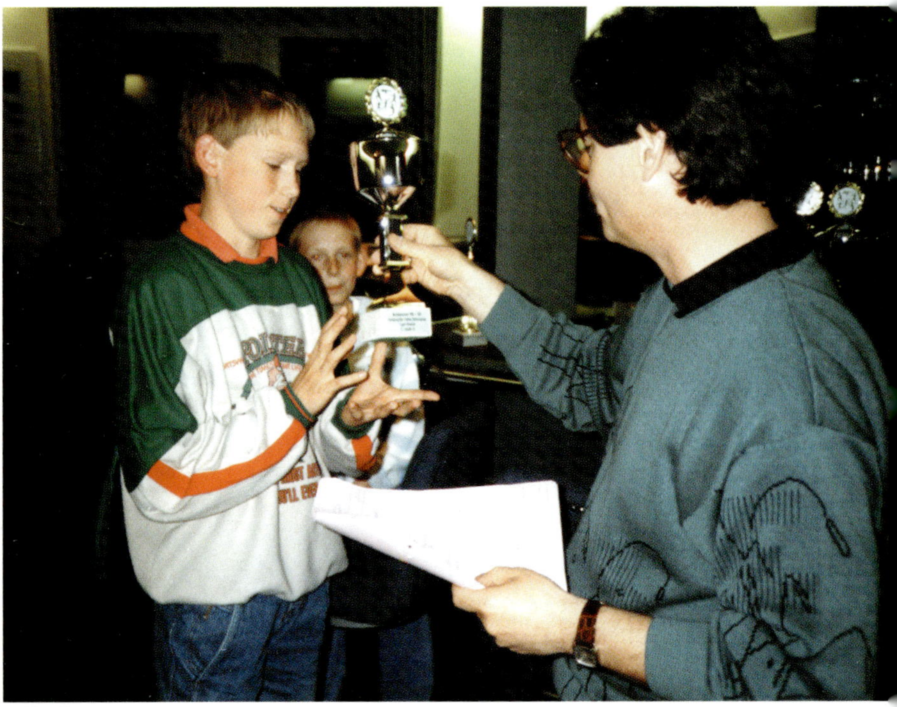

Ich orientierte mich an den Besten der Zunft. Nachdem ich Michael Wessing, den Speerwurf-Europameister von 1978, einige Jahre hautnah beim Training beobachten konnte, gab er mir „Nachhilfe", was meinen Armzug noch besser werden ließ. Bei Sergej Bubka lernte ich das Autogrammeschreiben und durfte sogar eine kurze Trainingseinheit absolvieren. Mit elf Jahren war ich in den Disziplinen technisch schon viel älter, was im September 1986 den ersten offiziellen Westfalenrekord im Vierkampf zur Folge hatte.
Für diverse Westfalenmeistertitel bekam ich vom Verein neben einem riesigen Pokal auch noch meine erste Geldprämie in Höhe von 250 DM. Bei Pulsschlag 180 und Gesichtsfarbe „Purpurrot" hätte ich Überweisung und Postzustellung bevorzugt.

Und schon wieder gewonnen!

Obwohl ich meinen Altersgenossen biologisch weit unterlegen war, konnte ich den fehlenden Bartwuchs mit Technik und Talent ausgleichen. Trotz Schmerzen in der Hüfte ließ ich mich nicht davon abhalten, die Mannschaft im Gewinn des Westfalenmeistertitels zu unterstützen.

der Vielseitigkeitsprüfung viel weiter nach vorne bringen könnte, als es im Hürdensprint jemals möglich sein würde. Ich sah jede Disziplin vor mir, ich fühlte sie. Sie waren alle tastbar, ich fühlte die Kräfte, wie sie auf mich wirkten, wo ich ansetzen musste, dass es funktionierte. Wir hatten März, und ich saß nur in einem Sessel, aber ich wusste, es wird gut werden.

Die Ausbildung entspannte sich ebenfalls zusehends, da wir jetzt in den Blockunterricht gingen. Das bedeutete, dass die Tage gegen 13:20 Uhr nach der sechsten Stunde beendet waren. Hinzu kam außerdem, dass wir nicht alleine an dieser Schule waren, da wir mit anderen Azubis verschiedener Banken eingeschult wurden. Das hieß, dass ich wieder einmal die Chance hatte, ein Mädchen kennen zu lernen. Irgendwann musste es doch klappen. Ich suchte mir den Sportunterricht als Bestandsaufnahme aus. Dort war ich etwas sicherer, weil es wohl niemanden gab, der besser war als ich. Ich war sozusagen der Obertänzer auf der Tanzfläche, der John Travolta der kurzen Hosen. Ich beeilte mich, um in der ersten Sportstunde als Erster in der Halle zu sein, wo sich der gesamte Nachwuchs der Banker und Bankerinnen zwecks Einteilung der Sportarten versammelte.

Alle neuen Mädels der Deutschen Bank, der Dresdner Bank, der Volksbank und der Commerzbank sollten gleich auf meinem Laufsteg an mir vorüberflanieren - es war irgendwie normal - mir gefiel keine. Ich fand alle langweilig, ohne das gewisse Etwas. Ich hatte soviel Hoffnung in diese Chance...- doch plötzlich stand sie da. Sie hatte was, was keine andere hatte. Sie war so hübsch. Sie war so anders...- und sie hielt Händchen mit ihrer Nachbarin. Wunderbar. Lesbisch! Hatte sich das also auch erledigt! Aber Mädchen machten das ja manchmal so ganz nebenbei. An ihr musste ich erst mal dranbleiben.

Zum Glück wählte sie genau dieselbe Sportart wie ich, Volleyball. Die Sportkurse verteilten sich auf die verschiedenen Hallenteile und Mannschaften wurden aufgestellt. Sie wurde meiner Gruppe zugeteilt. Ich wurde nervös. Bloß nicht anmerken lassen, dass du sie toll findest, dachte ich. Erst mal unverbindlich rantasten. Wir hatten Zeit. Vielleicht war sie ja blöd, eingebildet und vergeben. Hoffentlich. Dann musste ich mir nicht in die Hose machen. Sie kam auf mich zu und sagte: „Hallo Frank, ich bin Katrin!" Hä, woher kannte diese Katrin meinen Namen? War die scharf auf mich? Wohl kaum. Ich stand da mit meinen lila Tights und meinen von der Massage pickeligen Beinen vor ihr und fragte mich, woher sie mich kannte. Sie konnte Gedanken lesen. „Wir haben uns vor ein paar Jahren mal in Kamen auf dem Sportplatz gesehen, als du 300 Meter Hürden gelaufen bist. Und letztes Jahr habe ich dich bei „Sport im Westen" im WDR gesehen. Ich kann mir Gesichter gut merken, nur mit den Namen hapert es meist!" Mit den Namen hapert es meist! Ha, und sie kannte meinen!!! Es war ein gutes Zeichen.

Fortan schlichen wir in den Pausen um uns herum und meine Freunde meinten, ich hinterlasse immer den Eindruck, ich müsste mal dringend, so tanzte ich von einem Bein auf das andere. Ich fand mich männlich, souverän und abgeklärt. Und wir verstanden uns immer besser. Wir zogen die normalen Spielchen eines sich beschnuppernden Pärchens durch. Es war spannend und manchmal anstrengend, weil wir nicht vorwärts kamen.

Eines Tages musste ich mit meiner neugewonnenen Sicherheit eines Gigolos wieder notgedrungen ein Abrutschen in die Illegalität antesten. Dabei wollte ich das gar nicht. Um einige freie Stunden totzuschlagen, wollten wir in die Innenstadt fahren. Fahren wollten meine Kollegen, ich wollte lieber laufen. Da ich vier Monate vorher mein Monatsticket für den öffentlichen Verkehr aufgrund notorischer Unpünktlichkeit der Bahnen gekündigt hatte, war ich der Einzige, der für diesen Zwei-Haltestellen-Kurztrip zahlen musste. Besser müsste. Ich ließ mich zum Schwarzfahren überreden. Die zwei Stationen würde schon nichts passieren. Und außerdem fuhren wir überirdisch, da hatte noch keiner von uns eine Kartenkontrolle erlebt. Ich wollte das Geld sparen und sah es als das Wirtschaftlichste an, das Risiko, welches minimal zu sein schien, in Kauf zu nehmen.

Wir stiegen in die Straßenbahn und erspähten zuallererst einen allein fahrenden Mann, Mitte 40, mit einer halblangen Jacke ohne Aktentasche oder ähnlichem. Ein untrügliches Zeichen für einen Kontrolleur. Ich musste etwas tun. Ich griff in mein Portemonnaie und fand nur ein altes Ticket der zweithöchsten Preisstufe. Mir war es egal. Bloß keinen Ärger. Ich entwertete die sechs Mark teure Karte für die vierhundert Meter Fahrstrecke für ein ruhiges Gewissen. Ich ärgerte mich über diese Verschwendung. Eine Kurzfahrkarte für 1,50 Mark hätte es auch getan. Aber es war zu spät. Doch es war gut gegangen. Bei unserer Rückkehr sahen wir die Straßenbahn aus einiger Entfernung in die Haltstelle einbiegen. Meine mit Jahreskarten ausgestatteten Kollegen rannten los, ich wollte weder bezahlen noch die Bahn erreichen und trottete nur hinter meinen faulen Freunden her. Dieses Mal wollte ich wirklich zu Fuß gehen. Doch ausnahmsweise wartete der Fahrer mal auf einen lustlos alibi-trabenden Azubi der Sparkasse. Und ich erreichte die verdammte offene Tür. Und wieder stand im Eingang einer dieser getarnten Kontrolleure, die man mit 80 prozentiger Wahrscheinlichkeit erkannte. Aber konnte das überhaupt sein? Ein paar Stunden vorher war schon überirdisch ein Kontrolleur mit an Bord, und jetzt schon wieder? Wahrscheinlich war das nicht. Aber wenn ich nicht ganz legal unterwegs bin, ist die Unwahrscheinlichkeit stets auf meiner Seite. Die Türen schlossen sich und die Worte drangen in mein Ohr, als entstammten sie aus den alten Lautsprechern eines weit entfernten Fernsehers: „Die Fahrausweise bitte!". Ich suchte eine Fluchtmöglichkeit. Die Fenster waren zu klein. Es waren ja nur Schlitze, da hätte gerade mal ein dünner Hamster durchgepasst, aber kein Schwarzfahrer. Ich fasste ans Portemonnaie und überlegte nach einer Strategie. Einfach den

Doofen spielen? Ich zückte meine seit einem Vierteljahr abgelaufene Monatskarte und legte sie auf die Handfläche. Ohne etwas zu verdecken, ohne etwas zu verbergen. Ich hatte nichts zu verheimlichen, und wenn er das falsche Datum monierte, hatte der kleine Doofi eben die falsche Karte erwischt. Aber er sagte nur „Danke!". Ich konnte mein Glück kaum fassen. Beim Schwarzfahren erwischt zu werden, wäre so peinlich gewesen, dass es nichts Vergleichbares gab. Aber als Anti-Gangster beim Schwarzfahren durch eine hinterlistige Täuschung nicht erwischt zu werden, war ein zweifelhafter Triumph, den ich garantiert nicht noch einmal provozieren wollte. Ich hatte es geschafft. Aber für welchen Preis? Die nächsten fünf Jahre bekam ich beim Anblick einer Straßenbahn immer feuchte Hände. Fahren ging gar nicht.

Kapitel 6 – Olympia

„Who is Busman?"

Die Ergebnisse der ersten Wettkämpfe waren zwar schlecht, allerdings fand ich sie extrem gut, da ich keine Schmerzen hatte, sie ohne Probleme durchstand und wieder Spaß hatte. Da spielte die Leistung erst einmal keine Rolle. Mitmachen war alles. Das passte ja auch. Das olympische Motto in der olympischen Saison. So ging es weiter. Ich durfte beim internationalen Mehrkampf-Meeting in Götzis mitmachen. Ich war dabei.

Der Wettkampf verlief gut. Es regnete zwar öfter, aber das machte mir nichts. Nach dem ersten Tag war ich bester Deutscher! Am zweiten Tag wollte ich einen neuen Rekord innerhalb eines Zehnkampfes aufstellen. Ich wollte die 110 Meter Hürden schneller laufen als jemals ein Zehnkämpfer vor mir. Der Rekord stand bei 13,57 Sekunden von Eduard Hämäläinen. Mein Lauf rückte näher. Ich stürmte dem Ziel entgegen und lief - „Zehnkämpfer-Weltrekord"! 13,55 Sekunden! Ziel erreicht. Jetzt musste ich diesen Zehnkampf nur noch zu Ende bringen. Keine Fehler mehr machen. Diese Bestmarke zählte nur, wenn ich alle zehn Disziplinen beendete. Beim Einspringen zum Stabhochsprung rutschte mir ein Wirbel raus. Ich bekam schlecht Luft. Aber dieser Wirbel machte öfter Probleme. Man war zwar etwas eingeschränkt, aber passieren konnte nichts. Das war das Wichtigste. Ich brachte den dritten Zehnkampf meines Lebens mit 8238 Punkten zu Ende. Damit belegte ich Rang fünf und war zu meiner Überraschung bester Deutscher! Amerika rückte näher. Sogar die Olympischen Spiele schienen plötzlich greifbar.

Dann bekam ich eine riesige Chance. Der Journalist Eike Schulz, der bei der Junioreneuropameisterschaft und der Juniorenweltmeisterschaft vor Ort war und mit der Riesenschokolade gewedelt hatte, arbeitete jetzt beim ZDF. Er überzeugte die Redaktion, dass ich das Zeug zu mehr hätte und ein Besuch im „Aktuellen Sportstudio" sehr interessant wäre. Ich war aufgeregt und stolz zugleich. Ich sollte in die Mutter aller Sport-Talk-Shows, um von meinen Zielen, Träumen und von meinem Leben zu erzählen. Ich bekam für dieses einmalige Erlebnis sogar 750 Mark Honorar! Siebenhundertfünfzig, für „über Sport erzählen", etwas was ich sowieso gerne machte. Zudem übernachteten wir in einem Hotel der Extraklasse. Mein Gott, musste ich wichtig sein. Die Tür ging auf und Moderator Michael Steinbrecher empfing mich.

Ich erzählte mir alles vom Leib, alles, was er wissen wollte und alles, was er hören wollte. Ich war beeindruckt von seiner Vorbereitung. Er war sogar bei meinen Eltern zu Hause und hatte sich über mich informiert. Plötzlich zauberte er meinen Henkelmann hervor. Genau dieses Ding füllte meine Mutter jeden Morgen mit einem in der Frühe gekochten Mittagessen, welches ich bei der Arbeit mit Genuss verzehrte. Wir redeten über den Sport, die Arbeit, die Hobbys, einfach über alles. Ich fühlte mich wohl! Angespannt gut! Ich erzählte von mir und wuchs über mich hinaus. Ich versilbte die Tauschen nicht mehr und sagte das, was ich wollte. Hinter meinem Rücken signalisierte die Aufnahmeleitung dem Moderator das Gesprächsende. Hoffnungslos. Er überzog vorsätzlich und lauschte gespannt der Dinge, die aus mir rausprudelten. Ich redete sicherer als in der Schule und blieb ich selber und fühlte mich so gar nicht von zwei Millionen Zuschauern beobachtet. An der Torwand traf ich allerdings nur ein Mal. Für einen Ex-Fußballer eine magere Ausbeute.

In meinem zweiten Zehnkampf des Jahres, beim Europacup in Lage, lief es noch besser. Nachdem ich mich mit Katrin auch schon außerhalb der Schule getroffen hatte, umgab mich ein Gefühl der beruhigenden Unsicherheit. Ich war optimal im Sport vorbereitet und durchlebte gerade ein spannendes Abenteuer in Sachen Liebe. Allerdings wusste ich am Wettkampfmorgen mit dem Namen Katrin nicht ganz so viel anzufangen. Sie hatte am Freitagabend bei uns angerufen, was mir meine Mutter auch ausrichtete, „eine Katrin hat angerufen und dir alles Gute gewünscht!". Doch wer war Katrin? Kannte ich nicht, war ja auch egal. Ich hatte gleich einen großen Wettkampf, der war wichtig und nicht irgendwelche Katrins. Früher war es noch schlimmer, da bekam ich gerade mal auf die Reihe, wer mein Trainer war, so dass ich fast alle anderen in meinem Tunnelblick übersah. Es war ganz normal. So aufmerksam und neugierig ich für meine Welt außerhalb eines Wettkampfes war, so schlecht gelaunt war ich immer vor dem Wettkampf und so blind war ich im Wettkampf selbst. Da vergaß ich auch mal, wer Katrin war.

Meine Konzentration sollte sich jedoch auszahlen. Es gab am ersten Tag überhaupt keine Einbrüche und negativen Überraschungen. Beim Kugelstoßen ärgerte mich eine Kampfrichterin, die mir im Gegensatz zu allen anderen Athleten nicht gestattete, mich vom Kugelstoßring zu entfernen, um mir die Beine locker zu machen. Vielmehr musste ich in einem abgesperrten

Bereich in unmittelbarer Nähe zum Ring ausharren und auf meinen nächsten Versuch warten. Das war die Last des Führenden, da ich wohl der Einzige war, den sie kannte. Die anderen konnte sie nicht zurückpfeifen, da sie nicht wusste, wer Trainer und wer Athlet war. Ich quittierte meinen Ärger mit einer neuen Bestleistung. Die Wut trieb die Kugel auf 14,04 Meter. Im Sport reagierte ich auf Ärger mit der Flucht nach vorn, in der Schule hingegen wurde ich rot und verkroch mich dann in meinem Schneckenhaus.

Die Nacht war zehnkampftypisch. Ich war mit Dirk Pajonk auf einem Zimmer und wir versuchten zu schlafen. Wir lagen in unseren Betten und ließen den Tag noch einmal Revue passieren. Ich bemühte mich ruhig zu werden, aber es gelang nicht. Da ich Dirk in der elften Disziplin, dem Versuch zu schlafen, nicht stören wollte, bewegte ich mich kaum. Die Minuten vergingen, und nach zwei Stunden völliger Stille und fast kompletter Bewegungslosigkeit atmete Dirk tief durch und sagte: „Mann, ist das langweilig! Erzähl mal was!". Ich war dankbar, dass er die Nerven verloren hatte und wir jetzt mitten in der Nacht ein kleines Schwätzchen halten konnten. „Soll ich dir von meiner neuen Freundin erzählen?!" bemerkte ich, in dem Wissen, ein interessantes Thema gefunden zu haben. „Was, welche neue Freundin? Seit wann hast du die denn?" „Ab Montag werde ich die haben!" Dirk verstand nicht richtig. Ich erzählte ihm, dass da jemand sei und dass ich Montag in der Schule den Sack zumachen wollte.

Der zweite Tag lief wie der erste, einfach nur perfekt. Ich war so überrascht von meinen Leistungen, dass ich gar nicht nervös werden konnte, da ich den Stellenwert der sich anbahnenden Punkte nicht einschätzen konnte. Ich machte unglaubliche 8522 Punkte. Es war so viel, dass ich in meiner Erschöpfung 15 Minuten nach der Zielankunft in den Armen meines Vaters wie ein Schlosshund heulte. Diese Punktzahl war einfach zu viel für einen 21-jährigen Athleten, der gerade seinen vierten Zehnkampf bestritten hatte. Es war ein Gefühl, als hätte man etwas vollbracht, was man nur einmal in seinem Leben erreicht. Und ich war qualifiziert. Ich durfte zu den Olympischen Spielen nach Atlanta. Ich hatte es geschafft, ich war dabei!

Am Montag in der Berufsschule musste ich es wagen. Katrin, das Objekt meiner Begierde, kam auf mich zu, beglückwünschte mich und wollte mir die Hand geben. Und ich? Ich umarmte sie und bedankte mich. Das hatte ich also schon mal geschafft. Aber ich machte nicht weiter, ich ließ sie ziehen. Wir waren immer noch kein Paar. So langsam wurde es eng. Die Schule endete in zehn Tagen, dann gab es den nächsten Blockunterricht erst wieder in einigen Monaten. Bis dahin kannte sie mich bestimmt gar nicht mehr. Ich musste mich beeilen.

In der Sportszene war ich jetzt kein Nobody mehr. Das merkte ich auch recht schnell an den sich häufenden Anrufen. Die Kontaktaufnahmen wurden teilweise auch unseriöser. Plötzlich rief jemand an, der meinem Vater versprach, er könne mich zum Olympiasieger machen. Mein Vater, der die Dinge meist recht realistisch einschätzte, versicherte ihm, dass die Teilnahme schon ein besonderer Erfolg sei. „Ich denke nicht, dass der Sieg möglich ist. Frank soll erst mal unter die ersten Acht kommen!" Er wusste um die Utopie dieses Angebotes. Der Anrufer schlug ihm trotzdem eine effektive Nahrungsumstellung vor. 500 bis 5.000 Mark sollte die im Monat kosten. Mein Vater beendete das Gespräch. Man konnte für 5.000 Mark keine Möhren, Nudeln oder Bananen kaufen, für soviel Geld konnte es sich nur um Doping handeln. Das war klar. Und wir waren und blieben fair. Der Sieg war nur mit sauberen Mitteln etwas wert. Mit Dopingunterstützung konnte man gewinnen, soviel man wollte, diese Siege würden nie den Glanz eines unmanipulierten Gewinns haben.

Jetzt überschlugen sich die Ereignisse. Plötzlich sollte nicht mehr nur ein Bericht über mich in der Zeitung erscheinen, jetzt wollte mich der Playboy ablichten. Ob ich Lust und Zeit hätte, einige Fotos machen zu lassen. Nicht nackt, sondern in Weiß. In ganz unschuldigem Weiß. Es war eine Serie mit einigen Olympioniken. Und es wurde ein Riesenhonorar vereinbart. Das war außergewöhnlich. Ich bekam Geld, machte Aufnahmen für den Playboy. Ich schnupperte in der großen, weiten Welt. Die Fotos waren nach drei Stunden im Kasten und es war gar nicht so schlimm. Es war alles neu und interessant.

Am Mittwoch ging ich mit Katrin in „unserer" 3./4. Stunde wieder in die Stadt. Jetzt nach dem Wettkampf konnte ich mich an sie auch wieder erinnern. Ich ging jeden Mittwoch in diesen beiden Freistunden mit ihr in ein Café und wir unterhielten uns wie immer. Sie unternahm nichts, ich unternahm nichts. Ich musste mich beeilen. So verging die Zeit und wir machten uns auf den Rückweg zur Schule.

Ich ging in die Offensive und machte eine Bemerkung, die mich in die Enge trieb. Ich wollte mich in die Schlinge begeben und sie sollte sie zuziehen. „Ich wollte dir noch was sagen!" Daraus konnte ich mich einfach nicht mehr befreien. Wenn sie Interesse hätte, würde sie anbeißen. Und davon ging ich aus. Sie hatte Interesse, und nachdem ich mich umständlich mit falscher Raffinesse gewunden hatte, brachte ich es raus: „Ich find dich ganz schön nett!". Sie griff meine Hand und küsste mich „Ich find dich auch ganz schön nett!". Wir waren ein Paar. Endlich, ich hatte es geschafft. Jetzt musste ich ihr erst mal meine Spielregeln näher bringen. „Wenn wir gleich zur Schule kommen, muss ich dir sagen, dass ich mit Küssen in der Öffentlichkeit ein Problem habe." Ich bereitete sie sofort auf meine Unsicherheit vor. Klar hatte ich davor Angst, vielleicht etwas falsch zu machen, aber noch mehr fürchtete ich mich vor den Sprüchen meiner Freunde. Das fing ja schon gut an, dachte sie. Doch in der Schule konnte ich es nicht lassen, sie mit einem Kuss in die nächste Stunde zu verabschieden. Das befürchtete Gelächter meiner Freunde blieb aus, stattdessen wurde ich mit Schulterklopfen bedacht, da ich es offensichtlich endlich geschafft hatte. Jetzt hatte der nervöse Regentanz, den ich jede Pause um sie herum aufführte, ein Ende. Wir waren ein Paar und ich konnte meine Finger fortan nicht mehr von ihr lassen. Ich kannte mich gar nicht wieder, wie sehr ich ihre Nähe suchte und wie schön ich es fand, es der Öffentlichkeit zu zeigen. Ich war verliebt. Nach meinem Verständnis. Katrin sah das Ganze etwas nüchterner. Lieben konnte man nicht sofort, verknallt sein eher. Liebe musste sich entwickeln. Und sie tat es. Durch Höhen und Tiefen geprägt und geprüft, hangelten wir uns von einem Liebesgipfel zum nächst höheren. Unsere Liebe wuchs stetig, und schnell war sie meine Rekordhalterin, da sie es länger als drei Monate mit mir ausgehalten hatte.

Vor der Fahrt steht die Einkleidung. Olympioniken werden fürstlich ausgestattet, damit sie in der Welt ein gutes Bild abgeben. Der Bundestrainer fuhr mit uns drei Zehnkämpfern nach Frankfurt zur zentralen Einkleidung für alle Athleten, Trainer und Funktionäre. Es war wie in einem Traum, als hätte man ein Preisausschreiben gewonnen. Man hatte den Hauptgewinn gezogen: freie Auswahl! Jeder bekam einen Block mit Bons in die Hand gedrückt. Diese Bons tauschte man gegen diverse Artikel ein. So ging es bestimmt vier Stunden. Bon abreißen, Unterhosen einpacken, Bon abreißen, Zahnbürste einpacken.

Das Schlaraffenland für Konsumwütige musste so aussehen. Wir erhielten vom Strohhut über Hemden, T-Shirts, Hosen, Schuhe, Koffer, Taschen bis hin zu einem Kulturbeutel und Kondomen alles, was man brauchte, um auf einer einsamen Insel oder bei Olympia für eine lange Zeit mit Stil überleben zu können. Nach getaner Arbeit zogen wir vier los, um die beschwerliche Heimreise anzutreten, da die unzähligen Sachen nicht alle ins Auto passten. Die Hüte blieben notgedrungen auf dem Kopf, die Jacken mussten angezogen werden und der Rest lag kreuz und quer um uns herum.

Die Leute in anderen Autos mussten den Eindruck haben, dass wir gerade ein Kaufhaus überfallen hätten und alles, aber wirklich alles, hatten mitgehen lassen. Wir grinsten alle vier bis über beide Ohren, trotz der Tatsache, dass unsere Sitzpositionen alle sehr unbequem waren. Die Olympischen Spiele hatten sich zu diesem Zeitpunkt schon gelohnt. Aber der Traum sollte weitergehen.

Ich bereitete das Abenteuer Atlanta zu Hause in der Sauna vor. Um auf die Wärme und die hohe Luftfeuchtigkeit vorbereitet zu sein, setzte ich mich jeden dritten Tag in die Sauna und vertrieb mir somit bei zahlreichen Aufgüssen die langen Abende. Da ich immer erst gegen ein Uhr nachts ins Bett ging und bis zehn Uhr morgens schlief, verschob ich mit einem kleinen Trick meinen Biorhythmus um drei Stunden Richtung Amerika.

Zehn Tage vor Wettkampfbeginn flogen wir zuerst nach Charlotte, um uns in Ruhe an die Zeitumstellung zu gewöhnen. Wir checkten ein und bekamen unsere Plätze zugeordnet. Mir war es nur wichtig, mit den beiden anderen Zehnkämpfern Dirk und Frank sowie meinem Vater zusammen zu sitzen. So kam es dann auch. Wir erhielten vier zusammenhängende Plätze in der Mitte des Flugzeuges.

Auf einmal hörte ich meinen Namen über den Lautsprecher. Ich sollte zurück zum Schalter. Warum gerade jetzt? Die anderen Passagiere stiegen schon alle ein und ich sollte zurück. Sollte ich mich blöd stellen und einfach einsteigen, als hätte ich nichts gehört? Was sollte jetzt kommen? Bestimmt nichts Gutes! Mein Gewissen trieb mich zum Schalter. Die Stewardess eröffnete mir, dass ich einen neuen Platz bekäme! Nein, bitte nicht! Ich wollte nicht acht Stunden neben einem fremden Menschen sitzen. Doch all mein Gezeter nützte nichts. Sie drückte mir meine neue Bordkarte in die Hand und meinte, es würde mir schon gefallen! Pah, hatte die eine Ahnung. Als ich das Flugzeug betrat, suchte ich meinen Sitzplatz. Ich wollte meinen Augen nicht trauen. Ich saß auf einem Sessel, der so breit war, dass es mir völlig egal war, ob jemand Fremdes neben mir saß. Ich konnte die Beine ausstrecken und hatte so viel Platz, wie ich es noch niemals zuvor in einem Flugzeug erlebt hatte. Ich setzte mich und registrierte, dass es die Business-Class war. Wie konnte man nur soviel Glück haben? Ich saß mit weit aufgerissenen Augen auf meinem Thron und vergaß meine Flugangst vollständig, diesen Moment musste ich bewusst erleben. Das nächste Mal auf einem Platz dieser Kategorie sollte ich nicht so schnell erleben. Genieße!, dachte ich die ganze Zeit, und ich tat es.

Auf dem Flug bekam ich Zeitschriften gereicht und wählte den „Stern". Ich fand einen Bericht über Olympia. In großen schönen Fotos waren die Topfavoriten dargestellt. Ein Athlet, der als perfekt und unschlagbar beschrieben wurde und das Format einer Doppelseite einnahm, war der Weltrekordler im Zehnkampf, Dan O´Brien. Das war meine Disziplin und mein Mann! Ich betrachtete das Foto und dachte mir, dass niemand unschlagbar ist. Ich riss es aus und verstaute es in meiner Tasche. Dan O´Brien, die Lichtgestalt im Zehnkampf. Niemand hielt es für möglich, dass er besiegbar sei. Aber warum nicht? Ich lächelte, denn nur zu Hause kannte man meine Bemerkung: Wenn er vor dem 1500-Meter-Lauf 200 Punkte Vorsprung hat, greife ich ihn an! Ich wusste allerdings nicht, ob ich das ernst meinte.

Die Woche vor dem Olympischen Zehnkampf war wie Urlaub. Wir gingen einkaufen, aßen und verbrachten die Zeit damit, fit und spritzig zu werden. Das Wichtigste war, nicht viel, aber wohl dosiert zu trainieren, abwechslungsreich den Tag zu gestalten und uns mental auf die größte und schönste Aufgabe unseres Lebens zu konzentrieren. Ich merkte, wie ich nichts mehr verbessern konnte. Ich war optimal vorbereitet.

Wir fuhren zwei Tage vor Wettkampfbeginn an den Ort des Geschehens, Atlanta. Stadt der Olympischen Spiele 1996. Wir besichtigten alles Wichtige um uns herum. Wir mussten die Wege kennen, mussten wissen, wie alles funktioniert. Es sollte nichts mehr schief gehen. Am Tag vor dem Wettkampf fuhren wir auf einen Einlaufplatz, um uns ein wenig zu bewegen. Der

Bundestrainer zog uns nach getaner Arbeit zusammen, forderte uns auf, einen Kreis zu bilden, die Hände in der Mitte zusammenzulegen und auf einen Satz, den er gleich verkünden wollte, mit lautstarkem Gebrüll „YES" zu antworten. Er rief „Die Amerikaner lieben uns!" „YES", schrieen wir alle, als seien wir in Ekstase.

Ich fügte mit einem Lachen hinzu: „Die Amis werden uns aber nicht mehr lange lieben!" Ich brachte mich emotional in Stellung. Ich war in der Form meines Lebens. Ich wollte den Angriff auf die amerikanische Koryphäe des Zehnkampfes starten. Verlieren konnte ich nicht, nur er! Es war ein Spiel, welches ich erleben wollte. O´Brien war unschlagbar, aber ich wollte ihn ärgern, ich wollte alles probieren. Im Grunde genommen war es egal, am nächsten Tag sollte ich bei den Olympischen Spielen dabei sein. Dabei sein war alles! So gut wie in Lage konnte ich eigentlich nicht noch einmal sein, ein Ergebnis zwischen 8300 und 8400 Punkten war realistisch. Aber machte es nicht Spaß, an das Unglaubliche zu glauben? Daran zu glauben, besser zu sein als die Realität.

Im Vorfeld deutete ich im Freundeskreis meine Chancen an, eine Medaille gewinnen zu können. Zählte man meine Möglichkeiten zusammen, kam man auf eine Punktzahl jenseits der 8600 Punkte. Doch ich konnte unmöglich noch einmal zehn Disziplinen so gut zusammen bekommen wie bei meinem Europacup-Sieg mit 8522 Punkten. Mit 8500 gewann man bisher immer eine Medaille, aber das war zu unvorstellbar, das war zu traumhaft. Real war eine Platzierung unter den ersten Acht. Aber ich konnte mehr, ich wollte mehr. Ich bewegte mich seit einiger Zeit auf zwei Ebenen in Richtung Olympische Spiele. Ich konnte viel erreichen, aber das Ereignis war eigentlich zu groß für mich. Ich schrieb mir eine Punktzahl in meine Mütze, die scheinbar so utopisch war, dass sie versteckt auf meinem Kopf besser aufgehoben war als in meinem Mund. Diese Punktzahl sollte das Ziel sein. In meiner Mütze standen 8617 Punkte!

Die Furcht ging in mir um, dass mir noch irgendetwas vor Beginn des Wettkampfes zustoßen könnte. Es durfte nicht sein. Am 31. Juli 1996 standen wir vier Stunden vor dem Wettkampf auf, um den Körper wach zu bekommen. Der Geist wird schnell wach, bei Olympischen Spielen sogar in Rekordzeit, da man bis in die Haarspitzen angespannt ist, aber der Körper benötigt diese Zeit. Eine Stunde vor der ersten Disziplin versammelte sich die Gruppe der Schnellsten im Call-Room, um alles kontrollieren zu lassen. Sieben Athleten waren schon da, als die Lichtgestalt des Zehnkampfes die Runde komplettierte. Ehrfurcht hatte ich nicht, er war schließlich das Objekt meines Planes, aber seltsam war es schon, einen Athleten zu sehen, den man bisher nur aus der Ferne kannte und den man in Form eines „Stern"-Berichts eine Woche in der Hosentasche mit sich rumschleppte. Er fragte „Who is Busman?"

Der war ja selbstbewusst, keine fünf Sekunden im Zelt und will schon wissen, wer ihn zum Stadion chauffiert, dachte ich. Er fragte noch mal und blickte in die Runde. Warum fragt der nach dem Busfahrer? Der sieht doch, dass hier nur acht Athleten und ein paar Kampfrichter sind. Der Kanadier Mike Smith stand auf und zeigte auf mich „He is Busemann!" Oh Gott, was wollte O´Brien von mir? Ich hatte ihm nichts getan, ich hatte ihm keine Schuhe geklaut, nicht den Weg versperrt, nichts. Und jetzt kam er auf mich zu. „Congratulations for the hurdles in Götzis!" Er gratulierte mir zu meinem Hürdenweltrekord, einfach nur so. Vor dem Wettkampf. Hatte der keine Angst? Vor wem auch, vor dem Bubi aus Recklinghausen bestimmt nicht! Er wusste nicht, was ich vorhatte.

Wir wurden in das Stadion geführt und ich konnte den Moment kaum erwarten. In wenigen Augenblicken sollte ich ein richtiger Olympionike sein. Nur nicht mehr umknicken. Wir standen hinter den Blöcken. Der Starter sagte „On your marks". Ich hatte es geschafft. Ich war Teilnehmer der „Centeniell Olympic Games"! So wurden sie genannt. „Set". Der Schuss fiel. Diesem olympischen Schuss hatte ich mein ganzes Leben lang entgegen gefiebert.

Ich lief wie besessen. Nach der Hälfte der Strecke war ich vor O´Brien. Ich mach ihn um, schwebte es mir vor. Der Wille war da, die Kraft nicht mehr. Am Ende überholte er mich. Trotzdem war ich mit 10,60 Sekunden extrem schnell. Es war ein Einstand nach Maß. Der Weitsprung sollte besonders gut werden. Ich hatte zwar nur 7,80 Meter als Bestleistung, aber 8,00 Meter traute ich mir zu. Mit Philipp wettete ich spaßeshalber sogar um meine Freundin. Doch Katrin brauchte ich nie mehr hergeben. Die acht Meter waren für mich so sicher wie das Amen in der Kirche. Ich strotzte vor Selbstbewusstsein und war in der Form meines Lebens. Ich lief mit voller Kraft an, traf den Balken und legte alles in diesen olympischen Weitsprung. Der Sprung war gültig, der Sprung war gültig. Die Weitenangabe am Rand der Grube reichte nur bis 7,50 Meter. Da war ich drüber. Aber wie viel? Beim Zurückgehen starrte ich gebannt auf die Anzeigetafel. Lass bitte eine Acht dort stehen, flehte ich. Es leuchteten 8,07 Meter auf.

Das war perfekt. O´Brien kam und gratulierte mir. Ich lag in Führung, und das war lediglich der erste Versuch, ich hatte ja noch zwei. Aber eigentlich konnte ich mit diesem Sprung aufhören. Viel besser würde es nicht mehr werden. Nach einer Minute entwich die Spannung ein wenig aus meinem Körper und ich spürte einen stechenden Schmerz in meinem Sprungfuß. Ich musste so brutal abgesprungen sein, dass ich mir den Knöchel total gestaucht hatte. Ich ging zum Kampfgericht und meldete mich ab. 8,07 Meter mussten reichen. Gier wird selten belohnt.

In der Pause auf der Toilette wollte ich meinen Augen nicht trauen. Da standen zwei Zehnkämpfer und - rauchten. Sie rauchten mitten im Zehnkampf!

Das Kugelstoßen warf mich mit meinen 13,60 Metern ein wenig zurück. Zwischen den Versuchen saß ich neben O´Brien auf der Bank. Er versuchte mir klar zu machen, worauf es beim Kugelstoßen ankommt. Ich solle beim Abstoß größer werden und nicht so gebückt die Kugel wegstoßen. Das war ein Athlet. Ich lag vor ihm und er half mir. Ich war beeindruckt.

Beim Hochsprung verpassten mir die Physiotherapeuten einen Tapeverband, der ein wenig an einen Gips erinnerte. Er musste so stramm sein, da es die einzige Chance war, die Disziplin zu überstehen. Ich dachte, mir werden bei jedem Sprung Nägel in den Knöchel gestoßen. Ich hielt es nicht mehr aus.

Der Schmerz wurde zu groß. Ich nahm mir die nächste Rolle Tape und wickelte den Fuß immer härter ein. Ich durfte nicht aufgeben, nicht bei den Olympischen Spielen. Nicht jetzt, nach diesem grandiosen Start. Ich werde bis zum Letzten kämpfen. Schmerz musste man aushalten. Ich schnürte das Tape so fest, dass ich es nur wenige Sekunden aushalten konnte. Ich sprang, humpelte von der Matte, um den Fuß so schnell wie möglich von seiner Geißel zu befreien.

Diese Prozedur vollzog ich bei jedem Sprung. Ich war mehr mit dem An- und Abbringen des Tapes beschäftigt als mit der Konzentration auf den Wettbewerb. Es war aber meine Lebensversicherung. 2,04 Meter entschädigten. Danach konnte ich diesen Tape, der mir den Fuß absterben ließ, entfernen. Es war eine Wohltat. In der Pinkelpause roch man wieder Zigarettenqualm. Die Raucherei der beiden ging auch vor dem 400-Meter-Lauf weiter. Diese Strecke spulte ich in neuer Bestleistung von 48,34 Sekunden runter.

Der Fuß hielt, da die Belastung beim Sprint zum Glück nicht so groß war und das Adrenalin die Schmerzgrenze stark nach oben setzt. Aber mein Kreislauf fühlte sich gar nicht gut an. Ich war es nicht gewohnt, morgens um fünf Uhr aufzustehen, den Wettkampf um 9 Uhr zu beginnen und um 22 Uhr zu beenden. 13 Stunden immer auf höchster Leistung durch den Tag zu gehen forderte seinen Tribut. Ich war kaputt. Mein Vater sagte: „Du bist Zweiter!". Ich wollte und konnte es nicht glauben. Ich sollte Zweiter sein! Ich glaubte an ein Komplott der Amerikaner, die mich nervös machen wollten. Es war gut, dass ich den zweiten Platz bei Olympischen Spielen für unmöglich hielt und die Verschwörungstheorie als wahrscheinlicher ansah. Ich wurde nicht nervös, dafür war das Ereignis zu groß und meine Vorstellungskraft zu klein. Ich war zur Halbzeit Zweiter und konnte es nicht realisieren.

Die Nacht war kurz und endlos. Wir waren nach Mitternacht ins Bett gegangen und standen schließlich um 5 Uhr wieder auf. Gott sei Dank. Die Stunden sind so langweilig, wenn man liegt, nicht schlafen kann und versucht, die Zeit rumzukriegen. Ich dachte in der Nacht noch nicht einmal an die mögliche Platzierung. Ich rechnete auch nicht an der Punktzahl herum, ich war zu erschöpft. Ich lag in meinem Bett und sehnte den Morgen herbei. Um endlich weiter machen zu können, um endlich fertig zu werden.

Der Morgen hatte es in sich. Ich stand auf und fühlte mich so krank, dass ich mir nicht vorstellen konnte, den Wettkampf fortzuführen. Ich hatte einen heißen Kopf, Hals- und Gliederschmerzen. Ich hatte Fieber - eine Grippe! Das war nicht möglich. Ich durfte nicht krank werden. Die Ärzte und Physiotherapeuten beruhigten mich. Es war normal, dass man sich am zweiten Morgen schlecht fühlte. Mit ein bisschen mehr Erfahrung würde ich auch diesen Gefühlszustand kennen. Meine Steigerungen im Aufwärmprogramm gaben ihnen Recht, ich war extrem schnell, und nur darauf kam es letztendlich an.

Der 110-Meter-Hürdenlauf bewies diese Einschätzung. Es regnete und die Bedingungen waren nicht optimal, aber sie waren für alle gleich. Das war meine Chance. Verlierer haderten mit den äußeren Bedingungen, Gewinner akzeptierten sie. Und ich wollte ein Gewinner sein. Ich wollte den Regen zu meinem Vorteil nutzen, was ich mit 13,47 Sekunden auch tat. Neuer Zehnkämpferweltrekord. Ich war glücklich, O´Brien beeindruckt und alle nass.

Es ging weiter, wie es begonnen hatte. Perfekt. Zwischendurch konnte ich mein Herz immer ausschütten. Wie früher bei meinen Eltern am Mittagstisch, wenn Lars und ich von den Erlebnissen der Schule erzählten. Nur hier saß mein Vater auf der Tribüne und meine Mutter zu Hause am Fernseher. Dann musste ich den Journalisten eben alles erzählen, sie fragten ja auch ständig. So fühlte ich mich unter den Dauerfragern recht wohl. Über meine Gefühle und Emotionen konnte ich offener sprechen als früher in der Schule über Photosynthese und Atome.

Im Diskuswerfen feuerte ich den ersten Versuch über die linke Sektorgrenze. Der Diskus kippte nach rechts ab und drehte sich knapp neben die weiße Linie auf 45,04 Meter in den Sektor herein. Danach gab es einen Wolkenbruch. Da ich schon eine gute Leistung stehen hatte und die anderen noch nicht, war ich beruhigt, dass es nun anfing zu regnen. Auf nassem Untergrund ist es viel schwieriger zu werfen. Der Wettbewerb wurde allerdings unterbrochen. Nach dem Guss ließ die Hitze von Atlanta den Ring in zehn Minuten trocknen. Das war eine gute Klimaanlage.

In der Zeit, in der die zweite Gruppe warf, lagen wir in den Katakomben und versuchten, die Zeit totzuschlagen. Ich döste vor mich hin und wurde immer ruhiger. Was um mich herum geschah, wurde mir immer gleichgültiger. Ich war so müde und wollte, dass es endlich vorbei war. Ich schlief ein. Ich schreckte hoch. Einschlafen war das Schlimmste, was passieren konnte. Ich war den Mittagsschlaf nicht gewohnt, wusste nach dem Aufwachen meist nicht mehr, ob wir morgens, mittags oder abends hatten und war wie gerädert. Ich riss die Augen auf. Nur nicht schlafen! Für kurze Zeit blickte ich wieder in die Runde, um mich mit Dingen zu beschäftigen, die mich wach hielten. Wieder und wieder fielen mir die Augen zu. Ich kämpfte ständig gegen den Schlaf, der wie ein K.o. gewesen wäre. Schließlich stand ich auf. Im Stehen hatte ich noch nie geschlafen. Zur Abwechslung ging ich auf das mit Rauchschwaden verhangene WC. Die beiden Qualmer mussten während des Zehnkampfes bestimmt schon 15 Glimmstengel vernichtet haben. Wo nahmen sie die Luft her?

Im Stabhochsprung schaffte ich 4,80 Meter. Plötzlich und endlich registrierte ich beim Scheitern Tomas Dvoraks an dieser Höhe, dass eine Medaille jetzt wirklich in Reichweite kam. Ich war so dicht dran. Ich musste genauso weiter machen. Nicht schlapp machen. Nicht aus der Ruhe bringen lassen. Ich konnte eine Medaille gewinnen! Ich hatte zwar mit dem Gedanken schon des Öfteren gespielt, aber es war zu weit weg, es war zu unvorstellbar, nicht existent in meiner kleinen Recklinghäuser Welt. Es war halt immer nur ein Traum, der zu Ende ist, wenn man wieder in die real existierende Welt zurückkehrt. Aber hier war ich nun in der Realität. Ich musste wieder springen. Nachdem ich 4,80 Meter sicher geschafft hatte und mir die abgeschlagenen Holländer versicherten, dass fünf Meter für mich heute kein Problem seien, scheiterte ich an 4,90 Meter.

Der zweithärteste Widersacher um eine Medaille, Steve Fritz, sprang eine Höhe nach der anderen. Alles im dritten Versuch. Er hatte an diesem Tage so viel Glück mit der Latte wie ich an den beiden Tagen zusammen mit dem ganzen Wettkampf. Unsere Gruppe wechselte schon zum Speerwerfen, die Übriggebliebenen sprangen noch mit dem Stab auf der anderen Stadionseite. Als ich zu meinem ersten Versuch anlief, stand Fritz auf der anderen Seite und beobachtete meinen Wurf. Ich warf mit aller Kraft, der Speer flog und flog und landete zwei Meter über meiner alten Bestleistung bei 66,86 Metern. Fritz schüttelte mit dem Kopf, winkte ab, ging zum Kampfgericht und beendete den Stabhochsprung.

Ich hatte ihm den Zahn gezogen. Mir aber auch. Ich hatte mir bei diesem Wurf dermaßen den Rücken verdreht, dass ich vor Schmerzen kaum aufrecht stehen konnte. Mein Vater deutete mir, dass ich besser aufhören sollte, da 66,86 Meter mehr als genug seien. Aber ich hatte mir eingebildet, dass man für eine Medaille 70 Meter werfen müsse. Da eine Medaille etwas Unvorstellbares war, musste man auch eine unvorstellbare Leistung dafür erbringen. Also setzte ich den Wettkampf mit Rückenschmerzen und guten Weiten fort. Es war aber klar, dass ich mich nicht noch einmal verbessern würde.

Die Zeit zwischen dem Speerwurf und dem erst in drei Stunden beginnenden abschließenden 1500-Meter-Lauf war unerträglich. So mussten sich Verurteilte fühlen, die auf ihre Hinrichtung warteten. Ich war der Medaille so nahe. Ich musste nur noch den Lauf zu Ende bringen. Ich durfte nicht einbrechen und durfte auf Dvorak nur fünf Sekunden und auf Fritz zwei Sekunden verlieren.

Das musste ich schaffen. Einen sollte ich bezwingen. Dann hätte ich Bronze. Bronze! Eine Medaille bei den Olympischen Spielen. Es sollte vorüber gehen, die Schmerzen waren nicht mehr zu ertragen. Ich glaubte, mein Rücken zerspränge im Stehen. Die Zeit wollte nicht vergehen. Ich geisterte wie in Trance in den Katakomben auf und ab. Die Aufgabe, die ich zu bewältigen hatte, war zu groß für meine kleine Vorstellungskraft. Ich hatte alle meine Reserven auf der Strecke gelassen. Meine Batterie lief nur noch auf Notstrom. Alles, was ich nun auf die Bahn bringen sollte, war eigentlich nicht mehr vorhanden. Ich wollte, dass der Wettkampf, die Anstrengung endlich ein Ende hatte. Ich konnte nicht mehr. Ich ging auf und ab, da ich auch nicht wusste, was mich erwartete. Würde die Kraft reichen? Sie musste reichen.

Endlich ging es los. Wir gingen zum Start. Ein Schuss muss gefallen sein, sonst wäre ich nicht losgelaufen. Ich bekam nichts mehr mit. Ich setzte mich an die zweite Stelle des Feldes. Weit vor O´Brien. Mein Vater bekam einen Schock. Er glaubte, ich mache meine Drohung wahr, O´Brien bei einem Vorsprung von 200 Punkten zu attackieren. Ich lief weit vor ihm. Mein Vater bekam es mit der Angst zu tun. Warum begnügte ich mich nicht mit der greifbaren Medaille, warum musste es jetzt Gold sein? Ich lief dabei Gefahr, am Ende ohne Kraft nach hinten durchgereicht zu werden. Die ersten Durchgangszeiten beruhigten ihn. Ich lief genau richtig, O´Brien lief nur so langsam.

Ich bekam von dem Lauf nicht mehr allzu viel mit. Irgendwann sah ich die Ziellinie und spurtete, was die müden Beine noch hergaben. Dvorak lief direkt vor mir, Fritz und den Rest des Feldes konnte ich nicht sehen. Die waren alle hinter mir. Ich versuchte, Dvorak zu überholen, kurz vor dem Ziel hielt er dagegen und war einige Zentimeter vor mir. Das waren aber nie im Leben fünf Sekunden. Ich war Zweiter! Silber im Olympischen Zehnkampf!

Ich versuchte es mir immer wieder einzureden, ich wartete auf die Freude. Der Gewinn der Medaille war für mich so neutral. Ich freute mich darüber, im Ziel zu sein. Es geschafft zu haben. Die Schmerzen beenden zu können. Der Tortur ein Ende zu setzen.

Die Qual nicht mehr fortsetzen zu müssen. Ich freute mich, fertig zu sein, aber ich konnte mich noch nicht über die Silbermedaille freuen! Ich legte mich auf die Bahn und war so leer. So unendlich leer. Es war zu Ende. Frank und Dirk kamen zu mir und beglückwünschten mich. Ich schloss die Augen und war nicht mehr auf dieser Welt. Ich hörte Frank noch sagen: „Alter, 8706 Punkte, du bist Zweiter!" Das war gut, über 8700 und wirklich Zweiter, aber Hauptsache fertig.

Ich lag dort und die Zeit verging. Ich wurde so müde und gleichgültig. Helfer versuchten, mich munter zu machen, und erzählten mir etwas auf Englisch.
Ich verstand nichts. Dirk sprach mich an. Ich nickte nur mit geschlossenen Augen, um zu zeigen, dass alles in Ordnung war. Es wurde an mir gerüttelt und auf mich eingeredet. Ich war so müde und zufrieden, dass ich hätte liegen bleiben und einschlafen können. Meine Helfer ließen nicht von mir ab. Sie stellten mich auf und legten meine Arme auf ihren Nacken. Sie brachten mich aus dem Stadion zu den Sanitätern. Ich nahm meine Außenwelt nur noch verschwommen wahr. Warum konnten sie mich nicht einfach in Ruhe lassen.
Ich wollte schlafen. Sie legten mich auf eine Pritsche. Mir wurde eine Sauerstoffmaske aufgesetzt. Ich war ein wenig enttäuscht, wie wenig Geschmack Sauerstoff hat. Ich dachte, man inhaliert den zweiten Frühling und ist danach topfit. Aber es war nur ganz normale Luft. Ohne Geschmack, ohne Wirkung. Ich wollte zu meinem Vater. Eine Funktionärin fand ihn und sagte: „Dein Sohn will dich noch mal sehen!" Er war ja einiges gewohnt, aber diese Aufforderung erschreckte ihn doch. Was bedeutete: Ich wolle ihn noch einmal sehen? Ging es mir nach den Strapazen noch schlimmer als befürchtet? Er hastete durch das Labyrinth im Stadion, um mich zu suchen. Er fand mich weder in den Räumen der Zehnkämpfer noch bei den deutschen Physiotherapeuten. Ich lag ja auch in der medizinischen Abteilung der Olympischen Organisation und atmete mit Maske. Das musste jetzt aber reichen.
Ich wollte weg. Überall wurde auf mich eingeredet, immerzu auf Englisch, und ich wollte nur meine Ruhe. Ich versuchte aufzustehen. Die Ärzte ließen mich nicht gehen. Ich versicherte ihnen, dass alles in Ordnung sei. Erst der deutsche Doktor des Zehnkampfteams konnte sie davon überzeugen, dass ich durchaus fähig war zu gehen.
Aber erst musste ich eine schriftliche Versicherung abgeben, dass ich auf eigenen Wunsch gehen wollte. Ich schleppte mich mit Hilfe unseres Arztes auf die Pritsche in den deutschen Physiotherapieraum. Dort legte ich mich hin und fragte erneut nach dem Vater dieses Erfolges. Der irrte von einem Raum zum nächsten, getrieben von der immer größer werdenden Angst um seinen Sohn. Nach einiger Zeit kam er, war sehr erleichtert, als er mich atmen sah, umarmte mich und sagte: „Da hast du uns ganz schön was eingebrockt!" Ich war froh, ihn endlich zu sehen. Er lag auf mir und wir weinten uns die Seele aus dem Leib.
Wir waren beide erschöpft und mit den Nerven am Ende. Wir waren in eine andere Dimension des Sports vorgestoßen. Er ahnte es und ich verstand es nicht. Ich war lediglich an meine eigenen Grenzen gestoßen und hatte einen Traum wahr werden lassen. Aber weshalb sich dadurch unser Leben ändern sollte, konnte ich nicht sehen.

Am Abend des Wettkampftages dann noch die Siegerehrung. Wir wurden auf die anstehende Zeremonie vorbereitet, als gäben wir ein Gelöbnis bei der Bundeswehr ab. Nach der Nennung unseres Namens sollten wir auf das Podest gehen, zu allen vier Seiten winken, dem Gegner gratulieren, die Glückwünsche der Honoratioren entgegennehmen, die Medaille in Empfang nehmen und noch mal winken. Siegerehrungen schienen komplizierter als der Wettkampf. Als wir auf die Belohnung unserer Anstrengungen warteten, sah ich auf einem Bildschirm Zuschauer. Es waren nicht mehr viele. Aber das war mir egal. Meine Medaille, Silber, gleich sollte ich sie bekommen. Ob sie wohl aus reinstem Silber war? Wie schwer war sie wohl? Dieses kreisrunde Stück des Erfolges wollte ich die ganzen restlichen vier olympischen Tage um meinen Hals baumeln lassen, damit wollte ich schlafen und aufwachen. Ich stellte mir diesen Traum vor und realisierte, dass er ausgeträumt war. Es war geschehen. Ich blickte noch mal auf den Bildschirm. Die Musik wummerte in ohrenbetäubender Lautstärke. „YMCA" der Village People wurde gespielt, und auf der Tribüne standen Unmengen deutscher Fans, die in der bekannten Choreographie ausgelassen tanzten und nicht aufhören wollten. Das war ja toll, dass sogar noch deutsche Zuschauer hier waren. Warum waren die eigentlich noch hier? Die Wettkämpfe waren doch vorbei! Es gab auch nur noch eine Siegerehrung - Meine! Sie tanzten, sangen und freuten sich und das...- wegen mir!? Ich musste etwas ganz Besonderes geschafft haben.

Nach dem besten Zehnkampf meines Lebens gingen wir zurück ins Olympische Dorf und setzten unser Vorhaben konsequent in die Tat um - bei McDonald´s so viele Hamburger zu essen, bis uns schlecht wurde. Die Zehnkämpfer hatten gesprochen und die Trainer, Ärzte und Physiotherapeuten machten mit. Wir beluden die Tabletts mit Burgern und Pommes Frites und freuten uns auf eine riesige, ungesunde Schlemmerei. Ich nahm einen Bissen und merkte, dass es mir überhaupt nicht schmeckte. Dabei hätte ich mich heute mit Fett umbringen dürfen! Aber es war egal, ich aß weiter, dieses Mahl stand auf meinem Plan. Und was ich mir vornahm, setzte ich in die Tat um. Immer!

Wir saßen noch bis spät in die Nacht unter freiem Himmel und unterhielten uns. Die Funktionäre des Verbandes kamen dazu und ich versuchte ganz langsam, das Erlebte zu verarbeiten. Einer bot mir an, meine Freundin und meine Mutter aus dem Verbandsbüro anzurufen. So konnte ich sogar die Telefonkosten sparen. Ob Katrin schlief, wusste ich nicht, aber ich musste es wagen. Sie konnte natürlich überhaupt nicht schlafen. Sie saß seit ein paar Stunden in ihrer Wohnung und heulte. Wir wussten nicht, was wir uns erzählen sollten, es war noch alles zu frisch, zu unvorstellbar. Wir sagten immerzu: Boah, och, puuh, Wahnsinn! Das Einzige, was sie mir mitteilte, war, dass dieser Triumph zu Hause eingeschlagen hatte wie eine Bombe. Aber warum?

War ich jetzt jemand Anderes? Ich war immer noch Frank. Gut, der Zehnkampf war schon in Ordnung, aber nach diesen zehn Übungen war ich ja kein Anderer geworden. So ganz aus heiterem Himmel war das alles ja nicht passiert, ich war jetzt nicht plötzlich auf die Welt gekommen. Ich konnte mir nicht vorstellen, was zu Hause los war, aber ich sollte es erleben.

In den wenigen Stunden, die uns zum Schlafen blieben, schreckte ich unzählige Male auf. Ich hatte Angst davor, den Wettkampf zu verschlafen. Wie schön, dass alles vorbei und am Resultat nichts mehr zu ändern war. Das machte mich im Moment des Eindöcns sehr, sehr glücklich. Nach kurzer Zeit überkam mich aber wieder die Angst, dass der Wettkampf ohne mich weiter ginge, weil ich dort unten, in den Katakomben des Stadions lag und meinen Einsatz einfach verpennte. Ich dachte immerzu: Du darfst nicht schlafen, bleib wach, es ist noch nicht vorbei. Aber es war vorbei.

Nach lediglich drei Stunden Schlaf weckte uns Bundestrainer Claus Marek. Die deutschen Journalisten warteten. Claus hatte direkt nach Ende des Wettkampfes Bemerkenswertes erkannt. Als er nach dem Anteil des Zehnkampfteams an diesem Erfolg gefragt wurde, hatte er zugegeben: „Wir haben nichts dazu getan. Das ist alleine der Erfolg von Vater Busemann und seinem Jungen!" Er verkaufte den größten deutschen Zehnkampferfolg der letzten Jahre nicht als Krönung der Teamarbeit. Dieser Erfolg war alleine auf unserem Mist gewachsen. Das bekannte er öffentlich und ohne Zögern. Respekt. Mir taten alle Knochen, alle Muskeln und alle Sinne weh. Es fühlte sich an, als hätte ich ein neues Leben mit dem Sturz aus dem Himmel begonnen. Diese Erschöpfung war so unglaublich, dass sie mich amüsierte. Es war schön, jede einzelne Faser seines Körpers zu spüren, nicht mehr Herr seiner selbst zu sein, dabei aber zu wissen, dass dieser Preis des Schmerzes unglaublich schön war. Ich wusste, dass sich der Einsatz gelohnt hatte.

Ich wurde geschubst und es wurde an mir gezerrt. Nur um mit mir zu reden!? Im Deutschen Haus behandelten mich einige Journalisten wie eine Ware. Eine besonders engagierte Reporterin riss mich von den anderen weg und rief: „Das ist jetzt meiner!" Wie bitte? Warum waren die alle so giftig und hektisch? Musste man sich nicht darüber freuen, dass es so gut gelaufen war? Immerhin gelang es einigen trotz des Tohuwabohus, sich mit mir zu freuen und dieses auch zu zeigen. Nach endlosen Gesprächen und Interviews ging der Tag schnell vorbei. Die zweite Nacht danach begann. Die Ängste waren weg. Ich schlief wie ein Baby. Erschöpft, glücklich und zufrieden. Morgens machte ich die Augen auf und sah - nichts! Es war alles weiß. Ich schloss die Augen, öffnete sie und es blieb weiß. Die Schmerzen waren nicht mehr zu spüren. Ich lag dort, fühlte nichts, hörte nur weiche, warme Klänge und sah nur Weiß vor mir. Es musste das Ende eines schönen Lebens sein. Schmerzlos, glücklich, zufrieden. Alles erreicht und nichts bereut. So konnte man gehen. Welch ein Gefühl! Ich war am Ziel meiner Träume, erlöst von jeglicher Qual, befreit von jedem Schmerz, belohnt mit der nächsten Stufe des Seins. Ich war im Himmel. Das Gute hatte gesiegt. Der Zustand der Zufriedenheit hatte eine Macht, die stärker war als jedes Wort und jeder Traum und ich spürte sie. Zum Glück kehrte nach einiger Zeit wieder alles zurück. Das Weiß verschwand, ich konnte wieder die Decke erkennen, ich spürte, wie sich der Muskelkater den Weg durch meinen Körper suchte und ich merkte, wie beschwerlich es war zu atmen und sich zu bewegen. Aber es war schön. Es war der Lohn. Glücklicher Schmerz.

Die folgenden Tage quälte ich mich mit meinen Schmerzen von einem Interview zum nächsten, von einem Fototermin zum anderen und machte das ganze Repertoire möglicher Öffentlichkeitsarbeit in einem viertägigen Crashkurs mit. Zwischendurch nahm ich mir mal zwei Stunden Zeit für mich. Ich wollte shoppen, mir was Gutes tun, etwas Schönes kaufen. Aber ich hatte alles! Absolut alles. Ich war Zweiter bei den Olympischen Spielen geworden. Mehr brauchte ich nicht. Ich besaß etwas, was man sich nicht kaufen konnte. Glück und Zufriedenheit. Das gab es noch nicht mal in einer Shopping-Mall im Land der unbegrenzten Möglichkeiten.

Als ich mich ins Flugzeug setzte, wusste ich nicht, wie ich die Stunden überleben sollte. Auf der Heimreise saß ich natürlich auf einem ganz normalen Sitz der Holzklasse. Bei meinen Rückenschmerzen eine Tortur. Aber alles hat irgendwann mal ein Ende. Vor der Landung fragte eine Stewardess, ob ich bei der Landung im Cockpit sitzen wollte. Da wir in den Morgenstunden landeten und es am Himmel keine Wolke gab, fühlte ich mich dort vorne wie in einem Computerspiel. Man konnte die Landebahn mit all seinen Lichtern sehen, es war alles so unwirklich.

Als wir endlich in Düsseldorf gelandet waren, brachte uns ein Bus zum Gebäude der Gepäckausgabe. Ich sah eine beeindruckende Schar von Fotografen, Fernsehkameras, Journalisten und Mikrofonen. Auf wen warteten diese Menschen wohl alle? Berühmte Personen, die einen solchen Aufruhr verursachten, werden doch bestimmt vom Chauffeur in einer dunklen Limousine direkt an der Maschine erwartet. Als der Bus näher kam, ging ein Ruck durch die Menge. In diesem Gefährt musste jemand sein, dem dieser ganze Auftrieb galt. Aber wer konnte das sein? Ich konnte keinen berühmten Politiker und auch keinen Filmstar entdecken. Der Bus hielt, die Tür ging auf, ich stieg aus und dann ging es los. Ich war der Fokus des Interesses! Alle stürzten sich auf mich, als hätte ich etwas zu verschenken. Das konnte nicht wahr sein. Warum ich? Mich gab es vor drei Wochen doch auch schon, und da wurde nicht so ein Theater veranstaltet! Unzählige Kameras, Blitzlichter, Mikrofone, Notizblöcke, Scheinwerfer tauchten vor mir auf. Es war beängstigend. So ein Aufruhr. Für mich. Unbegreiflich.

Ich wurde auf Schritt und Tritt begleitet. Ich nahm meine beiden Koffer und meine Tasche (es waren insgesamt 60 Kilo Gepäck) und ging zum Ausgang. Als ich durch die Tür schritt, sah ich eine Menschenmenge, die ich mit einem Blick nicht überschauen konnte. Sie applaudierten, Schilder wurden hoch gehalten, es galt mir. Oh Gott, warum nur. Ich war so müde, ich fühlte mich so kaputt, ich wollte nach Hause und nur noch schlafen. Nach einigen Minuten konnte ich einige mir bekannte Gesichter ausmachen. Wir setzten uns in den gecharterten Linienbus der Stadt und fuhren Richtung Recklinghausen. Dort wartete ein Cabrio auf mich, in dem ich durch die Stadt bis auf den Marktplatz chauffiert wurde. Ich sollte mich auf die Lehne setzen, dass ich gut sichtbar war. In der Stadt der nächste Schock. Der ganze Marktplatz war voll. Sie jubelten und klatschten. Es war mir so unangenehm. Ich saß auf dem Präsentierteller und musste den Eindruck vermitteln: Alles zur Seite, hier kommt der König. Dabei wäre ich lieber in einem geschlossenen Wagen und ohne Jubel nach Hause gefahren. Eine ältere Dame fragte ihre Nachbarin. „Was macht der Junge eigentlich? Paddeln?" Ich ließ die Feier über mich ergehen. Keine Fluchtwege. So wurde ich zwar bei meinem letzten Besuch in der Stadt nicht begrüßt, aber dieser eine Wettkampf musste wohl dran schuld sein.

Direkt vor unserem Haus ging das Spiel von vorne los. Auf der Straße stand ein Bierwagen, es sah aus wie auf einem Straßenfest. Unentwegt verfolgten uns Kameras. Zum Glück gibt es bei Häusern Türen. Nach einiger Zeit konnten wir diese schließen und ich konnte für einige Zeit durchatmen. Ich wollte mich ausruhen und legte mich mit meiner Freundin auf das Bett. Ich musste ihr so viel erzählen. Ich hatte so viel erlebt, ich war in einem anderen Land, ich hatte das Olympiastadion gesehen, ich war so lange fort gewesen. Ich musste ihr von allem berichten. Wir lagen uns in den Armen und ich erzählte ihr meine Eindrücke dieses unglaublichen Abenteuers. Ich redete fünf Minuten und schlief ein! Wie ein kleines Kind. Ich war zu Hause, in meinem Reich, in meinem Revier. Die ganze Spannung fiel von mir ab. Und ich schlief ein, während ich von meinem bisher größten Erlebnis erzählte.

Kapitel 7 – 1996

Termine, Termine

Dass wir uns in den zwei Tagen von Atlanta ganz schön was eingebrockt hatten, merkte ich in den kommenden Tagen, Monaten und Jahren. Die Zeiten wurden hektischer und die Leute erkannten mich sogar auf der Straße. Ich fand es schon beeindruckend, dass mich in Atlanta ein Japaner in der Shopping-Mall erkannte und ein Foto von mir haben wollte, aber zu Hause, rund 6000 Kilometer vom Olympic Stadium entfernt, erwartete ich so viel Aufmerksamkeit nicht. Plötzlich hatte ich viele nette, interessierte Menschen um mich herum. Auf meiner ehemaligen Schule, dem Hittorf-Gymnasium, feierte genau die Lehrerin, die mich mit den Worten geadelt hatte „Frau Busemann, Ihren Sohn hätten wir doch auch durch das Abitur gezogen", den größten Erfolg eines ehemaligen Schülers mit viel Getöse.

Sobald ich über die Straße ging, wurde ich erkannt. Oma, Opa, Mama, Papa, Vater, Mutter, Kind, Junge, Mädchen, Frau und Mann, alle kannten mich. Es war schon fast beängstigend. Zeigte ich mich in der Öffentlichkeit, wurde ich angesprochen und beglückwünscht. Wildfremde Menschen fielen mir um den Hals.

Unzählige Menschen wünschten mir, dass ich doch so bleiben möge, wie ich war. Das konnte ich ihnen versprechen, da ich notgedrungen Frank Busemann bleiben musste. Aber sie spielten auf meinen Charakter an und die Unbekümmertheit dieses 21-Jährigen, der seinen Zehnkampf über alles liebte. Doch diese Wünsche relativierte ich schnell. Ich würde nicht ewig so jung bleiben. Ich würde mich entwickeln, persönlich wie biologisch. Notgedrungen. Ob man abhebt oder nicht, dieses Urteil müssten immer andere fällen. Jede zickige Diva behauptete doch von sich, dass sie der normalste Mensch der Welt sei. Ich hoffte, dass ich mich positiv entwickeln würde, und irgendwie glaubte ich auch daran, da ich keine Gefahr sah, Hully-gully-Frank zu werden. Ich war kein Unbekannter mehr, sie liebten mich. Es war schön und scheußlich. Ich war stolz auf meine Leistung und auf die Tatsache, dass ich so viele Menschen mit meinem Sport erreicht hatte. Ich merkte, wie außergewöhnlich diese Leistung gewesen sein musste. Es war unangenehm, wenn mir erzählt wurde, wie toll ich sei, wenn Fremde mich allzu sehr bewunderten. Ich war oft verunsichert, da ich nicht wusste, wie ich auf diese Liebesbezeugungen reagieren sollte. Es war mir unangenehm, wenn ich auf ein Podest gehievt wurde, auf das ich nicht gehörte. Ich freute mich über das Interesse an meiner Leistung und an meiner Person, doch ich wollte nicht ehrfürchtig angestarrt werden, auch nicht in meinem Auto, wenn ich mal im Stau stand und die Kinder mit dem Finger auf mich zeigten. Dabei freuten sie sich nur und winkten mir zu. Aber manchmal wollte ich nur Ruhe haben. Journalisten liefen uns die Bude ein, Kamerateams rückten vor unserem Haus an, um möglichst viele kreischende Mädchen zu filmen, aber unser Reihenhaus fügte sich wie drei Wochen zuvor seelenruhig in die Landschaft ein. Keine Groupies, kein Belagerungszustand, keine Ohnmachtsanfälle. Wie langweilig!

Der Briefträger klingelte neuerdings immer, um die Post abzuliefern. Der Briefkasten war für die bis zu 80 Briefe täglich einfach zu klein. Glückwunschschreiben, Autogrammpost und Liebesbriefe. Ab und zu waren Schreiben dabei, in denen die Absender mehr wollten als ein Autogramm. Um die Flut bewältigen zu können, stellte ich meine beiden ersten Freiberufler ein. Meine Mutter und mein Bruder erledigten meine Post, und ich zahlte ihnen die steuertechnisch unbedenklichen 630 Mark im Monat. Alleine konnte ich es nicht schaffen, da ich ja nur unterwegs war. Zudem hatte ich seit meiner ersten Dopingkontrolle vor „Anschlägen" Angst und vermied es, die frankierten Rückumschläge abzulecken. Schon 1994 bei den Junioren-Weltmeisterschaften lehnte ich jedes Essen ab, dessen Herkunft nicht eindeutig rekonstruierbar war.

Ich fürchtete, dass jemand meine Unachtsamkeit nutzte und mir verbotene Substanzen unterjubeln könnte. Ein Anschlag war nie zu beweisen, das Ergebnis immer gleich: positiv. Dass mir dubiose Chemikalien durch präparierte Briefumschläge in den Körper geschleust werden konnten, sah ich als beachtenswerte Gefahrenquelle an. Und all diese wollte ich ausschließen, auch wenn es albern schien. Mich beruhigte diese Vorsicht. Die Post war teilweise belustigend, manchmal aber auch beängstigend. Bei Bob aus Holland wusste ich nicht, wie ernst er es meinte. Er entpuppte sich als homosexuell, allerdings wusste ich aufgrund der obskuren Formulierungen manchmal nicht, ob mich da nur einer auf den Arm nehmen wollte oder ob er wirklich auf mich stand.

Ein Brief kam von meiner allerersten Freundin, zu der ich seit 1989 keinen Kontakt mehr hatte. Sie schrieb: „"...als ich den Namen Frank Busemann hörte, dachte ich nur: Moment mal, das hast du doch schon irgendwann mal gehört... und da habe ich gedacht, ich schreibe mal wieder". Na, herzlichen

Glückwunsch. Ich musste ja einen bleibenden Eindruck hinterlassen haben, wenn es nur so dunkel dämmerte. Ich beschränkte mich auf das Lesen des Briefes. Andere hingegen beantwortete ich, immer darauf bedacht, Menschen nicht vor den Kopf zu stoßen. Ich bedankte mich für den Brief und bat um Verständnis, dass meine Zeit keine weiteren Ausführungen zuließ. Ich entschuldigte mich. Manche legten diesen Brief offenbar unter ihr Kopfkissen und schrieben mir immer wieder. Mit meiner Antwort hatte ich falsche Hoffnungen geweckt, die mich teilweise lange verfolgten.

Ich vergaß, dass ein Brief von mir wohl anders empfangen wurde als von jemandem, der nicht zum olympischen Helden hochgejubelt worden war. Warum sollte ich jetzt jemand Besonderes sein? Warum legten sich Mädchen meine kurzen Briefe nun unter das Kopfkissen und dachten an mehr? Ich wusste es nicht. Katrin wurde eifersüchtig. Dass sie dazu keinen Anlass hatte, konnte ich ihr nicht klarmachen. Ich hatte jahrelang nach einer Freundin gesucht, ich hatte alles daran gesetzt, jemanden zu finden, der mich liebte, und nun hatte ich sie gefunden. Wir waren zwar erst zwei Monate zusammen, aber warum sollte ich mich für eine interessieren, die den Sportler Frank Busemann, den Olympiazweiten anhimmelte und nicht den Typen Frank Busemann mit all seinen Träumen, Ticks und Tränen? Es gab keinen Grund, mich nach einer anderen umzuschauen, zumal die dem Busemann von vor drei Wochen bestimmt nicht nachgelaufen wäre. Und nun kannten mich plötzlich Millionen und dementsprechend - rein statistisch - halb so viele weiblichen Geschlechts. Welchen enormen Einfluss die Medien hatten, merkte ich in der nacholympischen Zeit. Mein Vorteil war, dass ich gut wegkam.

In der Euphorie der Ereignisse und in der Unwissenheit über mein zukünftiges Leben öffneten wir einem Journalisten für die kommenden vier Jahre unsere Haustür. Er fragte, ob er eine Langzeitstudie machen könne - von Atlanta '96 bis Sydney 2000. Bis zu acht Mal wollte er mich zu diesem Zweck im Jahr mit einem Kamerateam besuchen. Insgesamt über dreißig Mal in vier Jahren. Das war eine ganze Menge. Ziemlich unbedarft sagten wir zu. Was waren schon acht Tage im Jahr? Dreißig Tage Beobachtung in vier Jahren? Im Vergleich zur Hektik der letzten Tage ein leichtes Programm. Es war ein gewisser Friedrich Bohnenkamp. Den Zehnkämpfern nicht unbekannt, mir als Greenhorn aber schon. In Atlanta hatte ich ihn das erste Mal gesehen.

Er solle nett sein und auch noch kompetent, bekamen wir als Auskunft. Und er war nett. Zu nett eigentlich. Und immer um ein hohes Maß an Respekt bemüht. Es war eine der klügsten Entscheidungen des noch jungen Unternehmens Busemann, diesem Herrn Bohnenkamp diese Nähe zuzulassen. Er vermied es, uns zu dirigieren, und ließ uns agieren, wie wir waren, ohne gestellte Szenen. Wir machten nie etwas zweimal. Wir schätzten uns gegenseitig und wurden richtig dicke Freunde. Dafür waren wir uns in den unzähligen Gesprächen zu nahe gekommen. Es machte einfach einen Riesenspaß mit ihm. Er entwickelte ein Gespür für mich und war einer der wenigen, die wirklich wussten, wie ich tickte.

Wir hatten von der Schwierigkeit gehört, in der Öffentlichkeit zu stehen. Zu jedem Star gehörte ein Pressesprecher. Ich war ja jetzt wohl so ein halber Star. Also brauchte ich auch ein Sprachrohr. Wir suchten jemanden, der uns gut und schon lange kannte, dem wir vertrauen konnten. Uns fiel Eike Schulz ein. Er kam ursprünglich aus unserer näheren Umgebung, und ihm trauten wir diese Aufgabe zu. Wir fragten ihn, ob er uns helfen könne. Er lehnte ab und hatte gute Gründe dafür. Das Credo des Journalismus ist Objektivität, und dieser Maxime fühlte er sich verpflichtet. Wäre er mein Pressesprecher geworden - wie hätte er weiter über mich berichten sollen? Und er wollte noch oft und viel über mich berichten und dabei seine journalistische Distanz wahren. Ich schämte mich für diese ungeschickte Anfrage. Zum Glück hatte er den Mut, Nein zu sagen. So wichtig konnte das alles nicht sein, und wir entschlossen uns, alles weiterlaufen zu lassen wie bisher.

Potenzielle Manager und welche, die es durch mich werden wollten, ließen nicht lange auf sich warten. Kurz nach meiner Rückkehr flatterten Bewerbungen ins Haus, die vermuten ließen, dass ich mit einem Schlag ein Großunternehmen mit öffentlicher Stellenausschreibung war. Letztendlich erhielt ich 58 Umschläge mit Referenzen und Angeboten. Die Bewerber reichten vom Berufseinsteiger mit ambitioniertem Entwicklungspotenzial bis hin zu alteingesessenen und etablierten Profis, welche das Geschäft schon seit Jahren kannten. Sie waren wie die Geier, viele witterten das schnelle, große Geld, mein Marktwert wurde von dem einen auf fünf Millionen taxiert, der Nächste wollte mir bei seiner Engagierung 500.000 Mark Handgeld überweisen. Wiederum der Nächste arbeitete auf Stundenbasis und wollte 800 Mark für sechzig Minuten haben, ein anderer begnügte sich mit fünf Prozent, da er bis dahin nur eine Mannschaft auf Kreisebene betreut hatte, sich größere Aufgabe aber durchaus zutraute. Alle Bewerbungen wurden in einem großen Wäschekorb gesammelt.

Da wir weder eine Stellenausschreibung veröffentlicht noch händeringend derartige Hilfe angefordert hatten, blieben diese Offerten unbeantwortet. Wir glaubten, dass wir eine derartige Hilfe nicht bräuchten. Nicht etwa, dass wir uns für allwissend und abgeklärt hielten und nun anfangen wollten, lauter coole Megadeals einzufädeln. Nein, wir waren vielmehr unwissend und sahen in uns Personen, welche so unwichtig waren, dass sie eine so hochprofessionelle Betreuung nicht bräuchten. Da zwei Jahre zuvor mein erster sogenannter Manager leider wenig Bombastisches angestellt hatte, konnte ich mir kaum vorstellen, dass das Interesse nun viel größer war als vorher. Und dieser eine Wettkampf konnte daran doch kaum etwas geändert haben.

Dachte ich. Nach einiger Zeit wurden mein Vater und ich mit erbosten Bewerbern konfrontiert, die monierten, dass wir es noch nicht mal nötig gehabt hätten, uns mit ihnen zu treffen, zu telefonieren oder zu schreiben. Aufgrund der Vielzahl der wohlwollenden Helfer und einiger Geier war es uns nicht möglich, mit allen persönliche Gespräche zu führen. Wir hatten die nächsten zwei Monate Wichtigeres zu tun. Ich merkte recht schnell, dass professionelle Hilfe nun vielleicht doch ratsam wäre, schließlich las ich in der Presse, dass die Sponsoren bei mir Schlange standen und das Geld in Strömen floss.

Zu blöd, dass ich so wenig davon merkte. Ich hatte zwar eine Menge Termine überall in Deutschland und bekam auch eine Menge Geld dafür, aber einen festen Sponsor, der mit mir eine geregelte und gut dotierte Zusammenarbeit anstrebte, hatte sich noch nicht gemeldet. Mein Wettkampfmanager Bernie Becks agierte im Hintergrund. Er klapperte heimlich, still und leise Möglichkeiten ab, um mich behutsam auf das vorzubereiten, was da kommen konnte. Er war der Letzte, der sich als Freund der Familie zu Wort meldete, um uns seine Sicht der Dinge zu schildern - und wie sie sich verändert hatten. Wir vertrauten ihm, wir kannten ihn seit Jahren, wir schätzten ihn als eine ehrliche Haut und ließen uns von seiner Sensibilität und Zurückhaltung in dieser Sache überzeugen. Bernie sollte die geschäftlichen Belange lenken und leiten. Er arbeitete und verhandelte, er klopfte Möglichkeiten ab und strickte an seinen schon vorhandenen Beziehungen. Wir fühlten uns gut aufgehoben, wir waren es, und seine zehnprozentige Provision war für die Qualität und sein Engagement der absolute Freundschaftspreis.

In der Zeit, in welcher er sich um Sponsoren bemühte, tingelte ich das normale Programm eines Unwissenden ab. Ich wurde herumgereicht, willenlos, hochfrequentiert. Ich absolvierte ein pralles Programm an Öffentlichkeitsarbeit. Mein Vater, der die Anrufe entgegennahm, sagte unzählige Anfragen ab, er fragte mich bei den Tag- und Nacht füllenden PR-Terminen, ob ich nicht langsam mürbe sei. Ich verspürte hingegen nur wenig Müdigkeit und ritt auf einer Welle der Euphorie. Es musste halt so sein, dachte ich. Ich kann die Leute nicht enttäuschen und ihre Einladungen ablehnen. Die Grenze der Belastbarkeit diktierte einzig und allein die Uhr. In den Terminplan wurde alles gequetscht, was logistisch möglich war. Es gab für meine Anwesenheit auch immer häufiger Geld. Peinlich, peinlich. Ich bekam Geld für eine Sache, für die andere Menschen Eintritt bezahlen mussten. Aus diesem Grunde schickten wir die Rechnung immer nach der Veranstaltung per Post, da ich mich nie traute, dem Veranstalter diese, wie vereinbart, in die Hand zu drücken. Und wenn es auch beschlossen war und ich danach gefragt wurde, ich fuhr immer wieder nach Hause und hatte die fertig gestellte Rechnung noch in der Tasche, um sie am nächsten Tag dem Empfänger per Post zu schicken. Ich wunderte mich über mich selbst. Ich hasste Partys und Feiern irgendwelcher Art, ich hasste es, außersportlich im Mittelpunkt zu stehen, und trotzdem absolvierte ich ein Pensum, welches ich mir nicht erklären konnte. Bei all diesen Verpflichtungen konnte ich reagieren.

Ich wurde gefragt und musste antworten. Ich musste nicht auf das Mädchen zugehen und ein Gespräch beginnen. Den ersten von mir ungeliebten Schritt übernahm immer mein Gegenüber. Das Geld war mir trotz alledem egal. Eigentlich hätte ich es als Schmerzensgeld sehen sollen, aber der Mammon war in meinem jetzigen Leben so unwichtig, dass es schön und beängstigend zugleich war. Ich hatte etwas erreicht, was durch Geld niemals käuflich war. Glück und innere Ruhe. Zufriedenheit und Stolz. Obwohl ich es zu dem Zeitpunkt noch nicht verstanden hatte und mir noch nicht begreifbar schien, hatte sich meine Welt verändert. Meine eigene Welt. Nicht nur, dass ich jetzt immerzu in den Mittelpunkt geschubst wurde und auch nicht durch die Tatsache, dass ich in den Augen anderer nun so etwas war wie ein Star. Nein, meine Welt hatte sich verändert, da ich in einen Moment des Glücks, in ein Gefühl der Zufriedenheit eingetaucht war. Dieses Gefühl zu genießen, dafür hätte ich gern mehr Zeit gehabt. Mehr Zeit und nicht mehr Geld.

Ich arbeitete tagsüber, soweit es ging, bei meinem Arbeitgeber, der Stadtsparkasse Dortmund und versuchte anschließend zu trainieren. Dazu kamen oft noch irgendwelche PR-Termine hinzu. Sponsoren hatte ich, außer meinem Ausrüster, drei Monate nach Atlanta immer noch keine. Ich hatte mit dem stellvertretenden Vorstandsvorsitzenden der Stadtsparkasse eine Absprache getroffen, dass ich für wichtige Termine freigestellt wurde. Oft schwappten mir neidische Kommentare einiger Arbeitskollegen entgegen, die sich eine Stunde vor Arbeitsende noch nicht in den vermeintlichen Feierabend verabschieden durften. Dass ich aber nicht nach Hause ging, sondern mich noch ermüdend lange auf irgendwelchen Veranstaltungen herumtrieb, das übersahen sie wohlwollend. Morgens trat ich wieder brav zur Arbeit an, und das ganze Programm wurde am Wochenende natürlich verstärkt exerziert. Um schneller und mobiler zu sein, wurde mir in der Tiefgarage der Stadtsparkasse ein Platz zugewiesen. Es war sehr bequem, aber auch unangenehm, denn dort standen nur die Autos der Vorstände und die ausgewählter Abteilungsleiter - und der rote Seat Ibiza des Azubi Busemann.

Ich erholte mich gerade mit Katrin im Club der Besten auf Fuerteventura, zu dem alle Medaillengewinner eingeladen wurden. Dort erreichte mich die schockierende Nachricht: Der Familienfreund und Manager Bernie Becks war an den Folgen eines Schlaganfalls gestorben. Die Situation allein war schon schlimm genug, aber dann krochen sie wieder an - all die gewieften Manager, die plötzlich wieder Beute und Provisionen witterten. Mein Vater befreite sich von all seiner bäuerlichen Zurückhaltung und wollte alle von

Bernie vorbereiteten Sponsorenverträge eintüten. Kein anderer sollte von Bernies Arbeit profitieren. Nur - mein Vater war alles andere als ein Manager. Normalerweise zahlte er immer noch drauf, so gutmütig war er. Er fühlte sich in Situationen, bei denen es um Geld ging, nicht wohl und schon gar nicht, wenn es um das Geld seines Sohnes ging. Doch er wollte die Verträge in Bernies Namen unter Dach und Fach bringen, um dann einen neuen Vertrauten zu finden. Der Stolz und die Fairness gegenüber anderen Personen ließen ihm keine andere Wahl. Plötzlich war mein Vater mein Manager, so konnte man es nennen. Er hatte von diesem Geschäft keinen Schimmer, aber er wuchs in der Aufgabe schneller als gedacht. Ihm konnte ich wenigstens vertrauen. Mit Bernie war einer der ganz Wenigen von uns gegangen, der uns seine Loyalität nicht mehr beweisen musste. Was aber konnten wir von einem richtigen Manager, einem fremden Menschen erwarten? Unser Wort zählte mehr als irgendeine Unterschrift. Meine Vater sagte immer: „Der Handschlag eines Bauern ist mehr wert als eine Unterschrift." Und einen Bauern als Manager zu finden, dürfte schwer werden.

Ich vergaß mich und meine Welt. Ich torkelte von einem Event zum anderen und genoss die wenigen freien Minuten. Ich genoss meine minimale Freizeit so sehr, dass ich Freunde nicht mehr anrief und mich nicht meldete. Meinem Freund Groby wurde es nach einiger Zeit zu bunt. „Wenn du viel zu tun hast, ist das in Ordnung, aber lass es uns wissen, dann können wir uns darauf einstellen!" Wie Recht er damit hatte. Ich vernachlässigte die Menschen, die mir schon mein Leben lang zur Seite standen, und hielt es nicht für nötig, kleine Lebenszeichen zu geben. Erst Monate nach Atlanta traf ich mich sporadisch wieder mit ihnen. Ich war allerdings so beschäftigt, dass diese Begegnungen eine Rarität blieben. Normalerweise hätten sie mich auf ewig abschreiben dürfen und ich hätte ihnen nicht mal böse sein können, aber sie hatten Verständnis und Geduld und zeichneten sich als wahre Freunde aus. In den Jahren nachher noch viel mehr.

Die Freunde in meiner Trainingsgruppe waren die Frische des Alltags. Obwohl ich stets abgekämpft von der Arbeit kam, war es immer wieder schön, mit anderen die Schuhe zu schnüren und zusammen Sport zu treiben. Die Gruppe war so verschieden wie sie gleich war. In meinem Arbeitstrott rotierte ich von morgens bis abends, von Montag bis Sonntag. Oft vergaß ich es, auf die Toilette zu gehen, da ich dafür einfach keine Zeit mehr hatte. Um ein wenig mehr Ruhe zu haben, wurde ich in die Wertpapierabteilung versetzt. Dort konnte ich quasi hinter den Kulissen, nicht im Schalterverkehr in Ruhe die weiteren Fähigkeiten eines Bankkaufmannes erlernen. Zudem hatte ich dann auch genug Zeit für mein Hobby - die Börse. Teilweise übertrieb ich es etwas, da ich erst einmal zwanzig Minuten in den Börsen-Ticker gucken musste, bevor ich richtig zu arbeiten begann. Dax und Co. gehörten allerdings gar nicht zu meinem Bereich, ich sollte Orders kontrollieren und nicht vor einem Bildschirm hocken und die Kurse meiner Aktien studieren. Aber wann sollte ich mich denn sonst über mein Depot informieren? Ich hatte jetzt so viel Geld, das angelegt werden musste, da musste ich einfach alles und alles ganz schnell wissen. Deshalb stand wohl in einer meiner Beurteilung: „... ist sehr interessiert, jedoch meist in eigener Sache". Ich nahm es als Kompliment.

Selbst der Dopingkontrolleur kam jetzt direkt zur Arbeit, da wir nur dort die benötigte Viertelstunde hatten. Mittlerweile hatte ich auch durch eine neue Technik die Abnahmeprozedur der Urinprobe extrem verkürzt. Ich konzentrierte mich nicht auf die Anwesenheit des direkt neben mir stehenden Kontrolleurs, sondern beschäftigte mich mit dem Aufsagen von Zahlen. Fünfzig, hundert, hundertfünfzig, zweihundert - und das Pipi kam. Ich hatte keine Zeit und keine Lust mehr, Stunden mit ihm zu warten, weil mir meine falsche Scham die Harnröhre verstopfte. Ich musste schnell fertig werden.

Die Veranstalter scheuten weder Kosten noch Mühen, mich herbeizuschaffen. Nachdem ich für eine Wohltätigkeits-TV-Sendung in Berlin zugesagt hatte, erhielt ich die Anfrage eines anderen Veranstalters: Ob ich am Abend zuvor zu einer Autogrammstunde kommen könne. 3.000 Mark war ihm das wert. Mir aber nicht. Zu dieser Zeit war ich auf dem Weg nach Berlin. Er erbat sich einen kleinen Moment Bedenkzeit und rief kurze Zeit später wieder an. Nach der Autogrammstunde würde mich eine Privatmaschine nach Berlin fliegen. Noch Probleme?

Nach der Veranstaltung wurden wir tatsächlich vom Piloten aufgesammelt und direkt zum Flughafen kutschiert. Es war alles so unkompliziert. Wir fuhren fast bis auf das Rollfeld, passierten problemlos die Sicherheitsschleusen und gingen zu unserem Flugzeug, das allein und verlassen auf dem Rollfeld wartete. Katrin und ich konnten es nicht glauben. Wir marschierten mit unserem Gepäck in den Händen auf dem Rollfeld Richtung Flugzeug und würden gleich ganz entspannt nach Berlin abheben. Wie Jonathan und Jennifer Hart. Der Millionär und seine Gattin. Wie im Fernsehen in der Serie „Hart aber herzlich". Und die Maschine war ein Traum. Wir sollten gleich mit einem Lear-Jet abdüsen, der seine Turbinen schon angelassen hatte. Ein Düsenflugzeug, der Hingucker unter den Privatjets. Wir gingen schnurstracks auf dieses wahnsinnig tolle Flugzeug zu. Ich fühlte mich so gut und spürte auch noch keine Flugangst. Ich betrachtete diesen Jet in seiner ganzen Pracht von vorn bis hinten und sah..... den Piloten! Hä, warum saß da schon ein Pilot drin und unser Pilot ging doch neben uns auf dem Rollfeld? Vielleicht war er ja nur der Steward oder der Co-Pilot. Doch der Kapitän des Jets winkte, unser Pilot winkte zurück und nahm mich am Arm: „Kleinen Moment bitte. Wir lassen ihn vor!" Wie, wir lassen ihn vor? Die Turbinen wurden lauter und der Jet rollte los. Ohne uns! Das abschwirrende Flugzeug gab den Blick auf ein anderes frei. Eine kleine Propellerbüchse. Nicht ganz so chic und um einiges älter. Das war die einzige Maschine, die jetzt noch weit und breit auf diesem Rollfeld stand. Diese Kiste war also unser Transportmittel. Ich war enttäuscht und belustigt. Wie konnte ich denken, dass wir mit einem Glitzerjet abheben würden. Aber schön wäre es schon gewesen.

Am nächsten Tag in Berlin lernten wir unzählige wirklich prominente Menschen kennen. Zum Beispiel Harald Juhnke, Otto Waalkes, Berti Vogts. Alles ganz normale Menschen. Wie du und ich. Und ich mittendrin. Prominenz ließ mich nie in Ehrfurcht erstarren, aber ich war schon beeindruckt, dass ich dazu eingeladen war. Dass ich doch nicht ganz so berühmt war, merkte ich, als es hieß, dass die zweiten Spendentelefonierer bei der Generalprobe mal eben an die Telefone zum Probesitzen gehen sollten. Da Berti Vogts, Otto Waalkes und ich die Nächsten sein sollten, wackelte ich hinter den beiden her.

Kaum hatte ich die Bühne erklommen, raunzte mich die Aufnahmeleiterin an, was ich da wolle, es sollten nur die prominenten Spendensammler auf die Bühne! Ich war geplättet, gerade noch hatte man mich dieser Gruppe zugeteilt, und jetzt wurde ich angekackt. „Aber ich soll doch Spendensammler sein und auf die Bühne kommen!". Plötzlich wurde ich unsicher. Hatte ich nicht aufgepasst? Ich errötete. „Ist schon okay, das ist doch Frank Busemann," schallte es aus einer anderen Ecke. Die Aufnahmeleiterin entschuldigte sich für dieses Missgeschick, da sie mich nicht erkannt hatte. Alles gut gegangen, dachte ich nur, man kann ja nicht jeden kennen. Ich sah mit meinen 21 Jahren ja auch eher aus wie ein Groupie und nicht wie ein Prominenter. War ich das überhaupt? Ich denke schon. Mich kannten plötzlich schon ein paar Millionen Menschen. Durch einen einzigen Wettkampf, am richtigen Ort, zur richtigen Zeit.

Mittlerweile konnte ich ein „Stipendium" der Sporthilfe zurückgeben. Mir wurde von deren Seite ein Mäzen vermittelt, der alle durch den Sport entstehenden Kosten übernahm. Dafür öffneten wir einer Zeitschrift unsere Haustür, die über diese Beziehung berichten wollte. Es war das gute Recht des Unternehmens, jetzt auf ein bisschen Publicity zu setzen. Also willigte ich in den Bericht für das Magazin ein und verrückte einen Tag lang alle Möbel, ließ Scheinwerfer in meinem Zimmer postieren und gab das Recht des Hausherrn in die Hände des Fotografen und der Redakteurin. Zudem musste ich die unangenehmste Zeremonie über mich ergehen lassen: das Präsentieren und das Posen mit meiner Medaille. Auf so etwas wollte ich in Zukunft verzichten. In meine Bude kam kein Journalist mehr. So gut ich mit ihnen klar kam, so sehr wollte ich jetzt auch meine geschützten, eigenen vier Wände haben. Bald verzichtete ich auf die weitere Unterstützung der Sporthilfe. Ich hatte ja jetzt andere Einnahmen. Zudem verschaffte mir eine befreundete Familie mit einer monatlichen finanziellen Unterstützung für die nächsten vier Jahre ein gewisses Polster. Anderen Sportlern ging es schlechter, die konnten das Geld mehr gebrauchen. Nachdem die Fotos in einer anderen als der abgesprochenen Zeitschrift erschienen, war ich etwas pikiert und froh, die Förderung und das Stipendium zurückgegeben und keinerlei Verpflichtungen mehr zu haben.

Ich wurde mit Interviewanfragen überschüttet. Eigentlich konnte ich nur einen Bruchteil des angefragten Pensums erfüllen, was manche dazu verleitete, mir Gier vorzuwerfen. Wieder wurde eine Homestory gewünscht. Die Regenbogenpresse brauchte Verwertbares. Bitte etwas Persönliches. Erst fragte die Redakteurin nett an, als ich ihr aber absagen musste, wurde sie penetrant. Ich hatte aber keine freien Termine mehr. Ich musste arbeiten, trainieren und hatte momentan an guten Tagen bis zu drei öffentliche Auftritte. Ich war ausgebucht bis in die Haarspitzen. Sie wollte eine Geschichte mit Freundin, Hund und Familie. Das könne ja wohl nicht so schwierig sein, sich dafür Zeit zu nehmen. War es aber. Es ging nicht. Und sie wollte die Geschichte nicht nur, sie musste sie wohl auch unbedingt haben.

So langsam wurde sie hysterisch: „Wenn Sie Geld wollen, müssen Sie das nur sagen. Und ich kann Ihnen versichern, Herr Busemann, wir gehören einem sehr finanzstarken Konzern an. Wie viel wollen Sie haben? Tausend? Zweitausend?" „Nein, ich habe keine Zeit. Man kann mit Geld keine Zeit kaufen, es ist einfach nicht möglich! Es tut mir leid!". Sie war beleidigt und ich hatte ein gutes Gefühl. Ich hatte Nein gesagt, was notgedrungen gar nicht anders ging, und das Angebot eines „finanzstarken Konzerns" ließ mich entspannter werden. Wir hatten von Tuten und Blasen keine Ahnung, aber mein Vater hatte irgendwie immer irgendwelche Summen ausgehandelt, die uns exorbitant erschienen, aber aufgrund der fehlenden Erfahrung auch Peanuts sein konnten. Wenn ein Riesenkonzern in einer Panikattacke 2000 Mark raustat, dann waren wir gut im Schnitt.

Der erste richtige Kontrakt stand bevor. Es sollte ein Sponsoringvertrag über vier Jahre sein. Von Atlanta 1996 bis Sydney 2000. Ich saß mit meinem Vater bei Verhandlungen, und wir hatten mal wieder nur halb soviel Ahnung, wie wir raushängen ließen. Wie viel musste ich bekommen, wie viel war ich wert? Fragen, die uns ein erfahrener Manager hätte beantworten können. Uns wurde das Belegexemplar eines früheren Vertrages der Firma vorgelegt. Was mich eigentlich interessierte, war nur die Tatsache, ob ich gerecht behandelt und nicht übers Ohr gehauen würde. Dieser alte Vertrag war mit einem Olympiasieger einer nicht ganz so populären Sportart abgeschlossen worden und war an den interessanten Stellen leider geschwärzt. Die Summen sollten ein Geheimnis bleiben. Ihr Angebot erschien uns durchaus akzeptabel. Geschickt ließ ich das Licht so auf den Vertrag reflektieren, dass sich die Schwärzung der Zahlen aufhellte und der Eindruck der Tinte auf dem Papier stärker war als die schwarze Farbe. Der Olympiasieger hatte damals exakt die Summe erhalten, wie sie uns nun angeboten wurde. Es war alles geritzt. Ich sollte soviel bekommen wie ein Olympiasieger. Ich stimmte zu. Dieser Olympiasieg lag allerdings zwölf Jahre zurück, und der wertmindernde Einwand fiel mir erst auf, nachdem ich den Vertrag unterschrieben hatte. Ich hatte mich zu billig verkauft.

Busemann und Busemann tüteten den nächsten von Bernie auf den Weg gebrachten Vertrag ein. Die Summe musste noch verhandelt werden. Diesmal waren es direkte Gespräche mit einem Automobilhersteller, nicht mit einer Agentur. Das Angebot kam uns bekannt vor, das zur Verfügung gestellte Auto ebenfalls. Es war der gleiche Vertrag, der mir ein Jahr zuvor als Juniorsportler angeboten worden war. Es gab nur den kleinen, nicht zu unterschätzenden Unterschied, dass ich mit meinem Erfolg bei den Olympischen Spielen der Juniorenklasse etwas entwachsen war. Egal, Opel war eine vorzügliche Adresse und eine gute Gelegenheit, dieses Segment abzudecken.

Auch bei der Wahl des Autos ließen wir uns nichts vormachen. Mit einem kleinen Corsa brauchten die uns gar nicht zu kommen, ein Kombi sollte es sein, wegen der zu transportierenden Stabhochsprungstäbe und der schweren Zehnkampfausrüstung. Insgeheim hoffte ich auf einen Astra Kombi, das wäre perfekt gewesen. Daraus wurde nichts. Sie boten mir ein Automobil der Superlative an. Für die Dauer der Zusammenarbeit wurde mir ein Opel Omega zur Verfügung gestellt. Ich traute meinen Ohren nicht. Und bis der Diesel lieferbar war, sollte ich als Übergangsfahrzeug einen MV6 fahren.

Ich wusste zwar nicht, was das für eine Karre war, aber es war ja auch egal, demnächst sollte ich den Omega bekommen, da ließe sich diese restliche Zeit auch mit einem VM6 oder MW-irgendwas verbringen. Mit diesem Gefährt vervierfachte ich die zu bändigende PS-Zahl, unter der Haube schlummerten 210 Pferdestärken, und mir wurde jetzt auch klar, dass MV6 der Luxusschlitten der Modellreihe war. Ich, der stolz darauf war, im ersten Jahr des Führerscheinbesitzes nie schneller als 128 Stundenkilometer gefahren zu sein, ich, der ungläubig auf die Tachonadel starrte, als ich den Wagen eines Freundes auf 200 Sachen brachte, ich, der bis dahin einen Fiat Panda mit 34 PS und Choke und einen Seat Ibiza von meinen Eltern fahren durfte, ich bekam auf einmal eine Schleuder, die fuhr, wie es die Werbung versprach: wie auf Schienen.

Unterdessen bekamen wir Post von meinem ersten so genannten Manager, der 50.000-Schweizer-Franken-Typ. Er forderte die Provisionen für die nun unterzeichneten Verträge. Er hatte gelesen, dass ich mit Kettler und Opel zusammenarbeitete, und er meinte, ihm stünde nun sein Anteil zu. Konnte er haben, dachten wir. Bekam er ja auch: nämlich nichts! Er hätte mir vor zwei Jahren schon eröffnet, dass ich ein Riesentalent sei, er hätte mich entdeckt. Und jetzt wollte er seinen gerechten Lohn. Es war lächerlich. Dass ich talentiert war, zeigte schon der Blick in alte Ergebnislisten, dass er mich entdeckt hätte, konnte ich ihm nicht so ganz abnehmen, da mir als Entdecker und

Förderer eigentlich nur meine Eltern einfielen und da war er zwanzig Jahre zu spät gekommen. Der Erfolg in Atlanta war ganz alleine auf dem Mist meiner Eltern, mir und einigen wenigen Freunden und Mentoren gewachsen, die kaum alle aufgezählt werden konnten. All diesen Unterstützern war ich zu tiefstem Dank verpflichtet, bei diesem Herrn konnte mir allenfalls seine Unverfrorenheit imponieren. Bernie hatte uns geholfen, und dafür fühlten wir uns verpflichtet, aus diesen Verträgen an seine Witwe und seine Mitarbeiterin Provisionen zu überweisen. Aber diesem Fax-Schreiberling? Niemals!

Mein neues MV6-Geschoss wurde für mich das Mittel zu mehr Freizeit. Je schneller ich fuhr, desto mehr Zeit hatte ich für mich. Geschwindigkeiten von über 200 Stundenkilometer waren für mich plötzlich normal, und immer wenn es die Straßen zuließen, gab ich Stoff. Ich erkannte mich nicht mehr wieder. Je schneller ich fuhr, desto mehr Zeit hatte ich für mich.

Mit der Pünktlichkeit hatte ich ohnehin nie Probleme, aber diese Rakete bewahrte mich vor der Peinlichkeit des Zu-spät-Kommens bei einem ganz wichtigen Termin - der Wecker funktionierte nicht. Auf der Autobahn holte ich die verschlafene Zeit heraus. Bundespräsident Roman Herzog und Bundeskanzler Helmut Kohl hatten zur Verleihung des Silbernen Lorbeerblattes auf den Petersberg geladen und ich verpennte einfach. Der MV6 rettete mich.

Aber meistens wurde das Auto zu einem Ort der Ruhe. Wenn ich fuhr, war ich nicht erreichbar. Ich hatte meine Ruhe, es gab nur mich und das Radio. So sehr ich früher lange Autofahrten hasste, umso schöner fand ich sie nun. Sie waren eine Zeit der Besinnung und Konzentration auf mich und mein Leben.

Ich entwickelte zu dem Auto eine Beziehung wie ein Camper. Es war mehr als ein Fortbewegungsmittel, vielmehr war es für viele Stunden im Monat mein Zuhause. Ich fuhr bis zu 60.000 Kilometer im Jahr. Ich hastete mit diesem Auto von Termin zu Termin. Ich durchlebte das Leben eines Workaholics. Ein bald 22-jähriger Leichtathlet, der einen Moment des Glücks erleben durfte, den er erst Monate danach richtig deuten und verstehen konnte. Wenn ich zu Hause war, genoss ich die Stille. Ich liebte es, einfach da zu liegen und nichts zu tun. Nichts. Keine Musik, keine Bücher, kein Fernseher, keine Menschen. Nur ich und nichts. Es war eine Ruhe, die mehr Wert hatte, als ich früher glaubte. Ich lernte das Nichtstun zu genießen. Manchmal glotzte ich nur vor mich hin und versuchte zu realisieren, was es hieß, Olympiazweiter zu sein. Wie groß das war. Die freien Wochenenden waren das totale Glück, wenn ich sie mit meiner Freundin herrlich verlottert verbringen konnten. Wir schliefen, bis uns der Tag weckte, danach frühstückten wir im Bett und schliefen weiter. Danach schauten wir ein wenig fern, um nach einer Pizza im Bett wieder in die Nachtruhe zu dürfen.

Es waren Momente der Erholung und des Glücks. Katrins Adresse hatten wir geheim gehalten, um wenigstens eine Fluchtburg zu bewahren. Hier störte uns niemand. Keine Journalisten, keine Anrufer, keine Paparazzi. Versteckte Fotografen hätten sich sowieso nicht für uns auf die Lauer gelegt. Was hätten die schon erspähen können? Wir waren eben extrem langweilig, ich hatte keine Skandale, versuchte nichts zu verbergen, und wir besaßen nichts, was andere nicht auch hatten. Man konnte oder wollte mir keine unwahren Geschichten andichten. Es machte keinen Sinn, irgendwelchen Quatsch zu erfinden - ich ging fair mit den Journalisten um, sie gingen fair mit mir um. Ich versuchte immer, niemandem absichtlich weh zu tun und alle gleich zu behandeln.

Mit den Machenschaften und dem wahren Gesicht mancher Journalisten wurde ich bei der Wahl zum „Sportler des Jahres" konfrontiert. Meine Freundin und ich waren zu der zum fünfzigsten Mal ausgetragenen Wahl eingeladen und wir freuten uns auf einen Abend, der etwas ruhiger werden sollte als all die anderen Termine im Vorfeld. Mich sah ich bei dieser Veranstaltung nur als Mitläufer. Mit all den Olympiasiegern, Weltmeistern und Weltrekordlern konnte ich nicht konkurrieren. Alles easy also. Doch weit gefehlt. Alle Journalisten schienen nur auf uns gewartet zu haben. Es war so unwirklich. Es erinnerte mich wieder an die Rangeleien und das Geschubse kurz nach dem Wettkampf in Atlanta. Jetzt wurde ich mit Fragen bedacht wie „Herzlichen Glückwunsch, Herr Busemann, Sie haben gewonnen, haben Sie damit gerechnet?" Was für eine Frage? Woher wollten die eigentlich wissen, dass ich diese Wahl gewonnen hatte? War das nicht die Spannung und das Geheimnis des Abends, dass noch niemand wissen durfte, wer der König war?

Plötzlich tauchte der Diskuswerfer Lars Riedel auf. Olympiasieger und dreimaliger Weltmeister. Ich hörte die erste Frage eines Journalisten: „Herzlichen Glückwunsch Herr Riedel, Sie haben gewonnen, haben Sie damit gerechnet?" Ach, so lief das hier. Die fingen die O-Töne schon vor der Entscheidung ein. Ich war froh, dass ich die Frage ausweichend beantwortet hatte. Immer wieder behaupteten Journalisten, nur ich könnte gewinnen. Wer solle mich schlagen? War ihre Meinung. Alle Olympiasieger! War meine Meinung. Ich war doch froh, dass ich überhaupt eingeladen worden war. Wir gingen zum Festsaal und nahmen Platz. Das Showprogramm hatte kaum begonnen, da wurde ich von einer Mitarbeiterin des Fernsehens angesprochen. Ich solle bitte mal mitkommen. Hinter der Bühne standen schon Jens Weißflog und Lars Riedel und wurden verkabelt. Aber was machte ich dann hier? Ich begann zu hoffen. Ich merkte, dass wir drei wohl die Auserwählten seien, unter denen die ersten drei Plätze ausgeknobelt wurden. Ich war also schon Dritter! Nach und nach wurden wir auf die Bühne geholt. Nach kurzem Talk dann die Entscheidung. Unsere drei Namen wurden groß an die Wand projiziert.

Nun begannen die farbigen Balken hinter den Namen zu wachsen. Die Stimmen von Weißflog und Riedel entwickelten sich rasend schnell, mein Balken bewegte sich ziemlich undynamisch. Na ja, das wäre auch ein wenig zu viel des Guten gewesen, wenn... auf einmal blieben die Balken der beiden anderen stehen und meine Stimmen gaben Gas. Was war das für eine Finte? Plötzlich lag ich vorne. Ich hatte gewonnen! Ich ballte die Fäuste, juchzte vor Freude und konnte mein Glück nicht fassen. Ich sollte in diesem Jahr 1996 der beste Sportler in ganz Deutschland sein?! Wie war das nur möglich? Ich hatte gewonnen. Ich nahm den Glückwunsch Riedels und die besten Wünsche Weißflogs entgegen. Ich hatte gewonnen. Ich war der „Sportler des Jahres"! Welch eine Auszeichnung. Was war jetzt mehr wert? Die Silbermedaille oder dieser Titel? Wohl nicht zu vergleichen, aber beides unvorstellbar. Nachher gewann ich auch noch die Zuschauerwahl. Ich stand im Ansehen der Journalisten und im Ansehen der Zuschauer ganz oben. Womit hatte ich das verdient? Es war schön. Wahnsinnig schön. Doch dann begann das Schaulaufen. Pressekonferenz, Interviews, Fotos, Smalltalk, das volle Programm.

Der vermeintlich ruhige Abend mutierte zum Marathon. Ich war so euphorisch und konnte mein Glück nicht fassen. Nach vier langen Stunden flüchteten wir mit Hilfe einer Ortskundigen durch die Küche in die Freiheit. Ich konnte nicht mehr. Ich war fix und fertig. Schwer bepackt mit diversen Geschenken und Preisen machten wir uns durch den Geheimweg Richtung Hotelzimmer auf. Auf all das war ich nicht vorbereitet gewesen. Ich wusste gar nicht, wie ich die beiden fast zehn Kilogramm schweren Trophäen für den „Sportler des Jahres" und den Publikumspreis nach Hause bringen sollte. Zudem hatte ich noch ein Bild, ein paar Tüten und einen Blumenstrauß in der Hand. Ich stolperte von einem Superlativ in den nächsten. Erfolgstrunken und immer wieder von neuem überrascht setzte sich mein Märchen fort. Wie lange noch?

Kurze Zeit später wurde ich zu der von RTL initiierten Wahl zum „Goldenen Löwen" eingeladen. Dieses Ereignis sollte so etwas wie die deutsche Oscarverleihung darstellen. Als ich im Hotel ankam und meine Eintrittskarte sah, wurde mir ganz flau im Magen. Reihe 1, Sitz 1! Jetzt wusste ich ja, wie es um meine Chancen bei Wahlen bestellt war. Ich war der beste Sportler des Jahres 1996 und war bereit für die nächste Auszeichnung. Und der Sitzplatz sagte doch alles. Schön postiert, gut sichtbar für die Kameras, fertig zum Jubeln. Ich war aufgeregt. Zum vereinbarten Zeitpunkt ging ich in die Hotellobby.

Mir wurde ein gewisses Ehepaar Klöppel vorgestellt und ich dachte, die würden mich nun in die Halle chauffieren. Zum Glück begann ich kein Gespräch, bei dem herausgekommen wäre, wer dieses nette Paar war. Woher sollte ich denn wissen, dass Herr Klöppel nachher einen Preis gewann und als bester Nachrichtensprecher ausgezeichnet wurde? Wir hatten zu Hause nur drei Programme und RTL war so schlecht zu empfangen, dass man besser Radio hörte. Als ich über den roten Teppich marschierte, war der Aufruhr bei weitem nicht so schlimm wie bei meiner Wahl zum Sportler des Jahres. Wie auch. Dort war ich bei einer Sportlerveranstaltung, in der es nur um Athleten ging, und hier war ich mit dem Boxer Henry Maske als einziger in der Kategorie „Bester Live-Act" nominiert. Katrin konnte dieses Mal leider nicht mitkommen. Ich war nur ein halber Mensch ohne sie und wusste nichts mit mir anzufangen. Ich wurde auch nicht wie sonst sofort bestürmt, dafür war ich ein zu kleines Licht. Nun musste ich selbst versuchen, so auszusehen, als habe ich die Lage voll im Griff. Aber auch wenn meine Freundin dabei war, konnte ich mich nicht so um sie kümmern, wie sie es verdient hätte, da ich mich immer nur auf eine Sache konzentrieren konnte. Ich war eben so mit mir und meiner Umwelt beschäftigt, dass sie immer zu kurz kam. Internen Beziehungszwist konnte man nachher aus der Welt schaffen, falsche Eindrücke aus einem Smalltalk blieben sicher lange erhalten. Ich hatte Angst, Leuten auf den Schlips zu treten, vielleicht gab ich mir etwas zu viel Mühe, es allen Leuten recht zu machen. Hier die übertriebene Aufmerksamkeit für meine Umwelt, dort meine einsame Freundin. Das hatte sie wirklich nicht verdient.

    Ich, der „Live-Act", scharwenzelte also allein umher und versuchte irgendwie, angesprochen zu werden. Doch leider verging die Zeit ohne Gespräch. Dann suchte ich meinen Platz. Reihe 1, Platz 1, direkt an der Tür, direkt in der Ecke. Das war doch kein gutes Zeichen. Dort saßen normalerweise nur die Statisten von der Produktionsfirma, die bei Nichterscheinen von Gästen ein ausverkauftes Haus vorgaukeln sollten. Super. Der Platz war so mies, dass ich der Veranstaltung nur akustisch folgen konnte, da vor mir eine große Kamera aufgebaut war. Ich sah nahezu nichts. RTL hatte live vor Ort genau den gleichen Empfang wie zu Hause im Fernsehen. Er tendierte gegen Null und beschränkte sich auf den Ton. Henry Maske saß auf dem Platz, der schön postiert, gut sichtbar für die Kameras war und wo das Jubeln gut eingefangen werden konnte. Ich ärgerte mich, denn ich hatte wirklich geglaubt, hier eine Chance zu haben. Gegen einen Boxer, der von dem ausrichtenden Sender gesponsert wurde und immer über die volle Rundendistanz ging und somit immer genügend Werbeunterbrechungen zuließ. Ich war so blöd. Aber es holte mich wieder ein wenig in die Realität zurück. Danke, RTL.

    Doch trotz dieses Dämpfers zeichnete sich ab, dass mein Leben weiter auf höheren Drehzahlen ablief. Auch nach Monaten kehrte nicht die Ruhe der Vergangenheit ein. Ich tingelte nach wie vor unermüdlich und ging unwissentlich an meine Substanz. Ich zehrte mich und mein Potenzial auf, ohne es zu merken. Mittlerweile ging ich in Talkshows und verspürte nur noch selten Lampenfieber. Ich setzte mich vor die Kamera und war es Leid, aufgeregt zu sein und Angst zu haben. Ich freute mich auf die Termine in der Öffentlichkeit. Ich liebte es, über meine Erfahrungen zu philosophieren, und ich empfand nur noch leichtes Kribbeln, wenn das rote Licht der Lampe anging und ich erzählte. Ob bei Harald Schmidt, ob im Aktuellen Sportstudio, ob bei Günther Jauch oder bei Reinhold Beckmann. Ob bei einer Versicherung, ob bei einem Betriebsfest oder eine Tankstelleneinweihung, die Leute freuten sich und klatschten. Jetzt ging das rote Licht an und ich fühlte mich wohl. Der Erfolg hatte mich sicherer gemacht. Ich konnte jetzt öfter machen, was ich wollte. Es musste nicht mehr das „Lighthouse" sein, ich musste nicht mehr die ganze Nacht durchmachen, um „in" zu sein. Ich brauchte weder coole CDs noch coole Klamotten. Ich hatte alles, was man brauchte, um glücklich zu sein.

Mein Vater konnte die Anfragen kaum noch bewältigen. Da er mir jetzt sehr viel half, wollte er seine Lehrerstelle zur Hälfte zurückfahren. Doch den Verdienstausfall durfte ich nicht übernehmen. Das Beamtengesetz verbot ihm einen Nebenverdienst. Er machte eine halbe Stelle für einen arbeitslosen Lehrer frei und konnte sich den Lebensunterhalt nicht durch eine Tätigkeit verdienen, mit der er keinem anderen Geld oder Arbeit wegnahm. Erst durch die persönliche Erlaubnis der Landesministerin durfte ich seine Arbeit entlohnen. Nun arbeitete er offiziell für mich, und das war gut so. Inzwischen hatte er sogar Spaß an seiner Managertätigkeit entwickelt. Dafür zahlte ich ihm ein monatliches Honorar, und es war eine Beziehung, die in ihrer Konstellation beruhigend war. „Geld zerstört die Freundschaft" galt in unserer Partnerschaft nicht, vielmehr schweißten die neuen Anforderungen die Familie noch mehr zusammen. Wir konnten uns bedingungslos vertrauen. Mittlerweile schon über 21 Jahre.

In den Interviews und in meinen Gedanken bildete sich ein neues Ziel heraus. Ich wollte der erste 9000-Punkte-Mann der Welt sein. Wer sonst? O´Brien hatte es schon oft probiert, Dvorak war schlechter als ich, Fritz war zu alt, Nool hatte mit dem Diskus Probleme, und die anderen waren keine Bedrohung. Ich musste mich nur beeilen. Irgendwann würde ein anderer kommen und mir diesen Traum wegschnappen. Irgendwann der Beste sollte ich schon werden. Mein Potenzial schien unbegrenzt, und die 9000 Punkte waren nur eine Frage der Zeit. Da musste man schnell sein. Und ich wollte schnell sein. Es war meine Mission. Ich wollte der Erste sein. Das Ziel war fokussiert. Das Wettrennen begann.

Kapitel 8 – 1997

London, Kapstadt und zurück

Anfang 1997 geschah es. Zum ersten Mal wurde in der Zeitung über mich hergezogen. Die Macht der Presse war größer als jede Wahrheit. Auch Jahre danach bewahre ich diesen Artikel aus der „Zeit" in meiner Schreibtischschublade auf, um mir immer wieder zu verdeutlichen, zu welch erstaunlichen Interpretationen überaus distanzierte Journalisten fähig sind. Ich verlange keine Beschönigung meiner Person, erst recht will ich nicht als Held stilisiert werden. Wenn ich Mist gemacht hatte, konnte das auch geschrieben werden. Dies hätte ich auch dem Journalisten zugestanden, der einen Bericht über meine Person verfasst hatte, in dem ich mich nicht wieder erkannte. Wäre ich ein Abzocker, der das Geld mehr liebt als seinen Sport und der den Leuten etwas vorgaukelt, dann hätte er Recht gehabt. Er hatte aber nicht Recht. Er stellte mich und meinen Charakter in einer absolut falschen Art dar. Mit diesem kleinen, unscheinbaren Artikel wollte ich mir immer vor Augen halten, dass ich einen Menschen, den ich nicht kenne, nicht beurteilen und erst recht nicht verurteilen darf.

Helden

Atlanta, war das was? Nach dem Spiel ist vor dem Spiel. Was Sepp Herberger einst auf den Fußball bezog, gilt auch für Olympia in Atlanta. Abgehakt. Genau genommen sind es nur zwei Männer, die die Erinnerung hochhalten. Frank Busemann der eine, Richard Jewell der andere.

Der deutsche Zehnkämpfer holte in Atlanta überraschend eine Silbermedaille, weswegen der blonde Dortmunder Sparkassenangestellte, Abt. Wertpapiere, über Nacht zum Helden wurde. Der Amerikaner Jewell diente als Wachmann im Olympischen Park. Dann detonierte die Bombe.

Selbstlos half Jewell den Opfern, weswegen er zum Helden wurde. Einen Tag später hieß es, er sei der Täter. Weshalb er über Nacht zum Schurken wurde. Er blieb es viele Wochen lang. Ende Oktober wurde Jewell rehabilitiert. Die böse über ihn sprachen, müssen nun zahlen. Aber wird er damit wieder ein Held?

Frank Busemann lächelte sich währenddessen durch die Talk-Shows im deutschen Fernsehen. Bei seinem letzten Interview des Jahres 1996 überraschte er allerdings mit einem Geständnis. Ja, auch er habe für sich Telekom-Aktien geordert, diese jedoch am ersten Tag nach Börsengang schnell veräußert. Frank Busemann lachte diebisch. Und für einen Moment sah es so aus, als hätte auch er die knapp drei Wochen von Atlanta längst vergessen.

Gut, ich verdiente jetzt Geld, sogar eine ganze Menge davon. Die 1.000 Mark Gewinn aus dem Telekomdeal waren vergleichsweise läppisch. Kurz vorher hatte ich mit Optionsscheinen aus 15.000 Mark Einsatz mehr als 100.000 Mark gemacht. Dazu noch steuerfrei, da ich die Spekulationsfrist eingehalten hatte. Aber das war seit Jahren mein Hobby und meine Passion und nicht das arrogante Getue eines Neureichen. Was konnte ich dafür, wenn ich mit meinem Sport plötzlich auch noch Geld verdiente? Als ich mit sieben bei Schalke 04 durchs Stadion flitzte, war ich bestimmt nicht auf dem Weg zu meiner ersten Million.

Mir fiel alles so leicht. Gute Leistungen, Aktienhandel, PR-Termine und und und. Ich war ein richtiger Selfmade-Mann. Ich hatte Erfolg, ich machte Geld und ich war sexy. Ein bisschen mehr als sonst. Mein Selbstwertgefühl steigerte sich. Ich war nicht mehr der Bubi, der sich nicht in die Disco traute. Jetzt war ich Frank Busemann, der sich nicht in die Disco traute. Aber ich hatte nicht mehr so das Gefühl, dass ich etwas sein musste und wollte, was ich gar nicht war. Ich konnte gern auf dieses Spiel und dieses blöde Rumstehen im Zigarettenqualm verzichten. Ich musste mich nicht besser machen als ich war, und ich genoss es, unerkannt zu bleiben. Ich hatte alles erreicht, was ich mir bis zu diesem Moment vorstellen konnte, sollten sich die anderen doch abrackern und auch Erfolg haben. Ich lernte sogar, ihnen ihren Triumph zu gönnen. Meinen konnten sie mir nicht wegnehmen und ich war glücklich. Ich hatte mir einen Superlativ geschaffen, auf den ich unendlich stolz sein konnte.

Mein Vater und ich waren nicht untätig und wir hatten das Glück, dass wir keine Klinken putzen mussten. Die Unternehmen kamen auf uns zu. Ein potenzieller Sponsor traute sich sogar gar nicht, mich zu kontaktieren, da in der Zeitung verbreitet wurde, dass ich genügend Geldgeber gefunden hatte. Auch hier versprach die Presse mehr, als die Realität hielt. Der neue Partner wurde dann ein Sponsor von insgesamt sieben. All diese Verträge wasserfest zu machen, verlangte meinem Vater einiges ab. Zum einen mussten wir mit der

Aufgabe wachsen, zum anderen durften wir uns nicht über den Tisch ziehen lassen. Es standen noch diverse andere Gespräche an, und mein Vater, der Trainer, Freund und Manager in Personalunion war, merkte recht schnell, dass alle anderen auch nur mit Wasser kochten. In den Vertragsverhandlungen, denen ich nur selten beiwohnte, musste er oft eine erstaunliche Raffinesse bewiesen haben. Wenn er mir davon erzählte, war ich hellauf begeistert. Nachdem man sich auf Summen und Inhalte geeinigt hatte, setzten die Sponsoren die Verträge auf, die uns zur Kontrolle und Gegenzeichnung einige Tage später zugeschickt wurden. Der Präsident meines Dortmunder Vereins hatte uns qualifizierte Hilfe angeboten, damit juristisch alles abgesichert war. Wir faxten die Schriftstücke umgehend zu seinem Anwalt, der sie in kürzester Zeit kontrollierte, verbesserte und zurückschickte. In meist weniger als zwei Stunden bekamen die Unternehmen den zu verhandelnden Vertrag zurück. Hieb- und stichfest. So arbeitet halt ein großes, etabliertes Familienunternehmen mit der Rechtsabteilung im Haus.

Es war immens, was jetzt plötzlich alles zu beachten war. Jetzt mussten wir sogar meinen Namen schützen. „Busemann" und „Frank Busemann" wurden nun zu Marken, die von niemand anderem mehr gewerblich genutzt werden durften. Wir waren so raffiniert. Das kostete mich zwar für vierzig zu schützende Kategorien rund 17.000 Mark, aber was waren 17 Riesen gegen die Abwehr der Gefahr, dass ich unter Umständen mit meinem eigenen Namen keine Werbung machen durfte, wenn ein anderer schnell und skrupellos gewesen wäre? Jetzt war ich gegen alle Eventualitäten abgesichert. Jetzt kümmerten wir uns um die Steueroptimierung. Ein Berater, der uns von einem Sponsoren vermittelt wurde, kam im Firmenjet vorbeigedüst und zog unverrichteter Dinge schnell wieder ab, als wir ihm erzählten, auf welcher Höhe sich die Einnahmen schätzungsweise einpendeln sollten. In diesen kleinen Preisklassen habe er keine Ahnung. Er sei auf Wohnortverlegung nach Monaco spezialisiert, und bei diesem Einkommen würde er davon abraten. Ich wollte noch nie nach Monaco. Also zum nächsten Steuerberater. Der änderte ziemlich schnell seine Taktik. Zuerst schlug er vor, die eine oder andere Einnahme zu verschleiern, dann riet er uns doch zur Ehrlichkeit. Wir waren nicht groß genug für große Tricks. Letztlich fanden wir dann doch einen Steuerberater, der zu uns und unseren Einnahmen passte. Ganz legal und normal.

Die ersten Fotoaufnahmen für Plakate und andere Zwecke waren terminiert. Ich kam morgens um acht Uhr in einem Fotostudio an, wo gerade damit begonnen wurde, die Geräte zu polieren und zu postieren. Ich wurde geschminkt und saß danach zwei Stunden erwartungsvoll herum, bis ich nach der ersten Kaffeepause zu meinem Einsatz kam. Das hätte vielleicht ein bisschen besser koordiniert werden können. Ich war schon ein wenig angesäuert. Gegen Zehn ging es dann tatsächlich endlich los und ich strahlte angeblitzt um die Wette. Ich konnte auf Kommando grinsen, als wäre ich das Dauermodel der Zahnpastawerbung. Kamera aus und gute Laune bewahren. Ich versuchte, mir die schlechte Laune nicht anmerken zu lassen und hatte mich durch meine Späße selbst anstecken lassen. Die Stimmung hellte sich auf und ich grinste eine Aufnahme nach der anderen. Wie solche Produktionen abliefen, wusste ich ja jetzt. Vor zwei Jahren mimte ich schon mal einen Banker, der im Anzug und mit Aktenkoffer über eine Hürde sprang. Nach einer Stunde Polaroidaufnahmen wähnte ich mich am Ende, da sagte der Fotograf, dass wir nun beginnen könnten. Das waren nur Probeaufnahmen für das Licht. Jetzt wusste ich um die Verfahrensweise und die langwierige Prozedur der Werbefotografie. Dafür bekam ich allerdings auch Gagen mit ein paar Nullen mehr und ich wurde als Frank Busemann und nicht mehr als irgendein Hürdenläufer abgelichtet. Vor meinem ersten Termin als Silbermedaillengewinner konnte ich somit schon auf ein bisschen Erfahrung zurückgreifen. Nach drei Stunden war ich ein wenig geschlaucht und hoffte allmählich auf das Ende. Aber es dauerte und dauerte. Ich versuchte, das Ganze mit viel Professionalität zu ertragen und dachte nur, dass ich ein gutes Bild abgeben müsse. Nach sechs Stunden und über fünfhundert Fotos spürte ich so langsam, dass ich an meine Grenzen ging. Doch ich hielt durch. Obwohl die Anweisungen manchmal nervten. Ich sollte die Arme beim Laufen höher mitnehmen, ich sollte die Finger nicht so abspreizen, ich sollte die Knie beim Joggen höher reißen. Die hatten ja überhaupt keine Ahnung, wie sollte das denn gehen? Ich sah aus wie Hein Bollow auf ‚Oktoberpflaume'. Pinn im Hintern oder Hexenschuss. Als hätte ich noch nie Sport gemacht. Nach sieben Stunden konnte ich trotz größter Bemühungen kaum noch lachen. Doch ich gab alles. Die machten ihren Job, ich machte meinen. Dafür wurde ich bezahlt. Ich musste durchhalten. An Training war an diesem Tag sowieso nicht mehr zu denken. Nicht nur, dass ich zu spät gekommen wäre. Nach dem ganzen Tag statischer Grinserei hätte ich mich nicht mehr sportlich betätigen können.

 Nach adidas, der Sparkasse, Kettler, Opel und Spinnrad hatte mein Vater einen ganz besonderen Bewerber aufgetan. Ich klopfte an das Tor zum Werbeolymp. Ich sollte in einem Fernsehspot das Mobilfunkunternehmen E-Plus vorstellen. Wir wussten lange nicht, ob das Geschäft klappt, und über den finanziellen Gegenwert wussten wir überhaupt nichts. Ganz nebenbei fragte er eine andere Agentur nach den üblichen Konditionen für einen solchen TV-Spot. Irgendetwas im sechsstelligen Bereich war die Antwort. Wow!

 Ich schwang mich in die nächste Dimension. Der Termin für die Aufnahmen wurde so schnell gelegt, wie die Verhandlungen sich in die Länge gezogen hatten. In wenigen Tagen war das Ziel Südafrika. Der Film sollte in München im Olympiastadion spielen und ich philosophierte über Momente im Leben, in denen man keine Telefonate annehmen konnte. Und dafür flog ich nach Südafrika. Das Dach des Stadions musste nachträglich hineinkopiert werden. Das Wetter war auf der anderen Seite der Weltkugel zu der Jahreszeit etwas beständiger, zudem fielen die Produktionskosten mit einem vor Ort gemieteten Team geringer aus.

Nachdem ich von E-Plus in Hannover auf der Cebit-Messe als neuer Partner vorgestellt worden war, setzte ich mich Sonntagnachmittag in einen Flieger, der mich nach London bringen sollte. Dort wartete ich auf meinen Flug nach Kapstadt. Ziemlich verrückt. Ich sollte für einen Tag diese weite Strecke fliegen, um die Hauptperson in einem TV-Spot zu werden, der einige Monate in ganz Deutschland ausgestrahlt werden sollte. Produktionsort Kapstadt, Schauplatz München. Die Neugierde auf die Dinge, die da kommen sollten, ließ mich alle Ängste vor dem Ungewissen vergessen. Ich war immerzu verwirrt, fühlte mich aber auch extrem wichtig. Ich war in Sachen Werbung unterwegs, Big Business, ich hatte seit einem Tag ein Mobiltelefon, und ich flog in einem Jumbo nach Südafrika. Das Kürzel für die gebuchte Klasse auf dem Flug über den Äquator kam mir noch unbekannter vor als der Schauspieler Busemann. Es war ein Kürzel, welches auf keinen Fall für „Economy" stehen konnte. Vielleicht war es ja sogar „Business", aber konnte das ...- der Blick auf das Flugzeug ließ mich hoffen. Mein Traum war es schon immer gewesen, in einer Boeing 747 oben in der Kuppel zu sitzen. Ich konnte den Einstieg nicht abwarten. Die Hoffnung und der Wunsch auf das Unmögliche ließen mich ganz unruhig werden. Die Türen öffneten sich und ich machte mich auf in Richtung Flugzeug. Am Eingang fragte ich den Steward nach meinem Sitz. Er zeigte mir die Richtung und sagte irgendetwas schwer Verständliches, was sich wie „Upstairs" anhörte.

Aufwärts! Das konnte nicht sein, ich musste mich verhört haben. Ich ging zu den Stufen und erkundigte mich bei einer Stewardess, wo es langginge. Sie zeigte die Stufen hinauf und wünschte mir einen guten Flug. In letzter Zeit wurde schon eine Menge Geschiss um mich gemacht, aber rechtfertigte ein zweiter Platz bei Olympischen Spielen eine Reisekategorie der Extraklasse? Offensichtlich! Die Stewardess in der Kuppel des Riesenvogels zeigte mir meinem Platz! Das musste die „First-Class" sein, oder wie sollte ich mir den Luxus erklären? Zwölf Plätze gab es hier oben, und wir wurden von drei Flugbegleitern bedient. Ich hatte es geschafft. Ich saß auf dem Sitzplatz meiner Träume. Mann, musste ich wichtig sein. Wir flogen zwar über Nacht, aber ich wollte überhaupt nicht schlafen. Ich musste jede Sekunde genießen. Ich saß in einem Flugzeug und vergaß meine Angst.

Nach zehn Stunden landeten wir in Kapstadt und eine Fahrerin holte mich ab, um mich zum Set zu bringen. Meine Aufnahmen waren erst für den nächsten Tag, Dienstag, anberaumt. Aber die Crew war schon bei der Arbeit, sie brachte gerade die letzten Sekunden eines anderen Spots in den Kasten. Die Schauspielerinnen, welche eine Girl-Band mimten, versprühten eine unglaublich gute Laune, solange die Musik vom Band spielte. Kam das Cut des Regisseurs, wurde auch die gute Laune ausgeknipst. Erstaunlich, dass manche nur einen Knopf umlegen mussten, um je nach Anweisung zu lachen oder zu weinen. Aber bei mir war es ja irgendwie ähnlich. Sogar zwanghaft ähnlich. Solange bei mir die Musik spielte und ich in der Öffentlichkeit stand, versprühte ich eine gute Laune, die mir selbst oft unheimlich war. Doch wurde die Musik ausgestellt und ich durfte in der ruhigen Umgebung meiner Freundin sein, grinste ich nicht mehr wie ein Honigkuchenpferd. Und es war überhaupt nicht gespielt, wenn ich in der Öffentlichkeit den Gute-Laune-Onkel markierte - mit diesem Phänomen musste ich eben leben. Nur war es bei mir nicht zu steuern, da bei mir die so genannte „Musik" eine Gefühlsregung anzettelte, die ich mir nur so erklären konnte, dass niemand meine schlechte Laune verdient hatte und ich mich also zusammenriss, wenn mir manchmal ganz anders zumute war.

Neugierig wurde nach der Medaille gefragt, ob man sie mal sehen dürfte. Den darauf folgenden Schock der Crew konnte ich nicht nachvollziehen. Ich hatte meine Medaille nicht dabei. Wofür auch? Ich war doch da und ich musste doch was in die Kamera erzählen, nicht die Medaille. Außerdem hatte mir niemand davon erzählt, dass sie so wichtig sei. Also hatte ich sie da gelassen, wo sie hingehörte - zu Hause im Schrank. Ein Mitarbeiter der Agentur wurde in Deutschland noch erreicht und er machte sich so schnell er konnte auf den Weg Richtung Recklinghausen, um das gute Stück mit an das Kap der guten Hoffnung zu bringen.

Was ´ne Hektik für so ein Stück Silber. Mir war sie sehr viel wert, aber nur die Gewissheit, dass ich sie gewonnen hatte. Sie war zwar schön und bestimmt eine unvergessliche Erinnerung, aber was sie so wertvoll machte, war der Platz in meinem Herzen. Und da war sie immer. Ganz gleich, ob sie im dunklen Schrank zu Hause oder im gleißenden Scheinwerferlicht um meinen Hals baumelte, ich musste und wollte sie nicht präsentieren. Damit rückte ich mich immerzu in den Vordergrund und würde den anderen suggerieren: „Hey, guckt mal, was ich für ein toller Hecht bin!". Der Mitarbeiter der Agentur brachte sie mit einem Tag Verspätung zum Dreh in den Süden Afrikas.

Während die Girlie-Band auf Video festgehalten wurde, machte sich ein Fotograf an mir zu schaffen. Die Sonne war schon stark genug und ließ mich blinzeln, aber um eine optimale Ausleuchtung zu erhalten, richtete er auch noch Scheinwerfer auf mich, die mir die Tränen in die Augen trieben. Sie hatten einen Durchmesser von einem halben Meter, waren direkt vor mir aufgebaut und leuchteten meine Gesichtspartie aus. Auf den Fotos muss man durch die Augen bis auf den Hinterkopf gesehen haben. Ich wusste allerdings nicht, wie ich meine Lider aufklappen sollte, ohne augentechnisch zu verbrennen. Wir einigten uns, körperlich und mimisch in Position zu gehen, die Augen zu schließen und sie auf Zuruf für möglichst lange Zeit aufzureißen. So verfuhren wir dann auch, und in den halbsekündlichen Öffnungszeiten schoss der Fotograf die Aufnahmen. Ich war heilfroh, als ich endlich erlöst war.

Nach meiner ersten Nacht auf der Südhalbkugel dieser Erde wurde ich von einem bedeckten „deutschen" Himmel geweckt. Dafür war man also nach Südafrika gehetzt, um einen hundertprozentig blauen Himmel zu haben, der mit seinem Grau jetzt doch eher an trübe Tage zu Hause erinnerte. Wir machten uns auf den Weg Richtung Stadion. Da ich am Abend wieder um 19 Uhr im Flugzeug Richtung Heimat sitzen sollte und musste, bereitete mir die groß angelegte Frühstückszeremonie in einem Zelt auf dem Stadionrasen ein wenig Kummer. Zudem um halb zehn noch niemand Anstalten machte, sich eine Kamera zu schnappen. Bekäme ich mein Flugzeug nicht, würde ich hier noch weiter festsitzen. Es war zwar schön hier, ich hatte aber am nächsten Tag abends mit meiner Freundin einen Besuch in einem Musical geplant und ihr schon vor drei Monaten zu Weihnachten die Karten geschenkt. Ich musste ins Musical, und die frühstückten hier in aller Seelenruhe.

Nachdem endlich alle satt waren und der Himmel plötzlich eine einzig blaue Pracht war, fühlte ich mich wie ein Superstar aus Hollywood. Damit ich mir ja keinen Sonnenbrand holte, stellte man sogar ein Lichtdouble an die Orte, an denen ich danach agieren sollte, um die Positionen optimal auszuleuchten und herzurichten. Sollte der sich doch den Sonnenbrand holen, dachten wohl alle, die geschützt unter Schirmen und unter Sonnenhüten hervorlugten. Was sich danach abspielte, erinnerte mich in seiner Anstrengung an einen Zehnkampf. Ich stellte mich, mit einem Wurfgerät bewaffnet, auf einen drehbaren Teller und verharrte dort für die Dauer der Aufnahmen mit ausgestreckten Armen total regungslos. Die einzige Bewegung wurde von dem Mann an der Fernbedienung erzeugt, der mich links herum und rechts herum drehen ließ. Mir faulten langsam die Arme ab, und die zwei Minuten der Stille kamen mir vor wie Stunden und Tage. Meine emotionale Belastbarkeit wurde von dem Regisseur ein wenig später auf die Probe gestellt. Für die Aufnahmen brauchten sie den Ausdruck der Freude von mir. Ich sollte jubeln, und zwar so laut und imposant und ausdauernd wie noch nie. Nachdem ich eindeutig zu leise war, versicherte mir der Regisseur sein Mitgefühl und merkte an, dass er es gut verstehen könne, dass ich mich total bescheuert dabei fühlte. Er forderte von allen Umstehenden kollektives Brüllen. So stand eine Gruppe von nahezu 25 Menschen auf einem Sportplatz, und alle, die es konnten und in Sichtweite des Regisseurs standen, brüllten völlig sinnlos los - inklusive des Regisseurs. Wir drehten eine Einstellung nach der anderen, und die Abreisezeit rückte näher und näher. Ich verabschiedete mich auf den letzten Drücker vom Set und machte mich ungeduscht auf in Richtung Heimat. Mein so genanntes Lichtdouble war eigentlich Stabhochspringer und übernahm für mich diese Disziplin, da mein Vater darauf bestanden hatte, dass ich keine Aufnahmen in Aktion machen musste - wegen der Verletzungsgefahr. So sprang dieser angeheuerte Ortsansässige noch bis zum Sonnenuntergang, während ich schon der Heimat zuflog.

Nach all den neuen Erfahrungen und Erlebnissen, die ich im Zeitraffer an mir vorbeiziehen sah, gab es ja auch noch die Leichtathletik. Zu Beginn der Sommersaison lief es nicht so rund, wie ich es mir gewünscht hatte. Der Winter war noch atemberaubend gewesen, und mit meinen 7,52 Sekunden über die 60 Meter Hürden hatte ich den Deutschen Rekord der Spezialisten gestreift. Doch irgendwann zahlte mir der Stress der vergangenen Monate alle Gemeinheiten zurück. Prompt an dem Tag, an dem ich erfuhr, dass meine gesamte Familie inklusive Katrin die Reise zu den Weltmeisterschaften nach Athen gebucht hatte, verletzte ich mich. Es war verhext, ich dachte an die Verletzung und ich bekam sie. Konnte man denn so Kopf-gesteuert sein? Mein Gedanke war nur „bloß nicht mehr verletzen und schön für die WM qualifizieren, sonst fahren alle umsonst hin", eine halbe Stunde später war es auch schon passiert. War das die Rache meines übervollen Terminkalenders oder einfach nur Schicksal? Die Frage blieb unbeantwortet. Ich schleppte die Malaisen die gesamte Saison mit mir herum und die Stimmung sank zusehends. Ich hatte 8706 Punkte gemacht und wollte mich noch verbessern, aber es wollte nicht geschmeidig werden. Ich stöhnte allzu oft in die Mikrofone, die sich nach meiner Form erkundigten. Dabei war es zu dem jetzigen Zeitpunkt völlig unbegründet. Mein Anspruch stieg ins Unermessliche und ich gab mich nur noch mit Bestleistungen zufrieden. Ich rechnete mit einem Enthusiasmus Zehnkampfleistungen zusammen, dass die Papierform meinen 9000-Punkte-Traum schon hergab.

Zu Beginn der Saison warf ich den Diskus im Wettkampf sehr weit, so dass ich auf eine kleine Erlösung hoffte. Doch die Bestleistung blieb mir versagt, der Kampfrichter sah den Versuch fälschlicherweise als übergetreten. Als ich ihn von seiner Fehlentscheidung überzeugt hatte, war der Abdruck schon nicht mehr feststellbar. Der nächste Versuch war garantiert nicht so weit, aber er verkündete 46,70 Meter. Ich verstand meinen Knick in der Optik nicht, dachte aber auch nicht weiter drüber nach. Nach dem Wettkampf kam er zu mir und fragte „Und, war doch jetzt Bestleistung, oder?" Stimmt. „Na also, dann stell dich nicht wegen dem einen ungültigen an!" Jetzt war ich noch mehr verwundert.

Er hatte mir eine Leistung „schenken" wollen. Aber was war diese nicht erreichte Weite wert? Nichts! Auf solch eine zweifelhafte Korrektur konnte man sich nichts einbilden. Auch wenn er zu meiner Überraschung plötzlich so weit war wie der ungültige - er war nicht korrekt. Musste ich halt in den nächsten Wettkämpfen weiter werfen. Ich trainierte wie früher, aber die Spritzigkeit wollte einfach nicht kommen. Die Knie taten weh, und dennoch trainierte ich immer weiter. Es musste doch gehen. Es musste der Punkt kommen, an dem es Schnipp machte und die Form war da. Antrainiert und letztendlich abrufbereit. Ich hatte doch auch nichts anderes gemacht als ein Jahr zuvor. Vielleicht war ich kurz vorher verletzt, vielleicht taten meine Knie weh, aber Handicaps dieser Art war ich gewöhnt, ich kämpfte im Training oft gegen den Schmerz an und die Schnelligkeit kam trotzdem mit der Zeit. Na ja, ich hatte in den letzten sieben Monaten ungefähr 150 öffentliche Auftritte hinter mich gebracht.

Gut, ich lebte auch seit sieben Monaten am Belastungslimit, manchmal auch darüber. Aber ich konnte und wollte es nicht wahr haben. Ich war motiviert und trainierte, warum lief es nicht? Ich war ratlos. Plötzlich begann auch noch meine Hüfte zu schmerzen. Ich wusste nicht, womit ich mich mehr bedauern sollte. Es war alles so schwer und die Hüfte wurde nicht besser, und die Knie auch nicht. Wenigstens die Schnelligkeit kam wieder. Doch die Schmerzen behielt ich für mich. Wie meistens. Es war besser für meinen Vater. Er lenkte und leitete das Training in einer Sensibilität, die ich verfluchte. Bei dem kleinsten Anzeichen von Schmerz strich er den letzten Lauf, kürzte er die folgende Serie, verzichtete er auf die Fortsetzung der Übung. Zudem grübelte er danach, was er falsch gemacht habe könnte, warum das Problem überhaupt aufgetreten war. Ich konnte und wollte das nicht akzeptieren.

Alles, was auf dem Trainingsplan stand, wollte ich machen. Wenn ich der Beste sein wollte, dann musste ich alles Geplante abspulen, ohne Rücksicht auf Verluste. Ich hatte nur noch wenig Zeit. Irgendwann sollten die 9000 Punkte fallen, und dann sollte mein Name dahinter stehen. Ich hatte keine Zeit. Ich durfte mich nicht ausruhen. Ich musste auch einfach mal riskieren, dass ein Muskel reißen würde. Schraubte ich aber die Trainingsintensität prophylaktisch zurück, büßte ich jedes Mal Form ein, also machte ich einfach weiter. Wenn es gut ging, hatte ich Zeit und Vorbereitung gewonnen. Um meinen Trainingsehrgeiz durchzuziehen, durfte ich meinen Vater nicht vollständig informieren. Der Wächter des Guten, der Beschützer der Verrückten durfte nicht sensibilisiert werden. Er bremste mich immer wieder in meinem Ehrgeiz und wusste um meinen begnadeten, aber anfälligen Körper. Seit nun schon 22 Jahren.

Trotz all der Panik, die ich spürte und verbreitet hatte, gewann ich den ersten Zehnkampf nach Atlanta mit 8556 Punkten. Das deutsche Zehnkampf-Team hatte auf der Woge des olympischen Erfolges ein neues Meeting ins Leben gerufen, welches ein Pendant zu Götzis sein und alljährlich immer wieder in Ratingen stattfinden sollte. In meiner ganzen Unsicherheit in den Wochen davor hatte ich echte Bedenken, mich für die Weltmeisterschaften qualifizieren zu können. Zu stark schien das nationale Feld zu sein. Fünf Mann, die mehr als 8300 Punkte machen konnten. Doch mit ein paar Schmerztabletten hielt ich die körperlichen Qualen aus, wuchs mal wieder über mich hinaus und gewann souverän.

Später qualifizierte ich mich noch für die U23-Europameisterschaften im finnischen Turku. Ich startete in meiner früheren Spezialdisziplin über 110 Meter Hürden. Es sollte der bitterste Sieg meiner Karriere werden, so dass ich mich nur noch vage an ihn erinnern kann. In der Meldeliste stand ich unter den Top Drei, was für mich bedeutete, dass es um den Sieg ging. Im Vor- und Zwischenlauf ließ ich es locker angehen, um meine Konkurrenz zu verunsichern. Meine schlechte Form verunsicherte mich aber auch. Aber ich war da, um zu gewinnen. Dass dieses eigentlich unmöglich schien, merkte ich nach dem Zwischenlauf anhand meiner Hüftschmerzen. Ich strampelte auf der Bahn herum und es passierte nicht viel. Vor dem Endlauf dachte ich nur: „Keiner schlägt den Kronprinzen!" In den Zeitungen wurde ich mit König, Bi-Ba-Busemann, Schmusemann und Kronprinz betitelt. König war ich noch nicht, aber Kronprinz gefiel mir, das war nicht so protzig. Ich machte mich heiß und ich wollte gewinnen. Ich schoss aus dem Block, dass es meinem Nebenmann die Socken auszog und er sofort aufgab. Ich lag vorne, rettete mich ins Ziel und wurde mit zwei Hundertsteln Vorsprung Europameister. Ich hatte es geschafft, ich hatte die Zähne zusammengebissen, die Hüftschmerzen ignoriert und gewonnen.

Ich gab die ersten Interviews und wurde als Sieger verkündet. Während der Gespräche mit Journalisten bekam ich gar nicht mit, dass ein Protest der Schweden lief. Es war der Läufer, der schon zu Beginn aufgegeben hatte. Es ging um einen Frühstart. Da konnte mir ja nichts passieren, denn ich hatte auf den Schuss reagiert und war extrem gut aus den Blöcken gekommen. Aber der Protest lief tatsächlich gegen meinen Start. Ich war überrascht, winkte aber ab. Ich hatte nichts zu befürchten, da der Starter nicht zurückgeschossen hatte, und die Tatsachenentscheidung war auch in der Leichtathletik ein Grundprinzip des Regelwerkes. Trotzdem wurde ich in den Wagen der Jury beordert und empfangen wie ein Schwerverbrecher. Die Worte „da ist ja der Frühstarter!" ließen Ärger erahnen. Ein Schiedsrichter fragte mich: „Sind Sie absichtlich zu früh gestartet?" „Ich laufe immer erst los, nachdem ich den Schuss gehört habe, und ich habe ihn gehört!", antwortete ich.

Ich war perplex. Die Anschuldigung, dass ich mit einem Regelverstoß gewinnen wollte, schockierte mich. Es wurde mir ein Video vorgespielt, auf dem man nur die acht Läufer sah. Keinen Starter und keinen Pistolenrauch. Der Finne auf Bahn acht und ich lösten als Erste die Hände. Einen Augenblick später folgten die anderen. Das wollten die mir als Fehlstart auslegen. Irgendjemand kam immer als Erster und ein anderer als Letzter raus. Es war absurd. Zumal das Startsignal nicht sichtbar war. Doch die Meinung der Jury war erdrückend. Ich lief mit Tränen in den Augen zu einer Telefonzelle. Mein Vater hatte das ganze Dilemma live mitbekommen, aber jetzt musste ich Katrin von diesem drohenden Desaster erzählen. „Die wollen mir meine Medaille wieder wegnehmen. Ich habe gewonnen, doch sie wollen mir meine Medaille wegnehmen," sagte ich mit tränenerstickter Stimme. Ich war am Ende. Je länger der Lauf her war, je kälter ich wurde, desto mehr schmerzte meine Hüfte. Ich konnte mittlerweile kaum noch gehen. Ich legte auf und ging zurück. Noch war nichts verloren. Dem Protest der Schweden folgte der Gegenprotest der deutschen Delegation. Plötzlich wurde unserem Einspruch stattgegeben. Dann folgte ein erneuter Protest der Belgier und Russen. Es gab einen langen, harten Kampf, der nicht auf der Bahn ausgetragen wurde, sondern in einem kleinen Raum. Der deutsche Funktionär kam zu mir und sagte: „Frank, dem Protest der Schweden wurde jetzt doch stattgegeben, wir konnten nichts machen! Die Grundzüge der Leichtathletik sind gerade verworfen worden. Es tut mir leid!"

Ich war böse, traurig, zornig, fassungslos und hilflos. Ich musste noch mal laufen. Ich musste in die Offensive gehen. Wenn mein Körper ganz erkaltet war, war ich tot. Ich musste den letzten Funken Leben in mir reanimieren und meiner Hüfte keine Zeit zur Ruhe geben. „Der Lauf muss noch heute sein. Beantrage das bitte!" Doch der Lauf war schon auf den nächsten Tag verlegt worden. Der Belgier und der Russe gingen mit einem hämischen Grinsen an mir vorbei und ich wusste nicht mehr, wie ich zum Bus kommen sollte. Ich war fertig. Physisch und psychisch. Ich hatte gewonnen und hatte dann wieder alles verloren. Am Abend saßen wir mit dem Bundestrainer im Hotel zusammen und beratschlagten. Ich wollte nicht mehr laufen. Aus Protest. Das war mein Sieg und ich hatte diese Medaille in einem fairen Wettstreit gewonnen. Aber ich konnte auch gar nicht mehr laufen. Wegen körperlichen Gebrechens. Meine Hüfte ließ keine sportliche Bewegung mehr zu, geschweige denn einen Endlauf. Aber ich musste laufen. Es war mein Gold und die anderen hatten es nicht verdient. Dafür hatten sie mich zu unfair behandelt. Ich musste kämpfen, koste es, was es wolle. Ich wollte mich stellen und musste noch einmal gewinnen. Ein hoffnungsloses Unterfangen. Niedergeschlagen ging ich ins Bett.

Um 23 Uhr klopfte es an meiner Tür. Ich machte auf. Protestführer Bernd Schubert, der Journalist Gustav Schwenk und Frank Hensel, mein Hürdenvater und nun DLV-Generalsekretär, hatten eine frohe Kunde. „Junge, du hast gewonnen!", rief Frank und klopfte mir auf die Schulter. „Die Jury hat entschieden, dass du der Europameister bist!" Ich musste nur noch weinen, mein Vater kam dazu, die Gruppe um Frank ließ uns allein und schloss die Tür. Ich warf mich auf das Bett und biss in die Bettdecke. Es war vorbei. Ich musste nicht mehr laufen. Die Qualen und das Bangen hatten ein Ende. Ich hatte den Titel. Der Titel, der mir gehörte. Endgültig.

Die Siegehrung wurde zur Farce. Weder der Belgier noch der Russe würdigten mich eines Blickes und ließen sich einen Händedruck nur widerwillig aufzwängen. Bei der Nationalhymne wandte sich der Belgier demonstrativ von den Fahnen ab. Ich freute mich für den Moment und hatte diesen schlimmen Sieg am nächsten Tag eigentlich schon wieder vergessen. Meine Hüfte musste schnellstens wieder geschmeidig werden.

Nachdem die Nachricht bestätigt wurde, dass sich O`Brien verletzt hatte, avancierte ich ganz plötzlich zum WM-Favoriten. Verkündeten die Medien. Ich versuchte, diese Erwartungen etwas zu dämpfen. Schließlich musste ich erst einmal nach Athen kommen. Die Anstrengungen des letzten Jahres und der vergangenen Wettkämpfe spürte mein Körper mehr, als es mein Geist zulassen wollte.

Die Form wurde immer besser, und die Angst, dass es trotz aller Anstrengungen nicht den besonderen Klick im Training machte und die Spritzigkeit zu lange auf sich warten ließ, waren wie alle Jahre unbegründet. Trotz diverser Einschränkungen und Schmerzen lief ich im WM-Test eine neue Bestleistung über die 200 Meter - und war trotzdem extrem unzufrieden. Meine Ansprüche hatten mich so blind werden lassen, dass ich nicht einmal mehr eine Bestzeit zu würdigen wusste. Ich verglich meine Vorbereitungen immer mit der einfachen von Atlanta, aber das war ja nicht die normale. Die gewöhnliche bestand darin, die Schmerztabletten so dosiert einzusetzen, dass die Beschwerden erträglich wurden. Doch ich bekam alles einigermaßen in den Griff. Es hätte zwar besser sein können, aber ich konnte loslegen. Das Unternehmen wurde gestartet.

Auf dem Weg nach Griechenland saß ich im Flugzeug neben einem Herrn, der nicht still sein konnte. Ich wollte nur in Ruhe fliegen, aber er erzählte mir Geschichten von Gott und der Welt. Ich war einfach zu höflich, ihm klipp und klar zu verdeutlichen, dass ich lieber weniger kommunikativ reise. Also flüchtete ich auf das WC. Aber auch diese Sitzung hatte mal ein Ende. Ich bot der Frau neben mir meinen Platz an, damit sie einen besseren Blick aus dem Fenster hatte und ich ein wenig mehr Ruhe. Zum Glück hatte der laute Spuk nach knapp zweieinhalb Stunden ein Ende.

Zum Abschied tröstete er mich mit den Worten: „Herr Busemann, und wenn sie Dritter werden, ist das auch schon in Ordnung!" Ich lächelte milde. Warum wusste niemand, wie schwer Zehnkampf war? Warum wusste niemand, dass der zweite Platz des Vorjahres der absolute Ausrutscher war, ein Glückstreffer eben. Warum dachten alle, dass Sport konstruierbar und berechenbar sei? Mir wäre es lieber gewesen, wenn die Leute etwas bescheidener gedacht hätten. Meine Ziele waren ohnehin immer höher gesteckt als die der Öffentlichkeit. Doch diesmal musste selbst ich meine Ambitionen relativieren. Die Vorbereitung war wirklich nicht optimal gewesen. Doch vielleicht war wieder mein Vorteil, dass ich mich nur mit meinem Sport beschäftigte und die Wichtigkeit des Wettkampfes gar nicht realisieren konnte.

Am Tag der Entscheidung wollte ich vor dem 100-Meter-Lauf noch ein wenig Ballast abwerfen. Dazu benutzte ich die übel riechende Dixi-Toilette auf dem Aufwärmplatz. So zog ich es vor, mein Geschäft im Stehen zu verrichten. Es war noch genug Zeit zum Lauf, die statische Belastung der Beine sollte nur von kurzer Dauer sein, und der Ekel rechtfertigte die etwas unkonventionelle und ermüdende Tortur der hochgezüchteten Sprintmuskulatur. Ausruhen konnte ich mich direkt vor dem Sprint. Der spätere Weltmeister Tomas Dvorak zeigte im Call-Room die Fotos des letzten Familienurlaubs und schuf eine sehr freundschaftliche Atmosphäre unter den Athleten. Das Resultat des Sprints war jedoch etwas anders als gewünscht. Dass der Gang zum Klo die Ursache des Übels war, rekonstruierte ich erst später.

So absolvierte ich die Disziplinen nach dem 100-Meter-Lauf mit gutem Erfolg, und nun folgte meine Problemdisziplin, die 400 Meter. Aufgrund diverser Komplikationen in der Vorbereitung musste ich mit einem extremen Sparprogramm im Tempolaufbereich auskommen. Ich wusste, dass ich eine 49,50 Sekunden erreichen konnte, viel schneller ging nicht. Ich dachte nur an die Technik des Laufes.

Nicht, wie weh es tun würde, auch nicht daran, wie langsam ich hinten raus werden könnte, ich dachte nur daran, wie schön ich die ersten 200 Meter laufen wollte. Ich begann und erschrak. Bei 150 Metern fühlte ich den ersten Säureschub, das war 30 Meter früher als sonst. Ich musste noch 250 Meter laufen und meine Beine fühlten sich an, als hätten sie schon Schwerstarbeit geleistet. Ich schaltete meinen Kopf aus. Ich lief und lief und lief. Irgendwann stürzte ich über die Ziellinie und war mit 48,32 Sekunden viel schneller als erhofft.

Dafür sollte ich aber bitter bezahlen. Ich war über meine Grenzen gegangen, hatte die Gesetze der Biologie, die Schutzmechanismen des menschlichen Körpers außer Kraft gesetzt. Ich war schneller gelaufen, als ich konnte. Mir war so schlecht, ich wusste nicht, wie ich stehen, geschweige denn gehen sollte. Auch mein Teamkollege Klaus Isekenmeier wankte durch die Katakomben des Stadions und kotzte sich auf dem erstbesten Klo, der Frauentoilette, die Seele aus dem Leib. Ich wusste nicht, wie ich den Weg zurück ins Leben schaffen sollte. Die Tribünen leerten sich und ich begann meine ersten Stehversuche.

Immer wieder ging ich zu Boden, um dem drohenden Kollaps zu entgehen. Nachdem der Zehnkampfarzt Dr. Heinz Birnesser mit mir einige Runden durch das Stadion gegangen war und auch der letzte Mensch die Arena verlassen hatte, war auch ich nach rund einer Stunde wieder soweit, dass ich nicht mehr so oft ans Sterben dachte. Zurück im Hotel, begannen wir mit der Suche nach etwas Essbarem. Nach dem Duschen wurden wir noch zwecks Flüssigkeitsausgleichs an den Tropf gelegt. Als das Licht gelöscht wurde, war es viertel nach eins.

Der Wecker klingelte um vier Uhr früh. Ich verfluchte diese Disziplin. Es war so grausam, in derart schlechter körperlicher Verfassung so früh aufstehen zu müssen. Ein Beginn um acht war für alle ungewohnt. Am Stadion angekommen, sahen wir unsere Hand vor Augen nicht, da gerade zum Zeitpunkt unserer Ankunft das Flutlicht ausgeschaltet wurde und die Sonne erst ein wenig später aufging.

Die Leistungen des zweiten Tages entpuppten sich zudem als recht unspektakulär, was in der Addition jedoch vorzügliche 8652 Punkte ergab. Unterwegs verließ mich ein wenig die Lust. Ich wollte wieder fertig werden. Die

Anstrengung im bisher längsten Zehnkampf zerrte an meiner Leidensbereitschaft. Während des Wettkampfes versuchte ich mich mit Gedanken wie: „Jetzt reiß dir noch ein einziges Mal so richtig den Hintern auf, und dann hast du erst einmal lange Pause!" bei Laune zu halten. Ich raffte mich auf und ließ mir die Medaille nicht mehr entreißen. Die 1500 Meter waren nur noch der Mittel zum Zweck des Fertigwerdens. Auf den Platz vor mir hatte ich keine Chance, und auch der Athlet hinter mir bedrohte mich nicht mehr.

Die einzige Gefahr, die mir jetzt noch möglich erschien, war das Umknicken auf der Innenkante der Bahn. Um all dieses zu vermeiden, lief ich mein Rennen fast ausschließlich auf Bahn zwei. Ich wollte nichts mehr anbrennen lassen. Lauernd lief ich hinter den Führenden, um bei 1000 Meter an die Spitze zu gehen und einen langen Endspurt ins Ziel zu ziehen. Bei 980 Metern bereitete ich meinen Angriff vor. Gleich sollte ich den langen Spurt ansetzen. „Da werden die anderen aber blöd gucken." Der vor mir laufende Steve Fritz schüttelte bei 990 Metern kurz seine Arme aus und erhöhte bei 995 Metern das Tempo. Er ging an dem vor ihm laufenden Spitzenreiter des Feldes vorbei und zog den Endspurt an, den ich geplant hatte. Jetzt war ich derjenige, der blöd guckte. Obwohl ich genau in diesem Tempo das Rennen gestalten wollte, war ich so perplex, dass ich Fritz ziehen lassen musste. Ich schaffte es nicht, ihm zu folgen. Ich glaubte es zumindest. Es war nur die Psyche.

Als ich mich von dem Schock erholt hatte, versuchte ich 300 Meter vor dem Ziel, doch noch meinen Endspurt zu starten. Langsam, aber sicher erhöhte ich das Tempo, um mit nicht erwarteter Frische an den Führenden vorbeizuziehen und den Lauf mit einem tollen Sprint als Sieger zu gewinnen.

Ich hatte ein weiteres Ziel erreicht. Ich war Dritter, Bronze bei den Weltmeisterschaften. Ein Ziel, das unmöglich, aber doch realistisch schien, war wieder einmal geschafft.

Wie hart dieser Wettkampf war, zeigte ein Blick in die Ergebnisliste. In diesen zwei Tagen hatte von den 34 Gestarteten fast jeder Dritte aufgegeben, nur zwanzig erreichten das Ziel. Und ich gehörte dazu. Genau ein Großereignis zuvor hatte ich zwar in Atlanta damit geliebäugelt, in Athen Weltmeister zu werden, aber die Bestätigung der Vorjahresleistung war unter diesen schwierigen Wochen der Vorbereitung ein Ergebnis, das ich mir kaum erhofft hatte. Es war schön und zugleich langweilig. Ich liebte den Superlativ, und ein Platz schlechter als im Vorjahr war nicht mehr außergewöhnlich, aber ich wusste auch um die besonderen Schwierigkeiten. Mir fiel ein Stein von Herzen, aber das totale Glücksgefühl konnte sich nicht einstellen. Immerhin war Atlanta damit keine Eintagsfliege, ich hatte mich etabliert. Nun wusste ich, dass ich es mit dem Druck aufnehmen und mit meinem Willen Berge versetzen konnte. Die 9000 Punkte waren noch nicht weg und ich hatte die nächsten Jahre unzählige Male Zeit, der Beste von allen zu werden.

Der Journalist eines Privatsenders unterbreitete meinem Vater ein ganz spezielles Angebot. Er wollte mich direkt nach dem Wettkampf mit einem gecharterten Hubschrauber auf eine abgelegene Insel bringen, um mir ein wenig Ruhe zu gönnen und somit ein paar Aufnahmen und Interviews zu machen. Freudestrahlend präsentierte er meinem Vater sein Vorhaben und behielt sich sein Bonbon bis zum Schluss auf: „..... Herr Busemann, ich habe meinem Chef gesagt, dass Frank dafür 3.000 Mark bekommen muss, und das Beste ist: Der hat noch nicht einmal gezuckt!" „Da zuck´ ich aber auch nicht!", erwiderte mein Vater. „Sie wollen Frank aus der Reichweite der anderen Journalisten schaffen, um exklusiv berichten zu können. Das machen wir nicht!" Gesagt, getan! Das Unternehmen Insel war so schnell gestorben, wie es erfunden wurde.

Ein anderer Anruf brachte meinen Vater in Verlegenheit. Ich sollte für eine Ausstellung gemeinsam mit dem Maskottchen eine kurze Werbebotschaft aufzeichnen. Da die Zeit knapp war und wir die verbleibenden Tage ein wenig mit der Familie genießen wollten, nannte mein Vater als Forderung 20.000 Mark, quasi als Abschreckung. Doch sie willigten ein und wir wurden uns einig. Wir trafen uns mit dem Maskottchen und machten uns auf in Richtung Akropolis. Da die Griechen keine Aufnahmen auf dem Berg gestatteten, fuhren wir ein wenig später auf den gegenüberliegenden Hügel und begannen mit der Arbeit. Der Abstand zum geschichtlichen Objekt hatte sich nun aber auf einige Kilometer vergrößert. Amüsiert über das Erlebte und mit guter Laune spulte ich alles herunter und war froh, als alles im Kasten war.

Der Tag hatte sich für mich hauptsächlich finanziell gelohnt. Die Überraschung folgte jedoch später - eine böse Überraschung. Um dem Trubel, in den ich nach Atlanta gestürzt war, zu umgehen, gaben wir bekannt, dass ich sofort nach den Weltmeisterschaften mit meiner Freundin in den Urlaub fahren würde. Für alle war klar, dass unser Urlaubsland Griechenland war.

Deshalb blickten uns die Journalisten erstaunt an, als wir Flughafen Richtung Düsseldorf eincheckten.

Kurz nach der Landung sah ich den Bürgermeister meiner Heimatstadt und einen Fotografen. Ich bekam einen Schrecken. Denn ich wollte nach Hause, auf direktem Wege, ohne Umschweife. Ich sehnte mich nach meinem Bett, der Ruhe, der Idylle, dem bekannten Gefilde, und nun bahnte sich ein ähnliches Spektakel an wie ein Jahr zuvor. Mir wurde unbehaglich. Doch Atlanta wiederholte sich glücklicherweise nicht. Das Empfangskomitee bestand diesmal aus gerade fünf Mann. Schnell wurden die Fotos gemacht, Blumen übergeben, und schon waren wir wieder allein. Ich atmete durch.

Am nächsten Tag machte ich mich mit meiner Freundin mit dem Auto auf den Weg Richtung Urlaub. Wer sagte, dass wir in Griechenland blieben, wer dachte, dass wir von Düsseldorf weiterfliegen würden? Alles falsch. Man kann auch billiger und näher den Urlaub genießen. Sogar ganz nah. Freunde unserer Familie hatten im Westerwald ein Wochenendhaus, und dort zogen wir für die nächsten sechs Tage ein. Es war so ruhig und abgelegen, dass wir die Regenwürmer beim Buddeln hören konnten. Nach vier Tagen waren die mitgebrachten Vorräte aufgebraucht und ich besorgte ein wenig Essbares für den Abend. Obwohl wir in einem kleinen Dorf waren, wurde ich beim Betreten des Supermarktes sofort erkannt. Wie berühmt war ich eigentlich?

Einige Wochen nach Athen traute ich meinen Augen beim Anblick des Kontoauszuges nicht. 10.000 Mark waren für die Aktion mit dem Maskottchen überwiesen worden. Das war zu wenig. Schließlich war das Doppelte ausgemacht. Als Verwendungszweck war notiert: Halbierung wegen negativer Äußerung! Wie bitte? Bei diesem Termin hatte ich überhaupt keine Zeit, mich negativ zu äußern, und danach erwähnte ich diese Aufnahmen nirgendwo. Was sollte diese Halbierung also? Ich rief meinen Vater an. Er beruhigte mich, versicherte mir, dass ich mir nichts vorzuwerfen hätte. Er wollte sich darum kümmern.

Er tat es. Nachdem die Verantwortlichen erst nicht zu erreichen waren, sich offensichtlich verleugnen ließen und uns an der Nase rumführen wollten, flatterte nach einem kurzen, eindringlichen Gespräch ein Fax herein, welches den Scheck mit der fehlenden Summe und zweifach unterschrieben abbildete. Mein Vater hatte nur angemerkt, dass es für die Agentur nicht die beste Werbung sein würde, mit einer solchen Geschichte in der Zeitung zu stehen. Die Agentur hatte die Waffen gewählt und wir hatten uns gewehrt. Es war das erste und lange Zeit letzte Problem in Sachen Geldeintreibung.

Der Stress wurde größer und meine Eltern fingen alles ab, was mir aufs Gemüt schlagen konnte. Unter zahlreichen freundlichen Anrufen waren auch einige etwas verwirrte Menschen oder Störenfriede, die nachts um drei Uhr anriefen. Einfach nur mal so. All dieses merkte ich nicht und war meinen Eltern dankbar dafür, dass sie mir diese Unannehmlichkeiten fernhielten. Wie stark ich angeschlagen war, merkte ich indirekt an der Häufigkeit der mich nun plagenden Herpesbläschen. Nachdem ich früher schon öfter mal Probleme damit gehabt hatte, bekam ich sie nun in regelmäßigen Abständen von drei Wochen. Verstärkt wurden sie noch durch Stresssituationen, unangenehmer oder auch freudiger Natur. Mein Körper reagierte. Ich reagierte nicht. Meine freie Zeit genoss ich in vollen Zügen, und in der übrigen Zeit arbeitete ich mit mehr oder minder konzentriertem Einsatz. Ich riss mich oft zusammen, sah aber niemals in meinem Stress als Sportler und den Anforderungen als Azubi die Gründe meines schleichenden Abbaus. Ich merkte ihn nicht und flog immer noch auf einer kleinen Restwelle der Euphorie. So musste es sein und so war es. Basta. Es war nicht diskussionswürdig oder überlegenswert, da es nicht zu ändern war. Und es war ja nicht immer grausam. Ich schlief abends meist gut und war eben stark ausgelastet. Ich genoss Privilegien, die für andere in ihrem ganzen Leben unerreicht blieben. Ich durfte seit Atlanta Einladungen und Beifall entgegennehmen, was mich stolz machte. Ich durfte umsonst und umsorgt in eine Premierenvorstellung eines Musicals, wurde mit Katrin ins Disneyland nach Paris eingeladen, wir durften bei Veranstaltungen königlich schlemmen und waren öfter Gäste im Leben der Reichen und Schönen. Aber gehörten wir dazu? Reich waren wir nicht richtig, schön war nur meine Freundin, aber so sehr ich vor öffentlichen Auftritten auch Angst hatte, so war eines nicht zu leugnen: Sie schmeichelten. In einigen Wochen, wenn die Ausbildung abgeschlossen war, würde der Stress sicher in Genuss umschlagen und das Leben würde wieder etwas beschaulicher werden. Beruhigte ich mich.

Kapitel 9 – 1998

Profi mit Zicken

Mittlerweile hatte ich meine Ausbildung soweit vorangetrieben, dass ich die Abschlussprüfung machen konnte. In der Zeit der Vorbereitung kriselte es zwischen Katrin und mir gewaltig. Unsere gegensätzlichen Lernweisen und unsere verschiedenen Methoden, mit Druck umzugehen, ließen uns immer wieder aneinander geraten. Wir testeten im Streit das Durchhaltevermögen des anderen. Ich empfand es so, als wäre ich der Nachsichtigere, sie hingegen dachte, sie sei die Verständnisvolle. Nach jedem kleinen Zoff versöhnten wir uns und liebten uns ein wenig mehr als zuvor, da wir den anderen wieder ein Stück besser kennen gelernt hatten. Als dann endlich die Prüfung in der Berufsschule geschrieben wurde, sehnte ich meine Katrin herbei. Mit ihrem Fleiß und mit ihrer Intelligenz hätte sie mir bestimmt in meiner misslichen Lage helfen können. Ich saß über meiner Klausur und merkte, dass eine gute Vorbereitung die halbe Miete war. Ich nahm mir jetzt öfter Auszeiten, um mich besser um meine Angelegenheiten kümmern zu können, und die etwas abnehmende Flut von PR-Terminen ließ mein Leben doch ruhiger werden. Allerdings wünschte ich mir das Ende der Ausbildung herbei.

Ich wollte nicht mehr arbeiten und ich konnte es nicht mehr. Die letzten fünfzehn Monate hatten derartig an den Kräften gezehrt, dass ich vollkommen am Ende war. Ich war mit all diesen Verpflichtungen und Terminen einfach überfordert. Der Tag hatte für mein Pensum zu wenige Stunden. Ich war über lange Strecken nur noch müde, unkonzentriert und völlig abwesend. Wie oft ich in den fatalen Sekundenschlaf während des Autofahrens gesackt war - ich weiß es nicht mehr. Doch so langsam wurde ich mir dieser Gefahr immer bewusster und das Dilemma, in dem ich steckte, immer deutlicher und war bereit, bald etwas zu ändern. Ich war entschlossen, endlich wieder mehr Ich in mein Leben zu bringen. Ich wollte ins Bett gehen, wann ich wollte, ich wollte aufstehen, wann ich wollte. Ich wollte nie mehr müde sein.

Der Dreifachbelastung mit Sport, Arbeit und PR war ich offensichtlich nicht mehr gewachsen. Für den Moment und für den Augenblick konnte ich mich da durchquälen, aber die Aussicht auf das Ende der Ausbildung war Balsam für meine gehetzte Seele. Ich quälte mich durch die beiden Prüfungstage, mobilisierte mit viel Aufwand noch die letzten Energien. Es war nicht so geschmeidig, wie ich es im Sport gewohnt war, aber woher sollte das auch kommen?

Hier war es nicht mein Anspruch, der Beste zu sein, das konnte ich sowieso nicht schaffen, hier wollte ich nur fertig werden. Ich wollte morgens nicht mehr die Krawatte anlegen und mit dem Auto nach Dortmund zur Arbeit fahren müssen. Ich wollte frei sein. Ich hatte mittlerweile so viel Geld verdient und so viel gearbeitet, dass ich mir mit ruhigem Gewissen eine Auszeit gönnen konnte. Gönnen musste!

Je länger die Prüfung zurücklag, desto unsicherer wurde ich. Nach einiger Zeit war ich soweit, dass ich mir einbildete, in meinem vermeintlich schlechtesten Teilbereich eine „Sechs" eingehandelt zu haben. Und eine „Sechs" bedeutete, dass ich die Prüfung nicht geschafft hätte. Ich drehte fast durch. Das wäre ein Fiasko gewesen, da ich die Prüfung ein halbes Jahr später hätte noch einmal schreiben müssen. Noch weitere sechs Monate unter diesem Dauerstress würde ich nicht durchhalten. Was sollte ich dann nur tun? Ich würde einfach aufhören und ohne Abschluss die Krawatte an den Nagel hängen.

Mein finanzielles Polster war dick genug. Was würden die Leute von mir denken? Wie sah diese Aufgabe aus? Ich musste einfach warten, bald würden die Ergebnisse mit der Post kommen. Ich hörte von dem Gerücht, dass die Benachrichtigungen der Industrie und Handelskammer den Azubis, die bestanden hatten, direkt zugeschickt wurden. Und den Unglücklichen, die durchgefallen waren, erst später, weil in diesen Fällen die Ausbildungsabteilung zuerst informiert wurde. Katrin bekam schon bald ihren Brief. Ich nicht!

Ich hatte Recht - ich hatte es nicht geschafft! Ich war noch nie in meinem Leben durch eine Prüfung gefallen, mal vom ersten misslungenen Vorstellungsgespräch abgesehen.

Vielleicht war die Post in Recklinghausen langsamer und Katrins Briefträger in Lünen besonders schnell. Ich hoffte und bangte. Doch auch am nächsten Tag kein Brief. Ich musste durchgefallen sein, das war das untrügliche Zeichen. Es war vorbei. Ich musste mir einen Krisenplan basteln. Ausbildung abbrechen, weitermachen? Ich wusste es nicht. Ich wusste nur, dass ich nicht mehr arbeiten wollte.

Absolute Panik. Wie so oft. Stimmte die Form nicht, hatte ich einen Virus. Schmerzte der Rücken, war es ein Bandscheibenvorfall. Tat mein Bein weh, war es Knochenkrebs. Kam die Post nicht, war ich durchgefallen. So optimistisch, wie ich in der Gestaltung von Zielen war, so pessimistisch war ich bei

Bagatellen. Wirkliche Probleme ertrug ich mit Schweigen, und nur meine direkte Umwelt konnte erahnen, dass es mir nicht gut ging. Bei Kleinigkeiten drehte ich durch. Ich wusste mir keinen Rat mehr.

Ich überlegte, wie ich an meine Note kommen könnte - ich musste es jetzt wissen. Ich griff zum Telefonbuch und suchte mir den Namen meiner „Kontaktperson" heraus. Ich wusste zwar nicht, wo diese Person wohnte, doch ich war entschlossen, alle Namen durchzutelefonieren, die ich gefunden hatte, und zu fragen, ob ich richtig war. Schon mein erster Anruf war ein Volltreffer. Ich schilderte mein Problem, und meine Kontaktperson spürte spontan meine Verzweiflung. Eigentlich war es ja nicht gestattet, aber ich durfte nun doch wissen: „Insgesamt eine Drei, die Einzelteile alle mindestens drei minus! Kein Grund zu Panik. Behalten Sie unser Gespräch für sich!". Meine Kontaktperson hatte mich erlöst und ich sollte das Geheimnis für immer bewahren.

Die mündliche Prüfung war am 18. Januar, diesen Tag sehnte ich herbei. Am Ende des Abfragens wollte ich mir den Schlips wegreißen, jubeln, schreien, glücklich und frei sein. Doch es kam anders. Nachdem alles vorbei war, konnte ich nicht realisieren, dass zweieinhalb Jahre Ausbildung in diesem Moment endlich Geschichte waren. Frei! Profisportler bis zur Aufnahme meines Studiums neun Monate später. Katrin wurde als eine der Besten in den Gebäuden der IHK geehrt. Ich durfte sie begleiten. Auf die Ausgezeichneten warteten die Dortmunder Fotografen, die mich schon oft bei Anlässen anderer Art abgelichtet hatten. Sie staunten nicht schlecht, als ich mit meinem Schatz die Räume betrat. „Boah, der Busemann hat auch `ne Eins!?" riefen sie erstaunt. Ich verwies strahlend auf meine kluge Freundin. Mann, war ich stolz. In diesem Moment wurde mir Katrins Rolle einmal mehr bewusst. Sie war immer nur die Freundin von Frank Busemann, wurde oft übersehen und nicht selten noch nicht einmal begrüßt. Sie verschwand oft neben dem mir entgegengebrachten Interesse. Aber heute - das war ihr Tag. Endlich einmal war sie die wichtigste Person und ich war einfach nur der Begleiter von Katrin Rohde! Und das genossen wir beide.

Im März 1998 wurde ich eingeladen, der deutschen Autopresse den neuen Opel Astra vorzustellen. Da ich bei der Messepräsentation zwei Wochen zuvor wie immer in meinem adidas-Pullover mit diversen Sponsorenaufnähern gekommen war und dafür kritische Blicke der Manager erntete, bemühte ich mich nun um Seriosität. Zu einem solchen Anlass trug man edlen Zwirn. Also warf ich mich in einen Anzug und wirkte jetzt nicht mehr wie der Sportler von nebenan. Im Flugzeug wurde ich mit nahezu 60 Journalisten nach Graz geflogen. Wir fuhren vom Navigationssystem geleitet, direkt von der Landebahn mit dem neuen Astra auf die Autobahn, und dort glitten wir mit einer angenehmen Reisegeschwindigkeit von 140 Stundenkilometern dahin. Ich war angenehm überrascht und zugleich beruhigt, als ich registrierte, dass mein Fahrer, der Chefredakteur einer Auto-Zeitschrift, kein Wettrennen veranstalten wollte. Wir bogen auf die Landstraße, die etwas eng war, und setzten unsere Fahrt fort. Mit 140 Stundenkilometern! Ich dachte zuerst, mein Pilot hätte noch das Geschwindigkeitsgefühl der Autobahn. Doch er rührte kräftig mit dem Schalthebel im Getriebe, steuerte mutig auf Kurven zu, bremste erst im letzten Moment, um im Scheitelpunkt der Kurve den Wagen wieder in den roten Drehzahlbereich zu treiben. Ich traute meinen Augen nicht, ich fürchtete um mein Leben.

In jeder Kurve stellte ich mir vor, was passiert wäre, wenn der Wagen weggerutscht wäre: Tod durch Überschlag, Tod durch Herabstürzen in Böschung, Tod durch Zusammenprall mit Baum. Ich konnte nicht glauben, wie fest ein normaler Familienwagen auf der Straße klebte. Unglaublich. Mein Driver saß seelenruhig hinter dem Lenkrad und sah so entspannt aus, als langweile er sich in einer Dreißiger-Zone. Und doch dachte ich, man soll das Glück nicht herausfordern, und schaltete mich ein.

„Ich möchte Ihre Fahrkünste nicht anzweifeln, aber dürfte ich Sie bitten, etwas langsamer zu fahren! Ich bin derartige Geschwindigkeiten nicht gewohnt!"

„Kein Problem", erwiderte er „aber seien Sie ganz beruhigt. Ich bin seit 10 Jahren unfallfrei unterwegs!". Jede Serie reißt einmal. Ich bremste imaginär mit. Ich starrte auf die Fahrbahn und rammte meine rechte Sohle immerzu in den Fußraum des Beifahrerplatzes. Aber ich konnte den Wagen leider nicht langsamer machen. Er bretterte mit unverminderter Geschwindigkeit weiter. Ich schwitzte und zitterte und wurde sehr schweigsam. Die Straße verschwamm und ich war ihm auf Gedeih und Verderb ausgeliefert. Ich musste ihn noch einmal bitten. Ich glaubte, die Fahrt nicht zu überleben. Er entschuldigte sich für die rasante Fahrweise und wurde für kurze Zeit tatsächlich langsamer. Dann gab er wieder Gas. Ich glaubte immer öfter, den Sensenmann am Fahrbahnrand zu erspähen. Ich bat ihn anzuhalten, damit ich aussteigen konnte. Er merkte nun, was los war, und bot mir das Steuer an. Aber das war zu diesem Zeitpunkt nicht mehr möglich. Allein das Atmen fiel mir schon schwer. Wie sollte ich in meinem Zustand ein Auto lenken? Peinlich berührt versprach er mir, langsamer zu fahren. Er tat es. Ich konnte es nicht glauben. Ich durfte weiterleben.

Kurze Zeit später durfte ich mich in den USA erholen. Da die Geschwindigkeit hier auf maximal 120 Stundenkilometer limitiert war, genoss ich die ruhige Fahrt und die gelassene Fortbewegungsweise. Zudem waren mein Freund und Trainingspartner Thomas Görz und ich abwechselnd die Fahrer. Wir hatten uns gemeinsam mit meiner Familie zu diesem Trainingslager in San Diego entschlossen, da ich somit weit ab von neugierigen Journalisten trainieren und all dem Trubel in Deutschland entfliehen konnte. Da meine Ausbildung gerade zwei Monate zu Ende war, grenzte dieser sechswöchige Trip fast an einen Urlaub.

Da mein Vater als so genannter Reiseleiter der insgesamt fünfköpfigen Gruppe noch zu Hause war, nahm ich als sein Erstgeborener die Leitung in die Hand. Ich sprach Englisch und regelte alle Dinge genau bis zu dem Tag, als Thomas mir offenbarte, er habe in der Schule den Englischleistungskurs belegt. Da mir zudem mein Bruder durch seine bessere schulische Übung auch noch um Längen voraus war, beschränkte ich mich auf kurze Anweisungen wie: „Mach mal!". Zu Beginn des Trainingslagers hatte mein Vater uns Dreien Akklimatisation auf den Trainingsplan geschrieben. Wir joggten ein wenig und fuhren mit meiner Mutter durch die Stadt und besuchten am zweiten Tag den Strand. Dies war ein verhängnisvoller Fehler. Wir warfen uns einen American Football zu und witterten als Leichtathleten sofort einen Wettstreit. Wie weit fliegt so ein Ding eigentlich und wer ist der Beste von uns Dreien? Wir nahmen den Wettkampf auf. Wir warfen und warfen, immer weiter und weiter, und irgendwann hatte ich die Flugbahn so perfektioniert, dass ich den Football auf 72 Meter feuerte. Der Rücken zwickte dabei zwar ein wenig, aber es machte Spaß.

Am Ende des Strandtages machte sich der Rücken etwas heftiger bemerkbar, und wenige Tage später kam noch eine Grippe. Ich ging, von Thomas begleitet, zu einem Sportmediziner, der seine Wände mit den Größen des internationalen Sports tapeziert hatte. Entweder musste er gut sein, was all die Sprüche unter den Bildern vermuten ließen, oder er konnte gut Autogramme fälschen. Als er mich sah und mich fragte, was ich hätte, erkannte er sofort die Grippe. Ich erzählte ihm aber, dass das eigentliche Problem die unerträglichen Schmerzen im Rücken seien. Ohne, dass ich aufstehen musste, ohne, dass ich mich ausziehen musste, tastete er kurz den Rücken ab und gab mir zwei Packungen mit Pillen.

Das sollte ein Fachmann sein? Er tastete mein Problem mit Handauflegen! Die Tabletten warf ich sofort in den Papierkorb des Hotels. Von amerikanischen Pillen hatte ich schon gehört. Die waren oft mit unerlaubten Substanzen versetzt, und diesem Risiko wollte ich mich nicht aussetzen. So verfuhr ich nach der alten Behandlungsmethode „Kommt von alleine. Geht dann auch von alleine!". Aber es wurde nicht besser und mein Frust wurde immer größer. Zudem war das Wetter durch das Phänomen El Nino katastrophal schlecht. Das sonst so beständig warme und trockene Klima San Diegos zeigte sich kalt und nass mit diversen Hagelschauern, dass wir sowieso kaum trainieren konnten. Dafür hatte ich nahezu 10.000 Mark aufgebracht, um in Ruhe trainieren zu können. Nach fast sechs Wochen mit provisorischem Schontraining und unzähligen Frusteinkäufen war ich froh, dass es endlich wieder nach Hause ging. Dort würde man mir helfen, da würden die Ärzte nicht nur durch Stoff tasten, sondern alles genauer unter die Lupe nehmen. Ich hätte sofort nach Hause fliegen und nicht fünf Wochen auf das Wunder von San Diego warten sollen. Ein so verdrehter Rücken musste behandelt und nicht geschont werden.

Zu Hause musste ich erkennen, dass mir auch die heimischen Experten nicht helfen konnten. Ich redete mir immerzu ein, dass es besser würde, doch ich begann nur, mich an die Schmerzen im Rücken zu gewöhnen. Das andere Problem, meine steife linke Hüfte, hatte ich jetzt schon mit einem Notplan in Angriff genommen. Zwecks Schonung hatte ich nach 23 Jahren jetzt die Technik umgestellt und lief nun mit dem anderen Bein über die Hürden.

Das war meine vermeintlich einzige Rettung. Ich büßte in Zukunft zwar ein paar Zehntel in meiner stärksten Disziplin ein, aber die neun anderen Wettbewerbe konnten diese Einschränkung abfangen. Das musste ich in Kauf nehmen, da ich den Zehnkampf nur wegen einer schlechten Disziplin nicht aufgeben wollte. Zu diesem Handicap bekam ich nun meine Rückenschmerzen nicht in den Griff. Mir wurde eine Spritzenkur verpasst, die mich fast durchlöchert hätte. Nach jedem Piekser redete ich mir Besserung ein, doch die Probleme lagen viel tiefer und machten eine vernünftige Vorbereitung auf die EM-Qualifikation unmöglich.

Einzig und allein ein Fax aus den USA verschaffte mir kurzzeitig Linderung. Man erkundigte sich bei mir, ob ich Interesse hätte, einen Angriff auf die 9000 Punkte zu wagen. Die Prämie für das Durchbrechen der Schallmauer war eine Million Dollar! Die Schmerzen waren wie weggeblasen. Ich fühlte mich plötzlich gut und war heiß, diese einmalige Chance wahrzunehmen. Aber natürlich machte diese immense Summe eine Reihe anderer Athleten kribbelig. Doch jetzt hatte ich noch weniger Zeit, die anderen wären genauso motiviert. Ich musste trainieren und die Schmerzen nicht akzeptieren. Ich wollte sie einfach verdrängen. Für eine Million Dollar musste es möglich sein. Doch Wettkampf fand nie statt. Das Ziel war auch utopischer als eine Marsmission, doch der Glaube an mich und meine Fähigkeiten war unerschöpflich und musste nur manchmal wieder geweckt werden. Die Vorfreude auf den Millionenwettkampf hatte meine Schmerzen aber nur für kurze Zeit verscheucht.

Die neugewonnene Zeit seit dem Ende der Ausbildung verbrachte ich damit, das Nichtstun zu genießen. Ich liebte es, unter die Decke zu gucken. Meine Niedergeschlagenheit durch die penetranten Rückenschmerzen bearbeitete ich mit dem Dauerstudium tausender Aktienkurse. Ich lenkte mich jetzt in meiner freien Zeit mit der Börse ab und achtete darauf, dieser verdammten und verhassten Müdigkeit nie mehr eine Chance zu geben. So richtig zufrieden war ich mit dieser Situation jedoch nicht. Ich dachte immerzu an meine Zipperlein und die Gefahr, dass ich zum Warten verdammt war und den Wettlauf um die 9000 nicht vorantreiben konnte. Ich lag vor meinem TV-Gerät und grübelte über mich und die Aktienkurse. Ich hatte ihn mir als Belohnung nach Bestehen der schriftlichen Prüfung gekauft. Das war nach Atlanta neben einem neuen Bett die größte und einzige erwähnenswerte Anschaffung, die ich mir neben unzähligen Aktien gegönnt hatte. Ich wusste nicht, wofür ich mein Geld sonst ausgeben sollte. Nur Aktien gönnte ich mir in Hülle und Fülle. Es war die Chance auf mehr Geld und der Nervenkitzel des möglichen Erfolges. Nach dem Kauf des Fernsehers avancierte ich schnell zum Schwarzseher, da ich ihn nicht bei der GEZ angemeldet hatte.

Nach kurzer Zeit plagte mich mein schlechtes Gewissen, und im Gefühl der ständigen Verfolgung erlöste ich mich vom Geiz und füllte den Zahlschein aus. Jetzt lag ich ruhiger von morgens bis abends vor der Glotze und verfolgte die Kurse. Die Abwechslung des schmerzvollen Trainings vermochte den Tag nicht zu erhellen. Es war ermattend. Aber was sollte ich machen?

Irgendwie schaffte ich es, bis zum Juni in Ratingen einsatzfähig zu werden. Ich begann auch gleich wie die Feuerwehr und zehrte von meinem Talent, meinem Adrenalin und meinem Vorjahresniveau, das ich leicht ankitzeln und trotz langer Abstinenz besser als erwartet abrufen konnte. Am Morgen des zweiten Tages bahnte sich nichts Gutes an. Zwar waren die Gelenke steif, aber so eingerostet war ich noch nie. Die rechte Hüfte war am schlimmsten. Obwohl ich die schmerzstillenden Zehnkämpfer-Smarties, Voltaren, über die ganze Nacht verteilt genommen hatte, spürte ich kaum Linderung.

Ich stieg aus dem Bett und ahnte Schlimmes. Ich wusste vor Beginn der sechsten Disziplin, dass der folgende Teil keinen großen Spaß machen würde. Wie ich die Hürden laufen sollte, war mir in dem Moment noch nicht klar. Ich konnte gar nicht gehen. Aber laufen konnte ich. Zehn Minuten vor dem Hürdenlauf entschied ich mich aus der Not heraus, wieder auf mein stärkeres Hürdenbein zu wechseln. Nur so würde ich irgendwie über die Hindernisse kommen. Zwar fehlte mir seit nunmehr einem dreiviertel Jahr jegliches Training mit dieser Seite, aber das musste doch wie Radfahren sein. Einmal gelernt, für immer. Die Leute mussten gedacht haben, dass ich ein großer Schauspieler war.

Fast hätte ich den Wettkampf gar nicht mehr angetreten, humpelte über den Platz, als wäre ich schwer verwundet, ging gebückt, als hätte ich einen Hexenschuss, und lief 13,70 Sekunden über 110 Meter Hürden. Ich verstand es selbst nicht. In der Belastung konnte ich einen Hebel umlegen und spürte fast nichts mehr. Ich verdrängte meine Gebrechen in die Schmerzlosigkeit, um am Ende der Belastung wieder doppelt so stark von ihnen eingeholt zu werden. Ich konnte Schmerzen einfach wegdenken. Leider nur für kurze Zeit.

Beim Speerwerfen bekam ich wieder die alten Rückenprobleme, und ich wusste, dass ich nie mehr unter diesen Begleitumständen einen Zehnkampf machen wollte. Keine Stelle meines Körpers war mehr schmerzfrei. Ich ging nach der neunten Disziplin mit meinem Vater hinter ein Zelt und eröffnete ihm unter Tränen, dass ich dieses Jahr keinen Zehnkampf mehr machen wollte und konnte. Ich spürte noch vor Ende des Wettkampfes, dass ich mich dieses Jahr nicht mehr erholen sollte. Ich konnte eine Menge ertragen, ich stand immer auf, wenn es irgendwie ging, aber das hier ging nicht mehr. Um mich in irgendeiner Form trotzdem zu befriedigen, wollte ich eine neue Bestzeit über 1500 Meter laufen. Ich wollte das Gefühl spüren, nicht aufgegeben zu haben. Ich wollte diesen Zehnkampf beenden mit dem Stolz in meinen Augen: JA, ich habe durchgehalten und habe mich nicht in die Knie zwingen lassen. Ich lag heute Morgen am Boden, bin aufgestanden und habe mir meinen Willen aufgezwungen! Ich wusste, dass der Körper nach diesem Lauf mehrere Monate Pause bekam und sich in dieser Zehnkampfabstinenz vollkommen erholen konnte. Warum sollte ich mich also schonen. Ich brauchte das Gefühl für mich, dass ich jeden möglichen Punkt rausgeholt hatte. Das tat ich dann auch mit neuer 1500-Meter-Bestleistung.

Von nun an musste ich ständig zur Physiotherapie. Wir konnten die Probleme in den Griff bekommen, wenn jetzt kontinuierlich etwas dafür getan wurde. Schon mit zwölf Jahren hatte ich es gelernt, mich tagtäglich mit dieser Form der Behandlung auseinander zu setzen. Mein Vater und ich fuhren zu dem Physiotherapeuten des Zehnkampf-Teams, Josef Schadhauser, an den Chiemsee. Er zeigte mir zwei Wochen lang, was ich zukünftig mit meinem Therapeuten zu Hause zu tun hatte. Klaus Meyer hatte mich schon früher behandelt, und fortan fuhr ich wieder zweimal die Woche in seine Praxis nach Wuppertal, einmal pro Woche besuchte er mich beim Training. Die Kosten wurden von mir, dem Olympiastützpunkt und meiner Krankenkasse getragen.

Trotzdem war ich in Budapest dabei. Ich konnte mein Glück kaum fassen, als Friedrich fragte, ob ich nicht in Ungarn als Experte für die ARD tätig sein wolle. Und ob ich wollte! Ich hatte zwar einen Mordsbammel, aber Hauptsache, ich war dabei. Zudem konnte ich mich dort zwei Tage auf der anderen Seite des Geschehens umsehen, ein Gespür für die Arbeitsweise der Journalisten entwickeln und überprüfen ob sich einige Athleten zu Recht beschwerten, da sie falsch dargestellt wurden - oder ob sie sich das selbst zuzuschreiben hatten. Ich war gespannt, was mich dort erwartete, und wurde dafür sogar bezahlt.

Ich merkte, wie anstrengend zwei Tage als Reporter waren und was es bedeutete, auf der Seite der Beobachtenden zu stehen. Es gab Probleme, die man als Athlet gar nicht sah, nicht sehen konnte. Ich lernte viel dazu und fühlte mich in meiner Rolle pudelwohl.

Trotz der verkorksten Saison signalisierte Opel, dass die Zusammenarbeit fortgesetzt werden sollte. Das Angebot wurde sogar verbessert, aber damit waren wir nicht so richtig zufrieden, da ich die letzten beiden Jahre zu einem absoluten Schnäppchenpreis unterschrieben hatte. Jetzt sollten noch Fernsehwerbung und Anzeigenkampagnen dazukommen, deshalb dachten wir, ein kleiner Aufschlag wäre gerechtfertigt. Obwohl noch nichts festgezurrt war, wurde ein Termin in Hamburg vereinbart. Es sollten Werbefotos in einem Hotel gemacht werden. Wir wunderten uns schon, da überhaupt nicht feststand, ob die Zusammenarbeit tatsächlich fortgeführt werden sollte. Wir werteten die Einladung als gutes Zeichen - warum sollte sonst ein so großer Aufwand betrieben werden. Mein Vater und ich wurden vom Bahnhof abgeholt und fuhren zum Set.

Plötzlich kamen wir auf eine Straße, auf der es nur Geschäfte mit seltsamen Namen gab. Mein lieber Scholli, wo waren wir denn hier gelandet? Finstere Gegend, dachte ich nur. Gut, dass wir hier bloß durchfahren. „So, da wären wir," sagte der Fahrer, und vor uns sahen wir zwei große Lkw, einen kleineren Bus, viele Autos, Unmengen von Scheinwerfern und Menschen, die vom Set sein mussten. Ich dachte: „Was sollen wir denn hier?" Ich fragte, was das hier werden sollte, und mir wurde von der Aufnahmeleiterin verklickert, dass ich hier gleich über diese Straße flanieren würde und die Leuchtreklame Großstadtflair suggerieren sollte. Das konnte nicht wahr sein.

Ich ging doch nicht über die Reeperbahn, um mich fotografieren zu lassen. Das war ich nicht. Das nahm man mir nicht ab. „Das will ich aber nicht!", sagte ich unmissverständlich. Die Leute um mich herum verstanden mein Problem nicht. Ich machte ihnen meine Bedenken deutlich und sie waren überrascht, warum ich mich so anstellte. So langsam nervte mich die Situation. Mein Vater versuchte mich zu beruhigen. Ich redete auf ihn ein, dass so etwas nicht Bestandteil des Vertrages war. Danach sollte auch noch ein Fernsehspot aufgenommen werden. Für einen solchen Auftritt hätte ich zehnmal soviel bekommen müssen. Und dass wir direkt auf der Reeperbahn drehten, konnte auch nicht wahr sein. Ich wollte meinen Vater überzeugen, dass wir auf der Stelle schleunigst abhauen sollten. Wir waren zwar die kleinen Busemänner, die sich am liebsten selbst halfen, aber hier waren wir überfordert.

Mein Vater beschwichtigte mich, dass Fernsehwerbung unter Umständen doch nicht ausgeschlossen worden war. Ich war mir sicher. Zudem sollte ich auf der Reeperbahn posieren. Es war ein Ding der Unmöglichkeit. Wäre mein Vater nicht dabei gewesen, ich wäre ins nächste Taxi gesprungen und verschwunden. Doch er versuchte zu vermitteln und wurde von einem Mitarbeiter der Werbeagentur beruhigt. „Die Fotos macht Peter Lindbergh!" Mein Vater zuckte nur mit den Schultern. „Spielt der bei Schalke?" Seine Standardfrage, wenn er jemanden nicht kannte. Ich wusste auch nur mit dem Namen Charles Lindbergh etwas anzufangen, und der war mal über den Atlantik geflogen. „Und wenn ihn der Papst fotografieren würde, ändert das nichts an der Tatsache, dass wir uns hier auf der Reeperbahn befinden. Das ist nicht der Frank. Das verzerrt seinen Typ!" Es wurde uns versprochen, dass man auf dem Foto das anrüchige Milieu nicht erkennen würde. Was sie aber einfangen wollten, war einzig und allein das Großstadtflair. Wir vertrauten darauf. Ich beruhigte mich und war über mein aufmüpfiges Auftreten überrascht. Dermaßen in Rage erlebte ich mich nur beim Training, wenn ich an der Perfektion feilte und es partout nicht klappen wollte oder ich vermeintlich extrem ungerecht behandelt wurde. Und das empfand ich hier so. Was hatten sich die kreativen Köpfe der Werbeagentur nur ausgedacht?

Eine Frau kam auf mich zu und sagte: „Guten Tag, mein Name ist Schneider und ich bin hier der Art Director!" „Guten Tag", sagte ich, „mein Name ist Busemann und ich bin hier der Sports Man!" Ich biss mir auf die Zunge. Ich musste mich mäßigen und wollte nicht überdrehen. Ich wurde der Dame vorgestellt, die für die Garderobe zuständig war. Sie kam aus Paris und sprach nur französisch. Sie steckte mich in lumpige, viel zu enge Jeans, einen dreckigen Pulli und in eine verlotterte Jacke. Zudem waren die Schuhe drei Nummern zu klein und sahen aus, als seien sie ein Relikt aus längst vergangener Zeit.

Die Frau Art Director stand daneben und sagte zu meinem Vater „Sehen Sie mal, Herr Busemann, sieht das nicht trendy aus?" Er grinste und dachte sich seinen Teil. Ich wurde deutlicher: „Ich finde, das sieht total beschissen aus! Als hätte ich seit Wochen keine Dusche mehr gesehen und einen Altkleidercontainer geplündert!" Danach bekam ich von einem Friseur aus Mailand noch die Haare geschnitten. Ich sah echt nicht gut aus. Aber trendy war ich wohl, extrem trendy. Ich benahm mich wie eine Laufsteg-Diva und zickte herum. So entstieg ich dem Ankleidewagen und wankte wie ein Michelin-Männchen mit steifen Knien und eingezogenen Zehen zum Set vor Peter Lindberghs Kamera.

Seine Professionalität besänftigte mich. Allmählich fand ich wieder zu mir selbst. Der berühmte Kameramann holte meine beschränkte Fotogenität aus mir heraus. Als wir mit Fotos und Film fertig waren, hatten wir ein halbes Vermögen an Produktionskosten verballert. Das bestätigte auch ein Mitarbeiter des Produktionsteams, der seufzte: „Das war eine sauteure Geschichte!" Viel Geld für die Tonne. Wir wurden uns mit Opel nicht einig. Das Material verschwand im Archiv. Trendy Busemann verstaubte.

Kapitel 10 - 1999

Der Knall

Neun Monate hatte ich mich ausschließlich auf mein Dasein als Profi-Sportler konzentriert, nun musste die berufliche Entwicklung vorangetrieben werden. Ich folgte meiner Freundin an die Ruhr-Universität Bochum. Da ich eigentlich in Dortmund studieren wollte, um möglichst nah an meiner Trainingsstätte zu sein, war ich ein wenig überrascht, als mir Katrin nahe legte doch nach Bochum zu gehen. In Dortmund konnte ich lediglich Betriebswirtschaftslehre studieren, in Bochum wurde zudem noch Volkswirtschaftslehre angeboten, was meinen Vorlieben etwas näher kam. So begann ich im Oktober 1998 mit dem Studium der Wirtschaftswissenschaft.

Noch bevor das Semester überhaupt begonnen hatte, schrieben wir schon die erste Klausur, eine von vier Propädeutika. Es war mir ein wenig suspekt, weshalb eine Klausur so komisch heißen musste, doch wegen meiner Vorkenntnisse als Bankkaufmann war dieser Leistungsschein kein großes Problem für mich. Da ich in der ersten Woche aus sportlichen Gründen die Uni nicht besuchen konnte, hatte ich noch keinen Kontakt zu anderen Kommilitonen. Ganz im Gegensatz zu meinen sonstigen Gepflogenheiten wollte diesmal ich den ersten Schritt tun, ich wollte mir die Leute aussuchen, mit denen ich möglicherweise in nächster Zeit etwas enger kommunizierte. Meine Fehlerquote war fatal.

Alle, die ich ansprach, entpuppten sich als Fach- oder Vollidiot, so dass ich es vorzog, zukünftig alleine durch den Unialltag zu rennen. Hatte ich eben Pech gehabt. Lieber hatte ich meine Ruhe, als dass ich mit irgendwelchen nervigen Typen rumhing. Eines Tages wurde ich von einer Gruppe angesprochen, ob ich nicht mit in die Cafeteria kommen wollte. Warum nicht? Nach einem Kakao hatte ich plötzlich Anschluss gefunden. Offensichtlich wussten die um mich herum nicht, wer ich war und was ich in meiner Freizeit machte. Ich war nur eine Nummer an dieser Universität und in der Gruppe war ich Frank, der Student im ersten Semester. Ich war einer von vielen. Das war sehr gut. Nachdem wir allerdings nach einigen Tagen über unsere Hobbys und die Sportarten der anderen sprachen, merkte ich, dass es sehr wohl alle wussten, wer ich war und was ich machte. Sie konnten normal damit umgehen und ich fühlte mich wohl und wurde als der Student Busemann akzeptiert.

Bei der halbjährlichen sportmedizinischen Untersuchung in Freiburg wurde der Bundestrainer Claus Marek am Esstisch plötzlich ganz ernst. Nach dem letzten Bissen tischte er Schwerverdauliches auf: „Jungs, ich habe eine schlechte Nachricht. Wenn wir innerhalb der nächsten zwei Monate keinen neuen Sponsor haben, sind wir pleite. Dann gibt es das Zehnkampfteam nicht mehr!" Ich war schockiert. Ich war in diesem Verein zwar nicht groß geworden, doch die Philosophie des Teams imponierte mir, und hier fühlte ich mich zu Hause. Es war ein verdammt witziger Haufen, und die zweitägige Wettkampfstrapaze schweißte uns zu einer tollen Truppe zusammen. Zudem wurde dieser Haufen für seinen offensiven Kampf gegen Doping mit dem Sparkassen-Fair-Play-Preis ausgezeichnet. Wir waren sozusagen die Saubermänner der Nation und forderten das als internationalen Standard. Der deutsche Zehnkampf hatte Geschichte und war in diesem Land Tradition. Ich wollte dem Team behilflich sein. Es durfte nicht verrecken.

Eilends wurde eine Agentur beauftragt, die schnell den Automobilhersteller Jeep als Sponsor präsentierte. Jeder, der schon über 8000 Punkte erreicht hatte, bekam in Kürze einen Geländewagen plus finanzieller Unterstützung.

Mein Vater und ich achteten peinlichst darauf, dass dieser Team-Vertrag kein Busemann-Vertrag wurde. Wir bestanden darauf, dass öffentliche Termine immer nur im Dreier-Pack stattfinden durften. Wir traten ja als Team auf und nicht als Frank Busemann. Das Team billigte mir zwar viel mehr Gage zu als den anderen, aber 100 Prozent der Verpflichtungen konnte ich nicht machen. Auf diese vermeintliche Fehleinschätzung reagierte die Agentur leicht säuerlich. Ihr Argument: Das Zehnkampf-Team sei nicht auf mich angewiesen und könnte durchaus eine eigene Vermarktung auf die Beine stellen. Mein Vater und ich sahen das auch so, nur glaubten wir, dass die Höhe der Sponsorengelder ohne mich ein wenig geringer ausfallen würde. Die Werbung der Agentur im Internet, die mit den Worten geschmückt wurde „...werden Sie Partner des Zehnkampf-Teams um Frank Busemann..." bestätigte eher unsere Einschätzung. Letztlich setzten wir uns zusammen und fanden einen vernünftigen Konsens.

Als ersten Wagen bekam ich einen Jeep mit 5,2-Liter-Maschine und über zweihundert PS. Er röhrte in der Stadt wie ein amerikanischer Dragster und auf der Bahn heulte er wie eine Flugzeugturbine. Es war ein Heidenspaß. Die 1.000 Mark, die ich im Monat an Sprit in den Tank füllte, reduzierten die

Gaudi ein wenig. Allerdings dauerte diese Geldvernichtung nicht sehr lange, da mein nächstes Gefährt, nicht mehr sechzehn Liter Super Plus konsumierte, sondern nur noch elf Liter Diesel.

Doch der neu gewonnene Reichtum des Teams ließ den Kreis derer, die plötzlich Ansprüche anmeldeten, größer werden. Schon bald stand die dritte Reihe auf der Türschwelle. Sie wollten wissen, wie hoch unsere Honorare wären. Das sollte die doch einen Scheißdreck interessieren. Ich holte das Geld durch Medaillen rein, und plötzlich wollten alle was vom Kuchen abbekommen. Es bedienten sich schon genug und ich sah es manchmal nicht ein, weshalb ich mir die Pobacken aufriss und alle die Hand aufhielten.

Würde es bei mir mal nicht mehr laufen, gab es für mich bestimmt keinen, der für mich die Knete reinholte. Einige Freunde aus der 7000-Punkte-Garde interessierten sich plötzlich brennend für die Verteilungsmodalitäten des Sponsorengeldes. Plötzlich kam von manchen Seiten Neid auf, weshalb ich so viel bekam und sie so wenig. Manche sahen durchaus die Verteilungspolitik ein und waren auch der Überzeugung, dass mir zustand, was ich bekam. Ich konnte mich auf den Realitätssinn einiger Athleten verlassen. Die Nörgler und Neider sah ich zum Glück in der Minderheit. Wie heißt es so schön: Man vergibt seinen Feinden, aber man vergisst seine Namen nicht. Dass ich einen derartig komplexen Vertrag auch fast alleine hätte bekommen können, war den Wenigsten bewusst. Zudem wollte ich mir meinen sportlichen Anreiz erhöhen, indem ich mir meinen Prämienanspruch erschwerte. Ich dachte, für den ordentlichen Betrag, den mir das Team in Aussicht stellte, musste ich auch eine ordentliche Leistung bringen.

Da die anderen für ihre persönliche Prämie eine neue Bestleistung brauchten, sah ich es als unfair an, dass mir lockere 8300 Punkte reichen sollten. Die Fairness gegenüber meinen Teamkollegen verlangte mir 8500 Punkte ab. Darunter wollte ich keine Extrawurst bekommen. Wenn die anderen 8200 machen mussten, war mein Anspruch eben höher. Aber ich hatte mich getäuscht. Ich hätte einfach zugreifen sollen. Aber ich hatte Hemmungen.

Die Universität brachte mir nicht den erhofften Erfolg, der mich in Jubelarien versetzte. Aber ich wollte endlich mal wieder Erfolg haben. So viel Erfolg, dass ich selbst überrascht war. Ich wollte es mit einem Schrei der Erlösung herausbrüllen und nachts vor lauter Glück nicht mehr schlafen können. Eine gute Klausur an der Uni konnte mir dieses Gefühl nicht verschaffen. Ich wollte reich werden. Richtig reich. Irgendwie hatte ich das große Glück, dass Geldverdienen in der letzten Zeit sehr leicht erschien. Ich hatte in den letzten zwei Jahren drei Eigentumswohnungen gekauft, deren Finanzierung mich allerdings noch fast dreißig Jahre begleiten würde. Ich hatte zudem noch Immobilienfonds und Flugzeugbeteiligungen gekauft - aber na ja. Steinreich wurde man mit so etwas nicht Ein Bekannter, der bei der Bank arbeitete, hatte einen heißen, todsicheren Tipp. Er erzählte mir von der Aktie am Handy. Allerdings zerhackte ein Funkloch das Gespräch. Ich verstand so ziemlich nichts. Er sollte sich auf die Wertpapierkennnummer beschränken, was er dann auch tat. Ich kaufte die Aktie umgehend. 1000 Stück für 6,50 Euro.

Ich wusste zwar nicht, was die machten, aber der Tipp war todsicher, der Typ war seriös und ich wollte reich werden. Aber so richtig reich. Jetzt musste ich auch mal was riskieren. Und sofort nach dem Kauf stiegen die Aktien. Ich kaufte 1000 weitere Billserv.com für 6,60 Euro das Stück. Ich kaufte und kaufte und kaufte. Ich wusste nicht, was Billserv produzierte oder ob Billserv überhaupt etwas produzierte, aber sie waren gut und todsicher und ich hatte nachher 13.500 Stück für insgesamt 70.000 Euro in meinem Depot. Alles todsicher - hatte mein Bekannter ja gesagt. Bei einem Durchschnittspreis von 5,70 Euro machte es mich zwar ein wenig unruhig, als der Kurs bröckelte, aber nur der Mann mit starken Nerven wird die richtige Kohle machen! Ich musste nur ruhig bleiben. Ich hatte zwar einen großen Teil meines Jahreseinkommens in diesen Wert gebuttert, aber alles halb so wild.

Dvorak machte mir unterdessen Sorgen. Beim Europacup war er nach dem ersten Tag auf Weltrekordkurs. Und damit nicht genug, er schickte sich an, die Schallmauer zu knacken. Meine 9000 Punkte! Aber der zweite Tag musste auch erst mal geschafft werden. Wenn es so leicht wäre, hätte diese Fabelmarke schon längst jemand erreicht. Aber ich war unruhig und stand in ständigem Kontakt mit dem Bundestrainer, der mich nach jeder Disziplin benachrichtigte. Die Entwicklung des zweiten Tages war beunruhigend. Nach dem Speerwerfen musste er nur noch eine 4:36 Minuten über 1500 Meter laufen, und dann hätte er die 9000 Punkte und ich meine Enttäuschung. Jetzt half alles Beten nichts mehr. Ich würde das Rennen um die magische Zahl verlieren.

Schon bald würde ich der Geschlagene sein und meinen vor drei Jahren geborenen Lebenstraum verlieren. An diesem Tag im Jahr 1999. Ich wartete auf den letzten Anruf des Bundestrainers. Doch er rief nicht an. Das war ein ganz schlechtes Zeichen. Er wusste um meinen Ehrgeiz und um die drohende Enttäuschung. Dvorak hatte die 9000 geschafft und Marek rief nicht an. Scheiße. Er müsste schon lange im Ziel sein. Mit zwei Stunden Verspätung klingelte mein Telefon. Ich saß gerade im Auto. „Die sind vor einer Minute ins Ziel gekommen. 8994! Er hat zum Schluss einen Kolbenfresser bekommen!" Er hatte sechs Punkte zu wenig! Sechs mickerige Punkte! Ich war gerettet und mein Traum, mein Lebensziel hatte noch Bestand. Ich hätte vor Glück schreien können. Ich war so ein Schwein. Aber irgendwie war ich auch vollkommen entsetzt und konnte mitfühlen. Wie konnte man sechs Punkte vergeigen? Jetzt hatte ich wieder Zeit. Die 9000 Punkte hatten gewackelt, sie hatten gebebt, aber sie blieben für mich. Ich legte eine Sonderschicht Training ein. Ich musste mich beeilen. Ich hatte schon in der Vergangenheit keine Zeit, Techniken zu entwickeln, weil ich immerzu den sofortigen und schnellen Erfolg wollte, es musste immer sofort klappen. Aber jetzt war ich in allerhöchster Eile. Die anderen tasteten sich an die Schallmauer heran und ich konnte mich nicht wehren. Dieses Jahr würde es nicht klappen, aber ich musste die Grundlage für die Zukunft legen. Dann wollte ich es schaffen.

Das Interesse an meiner Person war auch im Vorfeld der Weltmeisterschaft in Sevilla rege. Eine Journalistin, die zwei Jahre zuvor einen Bericht verfasst hatte und ihn ohne mein Einverständnis mit meinem Namen als Autor versehen hatte, rief wieder an. Der damalige Streit war zwar aus der Welt geräumt, aber wir fanden es nach wie vor nicht gut, dass ein persönliches WM-Tagebuch erschienen war, jedoch kein einziges Wort aus meiner Feder stammte. Wir sollten uns mal nicht so anstellen, das sei doch ganz normal, dass jeder seinen Ghostwriter hatte. Wir fanden das eher unnormal. Und jetzt wollte sie wieder ein Tagebuch unter meinem Namen verfassen. Wenn ich als Autor eines Artikels genannt wurde, dann wollte ich auch der Autor sein. Als mein Vater ihr das noch mal verdeutlichte, schrie sie fuchsteufelswild: „Sie müssen nicht glauben, dass um jemanden mehr Geschiss gemacht wird als um ihren Sohn! Und wenn Sie Geld haben wollen, müssen Sie das nur sagen!" Aber es ging uns ums Prinzip, um die Wahrung des Respekts und der Höflichkeit, und all das vermissten wir hier. Es gab kein Busemann-WM-Tagebuch.

Beim Angebot einer Fernsehsendung wurden wir indes schwach. Ich sollte diesem Sender exklusiv drei Tage nach der WM zur Verfügung stehen. Die Bedingung: Ich durfte in keinem anderen Fernsehmagazin auftauchen. Kein Problem. Mein Vater besprach dieses Engagement am Telefon des DLV-Büros in Sevilla, andere Trainer standen um ihn herum. Also sagte er: „Für das gleiche Honorar wie damals in der Sendung ´96?". Er glaubte sich zu erinnern, dass es damals 5.000 Mark waren. Der Redakteur sagte: „Okay, wieder für 10.000!" Super. Hatten wir uns wieder im Schlaf beschissen. Aber was durfte ich jetzt und was nicht? Wie viele Interviews durfte ich geben, wann hörte die Exklusivität auf? So richtig wusste ich es nicht. Aber für so viel Geld konnte man ja ein bisschen schweigen.

Meine Freundin war diesmal nicht dabei. Ich hatte seit der Verletzung im Vorfeld vor der Weltmeisterschaft in Athen eine Heidenangst davor, dass Katrin die Reise buchte, Karten kaufte und ich mich vorher verletzte. Ich hatte sie aufgrund der Unsicherheit davon abhalten können. Bei meiner Mutter und meinem Bruder war das anders. Sie fuhren wieder mit der gleichen Gruppe wie 1997 und würden dort mit Freunden genug Spaß und Interesse an dieser Weltmeisterschaft haben - auch wenn ich nicht starten sollte. Aber Katrin käme nur wegen mir. Jetzt hatte ich mich zwar qualifiziert, aber die Buchungsfrist eines Pauschalarrangements war abgelaufen. Sie musste zu Hause mitbangen.

Als ich am Vortag des Wettkampfes in der Hotellobby stand, schaute ich kurz nach draußen, da gerade ein Taxi hielt. Ich erblickte den Unterarm einer Frau. Ich zuckte zusammen. Wenn ich es nicht besser wüsste, hätte ich diesen Arm meiner Katrin zugeordnet. Aber das war nicht möglich. Ich hatte noch vor fünf Stunden mir ihr telefoniert und sie machte keine Andeutung, als würde sie ihren Aufenthaltsort an diesem Tag noch verändern. Überraschung! An dem Unterarm war meine ganze Freundin dran. Wie ging das denn? Ich hatte sie direkt vor ihrer Abfahrt am Telefon erwischt und deshalb hätte sie ihren Flieger beinahe nicht bekommen. Alle wussten es, nur ich nicht. Sie hatte kurzfristig alles auf eigene Faust gebucht, war mit meinem Stabhochsprungtrainer Volker Przygoda gekommen und stand jetzt plötzlich vor mir. Da konnte ja nichts mehr schief gehen.

In der neuen Saison bekam ich von meinem Ausrüster adidas eine „Geheimwaffe" präsentiert. In ihren Labors hatten sie eine neue Einlegesohle kreiert, die schnell machen sollte. Sie bemühten sich wirklich um mich. Vor drei Jahren räumten sie für mich ihr deutsches und schweizerisches Lager leer, damit ich für die nächsten zehn Jahre die passenden Trainingsspikes hatte. Die waren wie maßgeschneidert für mich, deren Produktion aber leider eingestellt.

Nachdem sie mir auch für meine Pillefüße Spezialanfertigungen in neuestem Design bastelten, kam jetzt eine adidas-Spezialistin extra aus dem 400 Kilometer entfernten Herzogenaurach zu mir, um mit mir die neuen Sohlen im Training zu testen. Ich sollte nach geschaffter Qualifikation in Ratingen mit ihnen bei den bevorstehenden Weltmeisterschaften noch einen Tick schneller sein als sonst. Die Dinger waren so hart und unflexibel, dass ich immer aus den Schuhen flutschte. Da ich seit ein paar Jahren auch in meinen Spikes Einlagen tragen musste, da mir sonst nach kurzer Belastung die Füße unglaublich weh taten, wurde der Schaft mit einer zusätzlichen Einlage natürlich noch höher. Doch ich wollte unbedingt damit laufen. Musste ich mir halt die Socken ausziehen und klebrigen Baumharz reinschmieren.

Am Wettkampftag fühlte ich mich beim Aufwärmen extrem gut. Viel besser, als es die Vorbereitung versprach. Ich konnte die letzten Monate die Sprintfähigkeit nur ungenügend trainieren, und jetzt entwickelte ich eine Kraft, die Lust auf mehr machte. Ich bündelte emotional seit Wochen eine Energie, die das mangelhafte Training kompensieren konnte. Ich hatte mich geistig in Stellung gebracht und hoffte wieder auf ein Wunder. Ich hatte es schon oft genug geschafft, darauf wollte ich auch dieses Mal vertrauen. Ich stand in den Katakomben, durfte gleich auf die Bahn, hatte einen Mordsdruck in den Beinen und war froh, nach dem letzten schmerzvollen Jahr endlich wieder dabei zu sein.

Es war schön, von dem Isländer Magnusson morgens mit den Worten „Hi Frank, welcome back!" begrüßt zu werden. Sie hatten mich nicht vergessen. Ich war einer von ihnen, ich gehörte dazu! Ich ging ins Stadion und machte einen leichten Probestart. Es war so schön, wieder im Wettkampf zu sein. In der Quali hatte ich 8414 Punkte gemacht, und jetzt war ich viel besser drauf. Und ich stand nicht neben mir wie noch einige Wochen zuvor, als ich mich den ganzen Wettkampf immerzu dabei erwischte, wie ich mir die nächste Disziplin herbeisehnte. Damals war ich mit dem Wettkampf nicht eins. Und nun sollte ich es werden. Ich dehnte noch einmal meine Vorderseite der Beine und zog den Fuß ans Gesäß. Peng!!! Es knallte, als habe mich ein Schuss getroffen. Ich guckte auf die Stelle und sah keine äußerliche Verletzung.

Das konnte nicht sein, ich dehnte vor dem Wettkampf immer mein Bein. Wie auch dieses Mal. Ich merkte, wie sich meine innere Ruhe verflüchtete. Ich geriet in Panik. Was wäre, wenn ich mir in der lockeren Vorbereitung eine Verletzung zugezogen hätte? Dann wäre alles aus. Ich musste noch zehn Disziplinen absolvieren, und mein Oberschenkel tat schon vor den 100 Metern höllisch weh. Meine Seele schwebte plötzlich aus meinem Körper und ich sah mich von außen. Aus ganz großer Entfernung. Ich war nicht mehr ich selber. Ich verfiel in einen Zustand der totalen Verunsicherung. Das konnte nicht sein! Das war nicht möglich! Was sollte ich tun? Es war sicherlich nur ein Krampf, ich musste ihn behandeln. Kneten, massieren, streicheln, lockern. „Tu doch was!" durchfuhr es mich. Was war das für ein Scheißfilm. Ich war weit weg jeglicher Realität. Das konnte nicht die Wahrheit sein.

War alles aus? Musste ich aufgeben, bevor ich den Wettkampf begonnen hatte? Ich musste zum Arzt! Sofort! Aber der Starter rief zur Aufstellung. Ich musste diesen Lauf nur überstehen, im Ziel warteten die Mediziner auf mich, die würden mich schon wieder zurechtbekommen. Bestimmt. Aber der Knall war zu heftig. Das konnte niemals gut gehen, nicht bis morgen Abend, nicht bis ins Ziel. Doch ich konnte und wollte nicht aufgeben. Dafür hatte ich zu lange trainiert, ich hatte zu lange gebangt, ich hatte mich zu lange auf diesen Wettkampf gefreut und so viel Kraft aufgestaut, die entladen werden musste. Ich musste die ersten 100 Meter ins Ziel schaffen. Ich lief und hatte das Gefühl, als laufe ich mit einem Messer im Bein. Ich verdrängte den Schmerz und wurde nach unglaublichen 10,87 Sekunden brutal von ihm eingeholt. Ich humpelte in der Mixed Zone fast an Gerhard Delling, meinem ARD-Kollegen des Vorjahres, vorbei, besann mich kurz und redete leicht verstört in das Mikrofon. Panisch fiel mir ein, dass ich weitermüsse, ich hätte keine Zeit und müsse zum Arzt. Es sähe nicht gut aus, aber ich wollte nicht aufgeben. Der Arzt müsste entscheiden, es fühlte sich nicht gut an. Die medizinische Abteilung war vorbereitet. Sie erwarteten mich.

Die Diagnose war nicht eindeutig. Ich bettelte darum, weitermachen zu dürfen. Ich konnte nicht aufgeben. Das verboten mir mein Stolz und mein Ehrgeiz. Ich wollte nicht aufgeben. Niemals. Dafür war ich nicht hierher gekommen. Die Zeit rannte davon, ich humpelte von der Liege ins Stadion zum Weitsprung.

Tomas Dvorak erkundigte sich nach meinem Befinden. Ich schüttelte nur mit dem Kopf und sagte „Shit!" In meinen Augen konnte er sicher meine Angst lesen. Er klopfte mir auf die Schulter. Er verstand mich. Es war hoffnungslos, aber ich wollte kämpfen, bis zum Untergang. Ich musste es für mich tun. Ich vertraute einfach auf mein Talent und mein Wettkampfgeschick und startete den ersten Versuch. Ich guckte auf das Brett, er musste gültig sein, kostete es, was es wolle. Er war gültig. 7,60 Meter. Es machte keinen Spaß. Es war für die Umstände eine fast sagenhafte Leistung, aber wofür? Das konnte nicht gut gehen. Ich wollte noch einen Versuch machen. Ich kämpfte gegen den klinischen Tod an und hoffte, mit ein wenig besserem Wind noch weiter zu springen. Doch ich kam nicht einmal mehr bis zur Grube.

Ich ließ mich von einem Kampfrichter aus der Arena führen und verschwand in der Kabine unseres Arztes. Er verbot mir die Fortsetzung des Wettkampfes. Jetzt konnte ich die Tränen nicht mehr zurückhalten. Ich wollte nicht aufgeben. Ich konnte noch weitermachen. Aber es war zwecklos.

Den ersten Tag zu schaffen wäre schon utopisch gewesen. Nach einer Weile sagte der Arzt, dass er die Journalisten informieren und sie dann wegschicken würde, damit ich in Ruhe das Stadion verlassen konnte. Doch das wollte ich nicht. Ich wollte mich nicht durch den Hinterausgang heimlich davonstehlen. Ich musste mich im Augenblick meiner größten sportlichen Niederlage den Medien stellen. Warum sollten sie nur den Strahlemann Busemann sehen? Sie hatten ein Recht, auch das Gesicht des Optimisten Busemann zu sehen, wenn der am Boden lag.

Auch das gehörte dazu. Zudem konnte ich mein Herz ausschütten, konnte mir meine Enttäuschung von der Seele reden. Ich kämpfte immerzu mit den Tränen, meine Stimme stockte, aber ich wollte mich stellen. Die Presse war mir immer wohl gesonnen, und nun wollte ich ihr zurückgeben, was sie mir seit drei Jahren entgegenbrachte: Respekt. Ich achtete sie in ihrer Tätigkeit als Informationensammler. Sie machten ihren Job, und dazu gehörte auch, dass sie meine Geschichte aus erster Hand bekamen. Selten hat man wohl eine so deprimierte Journalistenschar gesehen. Und ich war der Grund. Sie trauerten mit mir und waren nicht böse auf mich, da ich ihre Erwartungen nicht erfüllt hatte. Ich fühlte, dass sie mit mir fühlten.

Im Hotelzimmer erhielten wir eine Nachricht aus Deutschland. Es war die 10.000-Mark-Sendung. Sie wollten nun doch nicht und boten eine Entschädigung von 3.000 Mark an. Es war ein kleines Trostpflaster für das Nichtstun und das Ende der Ungewissheit, wieweit Exklusivität reicht.

Das Ergebnis des Zehnkampfes ließ mich noch trauriger werden. Ich saß auf der Tribüne und musste mit ansehen, wie die Silbermedaille mit weniger als 8600 Punkten wegging. Es war zum Heulen. Das hätte ich mir auch zugetraut. Wer mit appem Bein so schnell rennt, der kann auch 8600 Punkte machen. Da saß ich nun und konnte mich nicht wehren. Zudem konnte ich meine ganze Energie nicht rauslassen. Wirklich alles war unbefriedigend.

Ich wollte nach Hause, sofort. Also wurde der Flug umgebucht. Am übernächsten Tag flog ich drei Tage früher als geplant nach Hause. Mit mir Klaus Isekenmeier, der den Zehnkampf im Hochsprung mit Hexenschuss aufgeben musste. Ich fühlte mich deswegen fieserweise ein wenig besser. Jetzt war ich mit meiner Trauer nicht mehr alleine, und geteiltes Leid ist halbes Leid. Normalerweise hatte ich bei Umbuchungen immer noch mehr Angst als vor dem Fliegen generell. Was wäre, wenn gerade diese neu gebuchte Maschine abstürzte? Was wäre, wenn ich mit meinem ursprünglichen Flieger nicht abgestürzt wäre? Welches ist die Schicksalsmaschine? Auf dem Weg von Sevilla nach Hause war mir das egal. Ich hatte gerade meine größte sportliche Niederlage hinter mich gebracht. Einen zweiten Schicksalsschlag innerhalb 48 Stunden hatte kein Mensch verdient. Die Maschine würde mich lebend nach Hause bringen. Ich war zu traurig und deprimiert, um ängstlich zu sein.

Ein Sponsor wurde nervös und wollte wissen, wann ich denn nun endlich für die Olympischen Spiele in Sydney qualifiziert sei. Ich war ein wenig eingeschüchtert und mein Vater erklärte, dass eine Qualifikation erst im nächsten Jahr möglich sei und die Nominierung im August 2000 erfolgte. Da wir mit der Zusammenarbeit auch nicht zufrieden waren, boten wir dem Sponsor eine sofortige Vertragsauflösung an. Ganz fair, wie wir fanden. Aber diese Lösung wollte unser Partner nicht. Wir hatten ihm alle Tore zum Ausstieg geöffnet. Aber er vertraute weiter auf meinen zurückkehrenden Erfolg. Und das tat ich auch. Wenn ich erst mal wieder gesund wäre, dann würde es losgehen und ich würde den Schrei des Erfolges um die Welt schicken. Ich glaubte an mich, sollte der Sponsor doch die Nerven verlieren.

Die Diagnose zu Hause bestätigte, dass eine Fortsetzung des Wettkampfes in Sevilla Kokolores gewesen wäre. Ich hatte einen Faszienriss, einen Riss der Muskelhülle. Die verordnete Erholungszeit nutzte ich, um mir die Knie operieren zu lassen. Diese Schwachpunkte hemmten meinen Bewegungsdrang jetzt schon einige Zeit, und die kleinen Eingriffe versprachen Linderung. Die zwei Tage im Krankenhaus gingen schnell und ohne Komplikationen rum, und bald wollte ich wieder in alter Frische angreifen. Die 9000 Punkte waren immer noch nicht geknackt und ich wollte bereit sein. Ich hatte mittlerweile zwar eine gehörige Portion Angst vor dem Diskuswerfen, da ich den Sektor nicht mehr traf, aber ich musste mich beeilen. Die Zeit lief gegen mich. Mit zwei schmerzfreien Knien sollte die Mission machbar sein.

In der Zeit meiner Rekonvaleszenz bekam ich von der Stadtsparkasse einen Brief. „Wir müssen Ihnen leider mitteilen, dass die Notierung der Billserv.com mit Kennnummer 924249 in der nächsten Woche eingestellt wird." Mir fielen die Krücken aus der Hand. Was hieß das? Meine 70.000 Euro waren weg? Futschikato. Einfach in Luft aufgelöst? Ich verfiel in Panik.

Mein Geld! Mein schönes Geld! Der Tipp war doch todsicher. Der Kurs sackte sofort auf drei Euro ab. So eine hohe Stückzahl würde ich in zwei Tagen nicht verkaufen können.

Teilweise waren mein Vater und ich die einzigen Interessenten für diesen Wert - in ganz Deutschland! Ich konnte nicht mehr schlafen. Ich rief meinen Tippgeber an. Der beruhigte mich „Keine Panik, in Amerika geht der Handel weiter. Du kannst sie dort verkaufen!" Was ich dann auch tun wollte. Doch die Umschreibung dorthin dauerte zwei Monate. Als es endlich möglich war, verkaufte ich sofort die Hälfte. Mittlerweile waren sie sogar wieder etwas über den Einstandskurs gestiegen. Plötzlich kam das Gerücht auf, Billserv würde in ein neues Marktsegment aufgenommen, was erhöhten Umsatz versprach.

Die Kurse stiegen unaufhaltsam. Zehn Dollar, Zwanzig Dollar, Dreißig Dollar. Ich traute mich gar nicht mehr nachzuschauen. In kürzester Zeit stiegen sie auf fünfundvierzig Dollar! Ich würde DM-Millionär werden. Mit einer Aktie. Ich war bald am Ziel meiner Träume. Dafür hatte ich auch geschwitzt wie ein Tier. Und jetzt konnte ich die ganzen Mäuse bald steuerfrei einstreichen. Ich musste nur die einjährige Haltefrist abwarten und würde einen Mordsreibach machen. So, wie ich es mir vorgestellt hatte. Fünfundvierzig Dollar mal 6.500 Stück. Das waren fast 300.000 Dollar. Wenn sie bis achtzig Dollar stiegen, betrug der Gegenwert umgerechnet eine Million Mark. Warum sollte der Kurs nicht weiter explodieren? Es gab kein Limit. Ich würde reich werden. Richtig reich.

Kapitel 11 – 2000

Warum immer ich?

Ich brauchte ein sportliches Topergebnis. Ich wollte danach die Freude rausschreien. Die Kraft aufstauen und entlassen. Ich wollte explodieren. Ich wollte den unvorstellbaren Erfolg schmecken. Er war so süß und gab mir dieses gute Gefühl, dem ich jetzt seit einigen Jahren meist vergeblich hinterherlief. Ich musste aber den Weg des Erfolges erst einmal wieder finden. Hatte ich mich verirrt? Ich war zu hektisch. Ich dachte immerzu an diese verdammten 9000 Punkte. Ich musste etwas ändern. Mit der Brechstange kam ich nicht weiter, das hatten mir die letzten zwei Jahre bewiesen. Ich musste mich auf mich selbst besinnen und mir meiner Stärken wieder bewusst werden. Ich vereinte doch schon früher alle Fähigkeiten in mir, die zum Sieg führten. Ich konnte ackern wie ein Pferd, lauern wie eine Katze und angreifen wie ein Tiger. Ich hatte ein Potenzial, welches ich mit Köpfchen nutzen musste und nicht mit der Ungeduld eines Kindes vergeuden durfte. Ich musste über die Bahn schweben, ich musste mir Zeit zur Entwicklung eines Zieles geben. Die Zeit musste ich nutzen, und das Ziel waren die Olympischen Spiele in Sydney.

Doch bis dahin konnte ich kaum warten. Ich trainierte jetzt zwar ruhiger und cleverer, aber das Gefühl des Erfolges wollte ich trotzdem spüren. Irgendeines Erfolges. Ich konnte nicht bis zum September warten. Aufgrund der sich jetzt häufenden Physiotermine und der vollen Konzentration auf das seit fünfzehn Jahren stehende Ziel Olympia 2000 hatte ich meinen Einsatz an der Uni auf Null zurückgefahren. Ich hatte keine Zeit mehr, all die sportlichen und außersportlichen Verpflichtungen mit dem Studium zu vereinbaren. Ich hatte nur diese eine Chance alle vier Jahre, und diesem Lebenstraum musste ich alles andere unterordnen. Doch ich suchte auch Erfolg auf irgendeiner anderen Schiene. Ich wollte mir beweisen, dass ich ein Allrounder war. Ich wollte der große Zampano im Sport und im Leben sein. Der Athlet

Busemann musste Geduld haben, der Zocker Busemann konnte sofort losschlagen. Nach dem Crash 1998 stiegen die Kurse jetzt in ungeahnte Höhen, und ich wollte ein Stück von diesem Wahnsinn abhaben.

Und es funktionierte. Ich informierte mich via Internet und sprang auf jedes Gerücht und jeden fahrenden Zug auf. Bei der ganzen Zockerei konnte ich mich noch nicht mal verletzen, denn die Finger und den Kopf musste ich ja nicht schonen. Ich handelte bis zur Erschöpfung. Rein, raus, rein, raus. Keine Gelegenheit ungenutzt lassen. Alles kaufen, was in irgendeinem Chat besprochen wurde. Ich saß bis tief in die Nacht vor dem Computer, wertete alle Diskussionen aus und verfolgte ab zwei Uhr nachts die Entwicklung der asiatischen und australischen Börsen. Ich hatte alles im Griff. Jeden Penny-Stock, den ich kaufte, konnte ich nach einigen Tagen schon mit horrenden Buchgewinnen in meiner Statistik führen. Geldverdienen war ja so leicht. Aktie angucken, kaufen, warten, reich werden. Ganz simpel. Ich kaufte asiatische Zockerpapiere, die nur Cents wert waren und mir mittlerweile den Eindruck vermittelten, dass sie in jedes seriös geführte Depot passten. Ich kaufte 15.000 Stück zu 0,10 Euro hier, ich kaufte 30.000 Stück zu 0,18 da und manchmal auch 200.000 zu 0,02 Euro von einem anderen Wert. Ich war im Rausch. Rein, rein, rein. Meistens rein. Warum sollte ich verkaufen? Es lief doch wie geschmiert!

Während eines einwöchigen Lehrgangs des Zehnkampfteams kaufte ich aufgrund des Tipps eines Athleten für 50.000 Mark Aktien. Jetzt hatte ich gefährlich abgehoben, denn dieses Ordervolumen war fünfmal so hoch wie sonst. Aber ich hatte alles im Griff. In meinem Depot stapelten sich mittlerweile fast fünfzig verschiedene Werte und hatten einen Gegenwert von fast einer Million Deutsche Mark. Ich kannte alle fünfzig Aktienpositionen mit Namen, Kaufkurs, Stückzahl, Wertpapierkennnummer und Kursziel. Ich hatte den totalen Überblick. Die Nächte waren zwar unruhig, aber der Reichtum verlangte Einsatz! Ja, so schmeckte Erfolg!

Ich verkaufte den Tipp des anderen Zehnkämpfers mit einem Gewinn von fünfzig Prozent. Plus, plus, plus, die Zeichen standen auf Erfolg. Ich telefonierte öfter mit der Bank als mit Katrin. Eines Tages kaufte ich Trend Micro. Auch ein japanischer Wert. Die kosteten 260 Euro das Stück. Wie viel sollte ich kaufen? In letzter Zeit erwarb ich nur noch Aktien, die einen zehntausendstel Kurs dieses Wertes hatten. Ich kaufte statt 20.000 nur 200 Stück, denn eine Investition im Wert von 5.000 Euro war angemessen. Nach einer Viertelstunde schaute ich auf meinen Zettel und erschrak.

Ich tippte 200 mal 260 in den Taschenrechner. Ergebnis: 52.000 Euro. Ich gab die Werte noch mal ein und wurde kreidebleich. Ich hatte gerade über 100.000 Mark für einen absoluten Nebenwert ausgegeben. Ich kontrollierte im Internet. Ausgeführt. Ich konnte die Order nicht mehr zurückholen. Ich hatte gerade den Tagesumsatz dieses Wertes um 800 Prozent nach oben geschraubt. Ich war panisch und versuchte irgendwie, die Ruhe zu bewahren.

Warte einen Tag und vielleicht hast du mit diesem Missgeschick ja Glück und der Wert steigt um einige Prozent. Schließlich müssen andere den Eindruck haben, dass sich ein institutioneller Großinvestor heimlich, still und leise mit diesem Wert eingedeckt hat. Doch das geschah nicht. Am nächsten Tag wollte ich die Dinger wieder loswerden. Ich musste sie auf drei verschiedene Börsen in Deutschland aufteilen, um genug Käufer zu finden. Dieser Fehler kostete mich über 8000 Euro. An einem Tag. Nur, weil ich zu blöd zum Rechnen war.

Und was tat sich bei Billserv, meiner Millionenhoffnung? Kurz bevor die Spekulationsfrist endlich abgelaufen war platzte die ganze Blase und meine Billserv-Aktien brachten mir lediglich einen mickrigen Gewinn. Wie nicht gewonnen, so zerronnen. Verdammt, das schöne Geld!

Erst hoffte ich, dass die Probleme von kurzer Dauer sein würden, nach dem starken Anstieg war eine Erholung normal. Nachdem der nächste Wert wegen Betrugs von der Börsenaufsicht gesperrt wurde und ich plötzlich auf zigtausend wertloser Aktien saß, hatte ich die Faxen dicke: Konzentrier´ dich endlich wieder auf den Sport, du kranker Zocker!

Das olympische Jahr 2000 sollte der Höhepunkt meiner Karriere werden. Es war eben dieses Jahr, in dem sich die Welt für mich verändern sollte. Es war das Jahr mit dem Ereignis, welches ich vier Jahre Tag und Nacht fokussiert hatte. Schon am Abend des 1. August 1996 war mir klar, dass ich vier Jahre später in Sydney ganz oben stehen wollte: Mit Weltrekord, mit Gold und mit dem doppelten Glücksgefühl von Atlanta. Ich hatte es in der Hand. Ich konnte mit diesem einen Wettkampf alle Rückschläge und Schmerzen der Vergangenheit aus eigener Kraft wegwischen. Der Tag sollte kommen.

Dann sollte die Welt „Busman" kennen. Ich wollte den Olymp erklimmen. Ich konnte es kaum erwarten. Ich wollte die guten und die schlimmen Erlebnisse der zurückliegenden Monate und Jahre zu meinem Vorteil komprimieren - es sollte fließen, also keine Angst beim Diskuswerfen, keine Verkrampfung beim Training, keine Brechstange beim Wettkampf. Ich wollte es laufen lassen. Leicht, geschmeidig und sicher. Unverschämt sicher. So sollte es sein. Ich musste an mir arbeiten und auf mich vertrauen. Mir meiner Stärken bewusst sein und die Nerven behalten. Meine Stärke aus dem Jahr 1996 und mein Potenzial aus dem Jahr 2000 kompromisslos nutzen.

Ich trainierte besessen, aber mit Köpfchen und hatte meinen ersten großen Test an der Stätte meines internationalen Premierenzehnkampfes, Götzis. Ich wusste, dass ich stark war und genoss das Gefühl, gut in Form zu sein. Ich war rechtzeitig auf den Pfad des Erfolges zurückgekehrt. Ich wusste, wie sich guter Sport anfühlte, und ich konnte es jetzt wieder ausleben. So wie früher. Der Wettkampftyp Busemann war zurück. Dabei war ich noch gar nicht so weit, da meine große Stunde erst vier Monate später in Australien schlagen sollte. Mir tat so wenig weh, dass ich ganz ohne Voltaren-Schmerztabletten auskommen wollte. Ganz ohne ging es dann doch nicht.

Ich begann den Mehrkampf souverän und fand gut in den Wettkampf hinein. Schlechte Leistungen ertrug ich mit Größe, gute Leistungen quittierte ich mit Freude. Ich lief die 400 Meter, kam ins Ziel wie ein schlecht trainierter Raucher, aber ich ließ mich nicht fallen. Ich war stark und ich wollte demonstrieren, dass ich hier nur einen lockerleichten Anfang starten wollte. Ich wollte den anderen Angst machen, sie sollten sich nicht sicher sein, ob ich Vollgas gegeben oder nur ein wenig gespielt hatte.

Der zweite Tag begann mit einem Paukenschlag. Dvorak, der auf dem besten Wege war, die 9000 Punkte anzugreifen, erzählte mir vor dem Hürdenlauf, dass sein Knie stark schmerzte. Das hätte er nicht tun dürfen. Jetzt wurde ich richtig wild. Ich wollte ihm derart einen vor den Latz hauen, dass ihm beim nächsten Mal die Knie nicht schmerzen, sondern schlottern sollten. Ich war auf dem richtigen Weg. Er gab mir die Vorlage. Ich wollte sie nutzen. Ich wollte Stärke demonstrieren. Das Rennen begann. Ich startete furios. Ich ließ die Konkurrenz hinter mir. An der siebten Hürde wurden die Beine so langsam schwer. Die achte Hürde wurde mir zum Verhängnis.

Ich polterte in sie rein, strauchelte und schaffte gerade die neunte Hürde. Geschafft, dachte ich, aber die zehnte Hürde sollte sich wegen der schlechten Überquerung der vorherigen als noch größeres Hindernis herausstellen. Doch auch diese schaffte ich. Trotz der Stolperei lief ich noch 14,72 Sekunden. Das war für die Umstände sensationell. Ich wusste nicht, ob ich traurig sein sollte, da ich gut eine Sekunde verschenkt hatte, oder ob ich glücklich sein sollte, dass ich überhaupt noch dabei war. Ich entschied mich für die Mitte. Dieser Fast-Sturz brachte mir in Trainerkreisen allerhöchsten Respekt ein. Dass man einen Lauf mit einem solchem Fehler eigentlich gar nicht ins Ziel bringen konnte, brachte mir zwar viel Bewunderung, aber keinen Trost.

Trotz des Schrecks in den Knochen wollte ich meine neue Stärke und Sicherheit im Diskuswerfen nun nutzen. Doch die Fotografen am Netz machten mich nervös. Zwei Jahre zuvor hatte ein Blitzlicht mich während des Wurfes so irritiert, dass ich jetzt schon vor dem Geräusch des Auslösers höllischen Respekt hatte. Hoffentlich blitzt es nicht wieder so überraschend, dachte ich. Die Schwäche verleitete mich dazu, mich auf Dinge zu konzentrieren, die mit dem Werfen nicht so viel zu tun hatten. Ich bat die auf der Lauer liegenden Fotografen, Abstand zu halten. Ich wusste, dass diese Bitte fast unverschämt war, aber nach dem verunglückten Hürdenlauf und dem eierigen ersten Versuch verlangte ich es einfach. Sie ignorierten meine Bitte. Der Veranstalter Konrad Lerch schaltete sich ein, erklärte den Käfig kurzerhand zur Sperrzone und ermöglichte mir optimale Bedingungen.

Später beim Stabhochsprung testete ich meinen Mut. Ich hatte neuerdings die Gewohnheit, immer sehr weit rechts zu landen. Doch die Matte wird bei größeren Höhen nicht auch automatisch größer. Bei 4,85 Meter traf ich nur noch die Mattenkante und konnte den Sturz neben den Schaumstoff gerade noch abfangen. Deshalb bat ich Konrad Lerch, neben die Anlage weiteres weiches Material zu legen. Und das war erst mal mein Glück. Der Weltrekordler Tomas Dvorak kam nach dem ersten missglückten Versuch zu mir und sagte: „Frank, don´t do this again, that is not good for you and me!" Er hatte aufgrund meiner Kamikazeeinlagen auch Schiss bekommen. Ich sprang hemmungslos weiter. Was war der Schmerz gegen den Erfolg, gegen das Gefühl der Bestleistung? Nichts, er war ertragbar. Bis zu meinem letzten Versuch über die neue Bestleistung von 5,15 Metern. Ich sprang super, nur schief, sehr schief, ich zog einfach durch, es war der letzte Versuch, ich riss die Latte, die Matte wurde immer kleiner und wanderte aus der Vogelperspektive verdächtig stark zur falschen Seite. Meine Flugkurve war so weit von dem zentralen Landeplatz entfernt, dass mir ein harter Empfang drohte. So war es dann auch. Ich knallte mit dem Kopf durch die Spalten der extra ausgelegten Matten und testete die Härte des Bodens. Ich schrie auf, der Kunststoffbelag blieb stumm. Er hatte gewonnen. Ich blieb erst mal liegen. Kurz und dumpf war es. Nachher zog es ins linke Auge. Meine größte Sorge war, dass ich den Zehnkampf nicht zu Ende machen konnte, aber es sollte gehen. Dass der Nacken die nächsten drei Monate ein wenig steif war, konnte ich verschmerzen. Hauptsache: durchgekommen.

Zum Schluss kam mit den 1500 Metern die Disziplin meiner Begierde. Ein Horror für jeden Mehrkämpfer. Gerade aus diesem Grund liebte ich sie. Sie sollten mein Joker sein. Ich war in hervorragender Ausdauerform. Ich vereinbarte mit Mike Maczey eine Marschroute. Ich wollte genauso gleichmäßig laufen wie zwei Jahre zuvor in Ratingen. Wir waren ein gutes Team, ich liebte es, Tempo zu machen, er liebte die Tempovorgabe. Es kam anders. Da ich mich dermaßen stark fühlte, vergaß ich teilweise das Rennen, weil ich keine Anstrengung verspürte. Ich lief ungleichmäßig, beschleunigte, bremste ab, ich verschärfte das Tempo und trödelte wieder. Es war ein Schnell, Langsam, Schnell mit Mike im Schlepp. Der hastete verwirrt hinterher. So hatte er sich meine Tempoarbeit nicht vorgestellt. Der vor uns laufende Ungar konterte jede Tempoverschärfung, so dass ich nicht vorbeikam und mein Rennen fast ausschließlich auf Bahn zwei lief. Es war mir egal, die anderen sollten sehen, dass ich nicht 1500 Meter, sondern einiges mehr laufen konnte und trotzdem schnell war. Im Ziel erreichte ich als Zweiter eine 4:23,23 Minuten, gab mich aber betont lässig und unangestrengt. Ich schnaufte kurz durch, empfing meine Gegner mit einem Lächeln, nahm meine Tasche und plauderte mit den wartenden Journalisten. Mein Weg war richtig. Pünktlich hatte ich meinen Kopf mit dem Körper wieder in eine beruhigende Synchronität gebracht. 8531 Punkte mit der Gewissheit, mehr zu können, und mit dem Joker in der Hinterhand, dass ich das erste Mal die 1500 Meter nicht ausgereizt hatte. Da war ein ausbaufähiges Potenzial, welches in mir schlummerte, das mich so stark werden ließ, dass ich wusste, was ich wollte und konnte. Ich wollte Olympiasieger in Sydney werden. In diesem Jahr im September. Es schien aussichtslos, da ich in Götzis beim stärksten Zehnkampf aller Zeiten „nur" den sechsten Platz belegte und die anderen so stark waren, dass der Gedanke an den Olympiasieg pure Zeitverschwendung war. Aber nur in den Augen der anderen, nicht in meinen. Ich hatte vier Jahre darauf gewartet. Nun sollte und wollte ich zuschlagen. Ich würde bald meine absolute Topform erreichen, und wer Gold gewinnen wollte, der musste mich erst mal schlagen.

Mein Muskelkater nach diesem ersten Qualifikationswettkampf war riesengroß und die Erschöpfung störte die Feinmotorik für die nächsten Tage und Wochen. Trotz alledem sah man den Fortschritt, den ich machte. Meine Form verbesserte sich stetig. Als die Müdigkeit so langsam wich, wagte ich mich nach zwei Wochen auch wieder an die Hürden. Den Fehler von Götzis hatte ich verdrängt, der war passiert und nicht mehr relevant. Bis zur ersten Trainingseinheit nach meinem Zehnkampf. Ich lief ein paar Hürden, und mir unterlief der gleiche Fehler. Ich strauchelte, entging dem Sturz nur knapp und ärgerte mich über diesen erneuten, dummen Fehler. Ich begann zu überlegen. Was wäre, wenn dir das in Sydney passiert? Ich wäre machtlos. Dieser Fehler hatte seinen Ursprung in den Schritten vor der Hürde, nicht über der Hürde, das war nur das Ergebnis. Es war beängstigend. Ich war verunsichert. Urplötzlich. Meine größte Stärke wurde unberechenbar. Ich konnte sie nicht mehr kontrollieren. Die Hindernisse kontrollierten mich. Warum nur?

Drei Wochen nach Götzis und wenige Tage nach diesem Erlebnis im Training startete ich bei einem Meeting in Rhede. Es war kalt und es nieselte. Ich wollte mich rehabilitieren und meine Angst besiegen. Ich wollte meine gute Form nutzen und mir beweisen, dass ich das Hürdenlaufen nicht verlernt haben konnte. Der Fuß tat ein wenig weh, aber das war ein ungefährliches Überbein. Wir gingen zu den Startblöcken und ich sah einen Hürdenwald vor mir, der Angst einflößend war. Die Strecke schien unheimlich lang. Direkt vor dem Startschuss verfluchte ich meine Entscheidung, hierher gekommen zu sein und nicht zu Hause auf der Couch zu liegen - vor dem Fernseher, sturzungefährdet und entspannt. Je näher der Start rückte, desto ängstlicher wurde ich. Im Lauf setzte sich dieses fort. Ich schaffte es nicht, das abzurufen, was ich eigentlich immer konnte. Ich trabte, zwei Klassen schlechter als sonst, in 14,18 Sekunden ins Ziel. Ich ärgerte mich über mich selbst. Ich vertraute nicht auf mich, sondern schreckte vor meinen Gegnern, den zehn Hürden, zurück. Sie drückten mir ihren Willen auf. Meine Miene verfinsterte sich. Der Endlauf sollte nicht so ein Desaster sein. Mein Fuß tat jetzt noch ein wenig mehr weh, aber der Schmerz war zu vernachlässigen. Das Überbein, welches im Moment hinderlich war, sollte irgendwann entfernt werden und dann nicht mehr stören. Die Diagnose konnte durch ein Röntgenbild zwar noch nicht hundertprozentig gestellt werden, dafür war die verknöcherte Ablagerung zu klein und unbedeutend, aber der Schmerz hatte eine logische Ursache, und das war wichtig.

Der Endlauf sollte die Wiedergutmachung sein. Ich war gut drauf und wollte das auch zeigen. Ich war aggressiv und konzentriert. Und doch wieder das gleiche Scheiß-Spiel. Je näher der Start rückte, desto unsicherer wurde ich. Wieder stand hinter dem Startblock nicht ein zu allem entschlossener und aggressiver Hürdensprinter, sondern ein Weichei, das seine Spikes besser in Pantoffeln hätten umtauschen sollen.

Der Endlauf hatte nicht nur das gleiche Gefühl, sondern auch die gleiche Zeit. Ich war der Verzweiflung nahe. Total niedergeschlagen und um einiges unsicherer als vor dem Lauf, den ich zur Festigung alter Stärke auserkoren hatte. Es war das genaue Gegenteil. Es hatte mich noch näher an den Abgrund getrieben. Meine Fähigkeit, schnell Hürden zu laufen, war weg. Einfach weg.

Ich war nur noch Durchschnitt, einer von vielen. So wie ich es in der Kneipe liebte und auf dem Sportplatz hasste. Und der Fuß tat höllisch weh. Aber das war keine Ausrede. Der Kopf stimmte nicht. Da hätte ein schmerzfreier Fuß auch nicht geholfen. Ich war deprimiert.

Ich gab trotzdem nicht auf, denn ich wollte eine Aufgabe erfüllen. Ich war zwar momentan etwas unsicher, aber die Zeit bis Sydney sollte ausreichen, um an der inneren Ruhe zu feilen und mich wieder zu dem zu machen, was ich war und was ich konnte. Ein Siegertyp. Ein motivierter Athlet mit einem Ziel. Fokussiert und kompromisslos. Gierig nach dem Rausch des Sieges, gierig nach dem Gefühl des Gelingens, ungeduldig auf den perfekten Moment wartend. Manchmal wurde mir ja unterstellt, ich sei zu nett, und so einer sei kein Siegertyp. Mir fehle die nötige Portion Schwein. Oh nein, ich war nicht nett. Zu anderen schon, aber nicht zu mir. Ich fragte mich niemals nach dem, was ich wollte und was für mich der einfachste Weg war. Meine Belange mussten sich dem Ziel unterordnen. Ich hörte nicht auf Hilfeschreie meines Körpers, ich trieb ihn an, um Höchstleistungen zu schaffen. Manchmal war ich ganz schön fies zu mir. Aber es gefiel mir. Ich musste mir beweisen, dass mein innerer Schweinehund niemals eine Chance gegen diesen Frank Busemann hatte. Dass ich zu anderen nett war, schloss Topleistung ja nicht aus.

Der Schmerz im Fuß wurde nicht besser. Um ein genaues Bild der Problematik zu erhalten, wurde eine weitere Aufnahme gemacht. Ich blickte der Sache gelassen entgegen, da ein Überbein schließlich nichts Dramatisches war. Zur Untersuchung wurde mir ein Kontrastmittel gespritzt. Besser gesagt, es wurde versucht. Die erste und die zweite Spritze verfehlten ihr Ziel.

Die Ärztin errötete peinlich berührt und entschuldigte sich. Ich fand die Sache gar nicht schlimm, eher witzig, da die Adern Fahrradschläuchen glichen und ein Vorbeistechen ziemlich schwierig war. Als sie Verstärkung holte und die zurückgebliebene Schwester versuchte, das Kontrastmittel mit den Worten „Das muss doch gehen" durch die in meinem Arm steckende

Leichtathletik

Nr. 38 · 23. September 1993 · DM 5,00 · G 4492 C

Vereinigt mit „Der Leichtathlet"

Offizielles Organ des Deutschen Leichtathletik-Verbandes

Saisonausklang
Stefka Kostadinowa überspringt 2,05 m

WM-Rückblick
Ein Zehnkampf der Superlative

China-Games-Ergebnisse

Im Blickpunkt
Bilanz: Europas beste Junioren

Ein „unbemerkter" Weltrekord in Peking

„Ist ganz okay"

sagten meine Eltern am Telefon. Hätten sie mir von meinem ersten Titelbild erzählt, wäre ich sofort aus Frankreich abgereist, um alle „Leichtathletik"-Bestände Recklinghausens aufzukaufen.

Endlich war ich deutscher Jugendmeister und die Groupies standen Schlange. Der Lohn für eine perfekte Hallensaison 1994 war der Länderkampf in Moskau. Trotz müder Augen am nächsten Morgen musste ich erkennen, dass die Farbe des Roten Platzes eher Legende als Wahrheit war.
Meine Karriere setzte ich im Eiltempo fort. Nach 18 Jahren des stillen Genießens konnte ich im Juli 1994 durch den Gewinn des Junioren-Weltmeistertitels all meine Emotionen herausschreien.

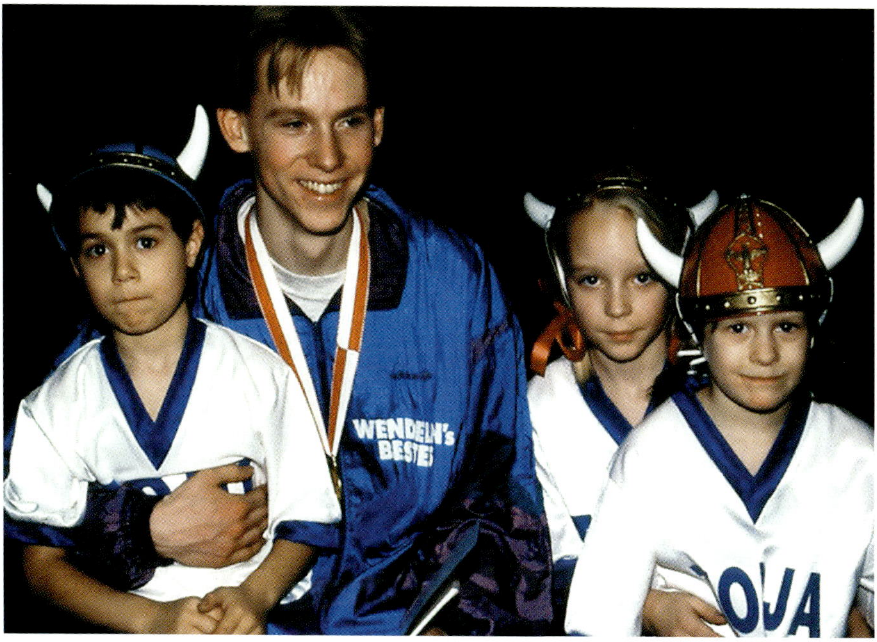

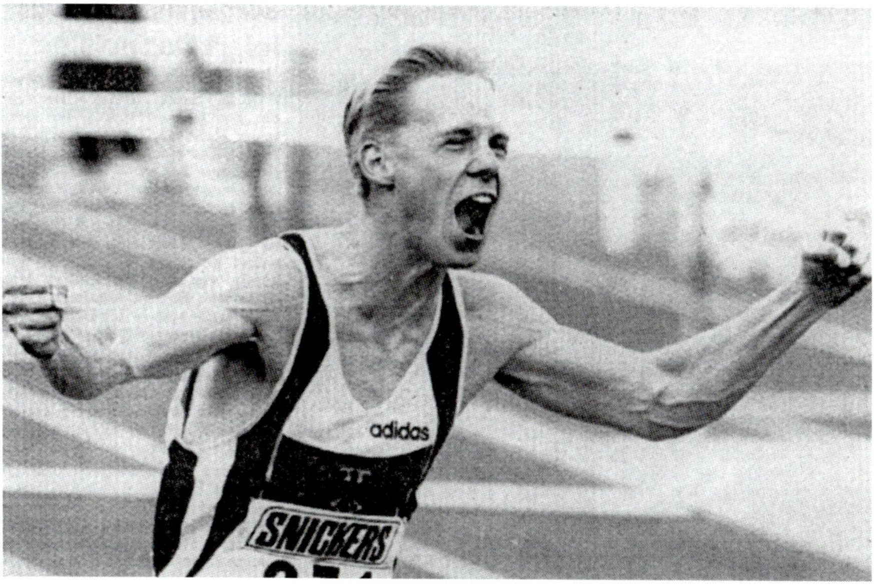
adidas
SNICKERS

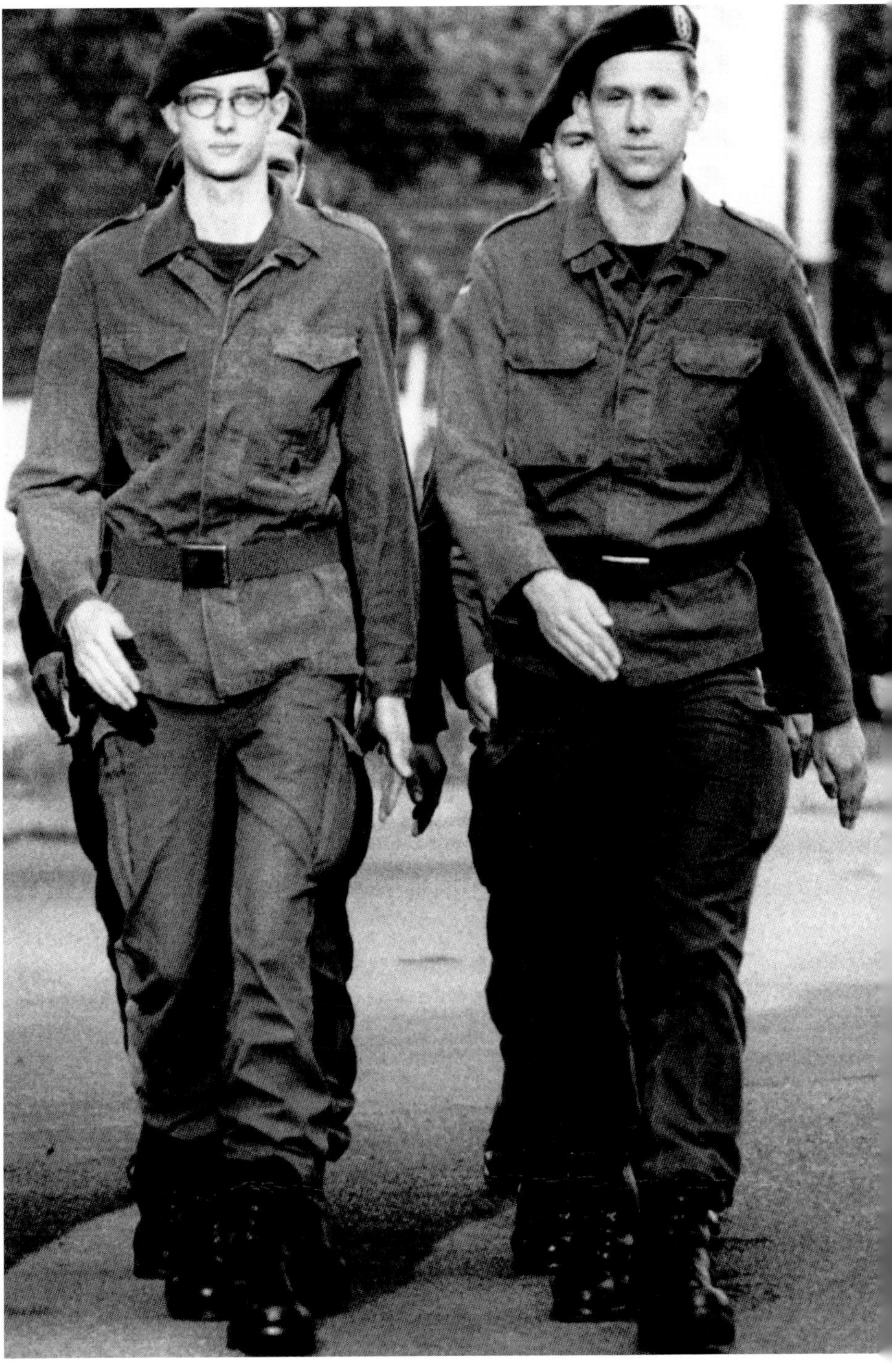

Nachdem ich meinen Spieß mit Handschlag begrüßte, bemerkte er: „Das ist ja ein netter Kerl, aber Soldat wird der nie!" Wollte ich ja auch nicht, vielmehr wollte ich an meine Juniorenzeit anknüpfen.

Aufgrund eines enttäuschenden siebten Platzes bei der Hallen-WM in Barcelona, sich häufender Verletzungen und fehlender Perspektive im Sprint wechselte ich zum Zehnkampf.

Meinen zweiten Zehnkampf im August 1995 beendete ich als deutscher Juniorenmeister mit 7879 Punkten. Trotz Zähnefletschens und Segelscheins war der Weitsprung träge.
Die 8522 Punkte als Europacupsieger 1996 in meinem vierten Zehnkampf brachten mich das erste Mal zu einer glücklichen Heulerei und bescherten mir das Ticket zu den Olympischen Spielen.

Der olympische Start war ein Traum. Mit 10,60 Sekunden über 100 Meter ließ ich nur Dan O'Brien vorbei.

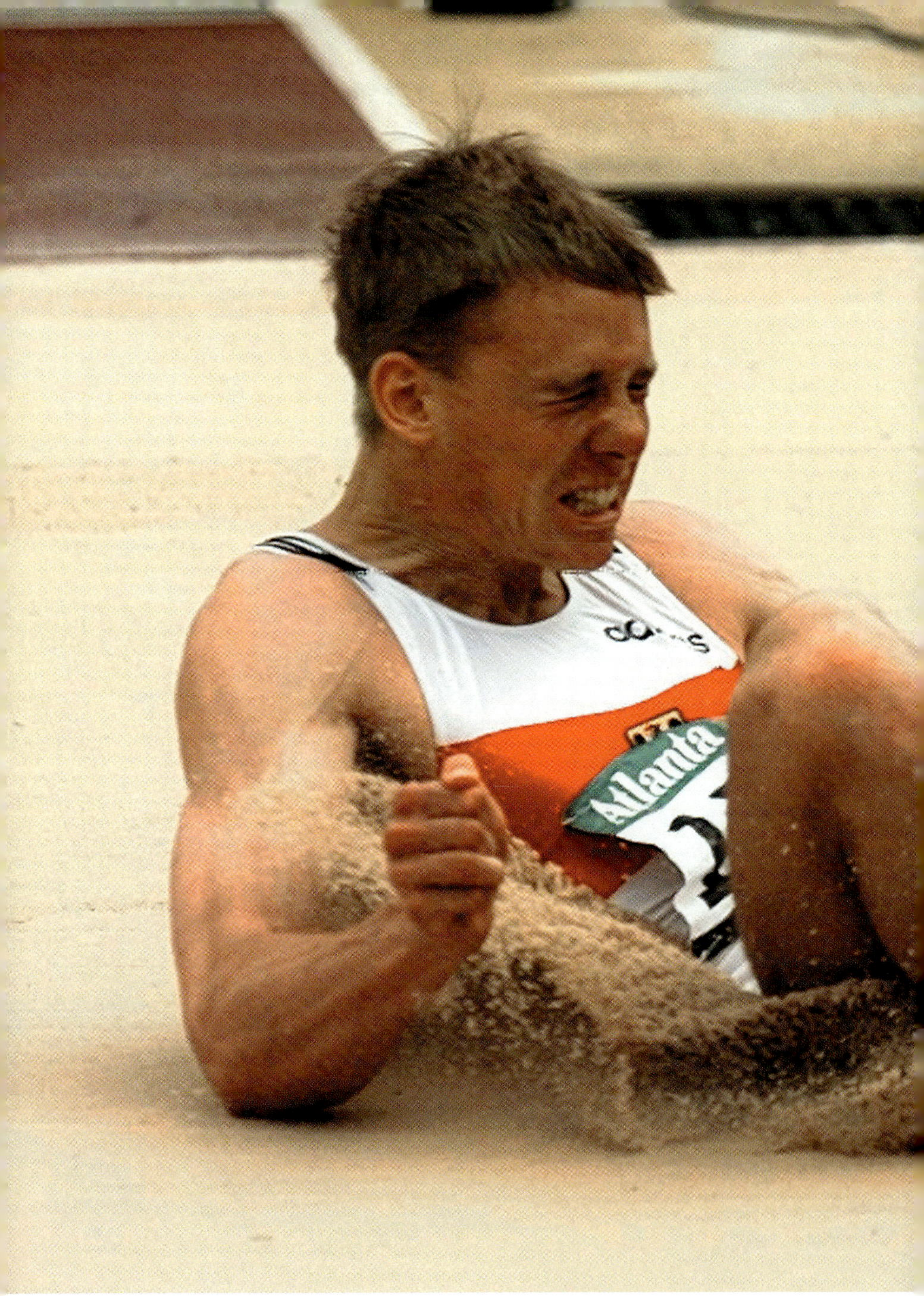
Atlanta

8,07 Meter im ersten Versuch – und der Fuß war verstaucht. Ich ging das erste und letzte Mal in Führung.

Nach 13,60 Metern mit der Kugel wurde ich wieder einkassiert, da half selbst die Nachhilfe von Dan O'Brien nicht.
Für den Hochsprung wurde die Verstauchung im Fuß von der medizinischen Abteilung mit einem Tape gebändigt, der an einen Gips erinnerte. Die 2,04 Meter entschädigten die Schmerzen.

Nach dem 400-Meter-Lauf muss ich derart unter Sauerstoffmangel gelitten haben, dass ich die Nachricht über meinen zweiten Platz in der Zwischenwertung als Komplott der Amerikaner abtat. Nervös ließ ich mich nicht machen …

... da am nächsten Morgen sowieso alles zu Ende zu sein schien. Nach Rücksprache mit den Ärzten entpuppte sich meine „Grippe" aber als normale Zehnkampferschöpfung. Ich vertraute den Medizinern und gab ihnen nach meinem „Mehrkampf-Weltrekord" in 13,47 Sekunden über die 110 Meter Hürden recht.

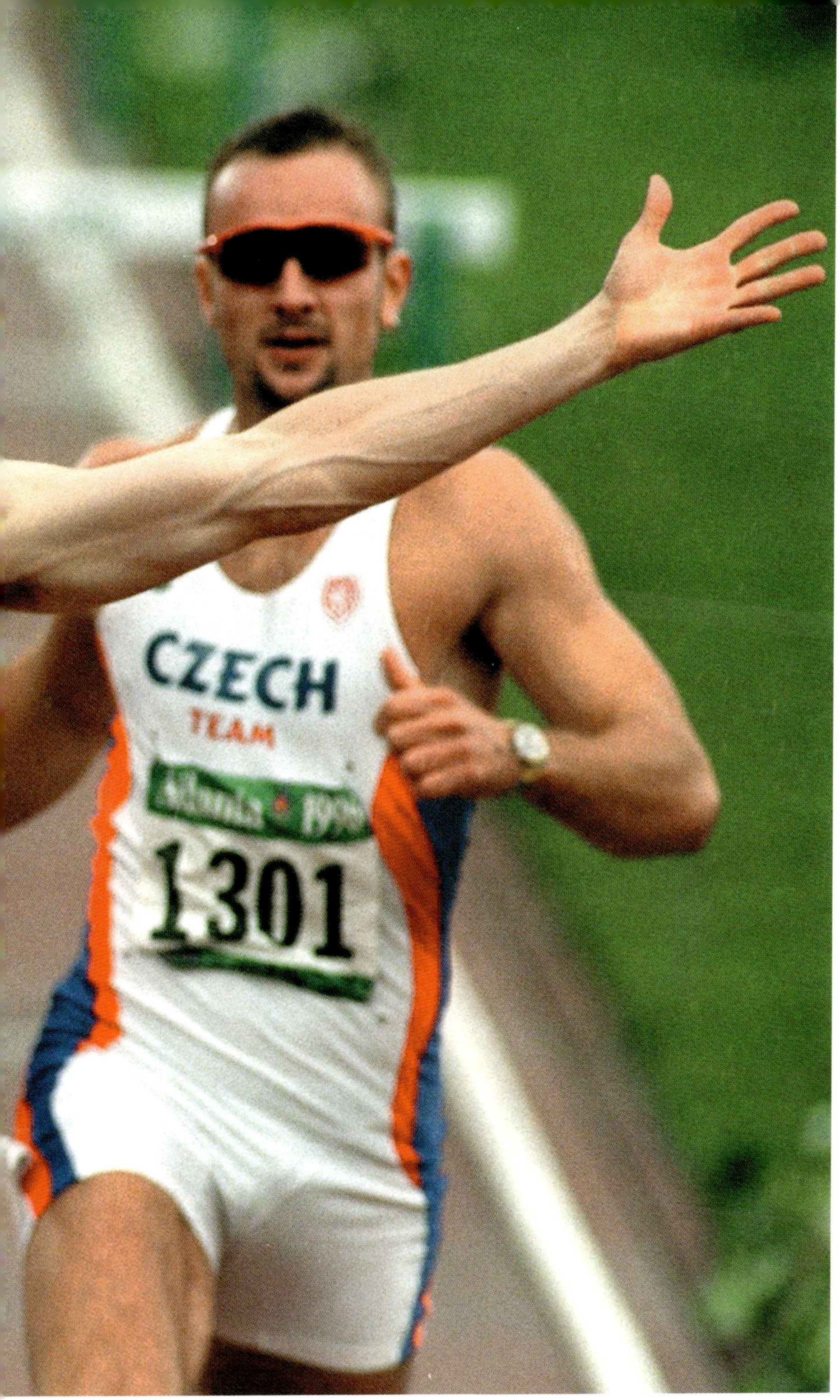
CZECH
TEAM
1301

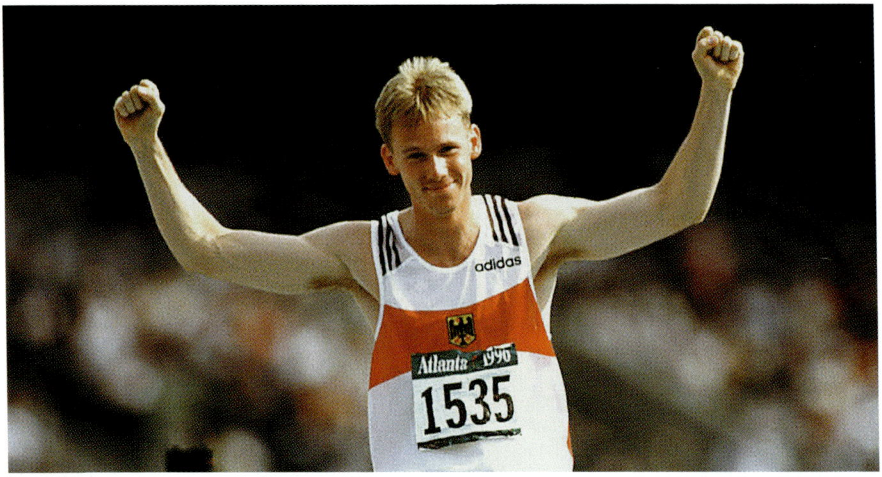
adidas
Atlanta 1996
1535

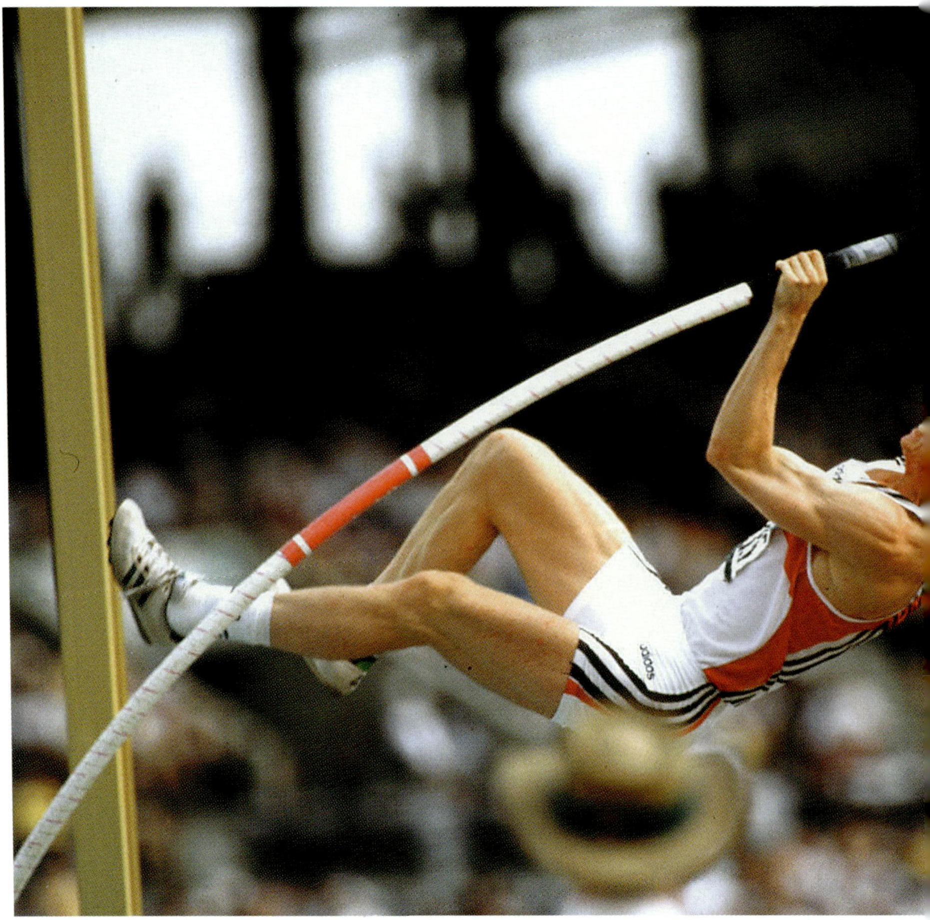

Das Märchen wollte kein Ende nehmen. Der Diskus segelte, wie von unsichtbarer Hand geleitet, knapp in den Sektor. Erst beim Stabhochsprung zeigte ich zum Ende Nerven. Der Gedanke „Ich kann ja eine Medaille holen!?" reichte, und ich war bei 4,90 Metern ausgeschieden. Das Speerwerfen war da eher reine Formsache, angerannt und weggeworfen reichten für die neue Bestleistung von 66,86 Metern. Nicht zu fassen.

38 Stunden, nachdem ich dem Bett entstiegen war, wünschte ich mir nach Wettkampfende, nie mehr aufstehen zu müssen, und da änderte selbst die knüppelharte Bahn nichts dran.

Bei der Siegerehrung brachte ich Dan O'Brien meinen Respekt zum Ausdruck. Noch halb im Koma kratzte ich mein gesamtes Englisch-Repertoire zusammen und sagte: „You are a nice guy!" Ich machte den König der Athleten verlegen.

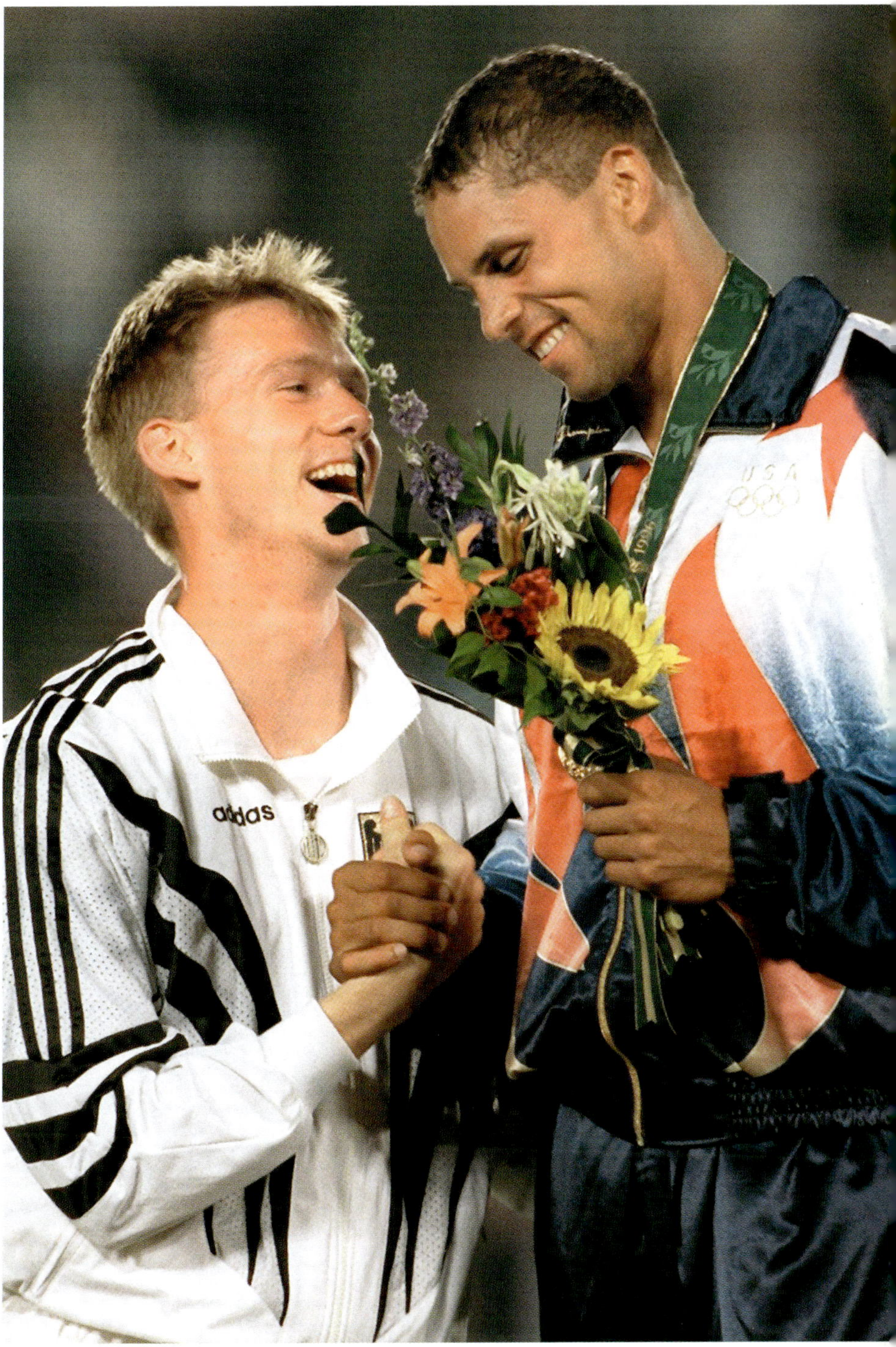
adidas
USA

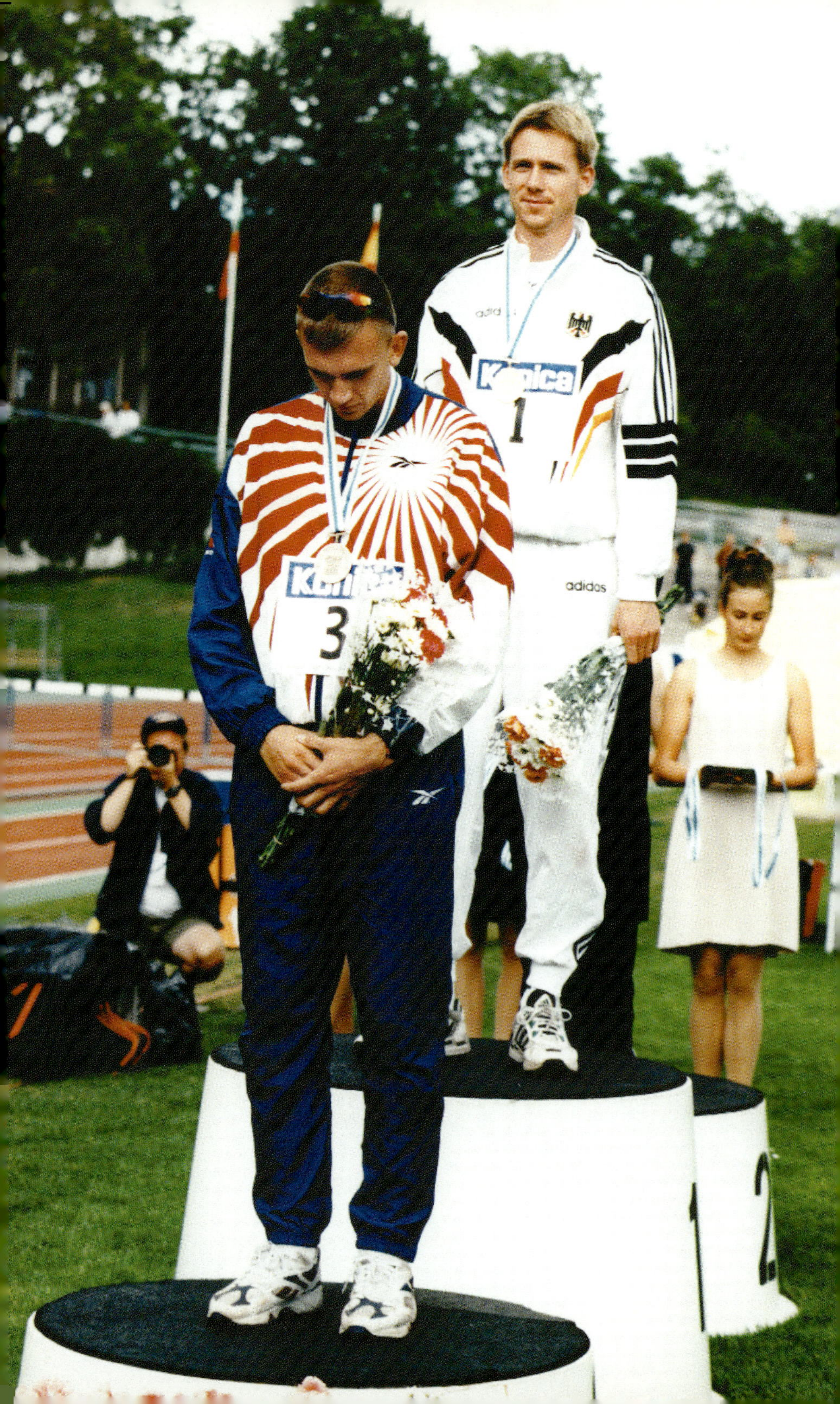

Konica
1
adidas
3
2.

Trotz gesundheitlicher Probleme 1997 wurde ich über die 110 Meter Hürden U23-Europameister. Meine Gegner waren auf Grund eines vermeintlichen Fehlstarts mit meinem Erfolg nicht einverstanden und ließen die Siegerehrung eher zu einer Trauerfeier werden.

Mit großem Kampf erreichte ich bei den Weltmeisterschaften in Athen mit 8652 Punkten einen wertvollen dritten Platz, der mir das Gefühl gab, dass Atlanta keine Eintagsfliege war.

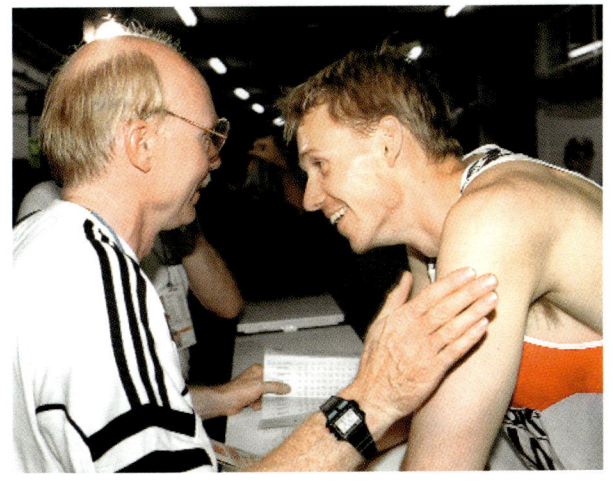

Dass nur ein einziger Wettkampf zum richtigen Zeitpunkt das Leben auf den Kopf stellen konnte, merkte ich an dem Trubel, der mich zu Hause erwartete.

Ich kam aus dem Staunen nicht mehr heraus. Roman Herzog und Helmut Kohl überreichten mir das Silberne Lorbeerblatt, und zu meiner Überraschung und großen Freude wurde ich „Sportler des Jahres 1996".

Meine komplette Familie reiste in die griechische Sonne, und zum Glück konnte ich ihnen mit guter Leistung das zurück geben, was sie verdienten.

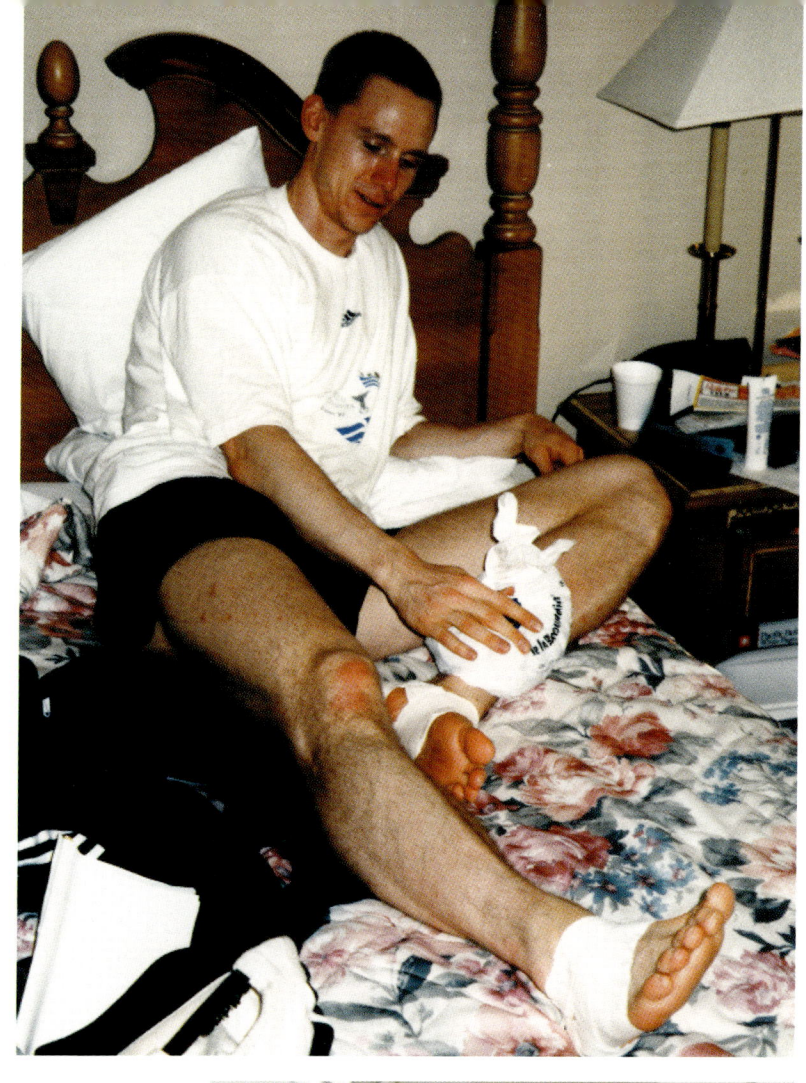

Während des sechswöchigen Trainingslagers in San Diego begann eine Verletzungsserie, die so hartnäckig war, dass ich trotz geschaffter Norm in Ratingen auf die Europameisterschaften 1998 in Budapest fast hätte verzichten müssen ...

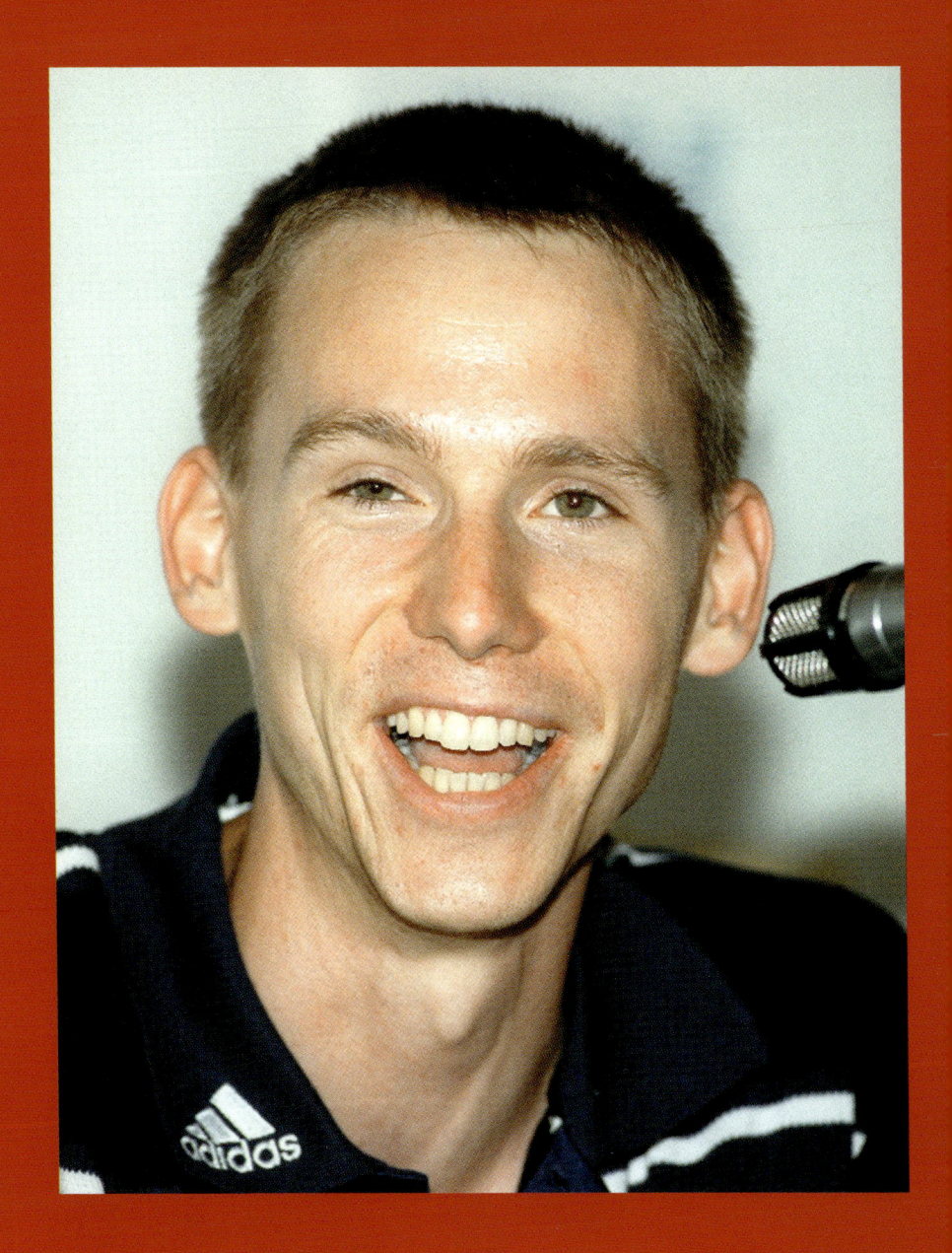

...wenn die ARD nicht...

... ein Herz für leidgeprüfte Zehnkämpfer gezeigt hätte und mich als Experten engagiert hätte. So durfte ich trotzdem nach Ungarn und empfand mein Schicksal als halb so schlimm.

Kanüle zu drücken, riet ich ihr energisch von dem Das-muss-doch-gehen-Experiment ab. Nachdem das Kontrastmittel von einem anderen Arzt in die Blutbahn gebracht wurde, musste ich nur noch auf das Ergebnis warten.

Der Kommentar der Ärztin hörte sich schlimm an. „Da ist was!" begann sie mit versteinerter Miene. Ich war froh. Der Schmerz war so groß, da musste ja was sein. Das war keine große Überraschung. Irgendwie war ich erleichtert, das Überbein war also sichtbar geworden. Die Diagnose konnte jetzt genauer gestellt werden. Doch leider verwechselte ich die Untersuchungsmethoden. Bei mir wurde ein Knochenszintigramm gemacht und kein so genanntes MRT. Auf dem Bild, welches die Ärztin in der Hand hielt, konnte man einen Ermüdungsbruch sehen, kein Überbein. Mir wurde schwindelig. Sie musste sich geirrt haben. Der Schmerz kam von einem Überbein. Etwas anderes wollte ich nicht akzeptieren.

Drei Wochen später fand die endgültige Qualifikation für die Olympischen Spiele statt. Ein Ermüdungsbruch benötigte jedoch mindestens sechs Wochen, erst dann konnte man den Fuß wieder voll belasten. Ich schnappte die Bilder und raste zu meinem Arzt, Dr. Karlheinz Graff. Meine Hoffnung lag nun in seinen Händen. Er war der Verbandsarzt, er wusste Sportverletzungen richtig einzuschätzen. Aber seine Wahl der Untersuchungsmethode sprach gegen meine Theorie des simplen Überbeins. Er bestätigte die vorherige Diagnose der Ärztin in abgeschwächter Form.

Es war eine Stressreaktion, ein Vorläufer des Ermüdungsbruches. Noch nicht so schwerwiegend, aber im Heilungsverlauf und in der Symptomatik der Stressfraktur ebenbürtig. Ich war am Ende. Die Jahre zogen an mir vorüber. Vier Jahre hatte ich für dieses eine Jahr gelebt. Jeden Tag von morgens bis abends und die Nacht verbrachte ich im Traum bei den Olympischen Spielen 2000, und nun drohte mein ganzes Gebilde einzustürzen. Im Alter von zehn Jahren wusste ich, dass ich im Sommer 2000 bei den Olympischen Spielen starten wollte. Der Medaillentraum zeichnete sich erst eine Olympiade vorher ab, aber die Teilnahme war Part meines Lebens. Es war mein Lebenstraum, und in diesem Moment war ich überzeugt: Jetzt ist alles vorbei. Ich stieg in mein Auto. Mit den Tränen kämpfend rief ich meine Eltern an. Ich heulte die verheerende Diagnose ins Telefon. „Warum immer ich?" schrie ich. Warum!? Was hatte ich getan, dass ich so bestraft wurde. Immerzu. Die Straße verschwamm vor meinen Augen. Die Tränen der Trauer, der Enttäuschung ließen den Weg verschwimmen. Die Diagnose glich einem Todesurteil für mich. Ein Traum starb mir unter den Händen weg. Ich war wieder machtlos. Es hatte nur eine andere Dimension. Die Probleme der Vergangenheit waren Etappen, kleine Ziele. Sie waren überwindbar. Aber der Gedanke an den Tod meines Traums war ein Stück Tod meines Herzens. Ein Stück von mir. Der Sinn des Lebens wurde mir genommen. Alles, wofür ich lebte - zerstört. Mein Körper nahm mir meine Seele. Alles weg. Alles vorbei.

Ich beruhigte mich nach einiger Zeit, und schweren Herzens befasste ich mich mit der Wahrheit und der Realität. Plötzlich gab es doch noch Hoffnung. Entweder ich startete in drei Wochen in Ratingen, was völlig absurd war, worüber ich aber tatsächlich nachdachte. Fest getapet, mit halber Kraft könnte ich immer noch die Norm schaffen. Danach wäre der Fuß zwar ganz kaputt, aber ich hätte wenigstens alles probiert. Oder in Ratingen würden nur zwei Athleten die Norm schaffen, dann wäre der dritte Platz frei. Für mich! Bis zu den Olympischen Spielen hatte der Fuß genug Zeit zu verheilen. Die Vorbereitung wäre dann zwar nicht optimal, aber ich wäre immerhin dabei. Ich wollte die Gedanken meines Bundestrainers zu diesem Thema hören.

Der Start in Ratingen war für eine Nominierung unabdingbar, aber ich war der Jahresbeste in Deutschland. Sein Kommentar beruhigte mich nicht wirklich: „Ich kann dazu nichts sagen. Warte ab. Es wird alles gut werden!" Für wen? Für die anderen? Für mich? Für ihn? Da mein Start in Ratingen absolut unmöglich war, war ich zum Zugucken verdammt. Die nervliche Belastung war für meinen Vater und mich riesengroß. Die Tage vergingen so langsam wie sonst Monate. Ich erwartete den Tag der Entscheidung, um endlich Gewissheit zu haben. Ich verabscheute diesen Moment, da ich befürchtete, es könnte gegen mich laufen. Ich konnte mich nicht wehren. Ich war zur Passivität verdammt. Ich trainierte alleine mit meinem Vater im Wasser eines Schwimmbeckens und versuchte, die Trainingsreize durch so genanntes Aquajogging zu setzen. Im Wasser konnte man die Lunge und die Beine trainieren und die Füße schonen. Oft stellte sich mir die Frage nach dem Warum. Fiele die Entscheidung gegen mich, war die Quälerei umsonst. Fiele sie zu meinen Gunsten aus, musste ich das fehlende Training auf der Bahn durch diese Wasserschinderei volle Kanne durchziehen. Ich entschied mich für die Vorstellung, dass ich aus diesem Nervenkrieg als Sieger hervorgehen würde. Ich absolvierte eine Einheit nach der anderen. Ich trainierte um mein Leben.

Die verdammte Ungewissheit brachte mich fast um. Ich musste den Super-Gau durchspielen und eine Alternative entwickeln, wie das Leben nach der Katastrophe weitergehen könnte. Den Qualifikationsmodus, dass sich nur die Besten aus Ratingen qualifizieren konnten - falls sie die geforderten Punkte erreicht hatten -, empfand ich als ungerecht.

Meine 8531 Punkte aus Götzis würde kein Deutscher überbieten und drei Athleten schon gar nicht. Also hätte ich das Ticket nach Australien schon längst in der Tasche haben müssen. Warum sollte ich zu Hause bleiben? Wenn ich Opfer dieses Qualifikationskriteriums werden würde, dann würde ich.... ich überlegte: Fußball spielen. Aber Fußball konnte ich mir wirklich vorstellen. Wenn sie das Ratinger Prinzip tatsächlich durchziehen würden, dann wäre mein Glaube an meinen Sport und die Gerechtigkeit der messbaren Leistung in der Leichtathletik verloren. Sollten sie sehen, wie sie dann klar kämen. Ich würde die Sportart wechseln und auch dort Erfolg haben. Ich würde es schon schaffen, denn was ich mir vornahm, schaffte ich auch. Immer. Das Leben sollte weitergehen.

Auch ohne Olympia. Ich würde immer kämpfen und sei es auf einem anderen Feld. Ich ließ mich nicht unterkriegen und sah meine mögliche Alternative nicht als Flucht an, sondern als Rache. Würde mich dann mal interessieren, ob sie ohne mich wirklich einen Sponsor für das Team auftreiben könnten. Plötzlich war die ungewisse Situation ein wenig erträglicher. Ich hatte mir eine Alternative, einen Ausweg geschaffen, der mich am längeren Hebel sitzen sah. Ich war trotzig, enttäuscht und unruhig.

Der Tag, der über mein Schicksal entscheiden sollte, war da. Ich saß auf der Tribüne und durchlebte ein Wechselbad der Gefühle. Auf der einen Seite waren all die Athleten heiß auf die einmalige Chance, mich schlagen zu können, ohne dass ich mich wehren konnte. Ich musste also hoffen, dass so wenige Zehnkämpfer wie möglich die geforderte Norm von 8180 Punkten schafften. Auf der anderen Seite war das extrem unfair von mir. Ich konnte keinem Athleten was Schlechtes wünschen. Ich konnte nachvollziehen, wie wichtig das alles war. Wie viel Zeit und Energie jeder Einzelne in diesen Sport gesteckt hatte, um sich den Traum Olympia zu erfüllen.

Ich saß tatenlos dabei und hatte Probleme mit meinem Verhalten. Würde ich bei guten Leistungen Beifall klatschen, würde man mir Heuchelei vorwerfen. Freute ich mich über schlechte Leistungen meiner Kontrahenten, würde man mir Unsportlichkeit vorwerfen. Ich entschied mich für die Gleichgültigkeit. Zumindest äußerlich. Innerlich bebte ich. Vor meinen Augen wurde ohne mein Eingreifen über meine Zukunft entschieden. Doch die Ergebnisse entwickelten sich nach und nach zu meinen Gunsten. Da alle Athleten wegen dieser einmaligen Chance plötzlich übermotiviert waren, wurden sie fast alle nervös. Die eigenen Nerven waren plötzlich für den Großteil meiner direkten Gegner der größte Widersacher. Es kam, wie ich es nicht für möglich gehalten hatte. Lediglich Stefan Schmid schaffte die Olympia-Norm. Damit gab es über die Nominierung keinerlei Diskussion. Wir konnten Freunde bleiben. So kam es, wie der Bundestrainer es vorausgesagt hatte: „Es wird alles gut werden!". Jetzt konnte er natürlich leicht sagen: „Ich hätte den besten Mann doch nicht zu Hause gelassen!" Ich sollte dabei sein! Ich war erleichtert, mein Vater hingegen war nach diesem ganzen Stress schwer gezeichnet. Freude kam bei ihm nicht auf.

Von diesem Tag trainierte ich härter und rücksichtsloser gegen mich, als ich es jemals zuvor getan hatte. So sehr ich dieses immerkalte Wasser verabscheute, so sehr durchpflügte ich es mit meinem Körper. Dieses Element war meine einzige Chance. So konnte ich trainieren, ohne meinen Fuß zu belasten. Plötzlich hatte meine Schinderei wieder einen Sinn. Ich trainierte für die Olympischen Spiele. Ich trainierte für meinen Traum. Ich hatte meine Schwäche, die Angst und Unsicherheit erkannt und suchte sogar einen

Psychologen auf, der mir in zwei Sitzungen Tipps mit auf den Weg gab, wie ich wieder auf die Straße des Erfolges und der Sicherheit zurückkam.

Ich durfte wieder aus dem Wasser, durfte nach zahllosen Stunden der nassen Qual wieder Joggingschuhe anziehen. Es machte Spaß, wieder das zu tun, wofür man bestimmt war. Ich bereitete mich intensiv auf die Olympischen Spiele vor. Um den Sprung der Zeitverschiebung besser zu verkraften, änderte ich meinen Schlafrhythmus. Ich versuchte es zumindest. Es war die Hölle. Ich ging am helllichten Tag, bei voller Sonnenkraft, um 19 Uhr ins Bett und stand nachts um 4 Uhr auf. So wollte ich den Biorhythmus schon mal um drei Stunden zu meinen Gunsten manipulieren. Diese clevere Manipulation ging schief. Ich lag immer drei Stunden wach im Bett und stand trotz alledem am nächsten Morgen hundemüde um vier Uhr auf. Ich wurde immer träger und unausgeschlafener.

Ab diesem Zeitpunkt hatte ich mehrere Gegner. Meinen Fuß, meine Seele, die Müdigkeit und eine aufkommende Grippe. Ich stellte mir den Wettkampf geistig vor, um trainingsbedingte Rückstände durch mentale Kraft zu kompensieren, fehlende Spritzigkeit trainierte ich durch wildes, hochfrequentes Beinzucken in Rückenlage. Ich musste alles versuchen, die Improvisation zu einem geeigneten Trainingsmittel zu machen. Ich erinnerte mich an meine mentale Stärke einige Monate zuvor und rüttelte sie wach. Ich wollte über meine Grenzen gehen. Ich stellte mir vor, dass ich mit einer neuen Denkweise neue ungeahnte Kräfte mobilisieren könnte. Ich war dabei und mir wurde diese riesige Chance gegeben. Ich wollte sie nutzen.

Friedrich Bohnenkamp, der mich jetzt vier Jahre mit der Kamera begleitet hatte, stellte seinen Film fertig. Er kannte mich mittlerweile so genau, dass er immer wusste, wie ich mich fühlte. Er respektierte mich in meinem oft undurchschaubaren und nicht rationalen Tun. Ich respektierte ihn aufgrund seines außergewöhnlichen journalistischen und sensiblen Gespürs. Er entlockte mir vor laufender Kamera Weisheiten, die mir zeigten, wie sehr ich diesen Sport liebte. Er führte mir in intensiven und intimen Interviews vor Augen, wie sehr es sich lohnte zu kämpfen. Mir wurde klar, über welche Stärke ich verfügte und wie wenig verletzbar dieser Frank Busemann trotz all seiner Verletzungen eigentlich war. Wie tief er am Boden liegen konnte und wie schnell er sich immer wieder aufrappelte. Mit welch ungeheurer Disziplin er utopische Ziele verfolgte und mit welchem Ehrgeiz er diese Ziele aufstellte. Und er glaubte immer an sich, sei die Lage auch noch so ausweglos.

Das war ich, Frank Busemann. Und das hatte er, Friedrich Bohnenkamp, in hundert Minuten zusammengefasst. Die Gespräche waren erlösend, und ich entschloss mich, all meine Geschehnisse nach den Olympischen Spielen aufzuschreiben. Dann, wenn Friedrich weg war und nicht mehr über mich drehen sollte, wollte ich meine Erlebnisse aufschreiben und meine Geschichte mit dem Gewinn der Goldmedaille oder dem Weltrekord krönen. Ab jetzt würde ich alles Erlebte in Schriftform festhalten, so, wie ich es schon 1994 getan hatte, um mir den Gewinn des Juniorenweltmeistertitels auf ewig zu konservieren. Ich würde Friedrich vermissen, es war nie eine Belastung, es war immer eine Freude, sich mit ihm zu treffen. Genauso erging es meinem Vater. Und doch wollte er Friedrich in seiner Objektivität als Journalist nicht beeinflussen und beharrte jahrelang auf penetranter Siezerei. Endlich boten sie sich das Du an. Ob Du oder Sie, das würde Friedrichs Berichte ohnehin nicht ändern, dafür war er zu sehr Profi.

Doch den Film wollte ich mir vor Sydney nicht ansehen. Er beleuchtete nicht nur die strahlenden Erlebnisse, sondern auch die zahlreichen Verletzungen. Damit hatte ich abgeschlossen, denn Verletzungen sollten mich jetzt nicht mehr interessieren. Ich schaute nach vorn, nicht nach hinten, und deshalb musste dieser Film bis nach Sydney warten.

Kapitel 12 – Sydney

33,71 Meter

Der Tag der Abreise war da. Ich wollte für meinen Vater und mich unsere Sitzplätze upgraden lassen. Hin und zurück. Soviel teurer konnte es ja nicht sein. Dachte ich. Die normale Economyklasse zahlte das Nationale Olympische Komitee für jeden nominierten Athleten und Trainer, den Upgrade musste man selber übernehmen, wenn man nicht zwei Meter groß oder hundert Kilogramm schwer war. Dann hatte man Mitleid und gewährte den Athleten den Luxus der Business-Class. Wir gönnten uns diesen Komfort aus eigener Tasche. Leider. Als ich nämlich den Preis hörte, wurde ich blass. Die bequemere Klasse kostete für uns beide zusammen 10.400 Mark mehr. Teuer, aber egal. Ein Lebenstraum fordert eben Investitionsbereitschaft. Nach 20 Stunden Flug konnte ich entspannt aus meinem Luxussessel aufstehen. Zum Glück wurde nur der Hinweg in der exklusiven Klasse gebucht, so dass sich die Kosten halbierten.

In Singapur hatten wir einen mehrstündigen Aufenthalt. Um den Körper ein wenig zu entspannen, planschten wir in einem Swimmingpool, so wurde die Zeit des Wartens auch erträglicher.

Weder Währung noch Umrechnungskurs waren uns geläufig. Ritschratsch, die Kreditkarte einmal durchgezogen, und die Tür ging auf. Das Wasser war warm und es blubberte. Inmitten der ganzen Wellness fing ich an zu rechnen. Da wir vorher eine Postkarte gekauft hatten, konnte ich ungefähr schätzen, was die Währung wert war.

Ich stockte. Auf einmal war das Wasser nicht mehr warm und wohlig, sondern nur noch sündhaft teuer. Für unseren 45-Minuten-Aufenthalt im singapurianischen Blubberwasser hatten wir gerade 50 Mark hingeblättert. Einziger Rechenfehler konnte sein, dass die Postkarte 5 Mark gekostet hatte, doch das war eher unwahrscheinlich. Ich erzählte meinem Vater von der Rechnerei. Er winkte ab. Es war ihm egal. Was sein musste, musste sein.

Geld war in solchen Dingen unwichtig. Wenn es dem Wohlbefinden dient und der Leistung förderlich ist, musste man sich einen derartigen Luxus halt gönnen.

In Australien angekommen, verbrachten wir die erste Woche auf einer Insel, die nichts zu wünschen übrig ließ. Es war wie Urlaub. Wir wohnten mit drei Athleten in einem Haus und benötigten zur Fortbewegung Fahrräder. Das einzige Verkehrsmittel neben einigen Elektrokarren, die aber den schweren Werfern vorbehalten waren. Der DLV hatte weder Kosten noch Mühen gescheut und seiner Mannschaft einen exzellenten vorolympischen Aufenthalt auf dieser traumhaften Insel ermöglicht. Zudem organisierte der Bundestrainer ein abwechslungsreiches Rahmenprogramm, dass es uns an nichts fehlte. Die Grippe klopfte zwar immer noch an mein Immunsystem, ich wollte sie aber nicht hereinlassen. Viele Athleten hatten ähnliche Probleme, was dazu führte, dass die Medikamente schnell aufgebraucht waren.

Morgens, nach der ersten Nacht, wachte ich auf und war fast erfroren. Waren wir bei einer Winterolympiade? Ich war auf alles vorbereitet. Ich zog meine Handschuhe und meine Mütze an, legte den Schal um den kratzenden Hals und wollte mich auf den Weg zur Kantine machen. Als ich die Haustür öffnete, bekam ich einen Hitzeschlag. Die einfache Hütte war über Nacht derart ausgekühlt, dass man sich am falschen Ort wähnte. Doch wir waren hier genau richtig und freuten uns auf das sportliche Ereignis, indem wir die Tage damit verbrachten, frisch und spritzig zu werden. Eine Nachricht des Arztes von Dvorak ließ mich misstrauisch werden: Er sei verletzt und wisse nicht, ob er starte.

Der Favorit und Weltrekordhalter schwächelte. Alle Athleten sortierten sich einen Platz weiter vorn ein. Ich blieb skeptisch. Warum erzählt man, dass man kaputt ist? Nur um die anderen in Sicherheit zu wiegen! Aber warum? Dvorak war gesund unbezwingbar, und mögliche Schwächen hielt man im Vorfeld absolut geheim. Oder wollten sie das Feld nervös machen, um seinem Trainingskollegen Roman Sebrle eine gute Ausgangsposition zu verschaffen? Ich machte mir so meine Gedanken, wollte mich aber nicht davon beeinflussen lassen. Welches Spiel wurde hier gespielt? Hatte Dvorak wirklich Probleme? Warum wurde diese Schwäche publik gemacht? Mit welchem Hintergedanken wurde das wartende Rudel der Wölfe heiß gemacht? Oder war es die Verunsicherungstaktik? Ich erwischte mich bei Gedankenspielereien. Was ist, wenn? Ich redete mir ein, dass diese Meldung eine Ente sei. Der Teil eines Spiels, dessen Zweck ich nicht ergründen konnte und wollte. Ich wollte mein eigenes Ding durchziehen. Ganz allein, ohne auf meine Gegner zu starren. Die maximale Leistung abrufen und mich nicht an den Konkurrenten orientieren. Es gab nur mich, das Stadion und das Ereignis. Sonst nichts.

Eines Tages saß ich mit Mike Maczey im Wohnzimmer unseres Hauses und wir philosophierten über die Dinge, die da kommen sollten. Auf einmal hatte Mike einen Gesichtsausdruck, den ich nicht deuten konnte. So ganz nebenbei sagte er Ungeheuerliches: „Ich habe mir überlegt, dass ich für dich Tempo mache, wenn du um eine Medaille läufst." Hörte ich richtig? Das war ein Angebot, was ich nicht annehmen konnte. Mike wollte sich für mich den Hintern aufreißen, damit ich eine Medaille bekomme. Er wollte sich sozusagen für mich opfern. In der Stunde seines größten sportlichen Erlebnisses stellte er seine Interessen hinten an, um für mich zu laufen! Dieses Angebot würde ich ihm nie vergessen. Das war ein wahrer Freund.

Die Anreise nach Sydney ins Olympische Dorf war wieder spannungsgeladen und voller Vorfreude. Was würde uns erwarten? Wie fühlt sich die olympische Atmosphäre an? Wie sieht das Dorf aus? Ich hatte all das schon einmal erlebt, vier Jahre zuvor, realisierte es damals leider nur sehr spärlich. Hier, bei meinen zweiten Olympischen Spielen, wollte ich alles intensiver genießen, alles inbrünstiger erleben. Keine Sekunde sollte mir durch die Lappen gehen.
   Wir erreichten das Deutsche Büro. Die Zimmer wurden eingeteilt. Maczey und Schmid kamen auf eine Bude, und für mich war sogar ein Einzelzimmer reserviert. Ganz nobel mit eigener Dusche und WC. Die beiden waren in einem Haus mit acht anderen Athleten untergebracht. Ihr Zimmer war eine Garage. In diesem späteren Einfamilienhaus wurde jeder verfügbare Raum zum Schlafzimmer umfunktioniert. Das war Olympia live. Der Flair der großen, weiten Sportwelt.
   Mein Zimmer sollte hinter einem Haus sein. Im Garten. In einem Container!? Ich konnte es mir nicht vorstellen, es wurde mir aber als Luxus verkauft. Ich ging um die Ecke in den Garten und sah vor mir einen zehn Quadratmeter großen Container mit zwei Fenstern und einer Tür. Das sollte für die nächste Woche mein neues Zuhause sein. Welch ein Luxus. Ich musste lachen. Olympische Spiele hatten doch immer ein wenig den Touch von Jugendherberge. Und ich war dabei. Live.
   Ich betrat meine Hütte und staunte über den grandiosen Fernblick. Die Sicht aus dem Fenster auf der Rückseite prallte von einer weißen Mauer ab. Das Bett war doppelstöckig und quietschig, und der Schrank so schief, als hätte er sein Mindesthaltbarkeitsdatum fünf Minuten nach Aufstellung schon überschritten. Der Boden knarrte bei jedem Schritt, und in einer Ecke des Containers war die Nasszelle mit WC installiert, wie sie in dieser Geräumigkeit auch in Wohnmobilen zu finden ist. Aber ich war alleine. Konnte mich somit auf den Wettkampf konzentrieren und wurde nachts weder von einem Schnarcher genervt noch vom Lärm anderer Athleten geweckt, die ihren Wettkampf schon beendet hatten.
   Mike und Stefan waren über ihre Garagenkammer zuerst auch sehr belustigt. Die Einfahrt war mit Brettern vernagelt, und damit ein wenig Licht einfallen konnte, waren einfache, dünne Plexiglasscheiben vor eine weitere Öff-

nung gepappt. Pech für sie, dass sich vier Meter von ihrem Bett entfernt eine Bushaltestelle befand, die 24 Stunden im Zehn-Minuten-Takt angefahren wurde. Der Lärm der quietschenden Bremsen und das Zischen der luftdruckbetriebenen Türen waren unerträglich. Sie packten ihre Sachen und zogen für die erste Nacht in meinen Container. In dieser Nacht setzte ich das erste Mal meinen Willen gegen die Interessen anderer Teammitglieder durch. Stefan wollte die Fenster öffnen, er brauchte Luft. Ich war strikt dagegen. Ich hatte keine Rücksicht zu nehmen, es war mein Container und mein Traum. Dem war alles unterzuordnen. Selbst die von mir sonst beachteten Belange anderer. Da ich die ganze Zeit schon dick eingemummt und mit Socken zu Bett ging, um mich ja nicht noch mehr zu erkälten, sollte auch hier alles verbarrikadiert bleiben. Totschwitzen war schwieriger als erfrieren. Und in Australien war der Winter gerade überwunden und der Frühling war mit nächtlichen Temperaturen nahe dem Gefrierpunkt nicht gerade heimelig. Die Stimmung wurde frostig, aber ich blieb stur. Ziemlich lange wenigstens. Nach einiger Zeit stand Stefan auf und öffnete das Fenster einen Spalt. Ich war ein wenig angesäuert, aber akzeptierte. Es waren halt Olympische Spiele und die Nerven lagen blank.

Wir begannen den Wettkampf. Ich musste es genießen. Ich musste alles in mich einsaugen, nicht so abwesend durch den Wettkampf treiben wie vier Jahre zuvor. Es war der Wettkampf, auf den ich mein Leben lang gewartet hatte. Und diese Erinnerung musste ich in meinem Gehirn speichern wie die Daten auf einer nicht mehr löschbaren Festplatte. Ich musste die kleinste Begebenheit erleben. Alles, was es gab. Vom Anfang bis zum Ende. Wir betraten das Stadion, der Genuss konnte beginnen. Ich fühlte mich so gut. Ich war dabei. Ich war mittendrin. Ich sog die Stimmung, jede Regung der Zuschauer ein. Ich inhalierte Olympia.

Die 100 Meter waren anstrengend. Nicht, weil sie so lang waren, sondern weil ich mich nicht so schnell bewegen konnte, wie ich wollte. Es war zäh und langsam. 10,91 Sekunden begeisterten mich überhaupt nicht. Die Tatsache, dass die anderen aber auch ihre Probleme hatten, ließ die Zeit etwas relativieren. Ich war dabei.

Der Weitsprung wurde genauso zäh. Sprang ich ein Jahr zuvor noch mit Faszienriss 7,60 Meter, sprang ich hier ohne Verletzung nur drei Zentimeter weiter. Es war alles so schwerfällig. Bei den anderen aber auch.

Das Kugelstoßen befriedigte mich erst im letzten Versuch, als ich dort auf 14,52 Meter kam und Mike vor Freude um den Hals fiel. Ich war noch dabei. Der Anschluss war etwas verloren gegangen, aber das war ja normal. Die ersten drei Disziplinen waren mir so fremd. Ich hatte wieder das Gefühl, mich von außen betrachten zu können, ohne in mich einzudringen. Ich stand neben mir und fühlte mich unbehaglich. Das, was ich mir wochenlang versuchte vorzustellen, stellte sich nicht ein. Die Gedankenspielereien der Vergangenheit und die Auseinandersetzung mit diesem Wettkampf waren viel ferner, als sie sich in den Emotionen der Vorbereitung durchgespielt hatten. Mir fehlte dieser letzte Biss, alles zu geben, alles zu wollen. Es plätscherte an mir vorüber. Warum konnte ich mich nicht wehren?

Der Hochsprung fühlte sich auch ganz schlecht an. Ich war froh, die Anfangshöhe geschafft zu haben. Die zwei Meter waren all die Jahre die Höhe, die es zu überwinden galt. So langsam war mir hier alles egal. Es lief einfach nicht und ich wusste nicht, weshalb. Ich hatte alles gemacht und getan, was in meiner Macht stand und ich aufgrund der schwierigen Vorbereitung tun konnte, und jetzt war alles zäh wie Kaugummi. Lag es an den fehlenden Wettkämpfen? Ich lief immer schneller in die Kurve, beachtete immer weniger meinen Fuß, setzte ihn immer härter auf und sprang eine Höhe nach der anderen. Es fühlte sich gar nicht so schlecht an. Ich sprang immer härter und rücksichtsloser ab. Auf einmal umgab mich ein Gefühl der Sicherheit. Ich spürte, wie ich in den Wettkampf eintauchte. Wie das Ereignis auf einmal spür- und tastbar wurde, wie ein Gegenstand. Und ich wurde ein Teil von ihm. Ich schob alle Ängste und mögliche Grenzen beiseite und sprang immer kompromissloser. Es hatte keinen Sinn mehr, mich zu schonen.

Seit kurzem zeigte ich teilweise keinen hundertprozentigen Einsatz, um die Kontrolle nicht zu verlieren und Fehler zu vermeiden. Aber das führte nur dazu, dass ich noch unzufriedener und ängstlicher wurde, da das letzte Quäntchen Einsatz mir die Topleistung verwehrte. Ich befreite mich von allen Bedenken, hatte nichts mehr zu verlieren. Ich versteckte mich immerzu vor mir und meiner eigenen Angst. Jetzt drehte ich einfach auf. Ich ließ es laufen. Ich erlangte das Gefühl, welches mir in den drei Disziplinen zuvor gefehlt hatte. Ich erreichte alte Wettkampfstärke. Es war so schön. Mit grauenhafter Technik egalisierte ich meine Bestleistung. 2,09 Meter. Spitze!

Bei den 400 Metern wusste ich nicht, was mir blühte. Auch hier fehlte die Wettkampfpraxis. Ich lief auf Bahn acht dem gesamten Feld davon. Mein Vater war erst von meinem Speed begeistert, bemerkte jedoch recht schnell, dass ich für dieses Tempo zu viel Kraft verschleuderte. Das sollte sich auf den letzten Metern rächen. Nach 200 Metern schaute ich auf die Videowand und sah, dass ich nicht schlecht unterwegs war. Ich lief in gleicher Höhe mit denjenigen, die wesentlich schnellere Bestzeiten hatten. Die schlechte Lauftechnik und das fehlende Training zahlten es mir heim - ich blieb gerade noch unter 49 Sekunden. Was gar nicht schlecht war, mich aber in dieses altbekannte, miese Kotzgefühl versetzte. Wieder einmal wollte ich sterben.

Nach einiger Zeit stand ich wieder aufrecht und wagte einen durchaus optimistischen Ausblick auf den nächsten Tag. Nun konnte ich angreifen, der Wettkampf wurde immer mehr mein Freund, ich wurde sicherer und hatte jetzt nichts mehr zu verlieren. Wenn ich meinen Traum noch erreichen wollte, musste ich besser sein als die anderen, die auch irgendwie gehemmt waren. Waren es Dvoraks große gesundheitliche Probleme? Spekulierten jetzt alle anderen guten Athleten auf den Sieg und verkrampften? Oder war es schlicht das Klima? Auf jeden Fall blieben zahlreiche Athleten weit unter ihren Möglichkeiten. Das war meine Chance. Mit Alles oder Nichts wollte ich am nächsten Morgen loslegen, mir den entscheidenden Vorteil verschaffen.

Einige Stunden später revidierte ich mein Vorhaben. Das Einlaufen über die Hürden war eher mäßig, beim Betreten des Stadions sah ich meinen Freund Mike an der Hürde straucheln und stürzen, und das auch noch an seinem Geburtstag.

Nachdem ich vom Stadionsprecher vor zigtausend Zuschauern noch als Hürdenweltrekordler im Zehnkampf vorgestellt wurde, machte ich nur eine abwehrende Handbewegung. Er sollte mal den Ball flach halten, ich wähnte mich einfach nicht in Form. Ich entschied mich für die Mitte von Alles oder Nichts. Durchkommen. Das war wichtiger. Für einen Angriff fühlte ich mich nicht stark genug. So war die Zeit auch mit 14,16 Sekunden eher mäßig, was mich aber nicht störte, ich war immer noch dabei.

Das Diskuswerfen brachte zahlreiche Überraschungen. Der Ring war so glatt, dass meine Spezialschuhe wie auf Schmierseife glitten. Meine Joggingschuhe pappten auf dem Belag allerdings, dass ich befürchten musste, mir den Meniskus zu zerquetschen. So entschied ich mich für die glatte Variante. Musste ich halt aufpassen. Aber es klappte überhaupt nichts bei mir. Normalerweise war das Einwerfen immer auf zwei Würfe beschränkt, aber hier nahm man es nicht so genau damit. Zum Glück - so konnte ich noch ein wenig experimentieren, und leider merkte ich mit jedem weiteren Wurf, dass der Diskus nicht über die 40-Meter-Marke fliegen wollte. Der Wettkampf begann und zahlreiche Werfer vor uns starteten mit Fehlversuchen.

Ich ging zu Stefan und schwor ihn ein. Ein gültiger erster Versuch sei hier Gold wert. Diesen Ratschlag befolgte ich leider nicht. Ich warf so vorsichtig und langsam, dass sich die zeitlichen Abläufe meines Wurfes derart verzögerten, dass ich vorne auf den Ring latschte. Dass dieser lockere Wurf deutlich über vierzig Meter war, war erfreulich und es war ärgerlich, denn diese Leistung wäre schon die halbe Miete gewesen. Aber ich hatte ja noch zwei Versuche. Kein Grund zur Panik. Noch so ein lockerer Versuch, und die 42 Meter würden reichen. Der zweite Versuch missglückte und eierte auf 33,71 Meter. Das war eigentlich so gut wie ungültig. 538 Punkte wären das, und in diesem dichtgedrängten Feld warfen mich die fehlenden 200 Punkte so weit nach hinten, dass Null oder 538 fast das gleiche war. Der letzte Versuch musste es also richten. Ich wollte nur noch bescheidene vierzig Meter werfen. Das sollte doch gelingen. Verschiedenste Szenarien schwebten mir im Kopf umher. Den worst case hakte ich ab. Trotz dieser äußerst bedrohlichen Situation war ich nicht vollkommen verängstigt. Ich wollte den letzten Wurf nutzen und sah ihn hauptsächlich als Chance. Die Chance schlug bei 33,00 Metern in den Boden - eine Farce. Mit diesem Reinfall musste ich meinen Traum begraben.

Eine Medaille, die trotz aller Unwägbarkeiten noch in greifbarer Nähe schien, entfernte sich von mir mit Lichtgeschwindigkeit. Ich sackte in mich zusammen. Ich konnte diese Situation nicht deuten. War es jetzt vorbei? Hatte ich noch eine Chance? Ich konnte besser sein. Ich musste es doch zeigen dürfen. Aber es war vorbei. Die 33,71 Meter waren die schlechteste Weite, die jemals in einem 8000-Punkte-Zehnkampf abgeliefert wurde. Rekordhalter dieser Negativ-Marke war Frank Busemann. Glückwunsch. Ich, der die Welt verändern wollte. Aber doch nicht so. Ich leistete mir in meinem größten Wettkampf meinen größten Fehler. Das war nicht einmal mehr zum Heulen. Ich tat es trotzdem, aber nur weil ich nicht wusste, was ich sonst tun sollte. Es war vorbei. Warum nur?

Die Kampfrichter wollten den Tross der Zehnkämpfer in die Aufenthaltsräume geleiten. Ich schlurfte mit hängendem Kopf hinter den Hünen der Vielseitigkeit her. Wie konnte ich mir einen solchen Patzer leisten? Ich musste mich erst einmal sammeln. Jetzt hatten wir fast zwei Stunden Zeit bis zum Stabhochsprung. Kurz vor den Katakomben sah ich schon Katrin auf der Tribüne warten. Sie hatte sich gegen den Strom der in die Mittagspause stürmenden Menschenmassen an den Rand der Laufahn gekämpft. Es war so gut, dass sie da war. Ich musste sie berühren, ihre Nähe suchen. Ich war so allein. Dieser beschissene Diskus. Die anderen Athleten gingen weiter in die Ruheräume und ich blieb unten bei Katrin. Bei ihr suchte ich Trost. War der Sport wichtig? Zählte eine olympische Medaille mehr als Glück im Leben?

Eine olympische Medaille war Glück im Leben, aber brauchte man derartiges Glück, um wirklich glücklich zu sein? In Sekundenschnelle zogen mir die Werte des Lebens und zu setzenden Prioritäten in Gedanken vorbei. Es war wie bei einem Verunglückenden, dem in Sekundenbruchteilen, den sicheren Tod vor Augen, sein Leben in Kurzform noch einmal ablief. Es musste noch etwas anderes geben. Eine Medaille brauchte man nicht, um zu leben. Nur die wenigsten konnten sich mit einer derartigen Trophäe schmücken. Ich lag in Katrins Armen und fragte sie: „Willst du meine Frau werden?" Ungläubig schaute sie mich an und sagte glücklich und gerührt „JA! Das will ich!" Ich wollte mein weiteres Leben mit dieser Frau verbringen. Mit meiner Katrin. Wir hatten uns verlobt. Auf diesem Sportplatz in Australien, nach dem Desaster des Werfens. Und wir lagen uns in den Armen und planten unser weiteres Leben. In den Minuten meiner größten Niederlage versuchte ich an Ort und Stelle, mein Leben neu zu sortieren, und merkte plötzlich, wie sehr ich diese Frau liebte, die mich, diesen Verrückten, Besessenen, immerzu verstand und mich unterstützte in einer Form, die ich bewundern konnte. Plötzlich hellte sich der Himmel auf.

Es war nicht die Medaille, die mir die Luft zum Atmen gab, es war die Liebe, die stärker war als all die Träume, die so schnell zerplatzten. Ich fühlte mich so gut.

Mit dieser Frau an meiner Seite wollte ich alt werden. Sie verstand mich und sie stand mir bei. Immer. Nach zehn Minuten mussten wir uns trennen. Ich musste mich auf den restlichen Wettkampf konzentrieren, ging in die Katakomben zu meinem Vater, und sie kehrte zu unseren mitgereisten Freunden Ulrike und Thomas zurück. Mein Vater empfing mich, auf alles vorbereitet. Er erwartete grenzenlose Trauer, aber ich hatte einen Ausweg aus der Misere. Gut ging es mir nach diesem bisherigen Verlauf des Wettkampfes nicht, aber das war jetzt auch halb so wichtig. Ich erzählte ihm von meiner Verlobung, und es war mir fast peinlich, dass ich zwanzig Minuten nach 33,71 Metern ein wenig lächeln konnte. Katrin verfiel mit Ulli und Thommi in ein kollektives Dreiergeschluchze, als sie von dem Antrag erzählt hatte. War das schön.

Der Stabhochsprung war eine Kamikazeeinlage ohnegleichen. Trotz des fehlenden Trainings fühlte ich mich gut. Den Tipp des Spezialisten Michael Stolle, die Arme vor dem Absprung schnell über dem Kopf zu strecken, beherzigte ich couragiert und wieder frei von Ängsten. Was sollte ich jetzt noch verlieren? Ich sprang mit 4,60 Metern, 4,80 Metern und 5,00 Metern nur drei Höhen - an 5,10 Meter scheiterte ich. Mein Vater coachte mich von der Tribüne. Er versuchte es. Er glaubte, ich würde ihn sehen. So gestikulierte er wild und wollte mir mit pantomimischen Verrenkungen Verbesserungen andeuten.

Seine Bemühungen erreichten mich nicht. Er war nur einer von 20.000 Zuschauern auf dieser Tribüne. Nach jedem Sprung versuchte ich, ihn in der Masse zu orten. Es war hoffnungslos. Ich musste immer nach meinem Instinkt handeln.

Da wir sehr ähnlich tickten, tat ich tatsächlich das, was er signalisieren wollte. So glaubte er, seine Tipps würden bei mir ankommen. Das sichere Gefühl, das mich im Wettkampf dazu veranlasste, die 4,90 Meter auszulassen, machte mich nachher nervös. Ob ich nun Sechster oder Zehnter wurde, war zu diesem Zeitpunkt nicht mehr wichtig für mich. Da ich die zweitbeste Leistung des Wettbewerbs geschafft hatte, war für mich klar, dass ich nun in der zweiten Speerwurfgruppe antreten musste. Die zuerst Ausgeschiedenen beim Stabhochsprung bilden immer die erste Gruppe, die besseren Springer folgen erst eine Stunde danach. Da ich nicht von der Anlage geholt wurde, war die Prozedur für mich klar. Ich schaute noch einige Zeit beim Stabhochsprung zu, auf der anderen Seite des Stadions begann die erste Gruppe der Mehrkämpfer das Speerwerfen. Dann fragte mich ein Kampfrichter, ob ich nicht zum Speerwerfen kommen wollte. Ich glaubte, dass ich nun in den Katakomben auf die zweite Gruppe warten sollte. Aber er ging mit mir nicht zu den Aufenthaltsräumen der Zehnkämpfer, sondern brachte mich schnurstracks zu meinen Speer werfenden Kollegen. Das durfte einfach nicht wahr sein: Musste ich wirklich in der ersten Gruppe werfen?

Mein Adrenalin schwappte in den roten Bereich. Vor dem Wettkampf musste mein Arm noch getapet werden, sonst war alles aus. Ich hatte nur noch fünf Minuten.

Da das Fernsehen die Macht über den Zeitplan hat, war eine Verschiebung des Wettkampfes illusorisch. Hektisch wurde ich von unserem Physiotherapeuten verbunden. Ich eilte im Schweinsgalopp zur Anlage und tauchte dort vierzig Sekunden vor Toresschluss auf. Ein leichter Probewurf musste reichen, und glücklicherweise passte der Anlauf dann auch. Mein Herzschlag reichte bis zur Kehle.

Der erste Wurf musste es sein. Mehr Versuche gestand ich mir nicht zu. Ich war vor einigen Wochen mit einer Spritze behandelt worden, die mir den Schmerz für den Wurf nehmen sollte. Ich war auch schmerzfrei. Wir hatten auch schon versucht, die schmerzende Stelle des Armes erst kurz davor und nur für die Dauer des Wettkampfes zu betäuben, aber das war mir bei Olympia zu riskant. In Deutschland hatte das Experiment geklappt, doch was passierte, wenn das Betäubungsmittel den Nerv des Armes erreichte und er komplett taub wurde? Genau das erlebte Christian Schenk acht Jahre zuvor.

Also bevorzugte ich die länger schmerzstillende Cortisonspritze, die mir fünf Wochen vor Sydney verpasst wurde. Nun also der Ernstfall: Nun wollte ich den Arm opfern. Ein Wurf. Danach hatte ich wieder genügend Zeit, ihn zusammenflicken zu lassen. Ich musste so hart werfen, dass der Ellbogen kaputt ging. Nur dann war ich mir sicher, alles gegeben zu haben. Ich nahm Anlauf, so schnell wie noch nie, und riss an dem Speer mit einer Kraft, die mir durch Mark und Bein ging. Durch den ungewohnt schnellen Anlauf stimmte das Timing hinten und vorne nicht. Ich warf viel zu früh und verdrehte mir bei dem Wurf den Fuß und auch noch den Rücken. Der Wurf war alles andere als gut. Aber weit. 64,91 Meter. Und der Arm war noch da und tat gar nicht weh! Da ging noch mehr. Ich machte weiter und war überrascht, dass der Arm noch hielt. Die anderen Versuche wurden immer schlechter. Ich hatte wohl all mein Adrenalin in den ersten Wurf gelegt.

Die 1500 Meter sollten der ultimative Test meiner Leidensfähigkeit sein. Ich wollte mich umbringen. Ich wollte gegen die innere Uhr laufen und mir das Tempo nur von dem unerbittlich tickenden Zeitmesser diktieren lassen. Ich wollte testen, wie viel Widerstand der Körper dem Willen leisten kann. Ich wollte die totale Erschöpfung erreichen, indem ich nur die Zeit als Taktgeber zuließ und nicht mein persönliches Empfinden. Es musste doch gehen. Man musste nur mutig genug sein. Das wollte ich. Das war ich. Ich wollte etwas probieren, was sich nur ganz wenige Mehrkämpfer zutrauten.

Der Schuss fiel und ich lief. Ich merkte erschreckend schnell, dass mein Verlangen im Nichts verlaufen würde. Die doch noch nicht auskurierte Grippe, das alternative Training und die fehlenden Wettkämpfe – rächte sich das jetzt alles? Nach 300 Metern siegte die Vernunft, und ich konzentrierte mich auf meine innere Uhr. Nach einem Fünftel des Rennens waren meine Beine schon so müde, dass mein Plan in einem noch nie da gewesenen Desaster geendet hätte. Ich beendete das Rennen in 4:25 Minuten. Ich erreichte das Ziel voller Enttäuschung und dachte nur: „Kacke, das war´s?! Vier Jahre. Wofür? Für nichts!"

Ich war so leer und ausgebrannt, dass ich am liebsten die Augen nicht mehr aufgemacht hätte. Leider war es nicht diese glückliche Erschöpfung von Atlanta, es war eine tiefe Enttäuschung, die ich nur schwer akzeptieren konnte. Ich blickte auf die Zielgerade. Die beiden Amerikaner, die ich mit einer Wahnsinnskeulerei noch abfangen wollte, waren nur kurz hinter mir ins Ziel gekommen und lagen schon neben mir. Eigentlich wollte ich ihnen fast eine Minute abnehmen, mickrige zwanzig Sekunden waren es letztendlich. Die Zielgerade war wie leergefegt. Es waren schon alle da. Der einzige, der in diesem Lauf nicht über sich hinausgewachsen war, war ich. Das Resultat flimmerte wenige Minuten später auf der Anzeigetafel. Siebter. Das war´s. Sydney 2000 war vorbei. Einzig und allein die Milchsäure in meinen Beinen sagte mir, dass es sich hier nicht um einen Traum handelte, sondern um die Realität. Es war vorbei. Ausgeträumt. Ohne Happy End. Ich war so leer.

Ich musste es akzeptieren. Ob ich wollte oder nicht. Damit beschäftigte ich mich aber später. Ich musste meinen Frust bekämpfen und hier mehr Olympia erleben als vier Jahre zuvor. Ich wollte dieses größte sportliche Ereignis der Welt intensiver genießen als in Atlanta. Ich wusste, was mir damals gefehlt hatte. Nun konnte ich es genießen. Bewusst und intensiv. Ich durchstreifte die Nacht und mied das Bett. Schlafen konnte ich später zu Hause, und die nächsten Olympischen Spiele waren erst in vier Jahren. Ich steuerte immer öfter in die Kantine im Dorf und schaufelte vor lauter Frust Unmengen in mich hinein. Die anderen waren schon lange im Bett, da ging ich noch spazieren. Mitten in der Nacht, ganz alleine. Ich wollte nicht schlafen, ich wollte in der Dunkelheit nicht in Gedanken verfallen, die mich betrübten.

Ich versuchte, diesen siebten Platz zu vergessen. Es war so pervers. Ich war der siebtbeste Athlet der Welt, beim größten Sportspektakel der Welt und war so traurig. Einige Jahre zuvor hätte mich die bloße Teilnahme glücklich gemacht. Und jetzt schlich ich durch die Nacht, um zu vergessen. Der Traum war zu groß gewesen. Vier Jahre zuvor noch so realistisch, und nun so weit entfernt. Ich grübelte und grübelte. Wäre der zweite Versuch im Weitsprung nicht ungültig gewesen, wären 2,12 Meter liegen geblieben, es war sooo knapp. Hätte ich mehr Mut über die Hürden gehabt und wäre dieser beschissene erste Versuch beim Diskuswerfen gültig gewesen, dann – ja dann wäre ich auch Siebter geworden! Der ganze Wettkampf war überschattet von den zahlreichen, persönlichen Fehlern eines jeden Athleten. Hätte ich meine Fehler nicht gemacht, hätten die anderen die ihren nicht gemacht. Alles wäre gleich geblieben, nur auf einem höheren Niveau. Ich konnte froh sein, dabei gewesen zu sein. Hätte ich nicht teilgenommen, säße ich noch in fünfzig Jahren da und würde dieser vertanen Chance hinterher trauern.

Keine 8700 Punkte reichten diesmal zum Olympiasieg. Keine unerreichbare Leistung, aber an diesen zwei Tagen zu viel für mich. Ich hatte alles probiert und war eben nur Siebter. In einem Wettkampf, der für jeden Einzelnen seine eigenen Gesetze hatte, mit einer noch nie da gewesenen Unruhe, da die Machtverhältnisse durch die Verletzung Dvoraks an das Wirrwarr eines Putsches erinnerten. Wer würde der neue König werden? Warum konnte ich diese Unruhe nicht ausnutzen? Hätte ich nicht derjenige sein können, der keine Fehler macht? Vielleicht hatte ich mein olympisches Glück schon vier Jahre zuvor verbraucht. Warum konnte ich es nicht? Die Leistungsfähigkeit war doch da! Fragen löcherten mich und führten zu nichts.

Das würde nichts mehr am Resultat ändern. Ich musste mich mit dem siebten Platz anfreunden. Ob ich das wollte oder nicht. Den Weltrekordler Dvorak traf es mit seinem sechsten Platz noch viel schlimmer. Und auch er stand diesen beschissenen Wettkampf durch. Obwohl er nach wenigen Disziplinen schon hoffnungslos abgeschlagen war, quälte er sich durch diesen Marathon der Ernüchterung Aber er beendete diesen Wettkampf, und das ließ ihn in meiner Achtung um einiges steigen. Er beendete einen Zehnkampf, in den er als verletzter Topfavorit ging und nach Strich und Faden vorgeführt wurde. Nur solche Größe zeichnet wirkliche Champions aus.

Mein Vater reiste zwei Tage nach dem Zehnkampf wieder nach Hause. Katrin hatte mich vor unserer Abreise noch zu einem zweiwöchigen Anschlussurlaub überredete. So eine Chance bot sich nicht mehr so häufig, und wenn man schon hier war, musste man diesen wunderbaren Kontinent etwas intensiver erleben. Am Tag seiner Abreise stand ich meinem Vater im Container gegenüber. Er hatte die gepackten Koffer bei mir deponiert. Wir blickten uns in die Augen, und das ganze Drama des Diskuswerfens packte mich noch einmal. Ich fiel ihm um den Hals und schluchzte: „Entschuldigung!". Es tat mir so leid, dass ich diese einmalige Chance vergeigt hatte. Er hatte mich jahrelang mit Bedacht und mit einem unglaublichen Fingerspitzengefühl geformt und begleitet.

Er war mit mir durch Dick und Dünn gegangen und hatte mit mir Höhen und Tiefen durchlebt. Ich wollte ihm all die seelischen Qualen, die ich ihm in der Vergangenheit durch meine ständigen körperlichen Probleme zugefügt hatte, mit diesem einen Wettkampf unvergessen machen. Ich wollte mich mit Leistung für seine Hilfe und Unterstützung bedanken, und ich hatte es vergeigt. Er hatte alles getan, was möglich war, und dieser schwer zu beherrschende Faktor der Unsicherheit vernichtete all meine Träume, an denen ich ihn hätte so gern teilhaben lassen. „Junge," sagte er, „du hast alles getan, was du konntest! Mehr war nicht drin! Wir können froh sein, dass du dabei warst.

Ich weiß doch, dass du das nicht absichtlich gemacht hast. Du kannst mich gar nicht enttäuschen. Du hast alles versucht. Ich danke dir, dass ich soviel mit dir erleben durfte."

„Sei nicht böse!" Ich wusste, dass diese Bitte völlig unbegründet war, aber ich musste ihm irgendwie zeigen, dass er als Trainer großartig war und alles richtig gemacht hatte. Und das schätzte ich an meinem Vater. Auf ihn konnte ich mich 100-prozentig verlassen. Ohne Einschränkung. Und hatte ich mich bemüht, und das tat ich und das wusste er, konnte er mir keine Vorwürfe machen. Das wäre auch nicht er gewesen, hätte er mir irgendwelche Vorwürfe gemacht. Es war vorbei. Wir hatten alles probiert, aber ein zweiter magischer Moment blieb uns bis dahin verwehrt.

Wir machten also Urlaub in Australien, aber mich plagte eine Unruhe die ich nicht so richtig deuten konnte. Natürlich war Olympia der Saisonabschluss und doch: Jetzt wollte ich unbedingt noch einen Wettkampf machen. Einen Zehnkampf. Ich war noch nicht befriedigt. Der Muskelkater schlich sich so langsam aus dem Körper, und die Gelenke und Knochen waren auch in Ordnung. Gut ich hatte wenig geschlafen und im Schlaraffenland des Olympischen Dorfes ein paar BigMacs zu viel gefuttert, aber punktemäßig war ich nicht satt.

Wir hatten jedoch den 30. September, ich saß in Australien, meine Stabhochsprungstäbe und Sportschuhe waren schon an Bord eines Frachtflugzeuges. In Australien konnte ich somit keinen Mehrkampf mehr machen und in Deutschland gab es nach meiner Rückkehr im Oktober auch keinen mehr. Ich fühlte mich zu mehr in der Lage und musste das Unternehmen doch auf das nächste Jahr verschieben. Ich war süchtig. Die körperlichen Qualen des olympischen Zehnkampfes waren nicht groß genug gewesen - ich konnte dieses Jahr noch nicht abhaken, dafür hatte ich zuviel investiert. Lust und Frust gleichermaßen. Aber das Sportjahr war vorbei. Nun hatte ich Zeit, alle Ängste, die sich in der letzten Zeit aufgebaut hatten, zu beseitigen.

Ich sollte in den drei Monaten ohne Sport nun den Reset-Knopf finden und alle verborgenen Ängste vergessen. In der Hoffnung, diese Hemmnisse zu beseitigen, versuchte ich mich nicht damit zu beschäftigen. Die Zeit würde alle Wunden heilen. Ich probierte das aktive Nichtstun - meine Vergessensphase. Würde ich die Tiefschläge des schlechten Hürdenlaufens und das Verfehlen des Diskussektors sowie die Angst vor dem Wettkampf im allgemeinen nicht mehr eine Zeit lang ausblenden, dann hätte mein Kopf alles vergessen und würde sich nur noch an die anderen 24 Jahre erinnern, in denen ich durch Wettkampfstärke und Sicherheit bestach.

Nach meiner Rückkehr wurde mir das Überbein am rechten Fuß entfernt und vier Wochen später der dann wieder schmerzende Ellbogen operiert. Zuerst glaubte ich, diese OP vermeiden zu können, aber nach einigen Wochen ließ die Wirkung des Cortisons nach, und schon die einfachen

Bewegungen des täglichen Lebens, wie das Telefonieren, wurden zur Qual. Ich genoss das Nichtstun. Ich trainierte vom 28. September bis zum Ende des Jahres nicht mehr. Ich merkte, wie schnell ich untrainiert und gemütlich wurde. Ich keuchte aus dem letzten Loch, bis ich die Tür unserer neuen Wohnung im zweiten Stock erreicht hatte.

Im April 2000 hatten Katrin und ich uns entschieden, zusammen zu ziehen. Ich wollte meinem mir monoton wirkenden Leben einen neuen Schubs geben. Ich musste selbstständiger werden und andere Inhalte als Sport finden. Eine neue Wohnung und die ersten Gehversuche in einer eigenen neu geschaffenen Umwelt sollten spannend genug werden. Ich lebte ohnehin schon öfter bei ihr als bei meinen Eltern zu Hause. In Witten wurden wir fündig und kauften eine 4½-Zimmer-Wohnung mit unverbaubarer Fernsicht (auf einen Friedhof). Nach der Rückkehr aus Australien zog ich in die von Katrin schon zwei Monate bewohnte Bude. Durch den Sport hatte ich mich in die glückliche Lage versetzt, den Kaufpreis in bar überweisen zu können. Ich wollte so langsam auf Nummer sicher gehen. Eine monatliche Kredittilgung war in meiner Position zu riskant. Wer wusste schon, wie lang die Aktie Busemann noch Gewinn versprach? Bei diesem Geschäft wurde mir wieder mal bewusst, was ich mit dem Sport schon erreicht hatte. Der Verkäufer wollte kaum glauben, dass eine Finanzierung nicht geplant sei.

Unterdessen legte mir mein Vater nahe, den Verein zu wechseln. Wie bitte? Warum sollte ich das tun? Bedeutete ein neuer Verein auch neuer Trainer? Ich vertraute auf ihn und sah keinen Trainer auf dieser Welt, der mich so effektiv betreuen konnte. Nur er sah mir am Augenaufschlag an, ob mir der Fuß oder das Bein wehtat. Nur er wusste, wie ich ticke. Und nun wollte er, dass ich mir einen neuen Trainer suche?! Ich verstand ihn nicht. Ich wollte von ihm trainiert werden. Von niemandem anderen. Glaubte er, dass er mich nicht weiter brächte? Seine ausgeprägte Kritikfähigkeit sich selbst gegenüber hatte ich schon früh kennen gelernt. Mein Vater klammerte keinen Athleten, und hatte er den Eindruck, dass er mit seinem Latein am Ende war, hatte er die Größe, dieses zuzugeben und dem Athleten zu neuen Impulsen zu raten. Vielleicht gaben ihm die neuen Ideen und neue Ansätze eines neuen Trainers neue Perspektiven. Bei mir nannte er aber andere Gründe. Er wisse nicht, wie lange seine Gesundheit noch mitmache und er mich noch so betreuen könne, wie es sein müsste. Bayer Leverkusen sollte es sein. Dort war der Mehrkampftrainer Bernd Knut tätig. Ein Mann mit internationaler Erfahrung wie kaum ein anderer Trainer und mit einer Sensibilität ausgestattet wie mein Vater. Zudem konnte ich in Leverkusen in einer Gruppe mit leistungsstarken Athleten trainieren. Noch trainierte mich mein Vater, aber er drängte mich zum Wechsel. Mit einer Vehemenz, die mich beunruhigte. Ich machte ihm unmissverständlich klar, dass ich an einer Fortsetzung in unserer bewährten Form und ohne Trainingsgruppe festhalten wolle. Da er so entschlossen für einen Vereinswechsel plädierte, musste es mit seiner Gesundheit schlechter bestellt sein, als er zugeben wollte. Ich hörte auf ihn, er hatte seine Gründe - er musste seine Gründe haben. Und doch trainierte ich in der Leverkusener Anfangsphase meist in Dortmund und unter seiner Anleitung.

Mit dem Beginn eines neues Lebens, in einer neuen Wohnung und mit einem neuen Verein zog ich auch in einem Brief an den Bundestrainer ein Resümee der vergangenen Jahre. Ich war auf dem richtigen Weg. Ich wusste, worauf es ankam, und das wollte ich in Worte fassen und deutlich machen.

Hallo Claus! *21.11.00*

Mit diesem Brief möchte ich nun versuchen, Dir ein wenig meine derzeitige Situation und meine zukünftigen Ziele näher zu bringen.

Dieses Jahr sollte der ganz große Angriff stattfinden. Was daraus geworden ist, hast Du ja gesehen. Obwohl die Vorbereitung nicht gut, aber den Umständen entsprechend in Ordnung war, hatte ich bis kurz vor Sydney noch ein gutes Gefühl. Ich traute mir dieses „Über-mich-hinaus-Wachsen-wenn-es-drauf-ankommt" zu und war guten Mutes. Ich merkte aber, dass irgendwo Sand im Getriebe steckte und dass dieses wohl doch nicht so einfach war. Hinzu kam direkt vor dem Wettkampf noch eine gewisse Portion Angst, und dieser Killerinstinkt, den man zum „Töten" braucht, fehlte.

All dieses soll nun abgehakt sein, und eine neue Karriere soll beginnen. Als erstes gehe ich diesen Schritt mit dem Vereinswechsel an. Ab nächstem Jahr starte ich für Leverkusen. Ich bitte Dich, dieses noch für Dich zu behalten, da wir mit einem Sponsor noch nicht soweit sind.

Körperlich habe ich den Zehnkampf in Sydney sehr gut überstanden - das einzige „Problem", was aufgetreten ist, war der Muskelkater. Problem war wohl auch das Fehlen des „Finalen Kraftaktes", d.h. ich war nicht stark genug, um mich kaputt zu machen (komisches Gefühl), aber in diesem Jahr war ich nicht in der Lage, in den überroten Drehzahlbereich zu gehen (mein Formel-1-Motor hat sich dem Käfer-Chassis angenähert, leider nicht umgekehrt).

Zur Zeit möchte ich eine Reinigung der Seele und des Körpers vollziehen, also mich weder geistig noch körperlich mit dem Zehnkampf beschäftigen, um den gewissen Abstand zu bekommen, um neue Kraft zu schöpfen. Zu meinem Erstaunen fehlt mir bisher noch nichts.
Obwohl das nicht ganz stimmt, da sich seit Anfang November eine gewisse

Unzufriedenheit breit macht. Mal sehen, ob es besser wird, wenn ich wieder mit dem Training beginne.

Zur Zeit ist die Leistungssituation nicht so, wie ich sie brauche, d.h. die Schwächen sind Schwächen geblieben (Diskus) und die Stärken sind auch schwächer geworden (Hürden).
Grund der schwachen Stärken ist natürlich die fehlende Praxis aufgrund zahlreicher Verletzungen. Grund der schwachen Schwächen ist wohl der Kopf. Ich handel nicht mehr instinktiv (Atlanta, Diskus, „Hau weg den Scheiß, wird schon fliegen!"), sondern nur noch kopfgesteuert ("Wenn der jetzt nicht sitzt, hast du 'n Problem").

Das gilt es also zu beseitigen - zurück zur alten Struktur. Ich will versuchen, die nächsten Jahre wieder mehr Wert auf den Sprint zu legen und diese lockere Sprintfähigkeit bis in den Schädel zu drücken. Einfach unverkrampfter an die ganze Sache rangehen. Ich hoffe, dafür war der siebte Platz gut - ich wünsche mir, dass ich mir dadurch ein wenig den Kopf freigeräumt habe, mein persönliches Anspruchsniveau wieder auf ein für mich erträgliches Maß zurückschraube und im Körper frei werde. Freiheit auf ganzer Ebene, das muss das Ziel sein.

Die letzten drei Jahre (1998-2000) waren nicht zu meiner Zufriedenheit, wie auch? Bei dem Leistungsrückschritt! Aber ich habe ein Potenzial, an das ich glaube!
Ich werde an mir arbeiten und zurückkommen.
2001 ist die Teilnahme an der WM das Ziel, und dort ein Platz unter den ersten Sechs.
2002 ist die EM im eigenen Land was ganz Besonderes (Medaille wäre ein Traum).
2004 OS steht schon im Terminplan, aber nicht so fokussiert, wie es Sydney von 96 bis 00 war!

Es gibt viel zu tun (und ich lasse mir Zeit dabei)!

Kapitel 13 – 2001

Endlich wieder Zeit

Obwohl ich nicht die erhofften Erfolge errungen hatte - Busemann blieb gefragt. Zwar nicht mehr ganz so viel wie früher, aber für einen Olympiasiebten fand ich das Interesse immer noch erstaunlich. Dass ich mal die Silbermedaille gewonnen hatte, hatte ich fast schon vergessen. Ein Relikt aus dieser Zeit, der „An-den-Leuten-vorbei-guck-Blick", war mir aber noch allgegenwärtig. Den hatte ich nach Atlanta entwickelt. Anfangs erwiderte ich die neugierigen Blicke der Leute meist, da ich dachte, dass sie dann wegschauen würden. Oft standen sie nur einen Meter vor mir und schrieen: „Hermann, guck mal, da ist der Busemann!"
Dabei vergaßen sie wohl allzu oft, dass diesmal keine distanzierende Fernsehscheibe zwischen uns war. Solche Live-Erlebnisse waren mir eher unangenehm. Die bei den Passanten im Kopf schwirrende Frage „Ist er's?" wurde durch mein Zurückglotzen meist laut gestellt. So guckte ich jetzt seit nunmehr fünf Jahren immer in der Weltgeschichte oder auf dem Boden herum, um dem Im-Mittelpunkt-Stehen aus dem Wege zu gehen. Meist war es mir auch unangenehm, wenn ich die Beileidsbekundungen, die Zusprüche oder die aufmunternden Worte nicht gebührend erwidern konnte und mir „Danke!" einfach zu kurz erschien. Mit der Zeit wird man auch erfinderisch in der Entwicklung von Gesprächsstrategien. Kostprobe: „Sind Sie der, für den ich Sie halte?" „Nö, ich bin nur der Bruder!" „Sie sehen dem aber verdammt ähnlich. Auf Wiedersehen". Oder: „Ich weiß, wer Sie sind - Dieter Baumann!" „Nein!" „Doch!" „Nein!" „Doch - können Sie ruhig sagen!" „Nein - Dieter Baumann bin ich nicht!" „Wirklich nicht?" „Wirklich nicht!" Dieter Baumann konnte gehen.
  In der Uni ging ich zwar nicht mehr zur Vorlesung, aber wollte die erste Zwischenprüfung meiner Studentenkarriere starten. Dazu setzte ich mich nach langer intellektueller Sendepause zu Hause wieder auf den Hosenboden

und lernte für das Fach Statistik. Eigentlich sollte mir meine Zahleneuphorie des Zehnkampfs helfen, da ich ein Fanatiker der Mehrkampfstatistik war. Ich wusste unendliche viele Leistungen, kannte neben meinen auch fremde Wettkampfergebnisse der vergangenen Jahre und stellte sowohl über Schulnoten als auch über sportliche sowie sonstige Begebenheiten irgendwelche Grafiken zusammen. Allerdings merkte ich schon in Sydney, dass mir diese Gedankenspiele und Berechnungen nicht mehr so viel Spaß machten, da es immer Faktoren gab, die nicht zu beeinflussen waren oder die anders kamen, als man glaubte.

Doch die Statistik an der Universität hatte mit Zehnkampfergebnissen nicht ganz soviel zu tun. Ich kämpfte mich durch Begriffe, die ich nur in der Vorlesung vier Semester zuvor mal notiert hatte, deren Sinn und Zweck sich mir aber nicht erschließen wollten.

Ich kämpfte mich durch die Techniken und Fremdworte und erlebte nach einiger Zeit diesen berühmten Aha-Effekt, der einem die Dinge greifbarer machte. Das Lernen war wie der Sport.

Mit genügend Einsatz kam man auch zum Ziel. Vier Wochen zuvor konnte ich noch nichts und wusste nicht, wie ich den Berg an Fakten in meinen Schädel bekommen sollte, und mit ein wenig Übung und Training sah man die Sachen einleuchtender werden. Zwar nicht auf dem im Sport angestrebten 9000-Punkte-Niveau, aber eine 4,0 war auch okay.

Während ich mich mit meiner Rekonvaleszenz und der Statistik beschäftigte, fand das alljährliche Hallen-Mehrkampfmeeting in Kalbach statt. Der Bundestrainer hatte offenbar gehofft, dass die Top-Athleten wenigstens als Zuschauer kommen würden. Nachher beschwerte er sich öffentlich, dass wir einfach zu Hause geblieben waren und damit unsere Illoyalität zum Team bekundet hatten. Mir platzte der Kragen und ich hatte das Bedürfnis, die Sicht der Dinge aus meiner Position zu schildern.

Mir schien es dringend notwenig, auf solch seltsame öffentliche Briefe zu reagieren. Kurzerhand schrieb ich ihm innerhalb weniger Monate den zweiten Brief, um ihm meine Sicht der Dinge zu schildern.

Lieber Claus,   *18.02.01*

ich falle sofort mit der Tür ins Haus:
In dem Brief, den Du uns schicktest, stand zu meiner Verwunderung: „Insbesondere Frank Busemann, Stefan Schmid, Mike Maczey, David Mewes, Klaus Isekenmeier, Philip Ibe, Athleten, die nicht unerheblich auch materiell vom Team profitierten, glänzten wiederholt durch Abwesenheit." Zack - das musste ich erst mal sacken lassen.
Hierzu einige Anmerkungen:

Stefan Schmid hat (von vielen im Team wohl nicht bemerkt) ein eigenes Fitnessstudio.
Immer wieder wird ihm vorgeworfen, dass er zu diversen Anlässen nicht erscheint. Ich kann seine Tagesinhalte nur erahnen, trotzdem kann ich mir vorstellen, dass er aufgrund seiner beruflichen Selbstständigkeit nicht sehr viel Zeit hat. Zudem ist er noch junger Vater.

Mike Maczey ist ebenfalls junger Vater, hat sich beruflich stark verändert und hätte einen Anreiseweg von etwa 600 Kilometern nach Kalbach gehabt (zum Dasein). Für jemanden, der zu jedem kleinen Wettkampf mehrere hundert Kilometer zurücklegen muss, ist es wohl eine Erholung, wenn er mal zu Hause bleiben kann.

David Mewes hätte ebenfalls circa 500 Kilometer fahren dürfen. Was er zur Zeit Genaues treibt, kann ich nicht sagen.

Klaus Isekenmeier, Philip Ibe und ich hätten trotz der 250 Kilometer Wegstrecke kommen können. Paul Meier war vor Ort und hat es ja gezeigt, dass es möglich ist, die Strecke zurückzulegen.

Den Grund für unser Fernbleiben kann ich nur aus meiner Sicht beschreiben. Es war mir einfach zu mühselig, bis nach Kalbach zu fahren, um einen neuen Vorstand zu wählen und mir einen „unwichtigen" Wettkampf anzugucken (der mich aber trotzdem interessiert hat).

Das alles erinnert doch ein bisschen viel an die Pfadfindertugenden: Wir müssen Freunde sein!
Aber es gibt da einen Unterschied: Wir sind Freunde! Wir müssen nicht dazu gezwungen werden, uns zu verstehen. Wir tun es freiwillig. Und diverse Athleten sind immer zur Stelle, wenn sie gebraucht werden und wenn es drauf ankommt, in der Öffentlichkeit zu demonstrieren, wir sind ein Team: z.B. Stefan Schmid (2 Topergebnisse in Götzis und Ratingen und ein gutes Abschneiden in Sydney), Mike Maczey (Götzis), David Mewes (9.Platz WM), ... Und in diesen Wettkämpfen sieht ein jeder, wer wir sind. Damit stellen wir uns in der Öffentlichkeit dar! Wieviel Zuschauer waren denn in Kalbach? 200, 100, 50, oder weniger? Und warum? Weil es nicht so wichtig für die Allgemeinheit war.
Für den Einzelnen ist es bestimmt schön, dort zu starten, auch ich würde mal gerne dort teilnehmen, aber es hat bei weitem nicht diese Resonanz der Wettkämpfe, in denen wir uns in Aktion darstellen können und den Zehnkampf leben -> mit Taten und Leistung.
Was mir in der Vergangenheit schon immer sauer aufgestoßen ist, setzt sich nun fort. Als ich 1997 bei den Deutschen Meisterschaften in Wesel nicht zum

Zugucken erschien (soweit ich mich erinnern kann, war S. Schmid zum Zuschauen da), meinte ein gewisser Bruno C., sich ein Urteil über mich erlauben zu dürfen. Er prangerte an, dass ich es nicht für nötig hielt zu erscheinen. Doch dass ich zu diesem Zeitpunkt 2 oder 3 Wochen vor meiner schriftlichen Abschlussprüfung als Bankkaufmann stand und das Wochenende zum Lernen brauchte, das wusste er wohl nicht. Dass mir in dieser Zeit immer wieder vorgeworfen wurde, dass ich mich von Lehrgängen fernhielt (weil ich es ja nicht nötig hätte), ärgerte mich.

Dass ich aber arbeiten musste oder in der Berufsschule war, dass wurde ignoriert.

Ich habe mich trotz aller Meinungsverschiedenheit und Unwissenheiten, die vorkommen, im Zehnkampf-Team immer wohl gefühlt. Als Du uns 1998 in Freiburg mitteiltest, dass das Zehnkampf-Team kurz vor dem finanziellen Aus stünde, war ich zutiefst geschockt!

Ich dachte, so ein beispielweisender Verein darf nicht zugrunde gehen. Und meinen zeitweise aufkommenden Unmut habe ich in den letzten Jahren nie kundgetan, da ich keinen Streit ins Team bringen wollte. Es gibt ja auch viele schöne Dinge, die wir erlebten.

Klar habe ich in den letzten beiden Jahren Geld vom Zehnkampf-Team bekommen. Aber lass Dir gesagt sein, dass der Opel-Vertrag (den ich ablehnte, da er im Volumen nicht meinen Vorstellungen entsprach und weil ich die Entwicklung des Zehnkampf-Teams nicht blockieren wollte) in der Höhe so hoch war wie „mein Jeep-Anteil", aber nicht zwei, sondern vier Jahre laufen sollte!

Und da sieht man einmal mehr, dass das Geld nicht auf der Straße liegt und der Zehnkampf an sich eine tolle Disziplin ist, aber ohne Erfolge so viel Geld einbringt wie 6 Athleten, die auf der Tribüne sitzen und zugucken. Gar nix!
Schöne Grüße

Ich hatte im März gemerkt, wie sich mein Muskel zuzog. Die Beuger waren zäh und undehnbar. Der Muskelfaserriss war nur eine Frage der Zeit. Ich unterschätzte die Gefahr jedoch, da ich muskulär bis dahin immer recht zuverlässig war. Doch irgendwann gab es dieses Zucken, was ich als nicht so schlimm und als Muskelkater oder Verschiebung der Wirbelsäule abtat. Ich bekam einen der wenigen Muskelfaserrisse meiner Karriere.

Es wurde einfach nicht besser und ich konnte mir nicht vorstellen, dass ich dieses Problem im Weltmeisterschaftsjahr noch in den Griff bekommen sollte. Der Muskel verheilte und riss wieder. Der Arzt entließ mich nach der

Behandlung immer mit dem Hinweis, dass jetzt alles gut sei. Aber das Problem musste woanders liegen, wenn der Muskel immer wieder riss. Der Doktor und ich redeten aneinander vorbei. Ich sah die Ursache woanders, konnte ihm diese aber nicht deutlich genug klar machen.

Beim Arzt wusste ich all zu oft nicht mehr, weshalb ich überhaupt dort war. Beim Betreten der Praxis verschwamm mein Krankheitsbild. Ich musste selbst etwas unternehmen und erfand ganz spezielle Übungen. Die waren zwar etwas unkonventionell, aber es wurde besser. Der Rücken beruhigte sich und die Ausstrahlung ins Bein nahm ab. Die Vernarbung im Beugerbereich hielt sich aber so hartnäckig wie ein Virus. Die Saison schien gelaufen zu sein. Zudem hatte ich noch die Ängste aus den Vorjahren in mir, die sich einfach nicht abbauen ließen. Ich spielte immerzu mit den gleichen Gedanken: Was passiert, wenn ich das nicht schaffe? Wäre es jetzt nicht schön, zu Hause zu sein? Muss ich denn gerade jetzt einen Wettkampf machen? Ich hatte geglaubt diese Zweifel mit der Zeit einfach abschütteln zu können, aber sie waren präsent wie nie zuvor. Und ich hatte kein Mittel, um sie zu beseitigen. Die Ratschläge des Psychologen, die Ängste einfach zuzulassen und sich mit ihnen auseinander zu setzen, halfen mir auch nicht. Ob ich die Ängste erlaubte oder nicht, änderte ja nichts an der Tatsache, dass ich bei den Hürden nicht mehr auf die Klappe flog. Ich musste mich dem Problem anders nähern.

Die Zeit rannte wie immer davon, das Bein wurde kaum besser und die Ängste wollten nicht verschwinden. Zudem machten mir die schlechten Wettkampfergebnisse zu schaffen. Wie sollte es auch anders kommen. Ich hatte lange nicht vernünftig trainiert und ich wurde von einer Macht gehemmt, die mein ewiger Wegbegleiter zu werden schien. Ich musste etwas tun. Es fraß mich auf. Die Angst hemmte meine Fähigkeiten manchmal so sehr, dass ich fast gelähmt war. Aber Aufgeben zählte nicht.

Unterdessen absolvierte ich einen Termin, für den ich meine Gutmütigkeit verfluchte. Warum sagte ich zu allem Ja und Amen? Ich gab die Zusage für eine Wohltätigkeitsveranstaltung und wurde gebeten, schon früh vor Ort zu sein, da ich noch zu einem örtlichen Radiosender geschleift wurde. So traf ich, wie für mich üblich, ein wenig zu früh ein und begab mich zum Interview ins Studio. Bis zur Veranstaltung am Abend hatte ich noch knapp vier Stunden Zeit, was nicht sonderlich schlimm war, da ich ein geduldiger Mensch in derartigen Beziehungen geworden war. Ich wartete geduldig, brauchte lediglich einen Stuhl und eine Ecke, in der ich anderen nicht im Weg war, und schon war ich glücklich. Irgendwann sollte ich dann drankommen und dann hoffentlich nach Hause dürfen. Fünf Stunden nach meiner Ankunft kam mein Auftritt und ich war froh, dass sich der Tag allmählich dem Ende neigte. Auf der Bühne wurde ich plötzlich mit dieser Wette konfrontiert: Ein zwölfjähriger Junge sollte wie ich einen Ball jonglieren. Für jede Wiederholung, die er mehr machte, musste ich eine Mark in die Spendenkasse einzahlen. Ich schaffte sensationelle 17 Wiederholungen und der Kleine über siebzig.

Ich war bereit, 100 Mark zu spenden, da ich das Engagement der Veranstalter gut fand und der Kleine auch beeindruckend war. Doch damit hatte ich mich nicht freigekauft. Ich wurde gebeten, bis zum großen Finale zu bleiben. Am Ende sollten alle Beteiligten noch einmal auf die Bühne und sich vom Publikum verabschieden. Ich wollte etwas früher davonschleichen, doch mein Abgang im großen Finale war fest eingeplant und der Organisator überredete mich zu bleiben. Ich war zwar nicht begeistert, aber stimmte zu - wie immer. Das Finale startete sieben Stunden nach meiner Ankunft, und wir warteten alle hinter der Bühne, um sie auf Zuruf, mit Wunderkerzen bewaffnet, zu erklimmen. Alle wurden aufgerufen. Angefangen von den Tanzmariechen über die Hupfdohlen bis über die Sänger, eine Schauspielerin, irgendwelche Möchtegernmodels, der kleine Fußballer und ... „Vielen Dank, kommen Sie gut nach Hause und bis zum nächsten Jahr!"

Einer nach dem anderen kam von der Bühne, und ich stand mit meinen Wunderkerzen hinter dem Vorhang und wartete darauf, aufgerufen zu werden. Da ich mich nur ungern ungefragt in den Vordergrund auf die Bühne werfe, guckte ich ein wenig verwundert und blieb auf meinem Warteposten. Als das Licht aus war und alle wieder in der Garderobe waren, bemerkte der Verantwortliche seinen Fauxpas. Und ich zeigte auch noch Verständnis, bei dieser ganzen Aufregung kann ja jeder mal einen Fehler machen. Aber bei meiner Heimfahrt allein im Auto wurde ich richtig sauer: Was für eine Zeitverschwendung! Egal, es war für eine gute Sache. Bei meinem nächsten Termin sollte das nicht passieren, da ich hier der einzige Akteur war.

Vor meiner Qualifikation zu den Weltmeisterschaften legte mir mein Vater einen Termin in die unmittelbare Wettkampfvorbereitung. Das war sehr ungewöhnlich, da die Parole immer lautete: Vier Wochen vor einem Zehnkampf werden keine PR-Termine gemacht. Das ist die Zeit, in der man seine Ruhe benötigt und jede Nerverei von außen vermieden werden sollte. Als mein Vater mir einen PR-Termin dieser Güteklasse verklickerte, gab es keine Diskussion. Ich sollte für meinen Sponsor Aufnahmen für eine TV-Kampagne machen. Es war zwar nur der Vorabdreh, aber im folgenden Jahr war eine PR-Offensive geplant und nun wollte man sehen, ob ich dafür tauge. Das hieß für mich äußerste Konzentration und absolute Anstrengung. Eine Anstrengung, die sich lohnte. Fernsehwerbung wird schließlich im sechsstelligen Bereich entlohnt.

Die Geschichte spielte im alten Griechenland, und da die Antike sowohl historisch als auch räumlich etwas weit weg war, bediente sich die Agentur eines Golfplatzes in Köln. Nach einiger Wartezeit im Clubhaus wurde ich endlich an den Set gebracht und eiligst geschminkt. Obwohl das Wetter schlecht war, sollten die Dreharbeiten schnell durchgezogen werden. Ich bekam ein griechisches Kostüm umgeworfen und wurde golden eingepinselt. Die Maskenbildnerin bearbeitete mich gerade mal fünf Minuten, da pflaumte sie der Regisseur an, sie solle sich gefälligst beeilen. Dabei schminkte sie mit einer Nachlässigkeit, die mich verwunderte, aber dem Regisseur wollte man nicht widersprechen.

Ich wurde mit einem Mikrofon ausgestattet und dann konnte es auch schon losgehen. Aber warum wurde ich verkabelt? Ich musste doch überhaupt keinen Text sprechen? Ich fragte besser nicht, die Stimmung war zu gereizt. Nach kurzer Einweisung ging es dann los und ich bemühte all mein schauspielerisches (Un-)Talent, da ich den Spot ja zu einem Fernsehhighlight formen wollte. Der Regisseur sah das anders: Ich solle mir mal mehr Mühe geben, fuhr er mich an. Immer wieder kritisierte er mich und traktierte mich dermaßen, dass ich aus Notwehr versuchte, die Situation mit ein wenig Humor zu retten. Doch dieser Herr verstand überhaupt keinen Spaß, meinte gar, ich wolle ihn lächerlich machen. Dann konzentrierte ich mich halt auf die Antike - sollten die doch ihre schlechte Laune behalten. Doch irgendwann springt selbst mir der Draht aus der Mütze - ich wollte die rheinisch-griechische Szenerie verlassen. Er behandelte mich wie ein Stück Dreck, ohne Respekt und Anstand. Mir reichte es. Doch dann holte ich vor meiner verbalen Kündigung tief Luft und beruhigte mich damit, dass dies nur ein Job sei. Also weiter. Ich konzentrierte mich auf die Aufgabe, eine alte griechische Statue zu spielen, die durch das fruchtige Getränk zum Leben erweckt wird und einen Diskus bis ins All wirft.

Plötzlich kam ein Pärchen aus dem Gebüsch und bat die Statue um ein Autogramm. Da stehen wir mit zig Kameras auf einem Golfplatz, bei schlechtem Wetter, so dass ich mir eigentlich keine Tricks vorstellen konnte, wie daraus gutes Wetter geschummelt wird, und dann kommt eine Frau daher, die aussieht wie aus einem Märchenfilm und ein passender Mann mit Picknickkorb, als sei er auf der Suche nach Rotkäppchen, und fragen mich nach einer Unterschrift. Dann erschrak ich. War dies nur ein weiterer kreativer Einfall? Doch der Blick auf den Regisseurs und die Umherstehenden verriet mir, dass sie genauso überrascht waren wie ich, und trotzdem war das alles hier ein bisschen „Versteckte Kamera". Es war so komisch. Ich wollte ein wenig besser aufpassen und nach Ungereimtheiten suchen. Gut schauspielern, aber die Augen offen halten. Das tat ich dann auch. Als ich so auf meinem Sockel stand, riskierte ich einen Blick in die Umgebung. In fünfzig Metern Entfernung erkannte ich das Nummernschild eines LKWs. Es war ein Mainzer Nummernschild. Ich fiel fast vom Sockel. Vor Aufregung. Das ZDF kam aus Mainz! Aber die Fahrzeuge des Senders hatten Nummernschilder mit immer gleichem Schema. Aber dieser LKW nicht. Vielleicht gehörte er der Produktionsfirma, die zufällig aus Mainz kam. Vorsicht war geboten.

Sollte ich jetzt mutig die versteckte Kamera enttarnen oder war das hier wirklich nur der kreative Wahnsinn. Ich machte weiter. Und wie. Ich machte Verrenkungen, die in ihrer Peinlichkeit kaum zu überbieten waren. Ich befolgte jetzt die Anweisungen des Regisseurs ohne Widerworte. Zum einen, weil er notorisch schlechte Laune hatte, zum anderen, weil ich nicht wusste, ob ich hier gerade die Showeinlage für die TV-Sendung ablieferte. Also weiter. Den Diskus sollte ich dann in das für uns nicht einsehbare Gebüsch werfen. Kein Leichathlet macht so etwas, aber wenn die Kameras in diese Richtung aufgebaut sind, lässt man sich trotz eines mulmigen Gefühls überreden. Der erste Diskus flog gerade fünf Meter über das Gebüsch, da ertönte ein unwirkliches Geräusch aus der Ferne, das ich nur mit: „Oh, Ente getroffen!" kommentierte.

Beim nächsten Diskus den ich ins Gebüsch schleuderte, klirrte eine Scheibe. Jetzt war ich mir absolut sicher. Tonbandklirren und Hundegejaule, das sich für mich wie Entengeschnatter anhörte, konnten nur mit der Versteckten Kamera zu tun haben. Als dann eine heulende Oma aus dem Feld hervortrat, deren Hund ich gerade getroffen und das Märchenpaar, dessen Picknickkorb ich zerstört und ein vor Wut schnaubender Glaser, dessen Scheibe ich zerkleinert haben sollte, war alles klar. Geduldig ließ ich mich beschimpfen und wartete, bis der Moderator Thomas Ohrner, als Zeus verkleidet, aus dem Gebüsch kroch. Da mich mein Vater zu diesem Dreh geschickt hatte, glaubte ich lange Zeit, dort würden ernsthafte Werbeaufnahmen gemacht. Dass ich allerdings fünf Jahre nach Atlanta noch geleimt werden sollte, damit hatte ich nicht gerechnet. Aber jetzt hatte ich das auch durchgestanden.

Der Auftritt eines anderen Zehnkämpfers war da schon ernsthafter. Roman Sebrle schickte sich an, der beste Mehrkämpfer der Welt zu werden. Am ersten Tag in Götzis stürmte er von einer Topleistung zur anderen, was in der Addition beängstigend war. Ich informierte mich ständig im Internet und musste mit ansehen, dass er auf einem Weg war, der zielstrebig auf die 9000 Punkte führte.

Da die beiden Tschechen Sebrle und Dvorak immer durch ihre Nervenstärke aufgefallen waren, war es für mich klar, dass am nächsten Tag der neue Weltrekord fallen würde. Noch versuchte ich mich zu wehren. 700 Kilometer von Götzis entfernt in unserem Wohnzimmer begann ich mit dem Training. Noch hatte er die 9000 nicht geschafft, noch war nichts verloren. Ich musste für die Zukunft vorbereitet sein. Wenn auch er an der Marke abprallen sollte, war ich bereit und wollte es endlich schaffen. Welch utopischer Gedanke. Ich war seit fünf Jahren auf diese Illusion fixiert und bemerkte immer noch nicht - wollte immer noch nicht bemerken, dass ich mich immer mehr von meinem Traum entfernte und mich nicht mehr auf ihn zu bewegte. Ich glaubte immer noch an meine Fähigkeiten und war überzeugt von mir.

Ich wurde wieder hektischer, verfiel in alte Muster und verließ den Weg den ich angekündigt hatte, bevor ich ihn fest unter meinen Füßen hatte. Zudem schnürten mich meine nicht schwächer werdenden Ängste ein.

Ich brauchte nur einige Monate schmerzfrei zu sein, dann würde ich zu ungeahnten Leistungen durchstarten. Götzis 2000 hatte mir gezeigt, dass man sich auf seine Stärken besinnen konnte, dass man zu sich selber finden musste und dann wieder angreifen konnte. An diesem Tag griff Sebrle an und ich wurde nervös. Wenn man gut drauf war, nervenstark und auf einem solchen Weg, dann würde man auch die Besteigung des höchsten Berges der Zehnkampfwelt nicht kurz vor dem Gipfel abbrechen. Er müsste es eigentlich schaffen. Eigentlich. Aber was war eigentlich? Der Zehnkampf war erst nach allen zehn Disziplinen geschafft und nicht schon nach der fünften. Ich bangte und bebte, als das Telefon klingelte. Es war wieder einmal Bundestrainer Claus Marek, der in Götzis war. Die Botschaft war ernüchternd und gleichzeitig lebensverändernd. „9026! Der hat einen super 1500-Meter-Lauf hingelegt!"

Es war aus. Ich meinte in diesem Augenblick, mit dem Atmen aufzuhören. Meine die ganze Zeit vor Spannung total verkrampfte Hand löste sich vor Entsetzen. Es war vorbei. Ich hatte verloren. Ein anderer hatte meinen Traum zerstört. All meine Energie wich aus meinem Körper. Dabei hatte ich mich nicht einmal gewehrt. Ich konnte mich ja gar nicht wehren. Jahrelang hatte ich mehr mit mir selbst und meinem Körper gekämpft als mit meinen Gegnern und irgendwelchen Punkten. Ich sackte in mich zusammen. Ich hatte verloren, musste einen Lebenstraum begraben. Nach dem verpassten Olympiasieg 2000 ereilte mich jetzt der zweite K.o. innerhalb von neun Monaten. Aus und vorbei.

Doch jetzt hatte ich endlich wieder Zeit! Nachdem ich einige Nächte darüber geschlafen hatte, merkte ich, wie befreiend dieser Schlag ins Gesicht gewesen war. Ich war frei und ohne Zeitdruck. Einfach frei. Jemand, der aufgrund seiner Fähigkeit die 9000 Punkte zweifellos verdient hatte, gab mir die Möglichkeit, wieder Spaß am Sport zu haben. Ich war jahrelang hinter etwas hergelaufen, was mich zu zerstören drohte.

Ich kämpfte jahrelang für ein Ziel, was nach einiger Zeit der gesundheitlichen Probleme gar kein Bestandteil meiner Planung mehr sein durfte. Doch wer mit 21 Jahren 8706 Punkte machte, hatte der nicht das Recht, ja den logischen Wunsch, auf 9000 zuzustürmen? Das war so legitim wie normal. Man wollte sich immer verbessern, und 21-jährig gab es noch niemanden auf dieser Welt, der besser war als ich.

Die Managerin eines Sponsors hatte immerzu mit dem Kopf geschüttelt, als wir in einem neu zu verhandelnden Vertrag nach 2000 auch noch die Weltrekordprämie mit 9000-Punkte-Bonus im Vertrag verankert haben wollten. Dieser Fehler, die Nichtberücksichtigung vermeintlich utopischer Leistungssprünge, war uns einmal passiert. Vor Atlanta hatten wir die

Punkteprämie nur bis 8600 Punkten ausgehandelt. Warum sollte eine derartige Explosion nicht noch einmal möglich sein? Ich musste doch an das glauben, was ich tat.

Ich musste doch von dem überzeugt sein, was ich verfolgte. Dass es manchmal vielleicht ein bisschen viel war und nicht realisiert wurde, war Pech - und im nachhinein Unvermögen. Im Nachhinein! Es gab für mich keine mich begrenzenden Ziele.

Das Limit war die Unendlichkeit. Nur die Ehrfurcht vor unüberwindbaren Hürden begrenzt den Athleten in seiner Leistung. 8706 Punkte mit 21 Jahren im fünften Zehnkampf waren eine Utopie, aber ich hatte es geschafft. Mit einem ausgerenkten Wirbel Hürdenbestzeit zu laufen, war Utopie. Mit 18 Jahren den amtierenden Juniorenvizeweltmeister zu schlagen, war Utopie.

Mit 15 den Mehrkampf aufzugeben, um mit 19 als weltjahresbester Zehnkämpfer zurückzukehren, war Utopie. All diese Utopien hatte ich geschafft. Immer wieder. Manchmal überraschend, manchmal geplant. Ich liebte es, andere zu überraschen.

Ich liebte es, mich mit Leistungen zu beschäftigen, die mir fremd waren. Ich wollte sie erkunden. Nur wer an sich glaubt, kann Außergewöhnliches erreichen. Und ich bewies es mir und anderen immer wieder. Daher war die 9000-Punkte-Prämie auch legitim. Im Nachhinein war man immer schlauer, aber es gab immer die Möglichkeit.

Die letzten Jahre dann nicht mehr in diesem großen, absoluten Maße. Es waren vielmehr die kleinen Erfolge des Lebens, die nicht mit einer Prämie entlohnt wurden. Es waren diese kleinen Ziele, die es wert waren, sie zu verfolgen. Und ich hatte sie nicht mehr gewürdigt, da ich nur absolut lebte. Ich wollte der Beste von allen sein. Ich vergaß, dass die kleinen persönlichen Erfolge das Leben lebenswert machten. Nicht die absoluten, die nur ganz wenige erreichen.

Und jetzt hatte ich wieder Zeit. Ich konnte jetzt die kleinen, scheinbar unwichtigen Vorhaben anpacken und mich darüber freuen. Es war nicht vorbei. Die 9000 Punkte von Sebrle waren eine Erlösung. Ich konnte mich wieder auf mich konzentrieren und musste keine Angst haben, dass mir etwas genommen wurde, was mir gar nicht gehörte, was ich aber seit fünf Jahren für mich in Anspruch genommen hatte. Ich gewann dem Tod meines Traums etwas Positives ab. Ich lebte!

So konnte das Ziel für meine Weltmeisterschaftsqualifikation in Ratingen auch klar formuliert werden: Spaß haben! Auch ohne Topleistung.

So versuchte ich es auch umzusetzen. Es lief auf bescheidenem Niveau verhältnismäßig gut. Ich wurde meinen neuen Ansprüchen gerecht und ließ die Brechstange zu Hause. Die 9000 waren ja weg. Und ich hatte es eingesehen. Das Speerwerfen war etwas kribbelig, da ich durch die zurückliegende Operation und die langwierige Heilung nicht viel trainieren konnte. Fest getapet versuchte ich es. Der erste Versuch landete bei 51,11 Metern und machte mir durch den Schmerz im Ellbogen unmissverständlich klar, dass es wohl besser war aufzuhören.

Doch nun wollte ich gewinnen. In diesem Wettkampf hatte ich den Spaß der eigenen Leistung wieder entdeckt - deshalb ignorierte ich die eindringliche Bitte meines Vaters, den Speerwurf zu beenden. Aber ich musste für die Norm 4:29 Minuten laufen, und das war aufgrund meiner läuferischen Defizite etwas anstrengend. Es konnte also knapp werden. Also warf ich weiter. Die medizinische Abteilung hatte mir bestätigt, dass der Arm zwar schmerzen würde, aber nichts Schlimmes passieren könne. Schmerz war auszuhalten und nur von kurzer Dauer. Er setzte normalerweise erst ein, wenn der Speer schon einige Meter unterwegs war. Durch den strammen Tapeverband konnte ich meine Hand zwar nicht mehr spüren, aber das musste wohl so sein. Es war kalt und der enge Verband bremste die Blutzirkulation. Ich hatte fast 67 Meter als Bestleistung stehen, da sollte ich doch mit ein wenig Konzentration und einer sauberen Technik weiter als 51,11 Meter werfen können. Ich konnte sogar gewinnen. Die Angst war aber größer als die Fähigkeit, sauber werfen zu können. Die Schmerzen im zweiten Versuch schienen unerträglich, aber ich wollte dem Speerwurf meinen Willen aufzwingen. Es musste gehen. Es war eine reine Konzentrationssache, nicht mehr und nicht weniger. Im dritten Versuch gab es eine Explosion im Arm, die mich zu Boden riss. Ich spürte nur noch Schmerzen, und zwar in einer Brutalität, wie ich sie bis dahin noch nie gespürt hatte. Ich glaubte zu ersticken, mir wurde schwindelig und schwarz vor Augen. Ich konnte vor Schmerz nicht aufrecht stehen. Zusammengekrümmt flehte ich den Physiotherapeuten an, mich von der Ellbogengeißel zu befreien. Er schnitt den Verband auf und der Arm pochte wild und schwoll an. Dass der Schmerz mit Entfernen des Tapes nachließe, war eine verzweifelte Hoffnung auf Erlösung. Ich hatte ein dumpfes Reißen gespürt und jetzt schwoll der Arm.

Das war mehr als der versprochene Schmerz ohne Konsequenzen. Das war viel mehr. Ich hatte das Busemannsche Phänomen zur Spitze getrieben. Ich hatte immer Verletzungen, die man nicht deuten konnte. Oder es geschah etwas, was medizinisch eigentlich nicht geschehen konnte. Aber es musste weitergehen. Ich musste diesen Mehrkampf beenden. So wie ich die elf anderen Zehnkämpfe meines Lebens schon beendet hatte. Mal mit Schmerz und selten mal ohne Komplikationen. Ich wusste, dass ich die Weltmeisterschaften im kanadischen Edmonton nicht als Athlet erleben würde, dafür war die Verletzung bestimmt zu schwerwiegend. Aber diesen Wettkampf wollte ich zu Ende bringen. Dafür war ich schon zu weit gekommen - aufgeben galt nicht.

Für den abschließenden 1500-Meter-Lauf hatte ich mir eine Zeit von 4:30,00 Minuten vorgenommen. Allerdings waren es durch den schwachen Speerwurf nun doch 4:28,95 Minuten, um die angestrebte Qualifikationspunktzahl zu erreichen. Am Start stand ich emotionslos und kalt, Angst hatte ich nicht. Die Schmerzen, die ich beim Speerwerfen gespürt hatte, waren stärker als die, die es auf den 1500 Metern jemals geben konnte. Der Arm hatte jetzt überhaupt keine Stabilität mehr, aber ein bisschen laufen konnte ich noch - musste ich ja auch.

Als der Startschuss fiel und das Feld ins Rollen kam, versuchte ich, meinen Rhythmus zu finden, hatte aber leichte Probleme. Der Schritt war nicht leicht genug, jede Bewegung war Arbeit. Die Durchgangszeit über 1000 Meter war mit 3:02 Minuten rund zweieinhalb Sekunden zu langsam. Nun musste ich mich zusammenreißen und noch mal alles probieren. Auf den letzten 300 Metern war das Erreichen der notwendigen Zeit noch vorstellbar. Auf der Zielgeraden blickte ich auf die Videowand und musste zusehen, wie die Sekunden unerbittlich und ohne Rücksicht weiterliefen. Aber dann kam das Ziel, und bei 4:27,07 Minuten war ich da. Das tolle Publikum freute sich lautstark darüber, dass ich die Norm geschafft hatte.

Aus diesem Zehnkampf nahm ich trotz einer fatalen Verletzung die positiven Erlebnisse mit. Es mag unfassbar klingen, aber trotz des schlimmen Speerwurfdebakels sah ich in der seelischen Endabrechnung nur neun schöne Disziplinen. In der Bilanz siegte der Spaß und nicht der Schmerz. Ich durfte Zehnkampf wieder leben, und es war unendlich schön.

Doch meinen Vater trieb ich fast in den gesundheitlichen Ruin. Er war am Ende. Im Jahr zuvor bei der Qualifikation für die Olympischen Spiele in Sydney hatten ihm die Nervenspielchen einiger Vertreter des Zehnkampfteams schon bös zugesetzt. Aber jetzt wollte und konnte er nicht mehr. Er hatte Angst um mich. Ich zeigte meinen Schmerz nicht mehr. Ich bagatellisierte meine Verletzung. Zwar räumte ich ein, dass der Arm wohl hinüber war, versicherte ihm aber, dass er sich keine Sorgen machen müsse, da die beiden Wettkampftage gut für mich waren. Indes: An meiner Reaktion nach dem dritten Wurf und meinem schmerzverzerrten Gesicht sah er überdeutlich, wie schwer es mich wirklich getroffen hatte. Wie muss er sich gefühlt haben? Eine derartige körperliche Qual hatte er in meinen Augen noch nie sehen müssen. Die Verletzungen der Vergangenheit und die seelischen Rückschläge waren gegen das Drama von Ratingen halb so wild. Eine Entscheidung reifte in ihm.

Der Arzt hatte Hemmungen, mir die Diagnose mitzuteilen. Ich wollte keine Märchen hören. Ich wollte die ganze Wahrheit. Ich wollte die Bestätigung für meine laienhafte Diagnose, dass der Arm kaputt war. Der Schmerz und der Knall waren nicht gesund. So weit kannte ich meinen Körper. Er unterbreitete mir die Hiobsbotschaft und ich lächelte. Ich hatte Recht. Der Arm war kaputt, nicht verklebt oder verstaucht, wie mir aufmunternde Stimmen einreden wollten. Er war richtig hinüber. So kaputt und geschwollen, dass die hundertprozentige Diagnose noch nicht genannt werden konnte.

Ich war wieder einmal nicht Herr meines Körpers, aber ich wusste, wie er tickte, und das amüsierte mich ein wenig. Wir überlegten den weiteren Weg. Die Heilung einer solch schwerwiegenden Verletzung bis zur WM in sieben Wochen wäre ein Wunder. Aber ich war ja immer bereit, an Wunder zu glauben. Vergeblich versuchte ich, das Speerwurf-Handicap des linken Armes mit dem rechten in den Griff zu kriegen. Aber die mit rechts erzielten 28 Meter ließen mich dieses Unterfangen schnell abbrechen. Der kaputte linke Arm hätte die anderen Disziplinen ohnehin nicht überstanden. Und trotzdem gab es eine kleine Perspektive: Warum sollte ich mich für die Weltmeisterschaften in Edmonton nicht im Weitsprung qualifizieren? Diese Chance würde sich in drei Wochen bei den deutschen Einzelmeisterschaften ergeben. Es war ja nur der Arm kaputt, der restliche Körper schien topfit.

Doch der Arm verheilte nicht so schnell wie erhofft. Dafür war er viel zu kaputt. Es hatte das Band, die Kapsel, den Muskel und die Sehne erwischt.

Nur einige Tage nach diesem verhängnisvollen Zehnkampf traute ich meinen Augen und Ohren nicht. Ich wurde von diversen Leuten auf das Fernsehinterview eines vermeintlichen Zehnkampffreundes angesprochen. Wir besorgten uns eine Videoaufnahme. Und tatsächlich: Ein Athlet beschrieb das Verhältnis zu mir als neutral und ließ wissen, dass ich mich gern in den Vordergrund dränge, und meinem Vater bescheinigte er das gleiche Verhalten.

Das konnte wohl nicht sein Ernst sein? Mein Vater hatte in Ratingen doch nur versucht, die ganz auf mich fixierte Journalisten-Meute zu überzeugen, sich auch mal um die beiden führenden Athleten zu kümmern. Deren Reaktion: „Wollen Sie mit jemandem reden, der immer nur das Gleiche erzählt, wenn er überhaupt was von sich preisgibt!" Sie stürzten sich wieder auf mich. Mein Vater gab auf.

Ich war außer mir. Wie konnte ein Athlet, den ich immer verteidigt hatte und dem ich immer versucht hatte, ein guter Zehnkampfkollege zu sein, meinen Vater derart diffamieren? Was sollte ich tun? Ein Anruf, ein klärendes Gespräch war oftmals eine Lösung. Aber wollte ich das? Wollte ich um eine neutrale Beziehung kämpfen? Wollte ich mich darum bemühen, dass wir Freunde blieben? Ich war so naiv! Ich glaubte, wir wären Zehnkampffreunde, und wurde bei meiner ersten Niederlage derart attackiert. Unsere Beziehung sei neutral. Hatte er gesagt. Wenn solche Worte über einen Teamkollegen vor einer Fernsehkamera gesagt wurden, dann hieße das, dass ich ihm eigentlich scheißegal war. Der Zehnkampf schweißte die Athleten wohl doch nicht so stark zusammen, wie ich es immer glaubte.

Um eine neutrale Beziehung musste man sich nicht bemühen! Die konnte man vergessen. Mit ihm war ich fertig. Ich versuchte, meine Gedanken neu zu sortieren. Wem konnte ich nun noch uneingeschränkt vertrauen? Mike Maczey auf jeden Fall! Das hatte er mir bewiesen. Zu 100 Prozent. Dem einen oder anderen bestimmt auch noch. Aber wem? Nach dieser Erfahrung lichteten sich die Reihen. Ich musste meine Beziehungen zu jedem einzelnen Athleten von neuem abklopfen. Ich wurde misstrauischer, wollte nicht wieder enttäuscht werden. Ich hatte wohl zu viel verlangt. Aber was hatte ich verlangt? Nichts! Nur Respekt. Der stand mir zu. Ich respektierte ja auch jeden einzelnen Athleten mit seinen Fähigkeiten, mit all seinen Fehlern und Marotten.

Ich hatte die Zeichen nicht erkannt und hatte mich für jemanden stark gemacht, der das Gleiche niemals für mich getan hätte. Ich vermutete ab diesem Zeitpunkt hinter jedem Zehnkampffreund einen potenziellen Verräter, der sich auf meine Kosten profilieren wollte. Ich kam zu dem Entschluss, dass ich wieder auf den Weg zurück wollte, auf dem ich alleine und ohne Hilfe gekommen war. Ich brauchte, wenn überhaupt, nur wenige Athleten, um gut zu sein.

Eine Gruppe war zwar schön, aber nicht zwingend notwendig. Und mit diesem Erlebnis wurden mir die Augen geöffnet. Welcher Athlet will nur mein Bestes, solange es nicht mein Geld ist, und welcher Athlet möchte sich nur im Erfolg möglichst viel einstecken? Und dieser gerade verlorene Freund hatte in den vergangenen Jahren über das Zehnkampf-Team stattliche Honorare kassiert.

Das war ein hübsches Sümmchen. Er sollte mir einen anderen Athleten nennen, der mit weniger als 8500 Punkten soviel Geld verdient hatte. Gut, ich hatte in der gleichen Zeit mehr als das Dreifache vom Team erhalten, aber wo hatten sie die Mittel wohl her? Wie konnten sie Verträge abschließen, die es ermöglichten, dass Athleten solche Summen kassieren konnten? Wohl kaum durch eine kollektive Mannschaftsleistung, die auf 8000 Punkten basierte. Es war der absolute Erfolg, der zählte, und nicht das Mittelmaß. Soweit ich mich erinnern konnte, war ich der Einzige, der in den letzten fünf Jahren internationale Medaillen geholt hatte. Ich war mit ihm fertig. Und er wusste es noch nicht einmal. Ich sprach es nicht an und ließ ihn meinen Ärger nicht wissen. Ich war ihm gegenüber reserviert. Oder nur neutral?

Einen guten Trainer hatte ich und eine Vision. Und den hundertprozentigen Willen des Erfolges. Ich brauchte niemanden, um glücklich und erfolgreich zu sein. Das konnte ich aus eigener Kraft schaffen. Ohne irgendwelche Trittbrettfahrer und Schmarotzer.

Auf meine Eltern, die mich jahrelang gefördert und betreut hatten, konnte ich mich verlassen. Sie wollten immer mein Bestes. Sie litten mit mir und freuten sich mit mir. Doch mein Vater konnte nicht mehr. Er war gesundheitlich stark angeschlagen. Er war am Ende. Er musste nach fast dreißig Jahren die Trainertätigkeit aufgeben - ein mehr als schmerzhafter Entschluss. Er hatte solche Bedenken. Er befürchtete, ich wäre enttäuscht und könnte meinen, dass er mich im Stich lassen würde. Doch ich wusste, dass mein Papa das niemals tun würde. Es war zu seinem eigenen Schutz. Er musste auf andere Gedanken kommen und die Zeit haben, durchzuatmen. Er musste von der Sorge um seinen Sohn befreit werden. Allzu oft hatte er die Verantwortung für meine Verletzungen übernommen. Die zu bekämpfen oder gar zu vermeiden stand nicht in seiner Macht. Er war derjenige, dem ich meinen Körper hundertprozentig anvertraute, er war derjenige, der wusste, wie ich tickte. Nur er. Er war der beste Trainer, den ich mir vorstellen konnte.

Doch meinen Körper hatte selbst ich nicht richtig im Griff, obwohl ich mittlerweile sehr gut in der Lage war, in mich reinzuhorchen. Es ging um ihn und seine Gesundheit. Ich bewunderte ihn dafür, dass er sich nicht für mich opferte und die Notbremse zog. Er war mein Vater. Und ich liebte ihn. Genauso wie meine Mutter. Zwei Personen, auf die ich mich verlassen konnte. Immer. Und wenn das sein Wille war, war es meiner.

Trotz der Ellbogenverletzung musste ich mit einem lachenden Auge auf die Saison 2001 zurückblicken können. Zum einen konnte ich das schon nach einem Anruf von Friedrich, der mittlerweile den zweiten Film mit mir drehte. Er sagte, ich sollte doch mal beim NDR anrufen. Dort wurde ich wieder als ARD-Experte angeheuert und durfte zur WM nach Edmonton. Ich war begeistert und dankbar, dass sie wieder an mich dachten, sie machten mir eine Riesenfreude damit. Zum anderen konnte ich durch den lädierten Arm in diesem Jahr keinen Zehnkampf mehr absolvieren. Aber wofür ist man Zehnkämpfer? Dachte ich. Wofür hat man die Gabe und die Lust an der Vielseitigkeit? Man kann eben in zehn Disziplinen sein Glück versuchen, und es sollte doch eine Disziplin geben, die mir wieder ein Ziel gab, für die ich den Arm nicht so stark strapazieren musste und die mir Freude bereitete. Ich überlegte, ob ich meine Sprintbestzeiten noch verbessern konnte. Das war genauso unmöglich, wie die Ausdauerleistung noch mal anzutesten. Um etwas Brauchbares zu entwickeln, hatte ich einfach nicht genug Zeit.

Und beim Springen? Ich dachte zuerst an den Hochsprung, da ich nach der kurzen Zwangspause meine Schnelligkeit vernachlässigen musste und der Hochsprung mit der ausbaufähigen Technik eines Zehnkämpfers schnell verbessert werden kann.

Aber im Weitsprung war ich im Vergleich zu anderen Athleten doch etwas besser. Also begann ich ab dem 3. Juli, meine Beine ein bisschen kräftiger zu machen. Das Handicap der fehlenden Spritzigkeit wollte ich mit meinem Joker, der schnell wachsenden Beinkraft, ausgleichen. Das Glück meiner Beine war immerzu das Pech meiner Arme. Die Stempel brauchten eine Hantel nur zu sehen und begannen mit dem Wachstum, bei den Armen war das hingegen ein hoffnungsloses Unterfangen. Die leptosome Problematik des Oberkörpers konnte allzu oft die gewaltigen Kraftimpulse der Beine nicht vertragen. Aber das war jetzt kein Thema und ich begann damit, mich ständig hinter die Beinpresse zu klemmen und bewegte eine Tonne nach der anderen. Ich trainierte auf eigene Faust und ohne Anleitung eines Trainers. Es war die Hauruck-Methode, die jeden Fachmann entsetzt hätte. Aber welche Wahl blieb mir?

Ich wollte am Ende der Saison in allerkürzester Zeit noch in Form kommen, da musste ich mich unkonventioneller Methoden bedienen. Genau einen Monat später war mein Ellenbogen wieder soweit verheilt, dass ich hinter der Beinpresse vorkriechen und mit Laufübungen beginnen konnte, die dem Sprint ähnelten. So bestand mein Training in den nächsten Tagen aus nur zwei oder drei Elementen: Kraft, Sprint und Sprünge (kleine reaktive). Es war so langweilig und öde, aber das Ziel rechtfertigte die Mittel. Und ich merkte so langsam, wie meine Form immer besser wurde und ich ein wenig Gefühl für mein Tun entwickelte. Die Stimmung hellte sich wieder auf und die Sorge um meinen Ellenbogen wurde von Tag zu Tag geringer. Sollte der Arm nicht mehr halten, dann ... - dann könnte ich ja Weitspringer werden. Ich hatte schon einen Disziplinwechsel fünf Jahre zuvor überstanden und mir ganz neue Perspektiven eröffnet. Warum sollte das nicht wieder funktionieren?

Ich sprang im ersten Wettkampf nach einer Pause nie so weit, also brauchte ich noch einen. Und zwar ein Meeting mit Niveau und Anspruch, das die Motivation aus seinem letzten Loch kitzelte. Ich schaute nach weiteren Wettkampfmöglichkeiten - und fand das ISTAF in Berlin! Ohoh, das ISTAF - da springen die richtig Guten, die Weltmeister, Olympiasieger und Superstars. Und ich war nur ein Zehnkämpfer mit kaputtem Ellbogen, der in dem Jahr gerade mal 7,73 Meter gehopst war. Es war absurd. Ich durfte mir gar nicht die Frechheit herausnehmen, mich um einen Startplatz beim ISTAF zu bemühen. Warum sollte mich der Meetingdirektor nehmen? Ich fühlte mich gut, aber das erzählte wohl jeder, der in diesen auserwählten Kreis vordringen wollte. Außerdem wollte ich an diesem Wochenende mit Katrin in den Urlaub fahren. Die Sache war abgehakt - hätte ich meine Freundin nicht gehabt. Sie bekniete mich, doch wenigstens in Berlin anzurufen. Und wenn ich mich so fühlte, wie ich es ihr immerzu vermittelte, dann müsste ich meine Chance nutzen. Aber was war, wenn mein Gefühl mich täuschte und ich wie ein nasser Sack in die Grube plumpste? Das wäre sehr unangenehm, aber konnte ich mich so irren? Ich wagte den Anruf beim Meetingdirektor und bekam einen Startplatz! Ich versicherte ihm, dass ich acht Meter springen wolle und dass ich gut drauf sei. Ich hatte ein Ziel. Das Sportlerleben hatte wieder einen Sinn.

Zuvor sollte das Bayer-Meeting aber noch mein gutes Gefühl bestätigen. Zwar war ich danach total kaputt und hatte Muskelkater, aber die 7,95 Meter gaben mir die Gewissheit, dass die acht Meter vier Tage später kein Hirngespinst waren. Ich musste mich nur noch ausruhen und wieder Kräfte sammeln. Ich war extrem ausgemergelt und hatte durch den komischen Trainingsstil der letzten Wochen überhaupt keine Substanz. Wofür auch? Die Kraft musste beim ISTAF für drei Sprünge halten. Mehr nicht.

Dafür hungerte ich mir das letzte Gramm Fett von den Hüften und wog zum Schluss nur noch 81 Kilogramm. Bei einem normalen Zehnkampf-Gewicht von 86 Kilogramm fühlte ich mich leicht wie eine Feder und schlapp wie eine Fettschwiele. Da Katrin selbst für die Übernachtung aufkommen musste, wollten wir das Frühstück für 15 Euro umgehen. Ich wollte zudem noch einige Stunden auf mein Gewicht achten, und so fuhren wir zum Supermarkt und kauften zwei Brötchen, ein Messer, eine Packung Lachs und dinierten wie die Camper im Auto auf dem Supermarktparkplatz. Und das für 2,57 Euro pro Person.

Und die Chance des Jahres kam immer näher. Ich konnte in wenigen Stunden mit einem Schlag Zufriedenheit ergattern, ganz schnell und einfach so - es lag an mir.

Beim Einspringen merkte ich, dass die Anlage gar nicht so einfach für mich war. Ich kam irgendwie nicht weg. War ich doch noch platt? Meine Leistung vom Bayer-Meeting war ja gut, aber ich klebte. Doch ich wollte erst einmal springen, bevor ich mir Sorgen über meine Form machte. Der erste Versuch sollte auf jeden Fall gültig sein. Der war dann extrem vorsichtig, da der Sand relativ hart war und ich mit meinem maladen Arm ein wenig Angst vor der Landung hatte. Dafür waren 7,77 Meter nicht schlecht, aber auch nicht so richtig gut für den wichtigsten Wettkampf meiner diesjährigen Saison. Da war noch mehr drin. Der zweite war weiter, viel weiter, aber hauchdünn übergetreten.

Und dann merkte ich, dass die anderen Springer auch nicht mehr drauf hatten. Diese einmalige Chance musste ich einfach nutzen. Die Zeit lief mir davon, ich merkte, dass ich müder wurde, nicht mehr so spritzig war. Der nächste Sprung musste es sein. Ich verlegte meine Anlaufmarke fünf Zentimeter zurück - lieber noch mal weitere fünf Zentimeter. Sicher ist sicher, dachte ich. Mit acht Metern siehst du hier richtig gut aus und mit 8,05 Meter nicht viel besser. Also lieber auf Nummer Sicher gehen und auf jeden Fall einen gültigen Sprung abliefern. Ich hatte es drauf. Ich lief an und sprang - gültig. Vom Gefühl her auch nicht so schlecht, vielleicht 7,90 Meter bis 7,95 Meter. Damit würde ich sogar in Führung gehen. Das Ergebnis, das ich auf der Anzeigetafel sah, war einfach zu schön, um wahr zu sein: 8,04 Meter! Das zweite Mal in meinem Leben über diese magische Grenze. Ich hätte heulen können. Und ich führte vor Pedroso, Beckford, Dilworth, diesen ganzen Weitsprung-Göttern.

Zu meinem vierten Versuch dröhnte plötzlich Musik durchs Stadion, das Publikum tobte und aus den Lautsprechern wummerte immerzu ein Lied mit dem nahe liegenden Titel „Jump". Nur für mich, für den Führenden. Ich stand da und 40.000 Zuschauer feuerten mich an, die Musik wurde nur für mich gespielt. Es lag was Sensationelles in der Berliner Luft. Ein Zehnkämpfer düpierte die internationale Weitsprung-Elite, und ich war der Hauptakteur. Ich bekam eine Gänsehaut. Ich dachte all die Jahre, dass dieser oft beschriebene Gefühlszustand einen Athleten nicht packen kann, wenn der sich voll konzentriert und schweißgebadet auf eine große Aufgabe vorbereitet. Aber zum ersten Mal hatte ich eine Gänsehaut, die mich frieren ließ. Alle Härchen standen im rechten Winkel ab - alle!

Es war unglaublich. Ich sprang und plumpste mit einem ungültigen Versuch in den Sand. Ich war total kaputt, die Kraft war weg. Ich hatte mit diesen 8,04 Metern alles erreicht, was ich mir vorgenommen hatte. Ich hatte mein Wort gehalten und mein Ziel verwirklicht, zudem hatte ich mit diesem einen Sieg plötzlich das Geld für den ganz großen Luxus-Urlaub eingesprungen. Der Erstplatzierte sollte 7.500 Euro erhalten, und ich lag vorne. Es war zwar nur noch eine Frage der Zeit, bis ich an der Spitze abgelöst würde, aber wenn ich Dritter oder Vierter werden sollte, gäbe es dafür immer noch 2.500 Euro. Aber diese Emotionen waren unbezahlbar. Trotz meiner nun schlechten Sprünge wurde ich angefeuert, als hätte ich die Neun-Meter-Marke übertroffen. Es war ein Erlebnis für die Ewigkeit. Die Konkurrenz tat sich schwer. Sie wollten mich gewinnen lassen. So hatte es den Anschein. Sie blieben alle weit unter ihren Möglichkeiten. So verabschiedete sich jeder Springer mit seinem letzten Versuch und ich zählte nach jedem Athleten meine Platzierung. Ich konnte mich ja nicht mehr wehren, ich war zu platt, aber ich hatte meine 8,04 Meter. Nur noch ein Springer, der mich noch vom Podest stürzen konnte, es war der Olympiasieger Pedroso.

Er lief an - sprang - rote Fahne - ungültig. Ich hatte gewonnen! Oder doch nicht? Er kam aus der Grube, sah auf den Balken und fing an, mit dem Kampfgericht zu diskutieren. Es ging lange hin und her. Ich wartete unterdessen auf meinen letzten Versuch. Sein Abdruck oder Nicht-Abdruck interessierte mich nicht, ich musste ja noch springen. Das Kampfgericht wird schon eine richtige Entscheidung treffen - dachte ich. Zu der Diskussionsrunde gesellten sich ein Manager und zwei Funktionäre. Nach langem Palaver gingen sie auseinander und ich durfte unter lautstarkem Getöse noch eine kraftlose Arschbombe in die Grube setzen. Ob ich jetzt allerdings als Sieger oder aber als Zweiter dem Sand entstieg, wusste ich nicht. Der Stadionsprecher verkündete mich als Erstplatzierten, aber mir kam die Sache ein wenig seltsam vor. Nach zehn Minuten klärte mich die Kampfrichterin auf: Sie stand nach wie vor zu ihrer Entscheidung. Ungültig. Geheimnisvolle Mächte hatten sie überstimmt. Im Fernsehen sah man später, dass dieser mit 8,16 Meter gemessene Sprung gut zwei Zentimeter übergetreten war. Damit hatte sich der Kubaner allerdings vom dritten auf den ersten Platz verbessert. Ein Unterschied von 3000 Euro. Vielleicht hatte deshalb sein Manager so heftig interveniert. Nach ein wenig Verwirrung stellte sich unendliche Freude ein und ich freute mich über die acht Meter der besonderen Art. Ich durfte Begeisterung leben und spüren.

Die Besichtigung der Stadt am nächsten Tag wurde zur total unwichtigen Randerscheinung. Ich schwebte durch die Straßen. Der Rückweg wurde etwas länger als der Hinweg, da Katrin und ich nach dieser langen Zeit des Hungerns fünf McDonald´s Restaurants ansteuerten und die komplette Fastfoodpalette ausprobierten, die für ein Jahr gereicht hätte. Ich hatte wieder einmal etwas erleben dürfen, wofür ich den Sport liebte. Er ermöglichte es mir, mich immer wieder neu kennen zu lernen, Erfahrungen sammeln zu können und Herausforderungen zu bestehen, die ein grenzenloses Maß an Zufriedenheit nach sich zogen. Das sportliche Jahr war gerettet. Der Arm war vielleicht hinüber, aber den Erfolg konnte man auf vielfältige Art und Weise greifen.

Danach begab ich mich wieder in die Obhut eines erfahrenen Trainers. Mein eigenes Weitsprungtraining für diese zwei Wettkämpfe war nach hunderten Tonnen Krafttraining doch recht monoton und auf Dauer ungesund. Nun trainierte ich unter Anleitung von Bernd Knut, einem Trainer von Bayer, der die gleiche Sensibilität mitbrachte wie mein Vater.

Bernd hatte in seiner fast vierzigjährigen Tätigkeit als Trainer schon Unmengen von nationalen und internationalen Titeln mit seinen Athleten eingefahren und hatte das Händchen und den Mut, um den Problemfall Busemann zu betreuen. Mein Vater hatte nicht ohne Grund einen Wechsel zu Bayer vorgeschlagen, als er merkte, dass seine Gesundheit nicht mehr mitmachte.

Bei Bernd war ich bestimmt in den besten Händen und zudem noch in einer extrem starken und witzigen Trainingsgruppe. Ich kannte zwar alle, musste mich aber zu Beginn erst einmal an die neue Umgebung gewöhnen, und bis ich soweit aufgetaut war, dass ich mich vollends wohl fühlte, vergingen wie immer ein paar Wochen.

Es war egal, ich musste wieder angreifen. Ich wollte demnächst den ersten Hallensiebenkampf meines Lebens machen und suchte wieder einmal neue Wege. Zum einen durch die veränderte Betreuung, zum anderen an der Arbeit am Lockerwerden. Ich wollte mal wieder im Training Fußball spielen, ich wollte im Training weitspringen, ich wollte Dinge machen, die ich aufgrund diverser Verletzungssorgen früher nicht gemacht hatte. Ich wollte all diesen Ballast über Bord werfen, da ich in den letzten sechs Sommersaisons nur viermal bei internationalen Meisterschaften antreten konnte und nur dreimal ins Ziel kam, obwohl ich immer die Qualifikation geschafft hatte. Zudem musste ich jetzt auch mal wieder ein wenig mehr Action in mein Leben bringen - ich war ja Vollblutprofi. Ohne Azubistress, ohne Studentenstress und mit wenig PR-Stress.

Die Insolvenz eines Sponsors kündigte sich an. Und die letzte Rate war noch nicht bezahlt. An mir konnte die Pleite nicht gelegen haben. Beim letzten Termin auf einer Messe schickte uns der Chef in die Kantine und gab uns einen Hunderter mit. Halb verdurstet sah ich die Preise und entschloss mich, diesen Wucher zu sabotieren. Die anderen kauften sich überteuerte Baguettes und einige Getränkeflaschen, und mit dieser Ladung gingen wir zum Messestand zurück. Ich schob noch einen Halt auf der Herrentoilette ein.

Ich musste ja jetzt irgendwie anders meinen Durst löschen und entschied mich für den Wasserhahn mit kostenlosem Kraneberger. Ich hatte meinen Stolz. Auch wenn andere bezahlten, sah ich es nicht ein, wenn eine Sache ungerechtfertigt teuer war, und das war hier der Fall. So etwas förderte ich unter keinen Umständen, und sollte ich dabei verdursten. Doch die gesparten zehn Euro retteten das Unternehmen auch nicht mehr. Ich bekam noch die Hälfte, und den noch ausstehenden Rest der Rate musste ich als eigentlich schon verplant und dringend nötig auf Nimmerwiedersehen abschreiben. Das war der erste und einzige Ausfall, den ich verschmerzen musste, seitdem ich auf diese Weise Geld verdiente. Für den Moment war es bitter, aber die Quote war für einen Familienbetrieb ohne Rechtsbeistand zufrieden stellend.

Unter Umständen wäre das mit der vor kurzer Zeit angeheuerten Agentur nicht passiert. Sie hätte vielleicht das Know-how gehabt, diesen Ausfall zu verhindern, und hätte nach Andeutung der ersten Zahlungsschwierigkeiten sofort eine Mahnung abgeschickt. Wir gestanden dem Sponsor einen dreimonatigen Zahlungsaufschub zu und machten erst dann Druck, als die Hälfte verloren war. Das war jetzt nicht mehr mein Problem. Ich hatte jetzt eine Agentur, die sich um meine zukünftigen Geldeingänge kümmerte. Da mein Vater gesundheitlich nicht mehr in der Lage war, Klinken putzen zu gehen, um sich nach potenziellen Geldquellen umzuschauen, empfahl er mir eine Agentur aus der näheren Umgebung. Bis bekannt wurde, dass ich jetzt wirklich professionelle Hilfe hatte, verging eine ganze Zeit, und ich nahm alle Anfragen zu Hause entgegen, leitete sie umgehend weiter und die Agentur verhandelte die Konditionen. Und dafür bekamen sie zwanzig Prozent meines Honorars. War zwar seltsam, etwas abdrücken zu müssen, da in der Vergangenheit alles in der Familie geblieben war, aber das war eben der Preis für eine Betreuung von außen. Die Honorare lagen jetzt allerdings wieder so hoch wie direkt nach Atlanta. Nicht immer, aber immer öfter.

Das erledigten sie mit einem einzigen Anruf. Manchmal war die Terminabsprache natürlich etwas komplizierter, da sie mich erst wieder kontaktieren mussten und dann wieder das Unternehmen anriefen, aber jetzt hatte ich in der Vorbereitung meine Ruhe, und das Aushandeln der Gagen war nun deren Angelegenheit. Da brauchte ich nicht mehr so viel Hemmungen zu haben. Meine Auftritte erledigte ich nach wie vor allein. Danach schrieben sie die Rechnung an das Unternehmen, strichen ihren Anteil ein, und ich bekam die restlichen 80 Prozent von ihnen.

Kapitel 14 – Januar bis April 2002

Ziellos

Anfang Februar 2002 wollte ich meinen ersten Hallen-Siebenkampf bestreiten. An diesem Wochenende sollte ich einen weiteren Haken hinter die Abarbeitung meiner Ziele und Träume machen. Ich wollte immer bei Olympischen Spielen starten, wollte immer in Götzis starten, Ratingen erleben, und eine internationale Medaille wollte ich gewinnen. Dieser Siebenkampf sollte ein weiterer Meilenstein der Befriedigung werden. Ich war auf den letzten Metern zum kompletten Mehrkämpfer. Mir fehlten jetzt nur noch das Meeting in Talence und ein Stundenzehnkampf. Die konnten ja noch kommen. Ich war ja noch jung und willig. Doch jetzt durfte ich in Estland ran.

Ich wusste nichts über dieses Land, weder welche Währung dort galt, noch ob die Esten unseren neuen Euro kannten oder ob dort unsere Mobiltelefone funktionierten. Es war meine erste Mehrkampfreise, bei der ich auf mich allein gestellt war. Mein Trainer Bernd Knut war zwar dabei, im Vorfeld wurde sehr viel für uns organisiert, aber es gab keine Verbands- oder Teamorganisation. Was wir daraus machten, das lag nun an uns. Es wurde eine Reise mit ziemlich viel Dramatik.

Nachdem ich mir acht Wochen vorher beim Fußballspielen die Bänder im rechten Fuß gerissen hatte, stand das Meeting ohnehin auf der Kippe. Aber das hatte ich überstanden. Und am Vorabend des Wettkampfes wurde ich jetzt mit der Meldung konfrontiert, dass ein Start unter Umständen lebensgefährlich werden konnte. Doch zuerst kamen wir im Hotel an.

Auf der Fahrt dorthin erzählte mir der Chauffeur, dass der amtierende Zehnkampfweltmeister und der vermeintlich hohe Favorit Tomas Dvorak verletzt abgesagt hatte. Da wurde mein Ehrgeiz noch größer, ich wollte Dvorak zwar kitzeln und auch versuchen, ihn zu schlagen, doch auf einmal wurde ich zum Favoriten und musste nur noch durchkommen, um zu gewinnen. Ich freute mich auf den Wettkampf und versuchte, alles zu verdrängen, was mir Sorgen bereitete. Im Hotel ging es zur Pressekonferenz. Ein Mordsaufstand, viele Journalisten, viele Kameras, viele Menschen, richtig ungewohnt. Der Mehrkampf hat in Estland einen sehr hohen Stellenwert! Auf Englisch bekundete ich, dass ich in recht ordentlicher Form war und ein Ergebnis jenseits der 6000 Punkte anpeilte. Das war lediglich die Mindestanforderung.

Als ich so erzählte, fühlte ich mich immer besser und die Formkurve zeigte immer mehr gen Himmel. Also dachte ich, warum nur die Hälfte erzählen, ich erzählte immer das, was ich dachte, also musste ich die ganze Wahrheit sagen: von wegen 6000 Punkte, ich wollte 6200 machen und damit den Deutschen Rekord von Siggi Wentz brechen. So, dann war das auch gesagt.

Anfangs sprach ich gar nicht so schlecht, doch dann wurde ich übermütig und konstruierte Sätze, die ich selbst auf Deutsch nur mit Mühe zu einem komplizierten Ende hätte bringen können. Ich verhaspelte mich derart, dass ich nun doch einen Dolmetscher brauchte. Als ich diesen Schock überwunden hatte, ging es zum Abendessen.

Der Bundestrainer teilte mir mit, ich sollte umgehend bei meiner Freundin anrufen. Sie begann mit den Worten, die Schlimmes erahnen ließen: „Ich will dich nicht beunruhigen, aber ich muss dir etwas sagen, es ist sehr, sehr wichtig!" Oh je, dachte ich, was war passiert? War meinen Eltern etwas passiert? Was konnte es sonst sein?

Der Krankengymnast, dem ich meine neue Vorwölbung in der Leistengegend zwei Tage vorher gezeigt hatte, konnte nicht mehr ruhig schlafen, da er einen Leistenbruch nicht ausschließen konnte. Er ließ mich nun über Katrin wissen, dass ich noch vor dem Meeting unbedingt zu einem Arzt gehen müsste. Ich dachte nur, warum nerven die gerade jetzt, die Leiste tut zwar weh, beim Husten hielt ich seit einer Woche die Hand drauf, aber die letzten Tage ging es ja ganz gut. Ich musste meiner Freundin versprechen, einen Arzt aufzusuchen.

Aber zuerst musste ich den Ernst der Lage erst einmal selbst testen. Bei Ärzten besteht immer die Gefahr, dass sie vorsichtshalber von Starts abraten. Und das konnte ich gar nicht haben. Nicht jetzt, nicht vor meinem ersten Siebenkampf, nicht mit Siegchancen und schon gar nicht vor einem Mehrkampf. Ein Startverbot so unmittelbar vor einem Mehrkampf ist eine ganz blöde Sache. Die angestauten Energien, die Freude, die Lust auf die Qual, welche Euphorie bedeutet, all das wollte und musste raus. Und jetzt sollte ich mich in die Hand irgendeines Arztes begeben? Niemals! Ich wollte starten, aber meine Freundin versuchte mir klarzumachen, dass es lebenswichtig ist, dass die Leiste vorher abgecheckt wird.

Vielleicht war es ja auch nicht so schlimm, der Arzt bräuchte dazu nur einen Augenblick, und dann wären alle Zweifel und Gefahren ausgeräumt. Sie bettelte und bittete, es sei doch nur eine reine Vorsichtsmaßnahme. Aber dafür war die Beule beim Husten zu eindrucksvoll, ich hatte Angst vor der Diagnose. Und ein Befund, den ich nicht kenne, ist besser, als mit etwas Unangenehmem konfrontiert zu werden.

Ich ging auf mein Zimmer und startete den Selbstversuch. So schlimm konnte es doch gar nicht sein! Ich vollführte diverse Verrenkungen, hustete, presste, spannte die Muskeln an - und bekam es mit der Angst zu tun. Was ich sah, war nicht gesund. Ich suchte meine letzte Chance und ging mehr oder minder freiwillig zum Meeting-Arzt. Er musste entscheiden. Ich war am Ende. Diejenige Spezies von Mensch, die mich sonst immer vom Start abhalten musste, sollte mir nun sagen, dass ich starten könne. Ein beinahe hoffnungsloses Unterfangen.

Der Doktor nahm sich sehr viel Zeit, untersuchte mich gründlich und bemerkte, dass da schon etwas wäre, dies aber auch immer individuell verschieden sei. Ein Start sei möglich! Ich sollte nur aufpassen, mich gründlich aufwärmen, ausreichend auf die Dehnung achten, dann würde es schon klappen. Ich konnte es kaum glauben. Es war das erste Mal, dass ein Arzt optimistischer war als ich. Trotzdem hatte ich eine Riesenangst.

Am nächsten Morgen wollte ich den Schmerz nicht mehr spüren, ich hustete nicht, ich spannte nichts an, es musste gehen. Ich begann zwei Stunden vor dem Start mit dem Einlaufen. Ganz langsam und behutsam, es durfte nichts passieren. Der erste Schuss rückte immer näher. Ich entschied, das Aufwärmen nicht mit der sonst üblich maximalen Sprintbelastung abzuschließen, sondern etwas langsamer zu laufen.

Der Startschuss fiel, der Rückschuss fiel. Fehlstart. Ich war locker raus gelaufen und es hielt. Beim zweiten Startversuch sollte der Siebenkampf beginnen. Ich startete nicht mit voller Kraft. Ich rollte mich ein, und nach ein paar Schritten merkte ich, dass ich diesen 60-Meter-Lauf überleben würde. Die erste Hürde war geschafft. Ich gewann die Disziplinwertung und war schneller als erhofft. Als Sieger durfte ich zur Siegerehrung. Ein jeder Disziplinsieger bekam einen Ehrenpreis. Ich war sehr gespannt. Was konnte es sein? Eine Münze, wie üblich? Oder ein Sachpreis, wie damals in Lage beim Europacup? Dort gewann ich eine Taschenlampe und einen Anrufbeantworter. Ich stieg auf das Siegerpodest.

Die Honoratioren warteten auf mich und mit ihnen wartete ein - Laptop! Ein Laptop, unglaublich, dachte ich, das lohnt sich ja richtig. Sollte ich in der nächsten Disziplin rausfliegen, weil die Leiste nicht hielt, war es egal. Für diesen Laptop hatte sich die Reise schon gelohnt. Mein Name wurde genannt, es wurde geklatscht und der Mann mit dem Laptop blieb stehen. Und der Laptop auch! Ein anderer aus der Gruppe machte sich auf den Weg zu mir und gratulierte. Als Preis bekam ich eine Plakette mit der Gravur: Winner 60 m. Das war komisch und traurig zugleich. Ich musste darüber lachen, wie ich auf die Idee kam, dass man hier als Sachpreis einen 1000 Dollar teuren Computer bekommen sollte. Kurzzeitig dachte ich, andere Länder, andere

Sitten, ein wenig traurig war ich schon, da es ein prima Preis gewesen wäre. Ich hatte schon überlegt, wie ich diese ganzen wertvollen Preise, die da noch kommen konnten, überhaupt nach Hause schaffen sollte. Nach mir wurde der Einlagelauf über 60 Meter geehrt. Sieger war der 200-Meter-Weltmeister Frankie Fredericks aus Namibia. Als Bonbon erhielt er diesen Rechner. Die Plakette konnte ich auch besser in meinem Koffer verstauen.

Der Weitsprungbalken war eine Sprungschanze. Ich sah, dass man von dort gut abheben konnte. Aber ich hatte Angst, auf den Balken zu treten! Ich hatte Angst, dass mir die Härte des Brettes durch Mark und Bein geht und vor allem meiner Leiste wehtut. Nach meinem zweiten Versuch, bei dem ich 18 Zentimeter verschenkte und trotzdem 7,74 Meter sprang, kam mein Trainer zu mir und fragte mich, ob ich auf den letzten Versuch nicht verzichten wolle. Aber ich roch die acht Meter. Die Leiste hielt und ich musste jetzt nur mutiger auf den Balken treten. Zur Entspannung setzte ich mich auf den Boden. Der Pole Sebastian Chmara kam zu mir und amüsierte sich über mein Understatement, dass ich 6200 Punkte machen wollte. Ich sei sehr gut in Form und sei auf dem Wege zu 6400, das sei ganz leicht, auch er hätte dieses schon geschafft und ich sei halt besser als er. Ich wandte aber ein, dass der Mehrkampf erst morgen Abend nach sieben Disziplinen vorbei sei.

Um mich auf den nächsten Sprung vorzubereiten, stand ich auf und traute meinen Gefühlen nicht. Die Leiste schmerzte auf einmal. Es war ein Ziehen, das nichts Gutes erahnen ließ. Ein Anfall von Panik durchfuhr mich. Ich durfte nicht aufgeben. Nicht jetzt. Es musste halten. Langsam ging ich in die Bewegung, dehnte, nicht so fest wie in Sevilla, als ich mir die Faszie zerriss, ich lief ein wenig und versuchte, ruhig zu bleiben. Allmählich wurde es besser, etwas unsicher, aber doch zuversichtlich setzte ich meinen letzten Sprung auf 7,77 Meter. Na ja, 3 Zentimeter, nicht viel, aber Kleinvieh macht auch Mist. Wer weiß, wofür die drei Zentimeter gut sein würden.

Das Kugelstoßen entwickelte sich zu einer Überraschung. Beim Einstoßen traute ich mir die volle Anstrengung noch nicht zu, merkte aber, dass es heute gut laufen könnte. Nur setzen wollte ich mich nicht mehr. Die Angst war zu groß, dass sich die Leiste wieder meldete. Also ging ich, stand ich und dehnte. Nur nicht setzen, war die Formel. Nach einem sehr erfolgreichen Kugelstoßen kam nun meine Geheimwaffe, der Hochsprung. Im Vorfeld hatte ich mich schon mit der spaßigen Bemerkung etwas weit aus dem Fenster gelehnt, dass ich gegen 2,10 Meter nichts einzuwenden hätte. Klaus Isekenmeier versprach mir daraufhin ein Abendessen für 100 Euro. Ich nahm die Wette zwar an, reduzierte den Einsatz aber auf ein BigMac-Menü. Nachdem wir eingeschlagen hatten, beglückwünschte ich ihn zu seinem Hamburger, den ich logischerweise an ihn verlieren würde. Ich dachte, dass es vielleicht besser wäre, das Ganze etwas ins Lächerliche zu ziehen, um mir den Druck zu nehmen. Aber insgeheim wollte ich es versuchen, und eine klitzekleine Chance räumte ich mir ein. Vorsichtig tastete ich mich an die Belastbarkeit der Leiste. 1,86 Meter. Haarscharf drüber. Da war nicht genug Luft, um bei 1,95 Metern erst weiter zu springen. Also mussten 1,92 Meter her, drüber, 1,98 Meter drüber, und 2,01 Meter waren dann genauso knapp geschafft wie die Höhen zuvor.

Damit war die Welt in Ordnung, eine Zwei vor dem Komma war immer sehr zufrieden stellend. Doch es ging hoch und höher: 2,04 Meter und 2,07 Meter. Das war super und die Leiste war nicht zu bemerken, nur setzen wollte ich mich nicht. Bei 2,10 Metern musste ich mir etwas einfallen lassen, da ich meinem Gefühl nach bei 1,98 Metern schon fast chancenlos war. Eine neue Technik musste her. Einfach mal was anderes probieren, schief gehen konnte ja nichts mehr. Abspringen und den Kopf ganz weit in den Nacken werfen. Es bestand zwar die Gefahr, dass ich dann nicht mehr wusste, wo ich war, aber das war ja egal, alles Folgende war reine Zugabe. Beim ersten Versuch bewahrheitete sich die Annahme, dass ich nicht wusste, wo ich rumflog, aber die Chance war größer, als ich dachte. Beim zweiten Versuch hatte ich vom Gefühl her einen schlechten Absprung, aber ich dachte, spring einfach mal weiter...- drüber. Hä? Drüber! Es hatte funktioniert, es war so schön.

Der erste Tag war beendet, ich war total kaputt und war dankbar, dass wir Winter hatten und dass dieser Siebenkampf keinen 400-Meter-Lauf von mir forderte. Das wäre mein Untergang gewesen. Ich hatte während des Wettkampfes mit meiner Geherei genug Kilometer zurück gelegt - sitzen war ja nicht gut.

Dann kam die Nacht. Eine typische Mehrkampfnacht ohne Schlaf. Der Morgen war da und ich hatte Angst. Sollte die Leiste nach der gestrigen Anstrengung gestern nun schmerzen, nachdem sie über Nacht total ausgekühlt, die Betriebstemperatur raus und ich eingerostet war? Ich stand auf, aber es war nicht schlimmer geworden - was für ein Glück.

Der zweite Tag war echt unspektakulär, ich wollte lediglich den Sieg nach Hause bringen, und wenn ich keinen riesengroßen Patzer mehr einbaute, sollte der deutsche Rekord auch klappen. Beim Einlaufen merkte ich schon, dass mein Gefühl nicht so berauschend war, deshalb ging ich auf Nummer Sicher. Die Hürden spulte ich einfach nur runter, der Start war wieder schlecht, und hinten rollte es besser. Der Stabhochsprung war noch mal ein Knackpunkt, da man hier die Bauchmuskulatur extrem anspannt. Hier gab es lediglich mit dem Anlauf Probleme, da ich nicht, wie geplant, aus 12 Schritten, sondern aus 14 Schritten sprang. Das merkte ich aber erst einige Tage später, als ich in meinen Trainingsaufzeichnungen blätterte und feststellen musste, dass ich mich in der ganzen Aufregung und Sorge um vier Meter mit der Anlauflänge vertan hatte. Für 6300 Punkte musste ich 2:40,16 Minuten laufen, das wollte ich dann noch probieren. Das wäre dann ein neuer Deutscher Rekord, der bis dahin bei 6164 Punkten stand. Das bedeutete, dass ich nach dem Wettkampf automatisch zur Dopingkontrolle musste. Aber nach einem anstrengenden

Lauf mit diesem Mehrkampf in den Knochen ist man so ausgetrocknet, da tröpfelt nichts mehr. Darauf hatte ich keine Lust, nach dem Wettkampf noch Ewigkeiten rumzusitzen und darauf zu warten, dass das Röhrchen voll wurde. Deshalb ging ich vor dem Lauf nicht auf das Klo - vielleicht half das ja. Der Lauf war sehr schön, gut eingeteilt und machte im Nachhinein auch mächtig Spaß. Zwar hatte ich die 6300-Punkte-Zeit nicht ganz geschafft, aber die Addition brachte stolze 6291 Punkte zustande! Das waren 6291 mehr, als ich noch vor 48 Stunden erhoffen durfte.

Ich war so glücklich. Ich hatte souverän das in die Tat umgesetzt, was ich mir vorgenommen hatte. Ich wollte die Sicherheit zurückgewinnen. Trotz der Probleme mit der Leiste bin ich sicher durch die Disziplinen gegangen und habe angstfrei abgerufen, was in mir steckte. Angst hatte ich nur um meinen Körper, nicht um das Bewältigen der Disziplinen. Der Spaßfaktor am Ende, nach Erreichen des Ziels, war super. Dieser Siebenkampf gab mir wieder die emotionale Kraft, alle Unannehmlichkeiten, Probleme und Hindernisse der Jahre bis Athen 2004 zu schaffen. Er lässt mich in den harten Zeiten, die ganz bestimmt auch wieder kommen werden, mit einem Lächeln an Tallinn zurückdenken in der Gewissheit, dass ich es kann. Und dass Zweifel nicht angebracht sind. Hartnäckigkeit wird eben doch irgendwann mit einem persönlichen Sieg belohnt.

Als Preis für den ersten Platz gab es eine wunderschöne Bronzestatue auf einem Steinsockel, die ein schweres Problem werden sollte. Wie brachte ich diesen Brocken nach Hause? 21 Kilo wog dieses Kunstwerk und war damit so schwer, wie es schön war. Am Abend auf der Abschlussfeier gab es dann das Preisgeld. Harte US-Dollar. In der Disco wurde mir ein Umschlag in die Hand gedrückt, der ganz schön dick war. 75 Scheine sollten drin sein. Kontrolle abends auf meinem Zimmer - es waren 75 Scheine. Alles Hunderter! 7.500 Dollar! Ich hatte große Mühe, das Bündel in meinen Brustbeutel zu quetschen.

Ich ließ die Beute nicht mehr aus den Augen, ich ging sogar mit dem Brustbeutel um den Hals schlafen. Für soviel Geld muss man lange stricken. Ich wollte meinen Trainer an meinem Erfolg teilhaben lassen, wollte ihm etwas Geld für seine Betreuung geben, wollte ihm wenigstens seine Kosten erstatten. Warum sollte immer nur der Athlet verdienen, der Anteil des Trainers war genauso hoch. Er hatte auf unserem Trip alle Nebenkosten übernommen. Aber Geld nahm er nicht. Er hätte sich noch nie an Athleten bereichert, die Flasche Wein, die ich ihm geschenkt hatte, nehme er gerne, aber bitte kein Geld.

Zum ersten Mal kam mir ein verwegener Gedanke: Der Umschlag in der Disco mit dem ganzen Geld, das Preisgeld für die letzten beiden Tage, in Deutschland wusste doch niemand, wie viel da jetzt wirklich drin war. Und wenn ich nur die Hälfte beim Finanzamt angebe, dann hätte ich bei legaler Versteuerung fast 10.000 Dollar gewinnen müssen. Es zermaterte mir den

Kopf. Wie viel sollte ich beim Fiskus angeben, wie viel sollte ich als Schwarzgeld zu Hause in der Schublade deponieren. Ich war so kriminell! Schließlich brachte ich 4.500 Dollar zur Bank.

Das waren knapp 5.000 Euro. Das musste doch reichen. Das war plausibel. Für ein Meeting mit deutschem Rekord 5.000 Euro einzunehmen, da konnte doch niemand skeptisch werden. Und dazu war das noch ein Mehrkampf, da waren die Preisgelder ohnehin nie so hoch. Und zudem war die Knete noch aus Estland.

3.000 Dollar blieben in der Schublade liegen. Umtausch irgendwann, irgendwo, ganz geheim. Das Geld ruhte, aber ich nicht. Ich spielte alle möglichen Szenarien durch, konstruierte alle möglichen Informationsgänge aus Estland raus, nach Deutschland rein. Selbst ich hätte nicht gewusst, wie viel ich gewonnen hätte, wenn ich es nicht im Brustbeutel nach Hause geschleppt hätte. Das musste einfach gut gehen. Aber was, wenn nicht? Das war nicht ehrlich. Das war sogar gegen das Gesetz. Und sollte ich erwischt werden, dann würde man mich sicher verdächtigen, bei jedem Wettkampf nur die Hälfte des Preisgeldes angegeben zu haben. Hatte ich aber nicht. Ich hatte immer alles treu und brav deklariert, und so sollte es auch bleiben. Verdammt, dachte ich, diese ehrliche Erziehung ist wirklich lästig. Am nächsten Tag ging ich zur Bank und zahlte die restlichen 3.000 Dollar ein. Jetzt konnte Pinocchio wieder ruhiger schlafen.

Die Leiste wurde nicht besser und ich konsultierte unseren Vereinsarzt. Er war überhaupt nicht begeistert. Am nächsten Tag kam ich an einem Krankenhaus vorbei und schaute in der chirurgische Ambulanz vorbei. Es war ein Leistenbruch. Schon sechs Tage später sollte ich in München operiert werden.

Aber vorher gab es da noch ein kleines Problem. Einen Tag nach der endgültigen Diagnose Leistenbruch hatte ich einen Termin in Stuttgart. Dort sollte für IBM ein Spot für eine Messe gedreht werden In genau 21 Stunden! Was dafür sicher schon alles organisiert war, da konnte ich nicht mehr absagen. Ich flog am nächsten Tag. Ich musste halt aufpassen, den Siebenkampf hatte ich ja auch durchgestanden. Ich war so behämmert. Aber es ging alles gut.

Fünf Tage später wurde ich dann in München operiert. Der Leistenbruch war größer als zunächst angenommen. Was mich aber zutiefst beunruhigte, war die Tatsache, dass mit der Operation nicht alle Leistenprobleme behoben waren. Die andere Leiste war auch durch eine so genannte Hernie geschwächt. Diese konnten sie am gleichen Tag aber nicht operieren. Es war zwar nur ein kleiner Bruch, aber ich hätte die Diagnose nie hören wollen. Manchmal war es besser, die Wahrheit nicht zu kennen. Ich war beunruhigt. Ich dachte allerdings, dass ich den Befund in einigen Tagen verdrängt hätte und somit etwas freier und sorgenloser in die Zukunft blicken konnte.

Am Morgen nach der Operation durfte ich mich mit meinem Jeep die 600 Kilometer nach Hause selbst fahren.

Doch auch nach drei Wochen hatte ich die noch nicht operierte Leiste nicht vergessen. Ich bildete mir ein, dass es schlimmer wurde. Aber warum? Ich hatte seit der OP nichts Schweres gehoben und nichts getan, was den Bruch hätte verschlimmern können. Mein Frühwarnsystem arbeitete wieder auf vollen Touren. Die tägliche Stimmung sank.

Wieder und wieder versuchte mich meine Freundin davon zu überzeugen, einen Arzt zu konsultieren. Aber ich war ein weiteres Mal an dem „point of no return" angelangt. Würde der Arzt auf einer Operation bestehen, war die Saison gelaufen. Ich musste mit dem vorhandenen Handicap so weit wie möglich kommen. Ich stellte einen Plan auf. Was konnte ich tun, was musste ich lassen.

Ich kam zu dem Schluss, dass ich alles Notwendige trainieren konnte, wenn dieses mit Köpfchen und nicht mit vollem Krafteinsatz geschah. Wieder einmal verfluchte ich die Tatsache, Sportler zu sein. Das alleine wäre nicht schlimm, aber der unzuverlässige Körper riss mich in die verhassten Tiefen des Wartens. Wie gerne würde ich die Zeit vordrehen. Ich wünschte mir, im Ziel der EM in München zu sein, am Tag darauf würde ich mich dann beim Chirurgen melden. Ich legte meinen OP-Termin in Gedanken auf den 13. August fest. Bis zu diesem Tag musste ich es schaffen. Ich musste leben, trainieren und meine allgegenwärtigen Sorgen vergessen oder, wie lange Jahre geübt, verdrängen. Ich ärgerte mich darüber, dass ich nach der ersten OP nicht sofort verlangt hatte, die andere Leiste zu operieren. Jetzt wurden die Ängste größer. Die Vorfreude auf die bevorstehende Saison wurde allzu schnell wieder von den vielen Sorgen weggewischt.

Die Leiste kribbelte immerzu. Und das konnte nicht gesund sein. Ich konnte nicht umkehren. Ich verbot mir, die Gedanken an die Saison zu beenden, bevor sie begonnen hatte. Ich musste gegen die Unzulänglichkeiten des Körpers ankämpfen und versuchen, so weit wie möglich in das sportliche Jahr vorzudringen. Einmal mehr merkte ich im Frühjahr, dass der Wunsch, in München den Höhepunkt des Jahres zu erleben, unerreichbar schien. Aber vielleicht lag in diesem Handicap mein Vorteil. Ich musste auf meinen Körper achten. Nicht um dem Schmerz zu entgehen, der schreckte mich schon lange nicht mehr, sondern um meine Gesundheit zu erhalten und irreparable Schäden zu umgehen. Probleme dieser Art waren mir unheimlich. Bisher war die körperliche Pein mein ständiger Begleiter. Sie war berechenbar, da sie nur Knochen, Sehnen und Bänder betraf. Deshalb konnte ich sie bedenkenlos ignorieren und gegen sie ankämpfen. Aber nun störte mich etwas, was ich nicht im Griff zu haben glaubte. Die Gefahr des Unbekannten und Angsteinflößenden schlummerte in meinem Körper. Also musste ich sehr behutsam vorgehen. Nie ans Limit gehen. Das Training immer nur auf einem kontrollierbaren Level abspulen. Immer die Gefahr im Hinterkopf, dass zu viel Krafteinsatz das Ende bedeuten könnte. Ein Drahtseilakt. Wie immer. Normal eben. Jetzt nur unbekannt, gefährlich, Angst einflößend und deprimierend.

Ich musste mich zwingen, meine Situation zu akzeptieren. Ich war es mir schuldig. Ich lebte im Hier und Jetzt und war mit einem Talent gesegnet, das auch mein größter Fluch war. Es galt dieses Talent zu nutzen, es durfte nicht mein größter Feind werden. Lamentieren ließ es nicht besser oder größer werden. Ich musste dieses Geschenk annehmen, die Unzulänglichkeiten akzeptieren und den Erfolg vorbereiten. Hier und jetzt. In der Realität. Nicht im Traum und nicht mit Problemen hadern. Ich musste leben. Intensiv, dankbar und mutig. Zudem klug und intelligent. Das konnte ich früher. Kann man das verlernen?

Nach Gesprächen mit Friedrich und seiner Frau, die nun zum kleinen Kreis meiner Geheimnisträger gehörten, konnte ich wenigstens darüber reden. Sie wussten jetzt also, dass ich einen zweiten Leistenbruch mit mir rumschleppte, der operiert werden musste. Friedrich musste ein wenig schmunzeln. Was war denn jetzt los? Ich, der sonst immer alles optimistisch sah und den Schmerz als notwendiges Übel und nervenden Klotz am Bein mit Widerwillen, aber mit stoischer Akzeptanz mit sich herumführte, war der Verzweiflung nahe. Und Friedrich, mein ständiger Begleiter aus der nahen Ferne, der sonst immer in große Sorge um meine Gesundheit verfiel, empfand das Problem mit der linken Leiste als nicht so problematisch. Er riet mir, den Kreis der Eingeweihten um meinen Trainer zu vergrößern. Das lehnte ich mit der Feststellung ab, dass mich dieses Geständnis nicht gesund machen würde und Bernd nur unnötig belasten würde. All sein Drängen nutzte nichts.

Auch den Arztbesuch, den er mir vorschlug, lehnte ich strikt ab. Friedrich wollte mich überzeugen, dass meine Ärzte mich hundertprozentig verstünden und mich niemals aus der Saison nehmen würden, wenn es nicht einen sicheren Befund gäbe. Ich hatte Angst davor, dass die Diagnose noch einmal bestätigt werden könnte. Sicher: Ein möglicher milderer Befund könnte mir die Sicherheit geben, dass ich gefahrlos durch das Jahr komme. Ich verstand Friedrich, aber ich hörte nicht auf ihn. Die einzige Behandlung, die mich beruhigte, wäre eine Operation gewesen. Jetzt konnte kommen, wer wollte. Die besten Ärzte der Welt könnten mir im Akkord erzählen, dass ich die Saison mit dieser Leiste überstünde. Es würde nicht helfen, da ich wusste, dass dort ein Handicap in mir schlummerte, das von meinem Körper und meinem Verstand möglicherweise schlimmer gemacht wurde, als es wirklich war. Das war der Fluch. Ich musste meinen Weg nun alleine gehen, kein Arzt, keine Diagnose, keine Untersuchung konnte mich beruhigen. Nur eine OP konnte mich wieder auf den richtigen Weg bringen. Aber nicht jetzt. Hoffentlich erst am 13. August, direkt nach der zehnten Disziplin bei der Europameisterschaft.

Friedrich fragte mich, ob ich wirtschaftliche Gründe hätte, so zu handeln. Das konnte ich nicht vollständig ausschließen. Mir war es zuwider geworden, wieder und wieder als der Kaputte zu gelten. Ich wollte nicht kaputt sein. Finanziell konnte ich mich mittlerweile nicht mehr allzu viel verschlechtern, aber es machte halt weniger Spaß, mit diesem negativen Image durch die Zehnkampfwelt zu marschieren. Und jede neue Verletztennachricht bewirkte eine finanzielle Verschlechterung. Aber zuerst kam mein Körper und dann die Kohle.

Ich wollte nicht von anderen abhängig sein, ich wollte frei und unabhängig sein, ohne Zwänge und Ängste. Mir war es immer wichtig, ehrlich zu sein. Deshalb konnte ich meine Laune und meine Ängste auch selten verbergen. Selten wurde mir meine Angst abgenommen, denn zu meiner eigenen Verwunderung schaffte ich in panischen Situationen oft Großes. Über die Jahre wurde ein Bild von mir projiziert, das ich selbst gefördert habe. Ich hatte mit dem Problem oder Segen zu kämpfen, dass ich immer nett sein musste, zwanghaft nett. Es ging oft nicht anders. Die Leute glaubten immerzu, ich sei ein Strahlemann. Immerzu. So war es auch. So ist es auch. Vielleicht war ich für schlechte Laune zu schüchtern.

Am 3. April 2002 hellte sich der Himmel auf. Mein Trainingskollege Martin, kein Arzt, kein Operateur und ein Mediziner, ein Laie offenbarte mir nebenbei, dass er seit zwei Jahren einen leichten Leistenbruch hätte. Wie bitte? Hatte ich mich jetzt verhört? Wir unterhielten uns, und ohne dass ich ihm meine Schwäche oder meine Probleme eröffnete, entlockte ich ihm etwas, was für ihn unbedeutend erschien, für mich aber eine bombastische Aussage. Er hatte seinen Leistenbruch noch nicht operieren lassen! Er war zwar ein harter Hund, aber bei einer Erkrankung dieser Art ging es nicht darum, Schmerzen zu ertragen, sondern gesund über die Zeit zu kommen - wenn man keine Zeit hatte, sich operieren zu lassen. Er machte seit zwei Jahren mit einem leichten Leistenbruch Hochleistungssport.

Einem Arzt hätte ich nicht geglaubt, aber Martin erlaubte mir jetzt ein anderes Denken. Drei Minuten später begann ich wieder in der mir vertrauten Art zu spinnen. Und es machte Spaß zu spinnen. Ich transferierte sein Problem eins zu eins auf mich und jubilierte. Ich konnte noch zwei Jahre ohne Operation durchkommen. Ich war so labil und leichtgläubig. Aber für den Moment war ich geheilt. Sofort begann ich wieder zu rechnen, wie ich in München abschneiden würde, wie ich angreifen wollte und welche Leistungen ich bringen konnte. Ich, der Kerl mit der kaputten Leiste, war ja gesund. Fast. Wie Martin, und der lief jetzt schon zwei Jahre damit herum. Das Ziehen in der linken Leiste verschwand.

Das Telefon schellte. Es war der Dopingkontrolleur Jörg Balke. Die 88. Kontrolle meines Lebens. In einer halben Stunde sei er da. Ich suchte alle Medikamente heraus, die ich in den letzten Tagen genommen hatte, damit er diese schneller notieren und alles ordnungsgemäß vermerkt werden konnte. Da ich Grippe hatte, waren es einige Präparate. Und weil ich Knochenhautbeschwerden hatte, nahm ich zur Linderung eine Nahrungsergänzung, welche die Entzündung bekämpfen sollte und den Schutz des Knochens und Knorpels begünstigte. Kaum war er wieder weg, verfluchte ich die Einnahme der erlaubten Vitamin- und Knorpelpräparate. Wieder beschlich mich die Angst, dass die Produkte nicht in Ordnung seien könnten. Wir hatten zwar eine Unbedenklichkeitserklärung des Herstellers, aber was wäre, wenn die Pillen doch Verunreinigungen enthielten? Die konnten maschinell in die Produkte gelangen, indem bei der Fertigung, wie schon oft geschehen, verbotene Restsubstanzen der vorherigen Produktion in die an sich harmlosen Präparate gelangten. Es mussten nur millionstel Gramm sein, aber die würden schon für einen positiven Dopingbefund reichen. Ich ärgerte mich. Aufgrund der bekannten Probleme mit Nahrungsergänzungsmitteln hatte ich mir eigentlich vorgenommen, komplett darauf zu verzichten.

Aber die Belastung des Trainings und die Schwächung der Grippe trieben mich zu der Einnahme der Mittel. Legal. Absolut legal war das. Ich hatte nichts Verbotenes genommen! Aber was wäre, wenn? Es wäre mein Tod. Mein Untergang. Ich tauchte wieder in den Albtraum, den ich als 18-Jähriger gehabt hatte. Ich wäre dann ein Aussätziger. Es war so schlimm, über dieses total konstruierte Horrorszenario auch nur einen Gedanken zu verschwenden. Es war so absurd. Ich erhielt diese Empfehlung der Präparate über einen Arzt, der sich im Hochleistungssport bestens auskannte. Ich versuchte mich zu beruhigen, indem ich im Internet surfte, um in Erfahrung zu bringen, dass ich mir die Sorgen natürlich mal wieder umsonst machte. Ich stieß auf die Werbung der Firma mit einer deutschen Siebenkämpferin.

Das musste doch jetzt reichen. Eine deutsche Siebenkämpferin würde doch niemals für Produkte werben, die nicht okay waren. Alles sprach für die Bedenkenlosigkeit der Präparate. Es war legal, erlaubt, sauber und würde keine Probleme geben. Trotz all dieser beruhigenden Hinweise verfluchte ich das Abweichen von meinen Vorsätzen. Jeder Opa nahm Vitamine, um sein Leben gesünder zu machen. Auch ich tat dieses. Im Gegensatz zu allen Opas dieser Welt ließ ich aber Präparate weg, die für sie erlaubt waren, für mich aber nicht. Ich war so bescheuert. Ich hatte mir nichts vorzuwerfen. Bis jetzt nicht und in der Zukunft nicht. Ich könnte mit einem solchen Betrug ja gar nicht leben. Ich wäre mir untreu und hätte gar nicht die Kraft und die Energie, die Manipulation zu vertuschen. Dafür war ich nicht kriminell genug. Darüber war ich auch froh. Ich konnte mich auf mich selbst konzentrieren, auf meine Wertvorstellungen, auf all das, was mir im Sport wichtig war: Fairness und Dopingfreiheit.

Da konnte kommen, was wolle, und wenn ich mit Gewalt dazu gezwungen würde: Ich würde es nie nehmen. Ich könnte nie zum Doping greifen. Ich könnte dem Busemann dann nicht mehr in die Augen schauen, und das musste ich noch oft in meinem Leben. Die Gedanken an diese Problematik waren pure Zeitverschwendung, aber sie belasteten mich. Ein Dopingsünder machte sich garantiert nicht so viele Sorgen wie ich. Wenn es den vorsätzlich Dopenden erwischt, kann es ihn ja nicht sonderlich überraschen. Er glaubt zwar, dass er nicht ertappt wird, aber das Dopingkontrollnetz ist in Deutschland schon eng geknüpft. Wer betrügt, wird sich irgendwann mal darin verheddern.

Nach einigen Nächten wirkte die Taktik des Vergessens. Wenn man erst einmal über eine Sache geschlafen hat, erscheint sie am nächsten Morgen schon nicht mehr so schwerwiegend. Diese Methode der Verdrängung funktioniert nur so lange, wie man nicht daran erinnert wird. Vier Tage nach der Dopingkontrolle las ich eine Meldung über eine vom IOC veranlasste Studie. Demnach waren von 634 getesteten Produkten von 215 verschiedenen Anbietern aus 13 Ländern 94 verunreinigt. Eine Quote von 14,8 Prozent. Ich las weiter. Ich dachte nur, alles halb so wild, deine Präparate kommen aus Holland, da wird bestimmt ganz sauber und gewissenhaft produziert. Spitzenreiter dieser traurigen Liste waren mit 25,8 Prozent - die Niederlande.

Dort fiel jede vierte Untersuchung positiv aus. Ich wurde kreidebleich, die Kraft entwich aus meinem Körper. Obwohl ich nicht wusste, ob meine Präparate überhaupt im Test dabei waren, war ich am Ende. Ich stellte mir das schlimmste Horrorszenario meines Lebens vor. Was für Schlagzeilen: Frank Busemann positiv getestet! Es wäre mein Tod. Die Zerstörung meines Lebens, meiner Berufung, meiner Sucht. Dann wäre alles vorbei. Ich redete mir alles nur ein. Ich musste wieder meine Gedanken ordnen. Ich war sauber, ich hatte noch nie zu unerlaubten Mitteln gegriffen, ich würde nie zu unerlaubten Mitteln greifen. Sollten andere denken, was sie wollten, aufgrund der zahlreichen Geschichten über Dopingvergehen war es der Öffentlichkeit nicht zu verübeln, wenn sie in jedem Sportler einen potenziellen Doper sahen. Aber ich könnte mir immer in die Augen gucken: „Alles, was ich erreicht habe, war sauber und absolut fair. Immer!"

Am Abend suchte ich Details der Studie im Internet. Ich entdeckte nur die nackten Quoten. Nur Zahlen, keine Namen. Ich versuchte, die Siebenkämpferin anzurufen. Ich erreichte sie nicht. Ich zitterte am ganzen Körper. Die Nacht wurde zur Qual. Würde es zu einem positiven Befund kommen, machte es keinen Unterschied, ob die Substanz vorsätzlich oder fahrlässig in den Körper gelangt war. Mein Geiz konnte mir zum Verhängnis werden. Vor der aufkeimenden Diskussion über verunreinigte Mittel hatte ich für 701 Mark noch zahlreiche Produkte bestellt und sie aber dann wegen dieser Unsicherheit doch nicht benutzt. Während der ersten Fälle dieser Art bekam ich es mit der Angst zu tun und verzichtete vollends auf die Einnahme irgendwelcher Vitamine. Nach einigen Monaten verputzte ich sie dann doch, denn 700 Mark wollte ich nicht einfach wegwerfen. Dachte ich. Mein Geiz war zum Kotzen.

Ich rief am nächsten Morgen das Labor an, welches diese IOC-Untersuchung durchgeführt hatte. Von dem war überhaupt nichts zu erfahren. Dann rief ich die Herstellerfirma an. Die Frau am anderen Ende der Leitung kannte das Problem, gab mir eine erste Entwarnung. Sie versicherte mir die Reinheit ihrer Produkte und wollte mir noch die Unbedenklichkeitserklärung ihrer Zulieferer schicken. Die Spannung wich ein wenig. Der Anruf bei der Mehrkämpferin bestätigte diese Aussage. Sie nahm die Produkte schon seit einigen Jahren, und auch ihre Apotheke hatte ihr die Reinheit dieser Ergänzungsmittel bescheinigt. Ich war beruhigter. Aber nicht vollends befreit. Trotz der Legalität dieser Einnahme machte ich mich verrückt. Ich nahm die Kiste mit den Präparaten und überreichte sie Katrin. Die bei der Dopingkontrolle angegebenen Mittel suchte ich heraus, damit ich nach dem möglichen, aber nun doch unwahrscheinlichen Super-SAU (schlimmstes anzunehmendes Untersuchungsergebnis) die Chargennummern vorliegen hatte.

Ich musste in Zukunft mit Angeboten des Wochenmarktes und des Supermarktes auskommen. Dann konnte ich besser schlafen, würde zwar öfter krank werden, aber meine Nerven waren beruhigter. Ich würde gesünder krank sein.

Im April 2002 fuhren wir mal wieder nach Lanzarote ins Trainingslager. Unter anderem trainierte ich für meine Problemdisziplin, das Speerwerfen. Nachdem ich an der 40-Meter-Marke scheiterte und mein Gelenk mir schmerzhaft die Mängel meiner Wurftechnik bescheinigte, konzentrierte ich mich auf den Ursprung des Übels, meinen Ellenbogen. Beim Test der Schmerzschwelle geriet ich sehr schnell an die Grenzen des Erträglichen. Der Arm zeigte nicht die sonst typischen Symptome eines Werferarms, sondern vermittelte das Gefühl, dass wegen der losen, nicht stabilisierbaren Gelenkführung die Knochen aufeinander rieben.

Der Arm war labil und er knirschte. Aufgrund der erlebten Schmerzen aus dem Vorjahr und der Ahnung über die drohenden Schmerzen verschlechterte sich meine Wurftechnik ein weiteres Mal. Trotz allergrößter Konzentration schaffte ich es nicht, den Schmerz zu umgehen, indem ich die Technik sauber und geschmeidig gestaltete. Vor Angst machte ich alles falsch.

Schlaflos wälzte ich mich in der Nacht hin und her. Ich stieg einige Male aus dem Bett und probierte vor dem Spiegel die Technik zur Schmerzfreiheit. Vergeblich. Ich war nicht in der Lage, die saubere Wurfbewegung zu schaffen. Die Sorge war wieder einmal größer als die Zuversicht. Die Probleme des Ellenbogens versetzten mich schlagartig an den Fuß eines unüberwindbaren Berges des Schmerzes. Er war zu hoch und zu steil für mich. Ich war nicht in der Lage, dieses Massiv zu bewältigen. Der Schmerz trieb mich in die Verzweiflung. Sollte nun alles vorbei sein? Sollte ich wegen dieser einen Disziplin meinen Sport, meine Leidenschaft und mein großes Talent nicht ausspielen können? Die neun anderen Disziplinen sollten nichts mehr wert sein, nur weil dieser Arm schlapp machte?

Ich zählte die Stunden bis zum Morgengrauen. Die Sorgen zermarterten mir das Gehirn. Ich freute mich auf die Helligkeit des Tages. Im Licht der Sonne verschwinden die Sorgen ein wenig. Die Nacht mit ihrer Dunkelheit weckt die Sorgen auf. Im Dunkel fixiert das Auge die imaginären Bilder des Bewusstseins. Das Hirn ist der Herr des Gedankens. Es visualisiert die Spielereien des Kopfes. Bei mir sind sie negativ und Angst einflößend. Der Tag füllt das Auge mit Abwechslung. Plötzlich ist die umgekippte Shampooflasche wichtiger als der Ellenbogen. Der Schmerz wird durch die Fülle der optischen Reize nicht mehr sichtbar, nur noch spürbar. Eine Komponente weniger. Eine weitere Nacht raubte mir meinen Nerv. Ich musste eine Lösung finden.

Die Angst vor dem drohenden Schmerz bei meinem ersten Saisonwettkampf in einigen Wochen ließ mich schwer atmen. Ich malte mir die schlimmsten Szenarien aus. Der Arm würde im Gelenk auseinander klappen, das Gelenk würde brechen, die Knochen zerstört. Zum ersten Mal hatte ich vor einer nicht reparablen Verletzung Angst. Die drohende Verletzung könnte mein Leben verändern und mich auf ewig begleiten. Meine Horrorvision steigerte sich: Und wenn der Arm steif wird? Ich musste eine Lösung finden. Das Schicksal hatte mich wieder herausgefordert und mich zum Handeln gezwungen. Aber ich musste stärker sein als dieses mich immerzu herausfordernde Schicksal. Ich würde diesem übermächtigen Gegner ein wenig Recht geben und ihm entgegenkommen, aber ich würde niemals aufgeben.

Bevor das Schicksal siegt, werde ich es in meinem ewigen Kampf versuchen auszutricksen. Ich werde mit rechts werfen! Der Gedanke an diese Möglichkeit ließ mir wieder ein wenig mehr Platz zum Atmen. Ich wurde freier. Ich hatte eine Möglichkeit aus der Misere gefunden. Ob das Vorhaben gelingt? Keine Ahnung. Aber ich hatte eine Möglichkeit gefunden, meinen Zehnkampf weitermachen zu können. Ich konnte meine neun problemlosen Disziplinen weiter verfolgen. Das Problem war, dass ich mein ganzes Leben alles mit der linken Hand gemacht hatte. Mein Leben war derartig linkslastig, dass ich den rechten Gedanken ein Jahr zuvor sofort verworfen hatte. Aber zu dem Zeitpunkt bestand noch die vage Hoffnung, dass der Arm doch noch hinzukriegen war. Nun wurde mir die Entscheidung abgenommen.

Die Vernunft und die Einsicht hatten gewonnen. Meine einzige Chance, nicht als Zehnkampfkrüppel durch mein weiteres Leben zu gehen, war der Wechsel des Wurfarms. Anfangs ein aussichtsloses Unterfangen, da ich von meinem linkischen rechten Arm nun Leistungen auf Weltklasseniveau verlangte. Aber ich war erleichtert. Die Angst, meinen Arm zu zerstören, konnte ich so umgehen. Ich wollte den Kampf aufnehmen. Der linke Frank sollte in sechs Wochen ein rechter Werfer werden.

Ich stand vor einer der größten Herausforderungen meines Lebens. Mal wieder. Aber ich wollte sie in Angriff nehmen. Und ich wollte sie schaffen.

Nur diese Überzeugung ließ mich an die Zukunft glauben. Ich schaffe es. Stell dir vor, du hast einen Unfall und wirst zu einer solchen Umstellung gezwungen. Es ist möglich! Und ich besaß dieses unverschämte Glück, dass ich noch alle Gliedmaßen hatte. Ich musste nur ein kleines Links-rechts-Problem lösen. Ich musste es versuchen. Ich wollte frei sein. Der Plan machte mich frei. Ich war wieder am Drücker. Ich konnte bestimmen, wann und wie oft ich etwas tat, nicht die Belastbarkeit meiner ohnehin schon ausgereizten Schmerzgrenze.

Den nicht operierten Leistenbruch auf der linken Seite hatte ich ein wenig verdrängt. Einige Tage nach unserer Rückkehr aus dem Trainingslager spürte ich jedoch etwas - auf der rechten Seite. Drei Zentimeter über der OP-Narbe ertastete ich unter der Haut in der Muskulatur eine scharfe Rille. Es fühlte sich an wie ein Riss der Bauchmuskulatur. Beim Pressen tauchte eine mir bekannte Beule auf.

Ich bekam Angst. Mal wieder. Den Leistenbruch auf der rechten Seite hatte ich überstanden, den noch vorhandenen auf der linken Seite akzeptiert und verdrängt, und nun war wieder etwas da, was mich zutiefst beunruhigte. Ich schlief unruhig, aber die Nacht ließ mich ein wenig Abstand zu der vermeintlich neuen Gefahr gewinnen. Aber der Riss war da. Man konnte ihn nicht telepathisch verschwinden lassen.

Nach tagelanger Tasterei wurde ich so nervös - ich musste einen Arzt aufsuchen. Es war Samstag, aber einen Leisten- oder Narbenbruch, was immer das auch sein mochte, sollte jeder Chirurg auch am Wochenende ertasten können. Ich war auf dem Gebiet der theoretischen Leistenmedizin ein laienhafter Fachmann geworden. Im Internet stieß ich auf mögliche Diagnosen und befürchtete eine „epigastrische Hernie". Was das wirklich bedeutete, war mir nicht klar. Das sollte nun im Krankenhaus abgeklärt werden. Die Entscheidung, an einem Wochenende zum Arzt zu gehen, spiegelte meine Verzweiflung wider. Längst verbrachte ich einen Großteil des Tages mit meiner nicht schmerzenden, aber ausbeulenden Leiste. Nun musste ich Gewissheit haben. Ich ging ins Krankenhaus und kam mit einer nicht befriedigenden Diagnose nach Hause. Der Arzt war nur auf meine OP-Narbe versteift, die sei in Ordnung. Na klar, das wusste ich auch, das wirkliche Problem lag allerdings drei Zentimeter höher. Die Beule, nicht die Narbe. Immer wieder versuchte ich ihn auf den spürbaren Riss in der Bauchdecke zu lenken. Doch seine Diagnose stand fest. Die Narbe war gut verheilt. Basta. Ich war ratlos. Drückte ich mich so umständlich aus, dass mich Ärzte nicht verstanden? Ich hatte das Problem, dass ich beim Besuch eines Arztes nicht mehr wusste, was mir weh tat. Aber hier war ich doch enttäuscht. Am darauf folgenden Montag versuchte ich es noch einmal woanders. Es war zwar schon 19 Uhr, aber ich hatte Angst vor der Nacht, die da kam. Die Ungewissheit fraß mich auf. Beim Training war ich vollkommen unmotiviert. Wozu sollte ich mich abrackern? Dafür, dass mir in Kürze gesagt wird, dass ich operiert werden muss und die Saison mal wieder beendet ist? Ich wollte an diesem Abend die Gewissheit haben. Ich war auch auf die niederschmetterndste Diagnose vorbereitet.

Ich wollte Klarheit. Ich wollte gesagt bekommen, dass es wieder mal vorbei ist. Ich wollte nicht mehr mit den Ängsten spielen, ich wollte es wissen. Der erste Kommentar des Arztes bestätigte meine Annahme. Epigastrische Hernie. Er holte noch einen Kollegen hinzu, der das Gleiche tastete. Ich war erleichtert. Nun war es erkannt, ich brauchte mich nicht mehr über die Biologie und die Anatomie des Körpers hinwegzusetzen und mir einzureden, dass es schon ginge. Es war vorbei. Sie präzisierten ihre Diagnose. Die Hernien seien noch so klein, dass man sie gar nicht fühlen würde, würde sie nur ein wenig mehr Fettschicht umgeben. Sie schlossen Wetten auf meine Teilnahme bei der Europameisterschaften ab. Sie wetteten auf mich! Ich sollte mir keine Sorgen machen.

Das Risiko sei überschaubar und minimal, ich sollte einfach und ohne viel Nachdenken voll angreifen. Ich verließ das Krankenhaus und hätte heulen können. Vor Erleichterung. Die Vorzeichen hatten sich in diesem Jahr geändert. Ich vermutete immer das Schlimmste, und die Ärzte gaben immer Entwarnung. Es war eine neue Situation. Sonst befürchtete ich zwar auch immer das Schlimmste, aber trotzdem konnte ich immer noch ganz passable Leistungen abrufen. Unter Schmerzen, aber ohne die Gefahr irgendwelcher bleibender Schäden. Schmerz war relativ. Er war nervig, aber nach hinten verschiebbar. Aber Verunsicherung war ein Feind, den ich weder bekämpfen noch einschüchtern konnte. So beobachtete ich meine beiden Beulen und machte weiter. Und diesen Rat hatten mir zwei Ärzte gegeben und zum ersten Mal nicht ich. Mein Training hatten wieder einen Sinn. Ich trainierte für mich.

Nach einer Nacht des Vergessens war die Unsicherheit schon wieder da. Ich bildete mir ein, dass die Risse größer wurden. Ich war ohnehin am Ende. Und zwar restlos. Ich hatte eigentlich was drauf, hatte aber Angst, es nicht zeigen zu dürfen. Ich konnte mir nicht vorstellen, dass die Bauchdecke dem Druck eines Wettkampfes standhält, zudem hatte ich jetzt noch Angst vor einer Achillessehnenruptur, da diese ein wenig schmerzte, und der Speerwurf brachte mich vollends an den Rand der Verzweiflung und an den Punkt, an dem ich hinterfragte, wofür ich dieses alles tat. Ich schleuderte den Speer linkisch rechtshändig auf 26 Meter.

Nach 35,10 Metern zwei Tage zuvor war dieser Rückschritt eine Katastrophe. Diverse Trainer beobachteten mich und wollten mir helfen. Ich musste mir Unmengen von Tipps anhören. Ich wurde rasend. Was glaubten die, tat ich die ganze Zeit?

Ich versuchte, aus dem ganzen Körper zu werfen! Ich wollte es richtig machen, aber ich war zu unbeholfen, zu gefühllos. Es war zum Verzweifeln. Ich war der Theorie so nah und der Praxis so fern. Aufgrund des wackeligen

Zustandes meines Körpers und der Misserfolge mit dem Speer vergaß ich in diesen Tagen das Lachen. Freuden des Lebens? Was waren sie? Wie gelangte man an sie? Ich wusste es nur ungefähr.

Der Körper durfte keine Schwierigkeiten bereiten, das war mein einziger Schlüssel zur Erleichterung - aber das war das Problem. Ich setzte mir ein Ziel. In wenigen Tagen, bei der Ausscheidung der Weitspringer für die Europameisterschaft, musste eine versöhnliche Leistung her. Die Zeit rannte gegen mich. Dass die Bauchmuskulatur vollständig aufbrach, war in meinen Augen nur eine Frage der Zeit. Einer sehr kurzen Zeit. Es konnte jeden Tag passieren. In diesen wenigen Tagen wollte ich es noch einmal so richtig krachen lassen. Hektisch sondierte ich alle Möglichkeiten. Wieder der alte Busemann. Lange machten mich die 9000 Punkte verrückt, jetzt machte mich mein Körper kirre. Wie lange würde er noch halten? Vielleicht doch Weitsprung. Ich musste acht Meter springen. Nur das wäre versöhnlich. Und mit 8,20 Metern würde ich zum Weitsprung wechseln, dann wäre dieser beschissene Speerwurf nicht mehr mein Problem.

Aber mein Ziel, der Beste bei der Zehnkampfqualifikation über 1500 Meter in Ratingen zu sein, wollte ich auch erreichen. Dort wollte ich mal wieder probieren, die Schmerzgrenze in den Bereich der Bewusstlosigkeit zu verschieben. Ich hatte gut und besessen dafür trainiert. Aber dafür musste ich ja erst mal die ersten neun Disziplinen überstehen. Wie sollte das gehen? Aber ich wollte es versuchen, um mich der Versuchung über 1500 Meter hinzugeben. Manchmal wünschte ich mir wieder die Zukunft als Gegenwart. Dann wären alle Sorgen überstanden und alles Ungewisse wäre Gewissheit geworden.

Aber wirklich ändern würde das letztendlich nichts, da Sorgen und Ungewissheit nicht in Tüten verkauft und vergeben werden, sondern in der grenzenlosen Weite des menschlichen Hirns entstehen. Jeder Mensch hat die Chance und die Möglichkeit, dagegen anzukämpfen, sie zu bewältigen und wenigstens ab und zu diesen imaginären Gegner zu überlisten. Mir war das alles klar, aber hier galt es keinen körperlichen Schmerz auszuhalten, sondern einer Angst zu widerstehen, auf die ich irgendwann erst eine Antwort bekam. Ich war nicht mehr lebensfroh. Ein Erfolgserlebnis musste her. Irgendeins. Möglichst schnell.

Ich stürzte noch tiefer in die Krise, als ich mir eingestehen musste, dass ich nie mehr gewinnen würde. Mein Lebensziel, einmal der Beste der Welt zu sein, einen großen Titel zu holen, rückte mit der Armproblematik in unerreichbare Ferne. Das Ziel, welches sich als 21-Jähriger so leicht und realistisch formulieren ließ, würde sich jetzt wie die Spinnereien eines Verrückten anhören. Es klang nach dem Wunsch eines Verirrten, der jegliche Orientierung und jeglichen Bezug zur Realität verloren hatte. Und das erkannte ich in diesen Tagen, dass mir mit dem falschen Arm nie mehr ein großer Wurf gelingen würde. Und der richtige streikte. So hatte mein Lebensziel nicht einmal mehr gedankliche Konturen. Ich gestand mir ein, dass es langsam Zeit wurde, dass ich mich von allen Phantastereien verabschiedete. Ich würde niemals mehr gewinnen. Das war Fakt.

Meine 8706 Punkte von 1996, aus dem Wettkampf meines Lebens, sollten für immer meine Bestleistung bleiben. Damals mit 21 Jahren hatte ich gesagt, wenn ich wüsste, dass diese Leistung der Olympischen Spiele mein Maximum wäre, könnte ich aufhören. Was für eine Prophetie! Aber eben doch nur das schnelle Urteil eines jungen, soeben von einem großen Moment verwöhnten Sportlers.

Ich hätte mit 21 Jahren niemals aufhören können. Dafür machte es mir viel zu sehr Spaß, dafür glaubte ich all die Jahre viel zu sehr an mich. Hätte ich an dem Höhepunkt meiner Karriere aufgehört (gibt es einen Schlaumeier, der mir damals hätte sagen können, dass Atlanta dieser Höhepunkt ist?), hätte ich mir ein ganzes Leben vorgeworfen, mein wahres Maximum nicht ausgetestet und auch all die unglaublichen Momente nachher nicht erlebt zu haben.

Genau wie diesen Moment am letzten Wochenende. Ich wollte es im Weitsprung krachen lassen. Acht Meter mindestens. Ich brauchte ein Erfolgserlebnis, ein großes. Ich machte einen Probeanlauf und traute meinen Gefühlen nicht. War ich dieser Sportler? Ich lief wie von einer anderen Welt. Ich sprintete zum Balken, als gäbe es kein Morgen. Ich bewegte mich in Richtung Absprung mit der Geschwindigkeit eines Schnellzuges, als müsste ich, um zu überleben, einen zehn Meter breiten Graben überspringen. Es war ein Gefühl, das mir meine Entscheidung, all die Jahre weitergemacht zu haben, bestätigte. Für dieses globale Erleben - der Kräfte, der Geschwindigkeit, der Energie, des Rhythmus´ und der Technik - hatte es sich gelohnt, trainiert zu haben. Mein Trainer kam zu mir und war baff. Was hatte er da eben beobachtet?

Ich war so unglaublich schnell. Ich ging zu meinem Trainingskollegen Schahriar und flüsterte ihm meine Kampfansage ins Ohr. „Der erste auf dem Brett geht auf acht Meter!" Ich wollte uns so richtig heiß machen. Ich fühlte mich so gut. Mein Name wurde aufgerufen, ich legte die Trainingsbekleidung ab und - zitterte. Ich bekam Angst vor mir. Ich musste nur noch anlaufen, so wie einige Minuten zuvor, und abspringen, dann war alles geritzt. Aber ich hatte Angst vor der guten Leistung. Ich lief an und machte eine 7,70 Meter-Arschbombe in die Grube. Das war auch schon der beste Sprung.

Alle weiteren Bemühungen verliefen im wahrsten Sinne des Wortes im Sande. Ich war wie gelähmt. Nervös gelähmt. Das Atmen fiel mir schwer und ich fürchtete mich vor der guten Leistung. Versagensängste hatte ich nicht, aber das gute Gefühl aus dem Einspringen war einfach nicht mehr abrufbar. Es war nur noch in meinem Kopf vorhanden. In der Schublade der schönen Erinnerungen. Es war nicht weg, aber die Schublade klemmte. Was blieb, war der Ärger über mich, die vertane Chance, der Schmerz einer frischen Fersenprellung und das Glück über die nicht weiter aufgerissene Bauchdecke und die nicht gerissene Achillessehne. Ich war gespalten.

Von Katrin konnte ich in diesen Tagen keine emotionale Unterstützung verlangen. Sie bereitete sich an der Uni auf ihre letzten Prüfungen vor und lernte nicht selten den ganzen Tag. Ich wollte im Sport perfekt sein und sie an der Uni. Sie wollte die Prüfungen nicht nur bestehen, sondern sie mit „sehr gut" schaffen. Sie war hochkonzentriert und hatte ihren ganz persönlichen „olympischen Mehrkampf" vor sich.

So sehr sie mich all die sechs zurückliegenden Jahre in meiner schlechten Laune vor Wettkämpfen gewähren ließ und immer zurücksteckte - so sehr ließ ich sie jetzt im Stich. Vor der größten Herausforderung ihres Lebens war ich nicht mehr ich selber und vergaß ihre Sorgen. Klar war sie angespannt, und selbstverständlich brauchte sie jetzt meinen Rückhalt. Das war sie schließlich jahrelang für mich. Immer, wenn ich vor einem wichtigen Wettkampf stand, immer, wenn es mir dreckig ging. Doch jetzt krachten zwei Dickköpfe und zwei angeschlagene Psychen aufeinander. Mich interessierte ihre Scheißuni nicht, ich war am Ende. Sie vergrub sich in ihre Arbeit und hatte dennoch das Gefühl, dass ich etwas von ihr forderte. Ich war zu fertig, um zu fordern.

Ich vegetierte vor mich hin und verstand meinen Körper nicht mehr. Ich hatte keine Aussicht auf Erfolg, keinen Lebensinhalt und ärgerte mich über langweilige Wochenenden, weil sich da noch nicht einmal die Börse bewegte. Ich verblödete zusehends. Ich war mir egal. Immer wenn ich mich kurzfristig aufbäumte, bekam ich einen Dämpfer verpasst, der mich fertig machte. Der Kämpfer war müde geworden. Ich konnte nicht mehr und ich hasste mich dafür. All die Energie, all der Optimismus, all die Hoffnung, die ich in den letzten Jahren in mir trug - futsch. Einfach weg. Und in diesem trostlosen Zustand brauchte ich niemanden, der mir das Leben noch schwerer machte. Ich hatte es schwer genug. Ich konnte mich nicht leiden. Diesen beschissenen Körper, der mich immer im Stich ließ, dieser beschissene Kopf, der sich nicht mehr wehren konnte. Alles irgendwie kaputt, und so war es nun mal. Ich wollte gar nichts ändern. Ich wusste ja sowieso nicht, wofür das gut wäre. Ich demontierte alle Prinzipien, die mich in der Vergangenheit stark gemacht hatten. Konsequente Zielverfolgung, eiskalte Schokodiät, ausgewählte Ernährung, kontinuierliche Physiotherapie und hundertprozentige Konzentration auf meine Leidenschaft. Das war doch alles egal. Wofür der ganze Scheiß? Brachte doch nur Frust - tonnenweise.

Eines Abends kam ich nach Hause und Katrin war weg. Da lag ein Zettel mit den Worten „Mach dir keine Sorgen. Bin bei Hans und Martina". Ohne Herzchen, ohne Liebe. Sie war zu ihrem Vater geflüchtet, der am nächsten Tag mit seiner Frau in den Urlaub wollte. Super, dachte ich nur, jetzt hast du endlich mal ein bisschen Ruhe. Ich guckte die ganze Nacht fern. Als ich gegen Mittag aufstand, genoss ich die Stille und fand es angenehm, dass ich mich nicht unterhalten musste. Am nächsten Abend war die Wohnung immer noch leer.

Ich war zufrieden. Ich hatte meine Ruhe. Auch am dritten Tag nur Ruhe. Ich fing an, mir eine Korkwand für meine Weltkarte zu basteln, die mir Katrin zum Geburtstag geschenkt hatte, und hatte Spaß dabei. Mir fehlte nichts. Ich war allein und das war okay. Fünf Tage hörte ich nichts von ihr und es kümmerte mich nicht die Bohne. War ich überhaupt noch verliebt? Wie konnte ich sie lieben, wenn ich mich hasste? Und brauchte ich eine Zicke, die so ein bisschen lernen wollte und dadurch schlechte Laune bekam? Nach einer Woche und zwei abgelegten Prüfungen bekam ich eine SMS von ihr. „Wir müssen uns treffen. Morgen Abend bei Hans". Oha, sie wollte sich mit mir treffen. Auf neutralem Boden. Das hieße, dass sie Schluss machen wolle.

Ich stand vor der Tür und hatte doch ein bisschen Bammel. Nach sechs Jahren, die uns zusammengeschweißt hatten, war der eine ohne den anderen praktisch lebensunfähig. Wie konnte es nur soweit kommen? Sie öffnete die Tür und lächelte. Sie lächelte etwas reservierter, aber ich sah Liebe in ihren Augen. Die will doch nicht Schluss machen! Ich wurde unsicher. Ich hatte das Ende dieser Beziehung fast schon akzeptiert. Wir setzten uns auf die Couch und redeten. Ich mied es, sie zu berühren und sie anzugucken. Ich ließ durchblicken, dass ich sie nur schwer lieben könnte, da ich mich selbst überhaupt nicht mehr mochte. Nach einigen Stunden der Aussprache brachte ich das klügste Ja heraus, das ich jemals gesprochen hatte. Ihre alles entscheidende Frage lautete „Sollen wir es noch mal versuchen?"

Kapitel 15 – Mai bis Juni 2002

Athlet zweiter Klasse

Wir begannen uns wieder anzunähern, doch das änderte nichts an meinem physischen Dilemma. Die Schmerzen und die Unsicherheit wurden zur psychischen Tortur. Die Achillessehnenschmerzen wurden nicht besser. Ich ging zum Arzt und verlangte nach einer Injektion. Der Arzt verzichtete auf die Spritze und versuchte es mit Akupunktur. Nach dieser Behandlung ohne Spritzen tat die Sehne dermaßen weh, dass ich Mühe hatte, mein Auto zu erreichen. Am nächsten Tag dann die überraschende Diagnose: Teilriss der Sehne. Ich begann zu schwitzen, mir wurde schwindelig.

Meine Sehne war noch unberechenbarer geworden als meine Leistenbrüche. Würde sie ganz reißen, wäre das mein sicheres sportliches Todesurteil. Bis die endlich wieder verheilt wäre, wäre ich knapp 29 Jahre alt und mein restlicher Körper wiederum um einige Jahre gealtert. Das Ende der Saison stand wieder unmittelbar bevor. Es war zum Verzweifeln. Die Hernien waren nervlich akzeptiert und hielten, aber nun kam wieder etwas dazu. Eine weitere Kernspintomographie sollte Klarheit schaffen. Die Diagnose der Fachärztin war nicht richtig zufriedenstellend. Wieder einmal hatte ich das Gefühl, dass Ärzte sich scheuten, mir die ganze Wahrheit zu sagen. „Die Sehne ist ganz o.k., da ist zwar etwas zu sehen, wären Sie kein Sportler, wäre es zu vernachlässigen." So, die Sehne war kaputt, aber heile. Das war das Resümee, welches ich mit nach Hause nahm. Ich hoffte allerdings wieder ein wenig, obwohl ich nicht wusste, ob die Belastung einer Sehne bei einem leichtathletischen Sprung einem Nicht-Sportarzt bekannt war.

Ich verlor die Nerven. Konnte es sein, dass ich mit leichten Schmerzen zum Arzt ging und mit einer angerissenen Sehne wieder nach Hause kam? War es möglich, dass die Sehne dermaßen wehtat, obwohl sie eigentlich okay war? War es möglich, dass die Sehne nur leicht gereizt sein sollte, aber wehtat wie eine Ruptur? Ich war ratlos. Ich hatte wieder etwas, was nicht richtig fassbar war. Der Befund war zwar nur „Reizung", aber der Schmerz passte nicht hundertprozentig dazu. Der Bundestrainer schlug mir vor, zu Josi zu fahren, dem exzellenten Physiotherapeuten, der unter anderem das Zehnkampf-Team betreute. Er kannte die Zahnräder des menschlichen Körpers. Er wusste, wie die Hebel laufen, ihm waren die Gesetze der Physik bekannt. Sein Nachteil: Er wohnte im tiefsten Bayern. Es war ein Mordsaufwand, für Einmal-Füße-Einrenken bis an den Chiemsee zu fahren. Aber es musste sein. Meine Hoffnung lag in seinen Händen. Vielleicht, hoffentlich war durch die gewaltige Fehlbelastung beim Weitsprung der Fuß mit all seinen kleinen Knöchelchen dermaßen verschoben, dass er einfach manuell mit einem riesigen Knacks wieder in Stellung zu bringen war. Die Hoffnung blühte, die Realität welkte.

Josi legte sofort Hand an meinen Fuß. Es knackte gewaltig. Die erste Blockade war gelöst. Ich verbrachte die Tage in seinem Reha-Zentrum und wurde behandelt und trainierte und wurde massiert und gepflegt. Es waren endlose Tage. Ich sprintete nicht, ich strampelte auf dem Fahrradergometer, ich joggte nicht, ich strampelte, ich machte keine Tempoläufe, ich fuhr Ergometer. Ich hasste es und liebte es. Mit dieser Alternative konnte ich mich ein wenig in Richtung Ziel bringen. Ich verbrachte die Zeit nicht nutzlos, ich merkte, dass es aufwärts ging, ich merkte, dass ich wieder angreifen konnte. Zwar nicht unbedingt in den ersten neun Disziplinen, aber im abschließenden 1500-Meter-Lauf. Das sollte meine Disziplin werden. Es nahm Kontur an. Meine Trainingsgruppe nervte ich zu Hause schon genug mit der Ankündigung, dass ich in Ratingen der Schnellste über die Mittelstrecke sein wollte. Es sollte so schön werden.

Es war paradox, ich war Zehnkämpfer, genau wie alle anderen auch, ich wog über 85 Kilogramm, wie viele andere auch, ich lief die 1500 Meter wie die anderen - aber ich liebte diese Strecke. Ich liebte diese Disziplin, weil die anderen sie hassten. Ich liebte diese Disziplin, da man den Schmerz schonend provozieren konnte, da man sich in die Qual laufen konnte und am Ende für seinen Einsatz belohnt wurde. Mit einer guten Leistung, mit dem Sieg über seinen eigenen Schweinehund und mit dem Sieg über den Rest des Feldes. Ich wollte gewinnen. Ich musste gewinnen. Die neun Disziplinen vorher waren die Vorbereitung auf meine köstliche Qual.

Mein Fuß wurde schnell besser. Auf der einen Seite, da er rund um die Uhr bestens behandelt wurde, auf der anderen Seite, weil ich mich recht unbehaglich fühlte. Ich wohnte bei Josi und seiner Familie, ich aß dort und schlief dort und wurde tagsüber bei ihnen behandelt. Sie gaben mir nicht das Gefühl, dass ich störte. Sie versuchten, mir die Tage so angenehm wie möglich zu machen. Sie gaben mir den Hausschlüssel, ich durfte an den Kühlschrank, ich konnte alles tun und machen, was ich wollte, aber mir war es so unangenehm, in dieses Familienidyll einzubrechen. Ich wollte nach Hause. Ich wollte nicht mehr der Fremde in ihrem Hause sein, der ich in ihren Augen gar nicht war. Ich konnte wieder einmal nicht meine Gefühle zeigen, wie bewundernswert und gar nicht selbstverständlich ich es fand, wie Josi sich um mich kümmerte. Kurz vor der Abreise probierten wir noch eine andere Tapetechnik am Arm aus. Ich musste wieder mit links werfen, da ich aufgrund der Achillessehnenbeschwerden nun drei Wochen keinen Speer mehr mit der rechten Seite abfeuern konnte. Wir tapten den Arm und ich fuhr im strömenden Regen an einen Fluss. Einen Speer konnten wir auf die Schnelle nicht auftreiben, aber gewichtige Steine sollten es auch tun. Ich ging ans Ufer und suchte mir die dicksten Steine heraus, die noch werfbar schienen.

Ich schleuderte sie aus dem Stand so weit wie ich es mir zutraute. Ich fand immer mehr Zutrauen in meinen linken, eigentlichen kaputten und nun durch ein Klebeband verstärkten Arm. Ich merkte nichts. Der Arm hielt. Zur Probe nahm ich einen Stein der geworfenen Gewichtsklasse mit nach Hause, um die Schwere zu überprüfen. Ich wollte nur wissen, wie viel diese Steine schwerer waren als ein 800-Gramm-Speer. Ich schätzte mein Exemplar auf 1050 Gramm. Das Ergebnis war ernüchternd: 590 Gramm. Dazu kam die Erkenntnis, dass die entzündungshemmenden Tabletten, die ich vom Arzt für meine Achillessehne verschrieben bekommen hatte, auch schmerzstillend waren. Diese Tatsache hatte ich mal wieder verdrängt oder besser verdrängen wollen. Klar, dass ich mit einem derartig leichten Stein und mit schmerzstillenden Medikamenten den Eindruck hatte, mit dem neuen Tapeverband sei ich wieder ein ganzer Athlet.

Zu Hause konnte ich wieder ein wenig trainieren. Erst fühlte es sich an, als habe ich einen Platten, aber innerhalb von drei Tagen wurde es besser und besser. Es waren jetzt auch nur noch zwei Wochen bis zum entscheidenden Zehnkampf in Ratingen. Ich konnte dort Dritter werden. Nool, der Olympiasieger, und Dvorak, der dreimalige Weltmeister, waren nicht mehr meine Kragenweite, aber die beiden anderen Ausländer konnte ich in Schach halten. Das war mein Ziel. Zudem konnte ich noch Disziplinbester im Hürdenlaufen, im Hochsprung und eben über die 1500 Meter werden. Dieser Zehnkampf konnte Spaß machen. Ich argumentierte wie ein Athlet der zweiten Reihe. Ich wollte gut sein. In meinem Maßstab. Athleten der ersten Reihe wollen gewinnen, Athleten der zweiten Reihe wollen eine für sie persönlich gute Leistung bringen. Ich wollte meinen Anspruch befriedigen.

Dann die Hiobsbotschaft: Der amtierende Weltrekordler Sebrle startete auch noch. Und das lediglich zwei Wochen nach einem Zehnkampf im österreichischen Götzis. Im Schlepptau brachte er noch den Drittplatzierten, Yourkov, mit, der dort ebenfalls über 8500 Punkte erreichte. Ich wusste zwar nicht, wie die beiden das so kurz nach der letzten Strapaze bewerkstelligen wollten, aber das Geld rief seine Jünger. Für mich bedeutete dies: Ich konnte nicht mehr Dritter werden, sondern nur noch Fünfter. Der Disziplinsieg im Hochsprung wäre jetzt wohl Sebrles Sache. Auch ein Aspekt in dieser Rechnung der vielen Unbekannten: Von möglichen 7000 Euro würde ich mich nun auf realistischere 2000 Euro verschlechtern. Diese Überlegung hatte vor einem Zehnkampf überhaupt nichts zu suchen, aber in der Phase der Börsenschwäche, der absehbaren Verschlechterung meiner zukünftigen Einnahmen und meiner momentanen Geldknappheit erwischte ich mich immer wieder bei diesen Gedanken.

Die neue Einkaufspolitik ließ für viele willige Athleten keinen Platz mehr. Selbst der beste deutsche Nachwuchsmehrkämpfer, der Juniorenweltmeister, durfte trotz zahlreicher nationaler Ausfälle nicht aufrücken. Für ihn war kein Platz mehr, aber ausländische Athleten rutschten einfach nach. Ich lernte mit der Situation umzugehen. Ich wollte mich mehr auf mich konzentrieren. Auf mich, den Zehnkampf und meine 1500 Meter. Ich befolgte die mir auferlegte Zielstellung eines zweitklassigen Athleten. Sei mit dir selbst zufrieden. Die Sehne wird halten, der Arm wird wehtun, aber nicht kaputtgehen, und die eine, die letzte Disziplin wird dein Rennen. Dort wollte ich den Teilsieg erringen. Das waren meine Gedanken. Bis zu dem Moment, als ich erfuhr, dass ein weiterer Tscheche ins Feld aufgenommen wurde. Jan Podibradsky.

Kein exzellenter Mehrkämpfer. Aber ein Ausdauerathlet innerhalb des Zehnkampfes. Seine 1500-Meter-Bestleistung: 4:10 Minuten! Ich kochte vor Wut, und mich plagte die Enttäuschung. Mein Ziel, Olympiasieger zu werden, hatte ich revidiert, mein Ziel, als Erster 9000 Punkte zu schaffen, war all die Jahre utopisch, mein Ziel, eine neue Bestleistung aufzustellen, verschob ich auf unbestimmte Zeit, die Erkenntnis, nie mehr um Medaillen kämpfen zu können, nagte an mir, und ich lernte damit zu leben. Aber mein letztes, aktuelles Ziel, die 1500 Meter zu gewinnen und somit wenigstens einen kleinen Sieg in den Augen der Außenstehenden, aber einen großen und wichtigen Sieg für mich zu erringen, das konnte mir nur von wenigen genommen werden.   Und einer dieser wenigen war Podibradsky. Ich schrieb dem Bundestrainer eine Kurznachricht, dass ich diese Politik langsam zum Kotzen fand. Aber er konnte ja gar nicht nachvollziehen, was mir dieser eine 1500-Meter-Lauf bedeutete. Er bedeutete mir in diesem Jahr mehr als die neun Disziplinen vorher. Ich wollte mich in diesem Lauf in eine andere Sphäre versetzen, rein gefühlsmäßig. Ich brauchte es für mich. Für mich ganz allein. Die lapidare Antwort seinerseits war: „Den hausse doch wohl weg!" Das half mir nicht weiter. Aber ich hatte ihm wenigstens meinen Unmut artikuliert. Und das war schon mal positiv.

Ich war jahrelang ein Verfechter der Internationalität. Früher konnte ich mich aber auch noch wehren. Die Alibi-Ausländer, die man uns jahrelang zum Fraß vorwarf, schieden entweder gleich aus oder waren so schlecht, dass sie 1000 Punkte Rückstand zufrieden stellte, andere strichen die Antrittsprämie ein, um im Wettkampf verletzungsbedingt auszusteigen. Einen Tag später starteten sie woanders. Früher waren es maximal drei Opfer, nun waren es acht Weltklasseathleten. Zudem war es für das Meeting alles andere als gesund, einen so starken und abrupten Umbruch in Sachen Inter-

Mit Faszienriss Sport zu machen...

...ist auf Dauer ungesund. Bei der WM 1999 im spanischen Sevilla war fünf Minuten vor dem Start schon alles vorbei.

Trotz 7,60 Metern im Weitsprung war eine Fortsetzung des Wettkampfes unmöglich und ich durchlebte die größte sportliche Niederlage meines Lebens,...

...die ich 2000 in Götzis wieder vergessen hatte. Mit einer selbstwandlerischen Sicherheit absolvierte ich den Wettkampf, bis ich an der achten Hürde strauchelte. Ein instinktiver Rettungssprung mit dem falschen Bein brachte mich ins Ziel.
Die olympische Sängertruppe wurde mit der Aussicht auf eine goldene Schallplatte geködert, doch unsere Stimmen verliehen dem Song nicht genügend Charisma.

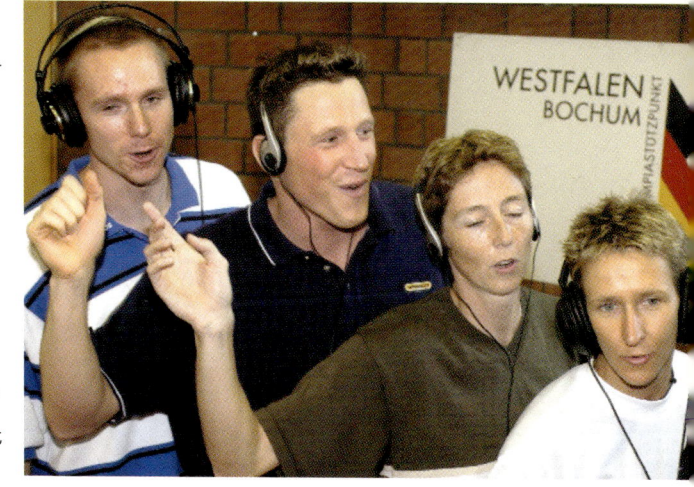

Um mich herum mühten sich die Jungs in Ratingen ums Sydney-Ticket, während ich nur wehrlos zuschauen konnte. Auch Dieter Adler konnte keinen Trost spenden.

Olympia, hier bin ich wieder. Vier Jahre nach Atlanta sollten es „meine Spiele" werden. Doch der Auftakt mit 10,91 Sekunden über 100 Meter war zäh.

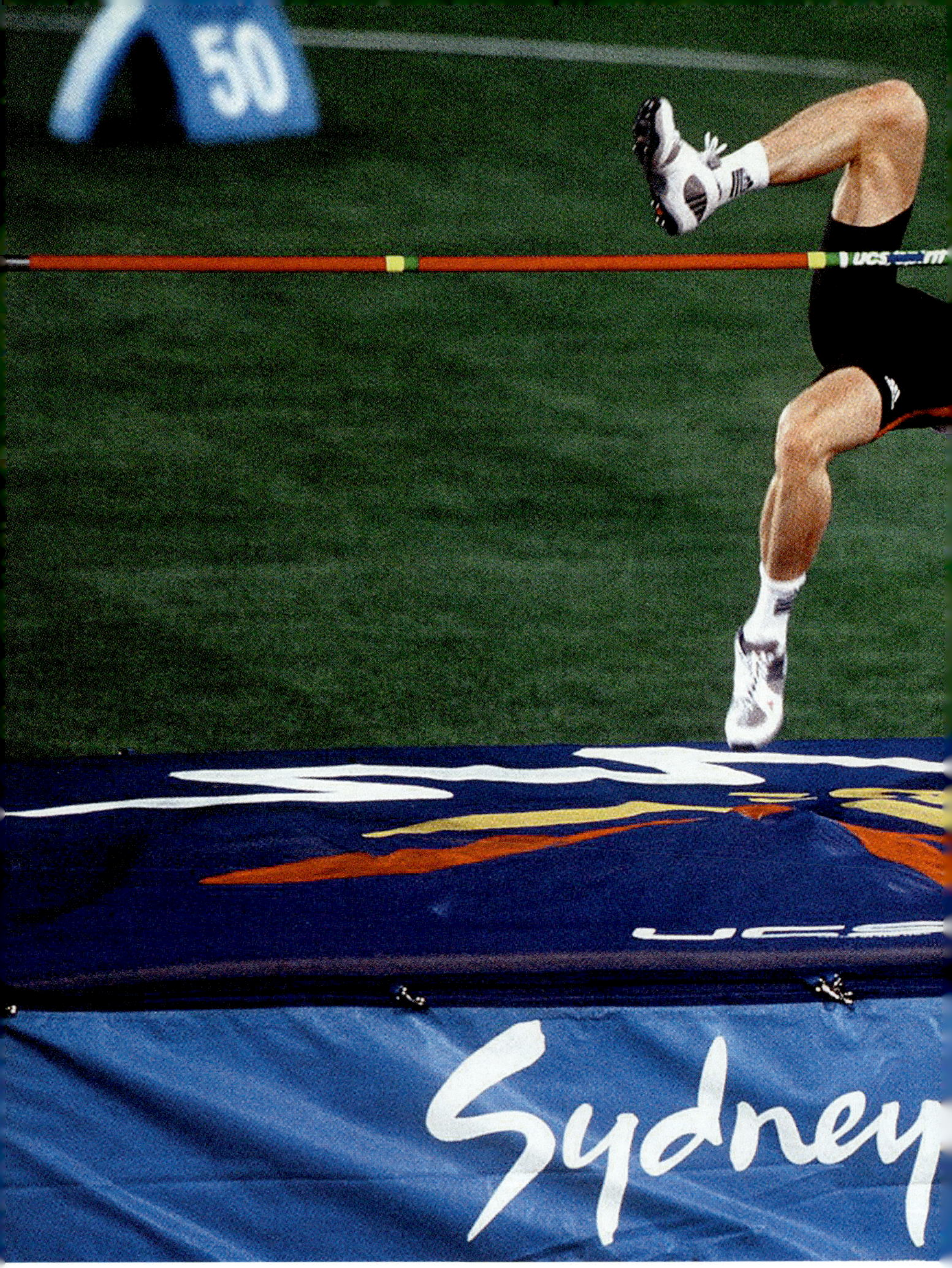
50
Sydney

Ich hatte erst im Hochsprung Grund zur Freude und lebte diese mit der „Todesschraube rücklings" aus. Der daraus resultierende Jubel-Krampf im Bein ließ mich im weiteren Verlauf kontrollierter feiern

Der Diskuswurf begrub all meine Träume. 33,71 Meter reichten zum Sprung an die Spitze der Rekordliste für die schlechteste je erzielte Leistung.
Nach 8351 Punkten und dem siebten Platz konnte keine Freude aufkommen, da half auch die Erkundungstour durch Sydney nicht weiter.

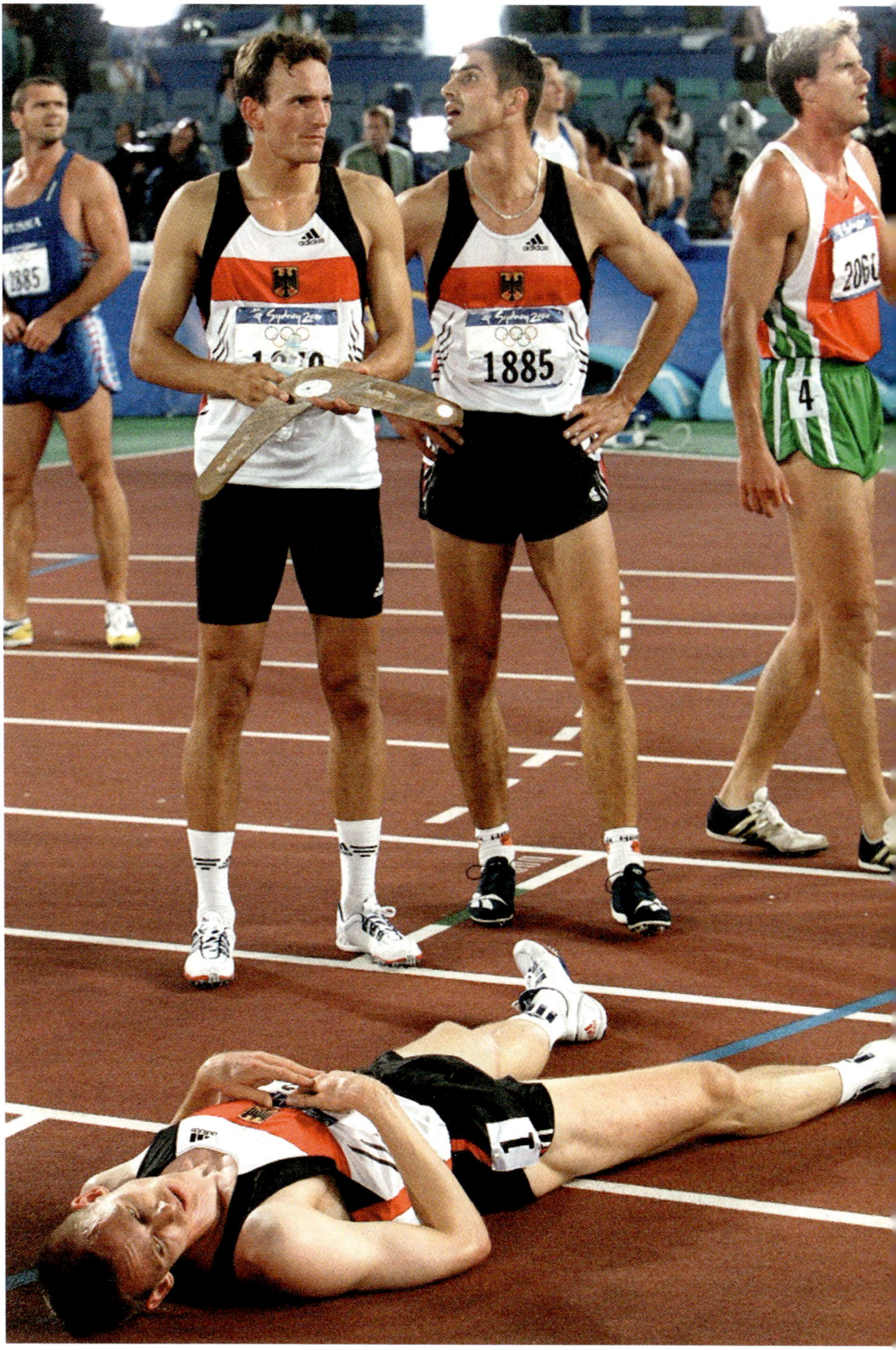
1885
adidas

Die Vorbereitung für die Wettkämpfe 2001 verlief mal wieder problematisch. Trotz alledem hatte ich oft Grund zur Freude, da ich meine Ansprüche relativierte.

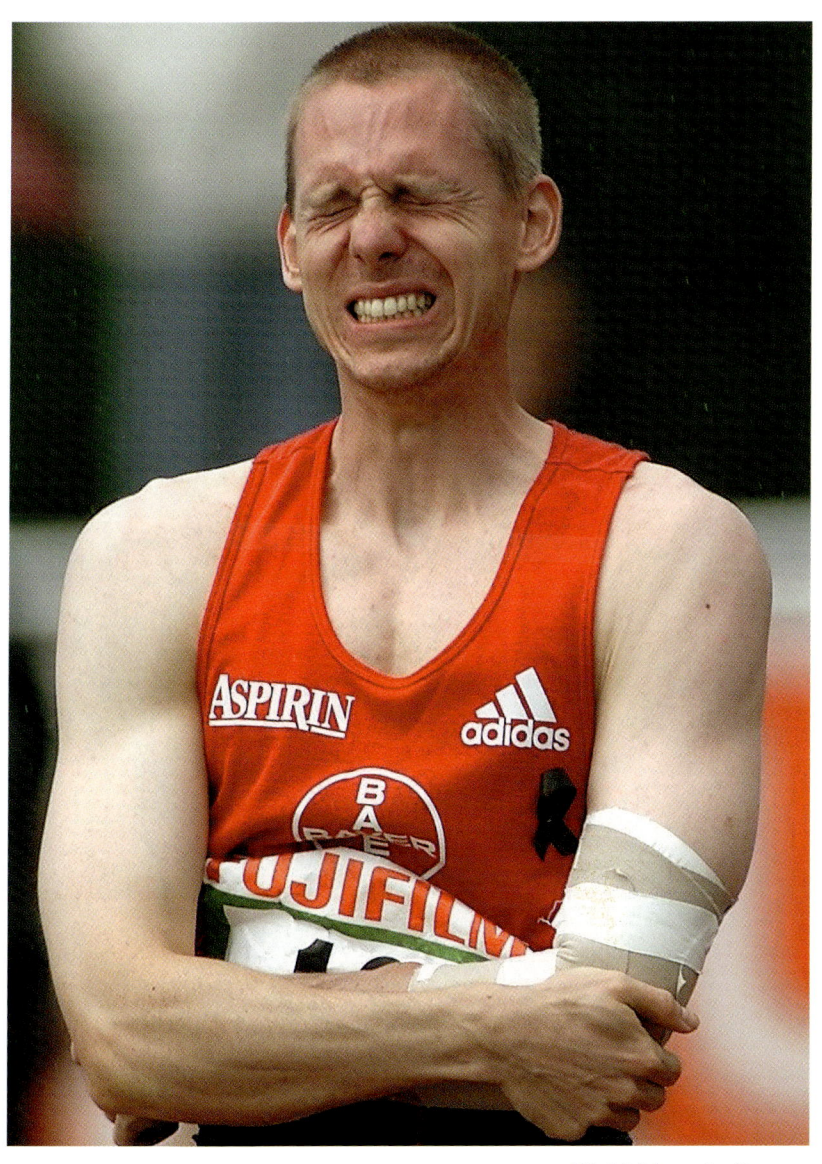

51,11 Meter im Speerwurf war allerdings zu wenig, und ich machte gegen den Willen meines Vaters einen dritten Versuch, der das Ellbogengelenk zerstörte.

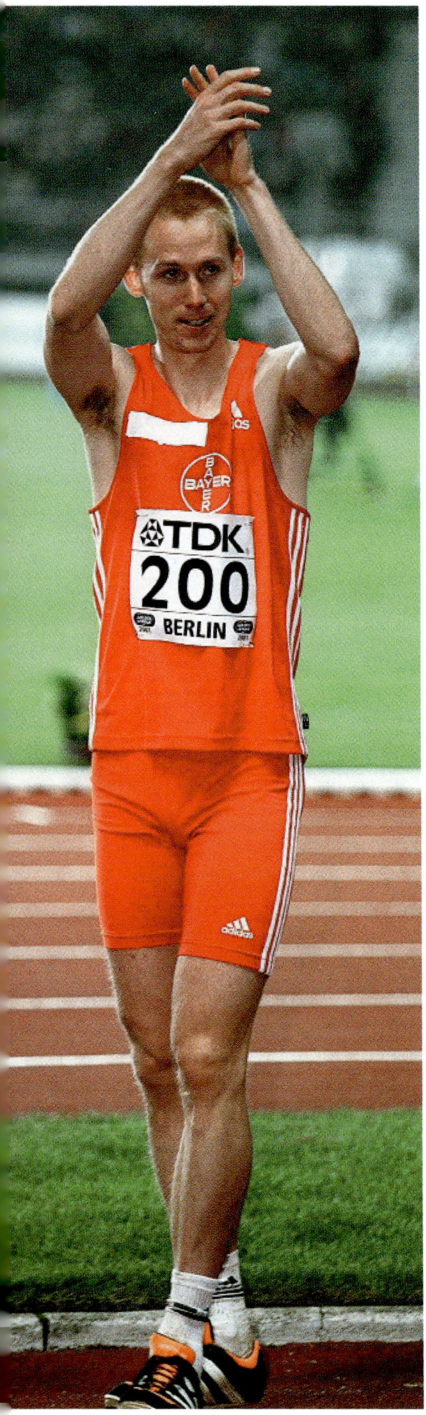
BAYER
TDK
200
BERLIN

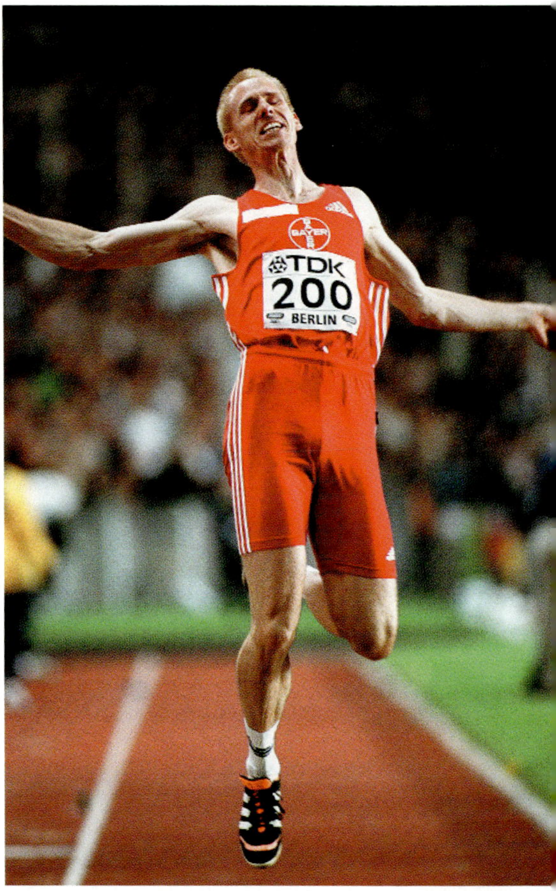
BAYER
TDK
200
BERLIN

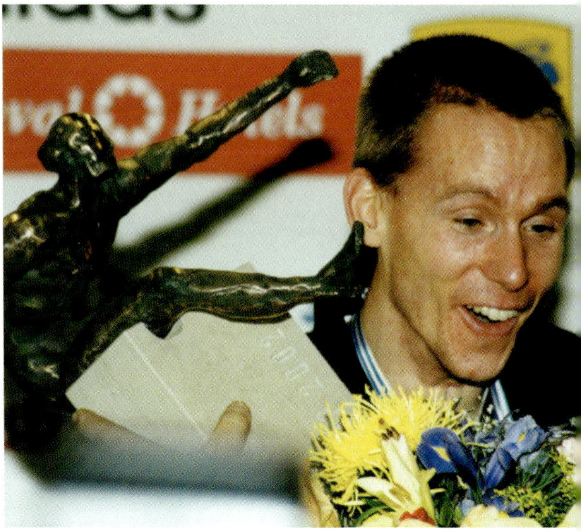

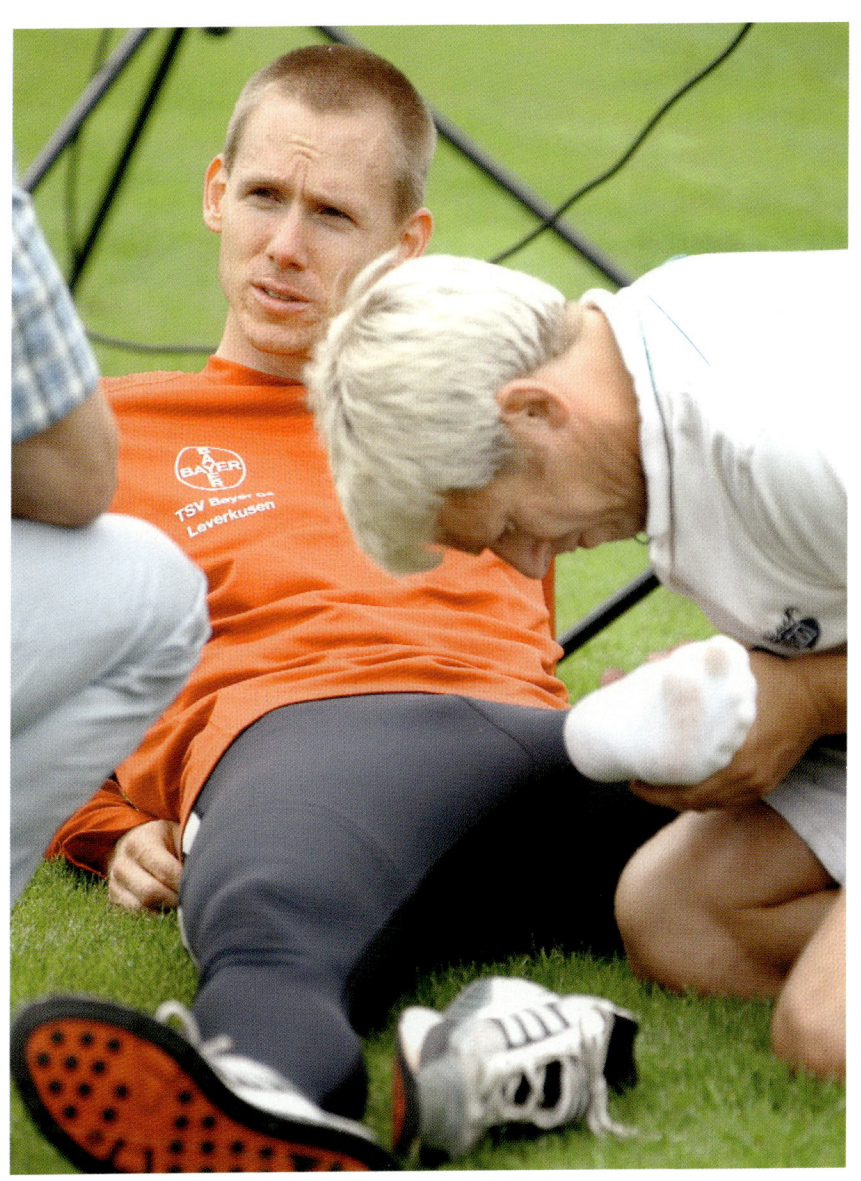

Beim ISTAF in Berlin konnte ich mit der armschonenden Disziplin des Weitsprungs neue Erfolge sammeln. Meine 8,04 Meter wurden von 40.000 Zuschauern mit Gänsehautatmosphäre gefeiert.

6291 Punkte im Siebenkampf bedeuteten in Tallinn 2002 Platz eins, Weltjahresbestleistung und deutschen Rekord. Jetzt war ich mir sicher, ich konnte in die Weltspitze zurückkehren.
Vier Monate später versuchte die medizinische Abteilung vergeblich, meinen Fuß zu „retten". Der Weitsprung in Ratingen bescherte mir eine Knochenstauchung, von der ich mich nicht mehr erholen sollte.

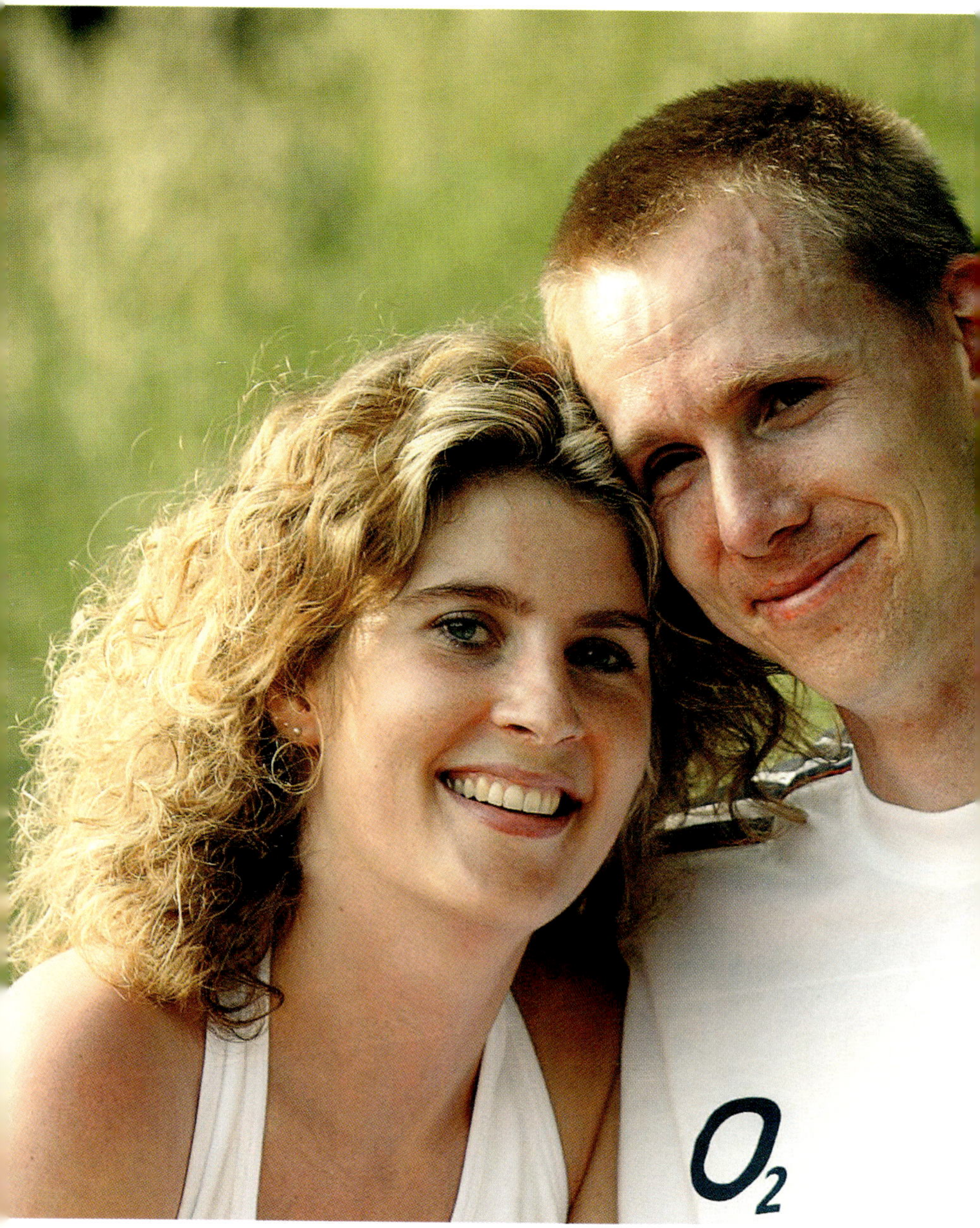
O2

Es gab Zeiten in denen ich nicht strahlte. Es gab Zeiten, in denen ich verzweifelte und in denen ich mich wieder aufraffte. Die Erlebnisse der zurückliegenden Jahre prägten und formten mich und meine Freundin Katrin begleitete mich durch dick und dünn.

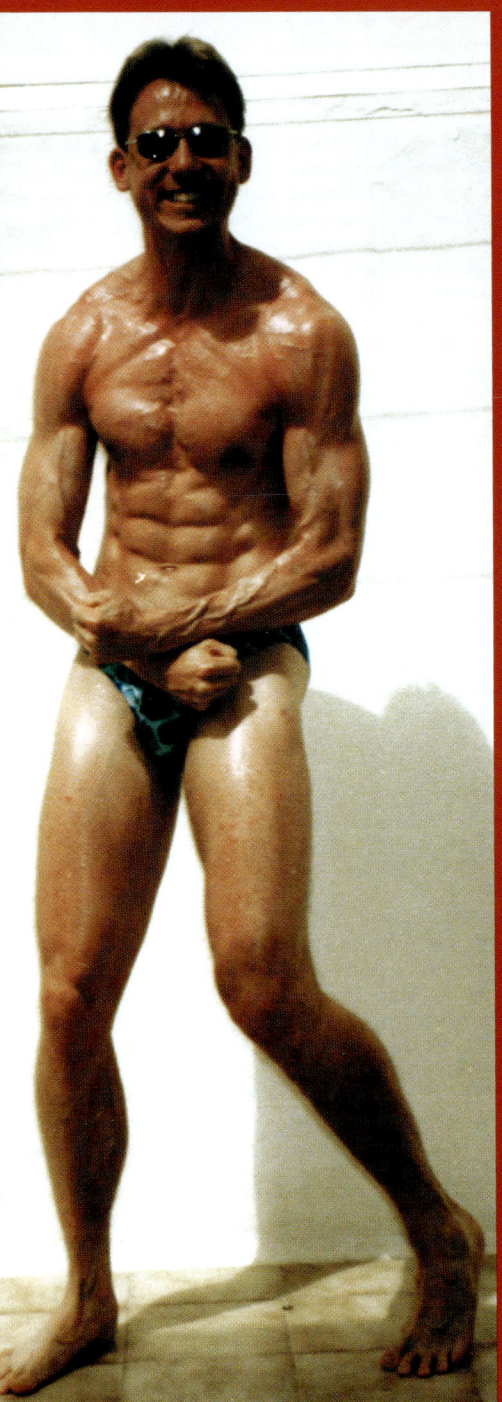

So sieht eine Zehnkämpfer-Pizza aus!

Es gab sogar mal Zeiten, da durfte ich spätere Olympiasiegerinnen ehren!

Wer hat gesagt, dass ich keine Muskeln habe?   Endspiel der Fußball-WM 2002 in Japan

nationalität zu schaffen. Hätte sich diese Wandlung über Jahre hingezogen, wäre das der Lauf der Dinge gewesen, aber allein die Macht des Geldes kann keine Tradition sprießen lassen.

Als ich stark und leistungsfähig war und ebenbürtige Gegner forderte, wurden sie nicht geholt, damals durften sogar 25 deutsche Athleten ihr Glück in besonderer Atmosphäre versuchen. Für die zweite Reihe war Ratingen ein ungeheurer Ansporn, und jetzt war dieser Ort bei Düsseldorf unerreichbar weit weg. Was sollte dieses Meeting für einen Weg nehmen, wenn selbst der deutsche Juniorenweltmeister nicht mehr gut genug für dieses Meeting war? Ich war bereit, den ungleichen Kampf aufzunehmen und wollte keine Rücksicht mehr auf mich nehmen. Die ruhige Gangart, die manche von mir verlangten für eine sichere Qualifikation, knüllte ich in den Papierkorb. Jetzt gab es einen Kampf auf Brechen und Reißen. Waren die doch selber Schuld.

Mit dieser Kindergartenreaktion gefährdete ich natürlich nur mich selber, aber ich konnte früher kämpfen und wollte es auch heute wieder tun. Insbesondere natürlich über 1500 Meter. Ich wollte mich an den Hintern des Tschechen hängen und versuchen dranzubleiben, bis ich Gift und Galle spucken würde, und wenn ich den Kolbenfresser meines Lebens bekommen sollte. Waren sie halt selber Schuld. Aber wollte ich nicht genau diesen bekommen? Ja, das wollte ich.

Der Tag des langersehnten Wettkampfes kam und ich fühlte weder meine Achillessehne noch irgendeine andere Art von Unsicherheit. Ich war da und der Wettkampf war mein Freund. Ich fühlte mich sehr gut, und das Aufwärmen ließ mich noch euphorischer werden. Vor dem Start zum 100-Meter-Lauf verspürte ich Glück und Freude. Endlich ging es los. Ich setzte mich in die Blöcke und hatte ein gutes Gefühl. Ich wollte gut sprinten. Der erste Start war ein Fehlstart. Ich verfluchte den Frühstarter, da ich extrem gut in den Lauf gekommen wäre. Der nächste Start war kaum abzuwarten. Ich war konzentriert bis in die Haarspitzen. Ich ging in die „Fertig-Stellung" und konnte es nicht abwarten, endlich zu laufen. Ich zuckte und lief los, aber ich verharrte, aber startete gut, ich erwischte mich hervorragend, aber war gehemmt, da ich nicht glauben konnte, so gut gestartet zu sein. Später wusste ich nur, dass die endgültige Konsequenz gefehlt hatte.

Aber ich startete trotz alledem extrem gut und hatte die beste Reaktionszeit des Feldes. Eine alte Stärke kam wieder, das Starten. Ich setzte genau das um, was ich mir vorgenommen hatte. Im Ziel war ich gespannt auf meine Zeit. 10,91 Sekunden waren etwas enttäuschend, aber kein Beinbruch. Der Weitsprung wurde spannend. Ich war aufgrund der Fußbeschwerden in den letzten vier Wochen nicht mehr gesprungen und war etwas vorsichtig. Das war auch gut so. Würde ich erst mal testen, ob alles hielt und der Rhythmus stimmte, hätte ich immer noch Zeit, in den beiden letzten Versuchen alles klar zu machen. Ich lief an und wusste, dass ich den Balken treffen würde.

Ich stürmte kontrolliert auf das Brett zu und meinte zu spüren, wie der Balken meinen Fuß optimal auf sich zog. Er war wie ein Magnet. Ich traf trotz des starken Gegenwindes von über zwei Metern pro Sekunde das Brett, wie es besser nicht sein konnte. Gültig! Zwar nur 7,51 Meter, aber es tat nichts weh. Ich stieg aus der Grube und verspürte keinerlei Zipperlein. Nun konnte mein Angriff richtig starten. Ich ging zu meiner Sporttasche, um mich auf den nächsten Versuch zu konzentrieren, und hatte plötzlich das Gefühl, als bekäme ich einen Platten. Der Fuß verlor all seine Kraft und seinen Schutz und vermittelte mir den Eindruck, als liefe ich auf einmal auf der Felge. Das Sprunggelenk schmerzte, als steche man mir ein Messer hinein. Das war nicht gut. Überhaupt nicht gut. Ich wurde nicht panisch, nicht einmal unruhig. Ich überlegte, noch einen Sprung zu machen und dann aufzuhören. Aber zur Kontrolle war ein medizinischer Kurzcheck wohl besser. Die Physios und Ärzte verstärkten den Tapeverband und konnten keine Blockade feststellen.

Es musste weitergehen. Ich schnürte die Schuhe zum nächsten Versuch und merkte, dass ich den platten Fuß nicht umgehen konnte. Ich lief an und kämpfte gegen den unregelmäßigen, aber heftigen Schmerz im Sprunggelenk. Es war wie das Reiben zweier Knochenenden. Trotz des unsicheren Anlaufes traf ich den Balken erneut schlafwandlerisch sicher.

Die Weite war völlig unwichtig - es machte keinen Sinn mehr weiterzuspringen. Ich war fertig. Mit dem Weitsprung, mit dem Zehnkampf. Die Schmerzen waren nicht beherrschbar. Sie erreichten auf meiner Trainingsschmerzskala eine glatte 12,0. Also etwas mehr als nicht tolerierbar. Der Arzt schlug mir eine schmerzstillende Spritze vor. Hätte sich die Skala bei einer 7 oder 8 eingependelt, hätte ich es probiert, aber bei einer unkontrollierbaren 12,0 war nichts zu machen. So ein Medikament gab es nicht. Und so gut kannte ich mich mittlerweile auch, dass ich abschätzen konnte, ob es noch einen kleinen Funken Hoffnung gab. Und dieser Funke war bei mir allzu oft allzu klein, aber immer vorhanden. Aber jetzt ging das Fünkchen aus. Dunkelheit. Absolute Dunkelheit.

Ich trat noch zum Kugelstoßen an und besiegelte meinen Ausstieg mit dem letzten Aufbäumen - 20 Meter Joggen. Auch das war nicht möglich. Es war vorbei und ich war erleichtert. Aber warum? War es für mich nicht das Schlimmste, einen Zehnkampf abzubrechen? Aufzugeben? Die angestaute, lang aufgebaute Freude und Spannung nicht abbauen zu können? Komisch, aber es war nicht schlimm, ich war erleichtert! Für den Moment. Die Journalisten löcherten mich. Ich erzählte ihnen, wie nüchtern und abgeklärt ich diese Niederlage hinnehme. Dass ich über mich erstaunt sei. Für den Moment. Die Minuten und Stunden vergingen und ich merkte, wie die innere Unruhe in mir größer wurde. Noch war ich gefasst. An die Fortsetzung des Wettkampfes zu denken wäre absoluter Irrsinn gewesen. Bei meiner Abreise hörte ich noch von einer DLV-Vertreterin einen Satz, der mich tröstete:

„Wenn du aufhörst, müssen deine Schmerzen unerträglich sein!" Ich war kein Weichei. Ich hatte mir einen Ruf erkämpft, der nicht jedem Athleten zugebilligt wird. Ich hatte ihn und war stolz darauf. Ich wurde als harter Hund gesehen und geachtet. Ich war so froh, dass anerkannt wurde, dass ich die Brocken nicht so einfach hinwerfe. Ich war hart im Nehmen. Und es traf mich oft hart.

1999 hatte mir ein ehemaliger Zehnkämpfer markerschütternde Theatralik vorgeworfen, da er mein Geheule bei meinem Faszienriss während der WM in Sevilla als Schauspielerei abtat. Er warf den Journalisten vor, dass sie mich nicht so hart kritisierten wie ihn. Bei seinen zahlreichen Ausstiegen hätten die Medien abfällig und wenig einfühlsam berichtet, bei mir hingegen bemühten sie sich um Verständnis und trauerten sogar. Der kleine Unterschied war nur, dass der, der sich jetzt lauthals beklagte, nach dem Hochsprung aufhörte, und zwar immer dann, wenn die anderen drei Disziplinen für die Tonne waren. Uns trennten 500 Punkte in der Bestleistung und dies: Ich war ein Kämpfer und gab niemals ungezwungen auf. Das wurde honoriert!

Den zweiten Tag verfolgte ich notgedrungen als Zuschauer. Ein bekannter Journalist versuchte, mir begreifbar zu machen, was ich alles schon erreicht hatte. Er verstünde, dass ich Atlanta noch mal toppen wollte, aber er stellte heraus, dass ich in meiner Karriere mit dieser Silbermedaille schon einen dieser seltenen „Magischen Momente" des Lebens erfahren durfte. Dieses Gefühl konnte mir nicht mehr genommen werden. Ich hatte ihn schon spüren dürfen. In seiner schönsten und intensivsten Form zugleich. Der „Magische Moment" des Lebens. Er war Erfüllung und Fluch zugleich. Er riet mir nicht aufzuhören. Aber er plädierte vehement dafür, dass es ein erfülltes Leben nach dem Sport geben wird. Geben muss. Ich war wieder stolz. Zugleich war ich etwas beschämt. Er hatte erkannt, dass ich etwas vollbracht hatte, was nur wenigen gelingt. Aber ich konnte doch noch mehr. Das glaubte ich. Mein Fluch, der Glaube an mich, der Glaube an die Gerechtigkeit, der Glaube an meinen Sport, holte mich wieder ein. Warum liebte ich diesen Sport so sehr und warum hasste der mich manchmal so sehr? Warum verehrte ich etwas, was mir solche Schmerzen bereitete und mich immer wieder in die Verzweiflung trieb?

Weshalb verabschiedete ich mich nicht aus diesem Sport und konzentrierte mich auf die schönen Facetten des Lebens? Warum war er nicht gerecht zu mir? Warum war er der Diktator meiner Seele? Warum? Nur weil ich diese eine Rechnung noch offen hatte? Noch einmal der Beste zu sein, um meinen Seelenfrieden zu erlangen. Dass ich mein Talent und meine Fähigkeiten noch einmal bündeln musste, um mir und der Welt zu zeigen, was ich wirklich zu leisten im Stande war? Dafür hätte das Schicksal mit all seinen perfiden Einfällen nur einmal an zwei Tagen Stadionverbot bekommen müssen. Zum ersten Mal gab es auch leichte Kritik. Ich musste lesen, dass meine Bemühungen auch in Zukunft vergeblich bleiben sollten. Manche trauten mir schlicht nichts mehr zu. Eigentlich war es überraschend, dass erst jetzt an mir herumgenörgelt wurde. Ich glaubte, dass ein schneller Aufstieg, wie ich ihn durchlebt hatte, einen genauso schnellen Fall nach sich zog.

Da täuschte ich mich gewaltig. Nach Atlanta wurden mir oftmals schlechte Leistungen verziehen.

Das lag vielleicht auch daran, dass ich immer wieder dokumentierte, wie sehr ich wollte, und dass die Beobachter registrierten, warum ich nicht konnte. Aber nun drohte die Stimmung ein wenig zu kippen. Jetzt hieß es sogar, dass ich dem Zehnkampf mit meinen Verletzungen schade. Das traf mich zutiefst. Wenn ich jemandem schadete, dann mir. Das war mein eigenes Problem und nicht das irgendwelcher Leute, die mich mit dem Fernglas betrachteten und mir jetzt rieten aufzuhören. Meine Eltern hätten das Recht gehabt, mich darum zu bitten. Für sie musste meine Qual unerträglich sein, deshalb kam auch nur meine Mutter nach Ratingen. Sie war nach meiner Aufgabe mehr als erleichtert. Auch meinem Trainer Bernd hätte ich zugestanden, über meinen Rücktritt nachzudenken. Meine Freundin durfte sich wünschen, dass ich den Sport beende. Schluss mit der schlechten Laune, die sie immerzu ertragen musste. Dazu noch eine Handvoll Freunde, die im Vertrauen sagen durften: Lass es gut sein! Dieser kleine Kreis hätte auf mich einreden dürfen, sie taten es aber nicht, weil sie wussten, dass die Zeit noch nicht da war.

Also bestärkten sie mich in meinem Willen, in meiner Besessenheit den Kampf aufzunehmen und es wieder und wieder zu versuchen. Sie unterstützten mich mit wenigen Worten, die aber so klar waren, dass ich wusste, es kann nur einen Weg geben. Eben diesen meinen. Unzählige Menschen versuchten mich wieder aufzubauen und mir Mut zuzusprechen. Menschen, die keinen Sport machten, Menschen, die mich nur aus dem Fernsehen und aus der Zeitung kannten, Menschen, die ich noch nie gesehen hatten. Sie versuchten mir zu helfen.

Mit aufmunternden Worten, Tipps, Ratschlägen. Sie nannten mir Ärzte, Psychotherapeuten und andere Möglichkeiten, die ihnen schon selbst einmal geholfen hatten. Eine E-Mail machte mich besonders stolz: „Wenn Du weitermachen willst und Hingsen Dir rät aufzuhören, ist das genau der Unterschied zwischen einem Sieger und einem Verlierer. Ob jemand ein Champion ist, hängt nicht von der Farbe der Medaille ab." Ich freute mich über Menschen, die mich verstanden, und ich verstand wiederum Menschen, die mich nicht verstanden, und ich ärgerte mich über diejenigen, welche Kritik los ließen, ohne zu wissen, was sie taten. Kritik an der Trainingsgestaltung meiner Trainer Bernd Knut und mein Vater empfand ich als Frechheit. Da ich keine Trainer kannte, die sensibler mit dem Gut Athlet umgingen als eben Bernd Knut und mein Vater. Sie schliffen Diamanten mit einem Seidentuch. Warum sollte ich aufhören? Ein Athlet, der mit einem Leistenbruch und einem gerade verheilten Bänderriss nur fünf Monate zuvor den deutschen Rekord im Siebenkampf gebrochen hatte, der sollte nicht aufhören und der durfte es auch nicht. Und er tat es auch nicht.

Seltsam - aber diese Kritik gab mir neuen Mut. Ich wollte es allen zeigen, die nicht mehr an mich glaubten. Ich wollte allen zeigen, dass ich noch an mich glaubte. Ich wollte beweisen, dass der Wille eines Frank Busemann und das Bemühen stärker sind als alle Naturgesetze und Regeln der Vergangenheit. Ich hatte zwar nur eine klitzekleine Chance, aber diese war in meinen Augen so unendlich groß, dass ich den Kampf noch nicht aufgeben konnte. Ich wollte das Misstrauen gegen mich für mich nutzen. Es musste gehen. Ich war bald wieder fit, meine Energieflamme war noch nicht erloschen, der Traum hielt sie am Leben. Ein Leben, das sogar neue Vitalität bekam: Meine neuen Gegner, die Kritiker, wussten es nicht, sie konnten es nicht wissen, aber mit ihrem Geschwätz entflammten sie ein neues Feuer in mir. Nachdem der Optimismus im Alltagstrott etwas abgeflaut war, bemerkte ich im Juni 2002: Ich stand voller Zuversicht im Scherbenhaufen. Ich stand vor dem Nichts. Ich hatte keinen Zehnkampf beendet, das erste Mal seit acht Jahren, und ich hatte nur einen schlechten Weitsprungwettkampf gemacht, welcher der Ursprung des diesjährigen Übels war.

Und ich hatte die Beendigung meiner diesjährigen Saison schon publik gemacht. Ich erschrak und musste feststellen, dass ich so schlecht das letzte Mal vor 22 Jahren war. Ich verfiel in Panik. Das konnte es nicht sein. Ich müsste am Fuß bestimmt noch operiert werden, aber die Saison durfte noch nicht vorbei sein. Ich überlegte mir Alternativen. Die letztjährige Weitsprungoption bestand dieses Jahr auf keinen Fall. Ich geriet noch mehr in Panik, als mir bewusst wurde, wie sehr der Fuß schmerzte. Sollte das vielleicht das Ende meiner Karriere sein? Sollte der Fuß dermaßen arthritisch belastet sein, dass wirklich nichts mehr ging? Wie würde es aussehen, das Leben nach dem Sport? Plötzlich hatte ich Angst vor einem geregelten Arbeitsleben. Wie sollte ich den Einstieg finden? Ich war 27 Jahre und hatte Finanzierungen in Höhe von 450.000 Euro laufen. Meine Rücklagen hatten sich in der Zeit der Börsenbaisse um 200.000 Euro verringert. Wenn mir jetzt der Geldhahn zugedreht würde, könnte ich meinen Verpflichtungen nicht mehr nachkommen. Plötzlich wurde ich immer panischer. Ich hatte mir jahrelang nichts vorgemacht, die sportlichen Erträge sollten nicht immer so üppig fließen, doch jetzt machte ich mir tatsächlich Gedanken um meine Liquidität. Der Scherbenhaufen wurde immer größer, die Zuversicht schrumpfte. Sollte der Arzt nun meine Invalidität feststellen, war es aus.

Die Eigentumswohnung musste ich dann wohl verkaufen. Meine Freundin versuchte mich zu beruhigen. Ich hatte ja noch Gegenwerte, aber die Schulden würden diese zu einem großen Teil aufzehren. Bis ich einen einträglichen Job beginnen könnte, würden noch ein paar Jahre vergehen. Ich hatte zwar immer noch einen Arbeitsvertrag bei der Stadtsparkasse Dortmund, aber ich konnte mir eine so abrupte Rückkehr kaum vorstellen, und bis ich mich eingearbeitet hatte, wäre eine weitere Ausbildungszeit vergangen. Ich ärgerte mich, dem Sport, meinem Traum, meiner Sucht so viel Zeit gewidmet zu haben. Das Studium steckte in den Anfängen und ich war im achten Semester. Ich brauchte Zeit. Der Arzt musste mir sagen, dass nichts kaputt sei. Ich war angespannt und erleichtert, in wenigen Stunden Gewissheit zu haben. Sie musste positiv ausfallen. Ich hatte noch eine Rechnung offen. Eine immaterielle. Hauptsächlich.

Die Bilder zeigten eine Knochenstauchung. Was bedeutete das für die Zukunft? Sollte es möglich sein, mit diesem Sprunggelenk weiter Sport zu machen. JA! Die Antwort war ja. Der Knochen war zwar in Mitleidenschaft gezogen, aber aufgrund der Stauchung des Gelenks kein Wunder. Nach einer Zeit des Heilens würde das Gelenk aussehen wie jedes andere strapazierte Sportlergelenk auch. Ein wenig Arthrose, ein kleiner Verschleiß - ich war euphorisch.

Nachdem Dr. Graff das sich angesammelte Blut aus dem Gelenk geholt hatte, konnte ich auch schon wieder viel besser gehen. Ich verließ die Praxis und rief meinen Trainer, meine Freundin, meine Eltern an. Es ging weiter. Vielleicht konnte ich ja in zehn Wochen bei den deutschen Meisterschaften sogar im Zehnkampf starten. Ich konnte noch einmal weiter trainieren und hatte sogar ein Nahziel. Es sollte weiter gehen. Der Gedanke an die Ursache des Blutes im Gelenk ließ mich wieder grübeln. Wo Blut ist, ist auch eine Verletzung. Die Verfärbung des Knochens, die der Doktor ansprach, brannte sich mir in mein logisches Gedächtnis. Ich übersah die erfreuliche Langzeitperspektive - Karriere kann weitergehen - und beschäftigte mich mit der Kurzzeitdiagnose, bis zu sechs Wochen Pause. Aber ich hatte doch keine Zeit. Scheiße. Wie immer. Aber ich war doch noch im Match. Es ging weiter.

Es schwappte ein Welle der Hilfsbereitschaft über mich herein. Ich erhielt unzählige Angebote noch unzähliger Menschen mit Tipps und Tricks in verschiedensten Richtungen. Es reichte von der Umstellung der Ernährung über die Änderung der Hygiene bis hin zur Korrektur der Zähne. Einer wollte mich in ein Kloster nach China schicken, um ein halbes Jahr dort abschalten zu können, der nächste wollte mein entzweites Ich wieder zusammenführen. Es waren so unendlich viele Hilfsangebote, dass man Scharlatanerie und ehrliche Anteilnahme nicht mehr auseinander halten konnte. Viele wollten sich mit mir treffen, um mir ihre Erfahrungen zu schildern und mir uneigennützig helfen. Andere schickten mir Bücher und empfahlen mir ganz besondere Werke der Literatur. Einer bot mir erst unentgeltlich Hilfe an und hatte ein ganz überzeugendes Konzept: Haare färben, weiße Klamotten tragen und alle Turnschuhe wechseln. Gold in Athen wäre reine Formsache. Dann erwartete er nur eine kleine Gegenleistung. Gratiswerbung im Fernsehen.

Solche Ansinnen ließen mich immer skeptischer werden und alle Vorschläge rigoros ablehnen. Wer wollte hauptsächlich sich und wer wollte wirklich mir helfen?

Kapitel 16 – Juni bis August 2002

Der rasende Reporter

Ich saß auf meinem Schreibtisch, an meinem kaputten Fuß eine Gewichtsscheibe gebunden, um mit einer Traktion dem Fuß die Möglichkeit zu geben, sich wieder mit Gelenkschmiere zu versorgen. Das Mobiltelefon klingelte. Auf dem Display stand eine außergewöhnliche Vorwahl, die weder einer Stadt noch einer mir bekannten Telefongesellschaft zugeordnet werden konnte. Ich nahm ab.
„Frank Busemann."
„Guten Abend, Herr Busemann, mein Name ist Burmester vom Bundeskanzleramt."
„Schönen guten Abend, Herr Burmester!" Ich dachte nur, was wird das jetzt. Kann das sein? Ah, doch, ich hatte eine Woche später mit dem DLV einen Termin beim Bundeskanzler. Vielleicht würden mir nun die organisatorischen Abläufe mitgeteilt. Das wird es sein.
„Am kommenden Sonntag findet in Yokohama in Japan das Finale der Fußballweltmeisterschaft statt und der Bundeskanzler möchte Sie gerne einladen, ihn mit der Delegation zum Endspiel Deutschland gegen Brasilien zu begleiten und sich das Spiel live anzuschauen!"
Jeder normale Mensch macht einen Luftsprung und sagt: „Ja, danke, gerne, bitte, unglaublich, ich bin dabei, wann soll ich kommen!"
Nur Frank Busemann sagt: „Oh, das ist nett, aber ich möchte dieses Jahr noch einen Zehnkampf machen und muss trainieren. Deshalb muss ich Ihre Einladung ablehnen und bitte um Entschuldigung."
„Das kann ich verstehen, aber wir wollten nur an Sie denken. Dann wünsche ich Ihnen alles Gute und viel Erfolg," erwiderte Herr Burmester.
„Vielen Dank", beendete ich das Gespräch, „ich bin mir dieser großen Ehre bewusst, gebe der Leichtathletik aber den Vorzug. Ich bedanke mich herzlichst und wünsche Ihnen eine gute Reise."

„Wiederhören, Herr Busemann!"
„Wiederhören, Herr Burmester!" Klick. Klick. Gespräch beendet.

Ich überlegte einen Moment. Konnte es sein, dass ich gerade mit dem Bundeskanzleramt gesprochen hatte? Konnte es sein, dass ich mit dem Bundeskanzler nach Japan zum Fußball fliegen sollte? Ich vollführte die Luftsprünge, die jeder andere bei der Einladung gemacht hätte. Ich begann zu schwitzen und humpelte wie ein angestochenes Huhn durch die Wohnung und war außer mir vor Freude. Ich sollte nach Japan, mit dem Bundeskanzler. Ich! Warum ich? Das war nicht möglich! Warum gerade ich? Es war absurd und spannend zugleich. Ich erzählte meiner Freundin, die im Nachbarzimmer saß und das Gespräch mitbekommen hatte, wer dran war. „Du bist bescheuert! Ruf sofort zurück und sage, dass du mitfährst!" „Ich kann nicht. Ich habe abgesagt!"

Aber ich bereute es schon. Ich war so tief in meinem Trott, in meinem Leben, dass es für mich nichts außer dem Sport und meinem Training gab. Ich konnte es nicht akzeptieren, dass die Saison mit aller Wahrscheinlichkeit schon vorbei war. Der Bundeskanzler ließ anrufen und ich wollte trainieren. Wofür? Für einen absurden, nie zu Ende gehenden Traum? Ich sollte einen spektakulären Trip um die halbe Welt mitmachen und ich wollte nicht, da mir der Sport wichtiger war als alles andere. Zudem hatte ich Bammel vor den Leuten, die ich nicht kannte, und davor, dass ich nicht wusste, was mich erwartete.

Das Ungewisse und die Strapaze nahm ich als Rechtfertigung für meine Entscheidung. Aber sie war nicht stichhaltig. Der einzige Grund für eine Absage waren unmittelbar bevorstehende internationale Meisterschaften. Die waren allerdings erst wieder in dreizehn Monaten. Ich hatte mich so sehr in meinem Sport verkrochen, dass ich die Freuden des Lebens und auch die kleinen Zerstreuungen vergessen hatte. Ich telefonierte noch mit einigen Freunden. Die Reaktionen waren alle gleich. „Wir bringen dich um, wenn du nicht zusagst!" Aber ich hatte doch schon abgesagt. Ich war so fickerig. Ich konnte mich kaum noch beruhigen, fing aber auch an, ein bisschen an der Seriosität von Herrn Burmester zu zweifeln. Was war, wenn irgendein pfiffiger Radiosender nach dem deutschen Finaleinzug einen Rundruf durch die Republik startete und wahllos Leute nach Japan einlud? War doch nicht auszuschließen. Für eine solch ehrenvolle Einladung war ich doch gar nicht mehr bekannt genug. Meine Erfolge lagen schon zu weit zurück. Katrin bekniete mich, trotz all meiner Bedenken einen Rückruf zu wagen. Ich traute mich nicht.

Es waren schon dreißig Minuten verstrichen und die Plätze waren bestimmt schon alle vergeben. Wer sagt bei einer solchen Einladung schon ab, nur ich. Warum war ich nur so blöd. Ich freute mich über ein solches Angebot und schlug es aus. Ich war so endlos bescheuert. Konnte man so blöd und festgefahren sein? Offensichtlich! Ich wollte mich aus meiner Umklammerung befreien. Mutig drückte ich die Taste, die mich mit dem Bundeskanzleramt verbinden würde. Wenn es das Bundeskanzleramt war. Gäbe es diese Wunderwerke der Technik nicht, dann hätte ich diese Nummer niemals rekonstruieren können und wäre auf ewig in meinem Trott versumpft.

„Burmester."

Ich stotterte rum und fragte vorsichtig an, ob ich da richtig wäre und ob es noch eine Möglichkeit gäbe, mitzufliegen. Klar gab es die! Ich war so erleichtert. Ich versuchte Herrn Burmester klarzumachen, dass ich ein wenig durcheinander war und deshalb zuerst absagte. Alles klar. Alles klar? Das konnte doch gar nicht sein. Ich versuchte, die Telefonnummer im Internet zu überprüfen. Ich fand die Telefonnummer des Bundeskanzleramtes. Es war die gleiche seltsame Vorwahl. Der Anruf war also wahrhaftig von der Regierung. Ich war außer mir vor Freude und war außer mir vor Unsicherheit. Und trotzdem ging es mir schon lange nicht mehr so gut und ich war seit unendlich langer Zeit nicht mehr so euphorisch, ausgelassen, zufrieden und erwartungsfroh.

Schon am nächsten Tag faxten sie die Einladung. Nachdem ich bei Ministerialrat Krannich meine Teilnahme telefonisch zugesagt hatte, bekam ich am darauf folgenden Tag die Reisedaten übermittelt. Es war unglaublich. Zu unglaublich. Was sollte ich anziehen, was sollte ich mitnehmen? Was sollte mich erwarten? Ich konnte kaum noch schlafen, fing morgens um sieben Uhr an zu bügeln. Immer wieder versuchte ich, die kleinste Falte aus den Hosen und Hemden zu bekommen. Ich putzte meine Schuhe mit einer Akribie, die ich außersportlich seit Jahren nicht mehr gezeigt hatte. Ich faltete die Wäsche, als sollte sie für die Nachwelt 1000 Jahre später hergerichtet werden.

Ich rasierte mich so gründlich, dass das Barthaar für die nächsten zwei Monate nicht mehr sichtbar sein sollte. Ich duschte mich und schrubbte mir beinahe die letzte Hautschicht vom Leib. Ich wollte den eklig riechenden Angstschweiß im Keim ausmerzen. Mann, war ich nervös. Ich wusste nicht, welche Tasche ich nehmen sollte und - eigentlich wusste ich gar nichts mehr. Ich hatte Angst vor diesem Angstschweiß, der mich noch vor Betreten des Flugzeuges zu einem Stinker der besonderen Art machen sollte. Mein ICH befahl mir, den Rückzug vorzuziehen, aber mein Herz sagte mir immerzu: TU ES!

Ich stand mit dem Auto eine Stunde vor dem Abfertigungsgebäude des militärischen Flughafens in Köln und beobachtete mit Katrin die Dinge, die da geschahen. Was erwartete mich? Warum ich? Ich gab mir einen Ruck und schnappte meine Taschen.

Drei Politiker und ein Sportfunktionär, die mir alle nicht fremd waren, warteten in der Check-In-Schlange. Ich war nicht alleine. Meine Bedenken zerstreuten sich allmählich. Aber ich war noch nicht drin. Ich hatte ja gar kein

217

Ticket, und was war, wenn ich gar nicht auf der Liste stand und ich doch nur veräppelt wurde. Wir wurden kontrolliert und kamen an den Schalter. Mein Name stand auf der Liste. Ich war dabei. Der Traum war die Wirklichkeit. Der Angstschweiß hielt sich in Grenzen und die Unsicherheit wurde etwas geringer. Das Flugzeug, ein Airbus A 310 der Luftwaffe, sollte uns nach Japan bringen.

Es war so komfortabel und fremd, dass ich nur noch staunte. In der vorderen Hälfte des Fliegers reiste die Führungsriege. Der Kanzler hatte eine eigene Kabine, daneben war ein kleiner Sitzungssaal, und dem Ranghöchsten an Bord stand eine Schlafkoje zu Verfügung. Im hinteren Teil der Maschine gab es Sitzplätze wie in der normalen Business-Class. Ich durfte neben dem Freiherrn von Fircks in dem höherwertig ausgestatteten Teil des Airbus´ Platz nehmen. Da der Kanzler von einem G8-Gipfel aus Kanada direkt nach Japan reiste, war auf dem Hinflug der Innenminister der ranghöchste Politiker an Bord. Die Frau des Bundeskanzlers begleitete ihn kurz nach dem Start durch das Flugzeug, um jeden Gast per Handschlag zu begrüßen. Ich fühlte mich noch nie so sicher beim Fliegen.

Ich genoss es, in einer Regierungsmaschine zu sitzen und dieses wohlbehütete Abenteuer erleben zu dürfen. Ich schaute auf den weißen Flügel des Airbus´ und versuchte dieses Gefühl der Sicherheit zu speichern. Was sollte dieser Maschine passieren? Auch mein Sitznachbar nahm mir meine Unsicherheit immer mehr. Es waren alles freundliche Menschen um mich herum und keine Lebewesen der angsteinflößenden Art. Ich fühlte mich so gut. Nach einem Tankstopp in Helsinki erreichten wir nach über zwölf Stunden Japan.

Das Land der aufgehenden Sonne. Ein Land so fern und nun so leicht und unkompliziert zu erreichen, dass man die dicken Beine vom langen Flug schnell vergaß. Wir verließen die Maschine und stiegen in den wartenden Bus. Passkontrolle und Gepäckband blieben uns erspart. Ich war so wichtig. Es war bis ins kleinste Detail durchorganisiert und es blieben keine Wünsche übrig.

Im Bus erhielten wir die letzten Unterlagen. Zahlreiche Blätter und - eine Eintrittskarte. Mein Sitznachbar hatte eine Eintrittskarte für das Finale. Preis 350 US-Dollar, und der vor mir sitzende und der hinter mir... alle hatten Karten. Wo war meine? Ich durchforstete meinen Umschlag hektisch. Blatt für Blatt fächerte ich auf, um nichts zu übersehen.

Ich fand nichts. Dann entdeckte ich einen Merkzettel: Delegationsmitglieder ohne Eintrittskarte werden vom deutschen Botschafter eingeladen, das Finale am Bildschirm im Konsulat zu verfolgen. Ich erschrak und stellte mir die Frotzeleien zu Hause vor. Zuerst erzählte ich vor lauter Enthusiasmus allen und auch jedem, der es nicht wissen wollte, dass ich mir das Finale live anschaue, und dann diese böse Überraschung. Sollte ich bis nach Japan geflogen sein, um Fernsehen zu gucken? Es schien so. Ein Zettel der FIFA fiel mir erst später auf. Was sollte diese weiße unscheinbare Pappkarte mit Aufschrift „Invitation" schon sein? Es war eine VIP-Einladung!

Im Hotel hatten wir knapp eine Stunde Zeit, um uns auf den Besuch im Stadion vorzubereiten. Vorher hastete ich noch eine viertel Stunde durch das in der Nähe gelegene Einkaufszentrum, auf die Schnelle ein bisschen Japan studieren. Dabei fotografierte ich jedes Schild, ich blitzte und knipste, was die Kamera hergab. Ich mutierte zu einem Fotojapaner. Ich musste alles festhalten, irgendwie wollte ich mir selbst beweisen, dass ich wirklich in Japan war, um mir ein Fußballspiel anzugucken. Zurück im Hotel ging es an die Kleiderwahl. Ich entschied mich für den Anzug. Wer weiß, was uns noch alles erwartete, und mit einer derartig hochkarätig besetzten Fangruppe war ich noch nie auf einem Fußballplatz. Also den Anzug. Die Wahl war gut und richtig. Am Stadion erhielten wir gegen Vorlage unserer VIP-Karte eine Einlassberechtigung, die uns das Tor in eine Welt voller Sushi, Getränke und Schlipsträger öffnete.

Ich begann sofort damit, mir den Teller voll zuladen. Ich gab mir Mühe, die viel zu kleinen Teller nicht dreietagig zu beladen. Dafür ging ich noch einige Male zum Buffet und kostete die drei Stunden bis zum Spiel aus. Die Sojasoße in der Sushischale verschlug mir den Atem und trieb mir die Tränen in die Augen. Sie war scharf und bissig, aber ich gab nicht auf und verbesserte gleichzeitig meine Fingerfertigkeiten im Gebrauch der Essstäbchen. Was für ein Genuss.

Die Atmosphäre im Stadion war so unwirklich wie die ganze Reise. Weltmeisterschaftsfinale finden für mich sonst immer nur im Fernsehen statt. Ich atmete die Bedeutung des Ereignisses ein. 72.000 Menschen waren nur zu einem Zweck da, 22 Männer in kurzen Hosen beim Sport zu beobachten. Das wollte ich auch haben. Ich wollte auch da unten stehen. In Sportschuhen nach oben gucken und nicht mit Schlips und Anzug nach unten. Wollte das tun, was mir Spaß macht, und die Atmosphäre schmecken. Das war einer der Gründe, warum ich nicht aufgeben konnte. Ich hatte noch diese eine Rechnung offen. Ich wollte einen dieser wunderschönen Momente noch einmal erleben. Nur noch ein einziges Mal.

Die Eindrücke der Reise gingen nicht spurlos an mir vorüber. Ich fiel gegen ein Uhr nachts in mein Bett und stellte mir zwei Wecker, da ich befürchtete, vor lauter Müdigkeit den hundertjährigen Dornröschenschlaf antreten zu müssen.

Am nächsten Morgen stand ich früh genug auf, um noch ein wenig von Japan sehen zu können. Allerdings war um diese Zeit der Hund auf Tokios Straßen verfroren, und mein Wunsch, irgendwelche Andenken zu erwerben, beschränkte sich auf den einzig geöffneten Laden weit und breit, den Souvenirshop in der Hotellobby.

Dass noch drei Mann fehlten, entdeckte man erst kurz vor Abflug. Da Regierungsmaschinen aber besonders pünktlich waren, mussten die anderen später per Linie zurück. Die Abreise war so problemlos wie der Hinweg. Wir durchschritten lediglich die Sicherheitsschleuse und hielten uns nicht bei der Pass- und Visakontrolle auf. Ein Zusatzschein in unserem Pass erleichterte uns diese Prozeduren, und 15 Minuten nach Ankunft am Flughafen wurde die Flugzeugtür auch schon geschlossen.

Mit dem Rückweg komplettierten wir die Flugstunden 13 bis 27 und beendeten mit der Reise unseren zwanzigstündigen Aufenthalt in Japan. Ich döste vor mich hin und erschrak als ich eine bekannte Stimme hörte. Ich guckte auf, und direkt vor mir stand Herr Schröder. „Was ist denn das hier für ein müder Haufen?" fragte er. Gleich darauf zog er sich wieder in seine Kabine zurück. Bei dem Tankstopp in Helsinki ermöglichte es die Protokollchefin den Nicht-Politikern, ein Foto mit Herrn Schröder zu machen. Ich verkrümelte mich in die letzte Ecke, wollte mich nicht aufdrängen. Ich wollte kein Groupie sein. Zur Erinnerung an diese erlebnisträchtige Reise verschoss ich zwar unzählige Filme, aber ein Busemann-Bundeskanzler-Foto gab es nicht.

Dieser Trip war so unglaublich, dass ich mir in fünfzig Jahren meine Dummheit noch vorgeworfen hätte, hätte ich mir nicht das Herz gefasst und wäre von meinen Prinzipien „einmal Nein, immer Nein" abgewichen.

Es wurde eine Reise in ein neues Leben. Ich konnte eine ganz neue Sichtweise entdecken. Leichtathletik war nicht alles, aber der Sport ermöglichte mir sehr viel. Ich dachte über die wirklich wichtigen Dinge des Lebens nach. Und das waren nicht dieser beschissene Ellenbogen und eine leicht schmerzende Achillessehne. Das waren Glück und Zufriedenheit und die Möglichkeit für jeden einzelnen, diesen Weg mit den ihm gegebenen Mitteln zu begehen und das Ziel zu erreichen. Der mehrmalige Paralympics-Sieger Gerd Schönfelder, der auch an dieser Reise teilnahm, verlor mit 19 Jahren seinen rechten Arm und beeindruckte mich mit seiner Fröhlichkeit und Freude zutiefst. Erfolg im Sport macht Spaß, ist aber nur ein ganz kleiner Funke im großen Lebensfeuer. Da gab es noch viel mehr, und nun hatte ich die Tür zu diesem mir bisher verschlossenen Zimmer schon einen Spalt weit aufgestoßen. Sport war nicht alles.

Einige Tage nach diesem Superlativ der Spitzenklasse stattete eine Delegation des Leichtathletik-Verbandes dem Bundeskanzler einen Besuch ab. Als Schirmherr der Europameisterschaften in München wollte er uns in Berlin empfangen. Zur verabredeten Zeit warteten wir auf den Stufen vor seinem Büro. Es war schön, einige Athleten der Mannschaft mal wiederzusehen und mit ihnen zu plaudern. Mit kurzer Verspätung öffnete sich die Tür und heraus trat mein alter Reisekumpel Gerhard. Wir waren ja schon fast per DU, konnte man meinen, so oft, wie wir uns in den letzten Tagen gesehen haben. Schnurstracks marschierte er auf unsere Gruppe zu, positionierte sich für die wartenden Fotografen, beendete das Shooting schon nach kurzer Zeit - freundlich und bestimmt. So musste man halt agieren, wenn man einen 20-Stunden-Tag ohne große Verspätung absolvieren will. Wir machten uns auf in den kleinen Sitzungs- oder Kabinettssaal. Drei Punkte wurden von der Delegationsleitung genannt und der Kanzler trieb bestimmt und nicht unangenehm zur Eile.

15 Minuten hatten wir für unsere Vorträge Zeit. Der DLV-Präsident stellte die Teilnehmer der Runde vor. „Das ist Heike Drechsler, unsere erfolgreichste Athletin, daneben sitzt Martin Buß, unser Hochsprungweltmeister, dann kommt Ingo Schultz, unsere Neuentdeckung über die 400 Meter, daneben sitzt Frank Busemann, unser Weltmeister im Verletztsein, links neben ihm sitzt Kofi Prah....." Hatte ich mich da verhört?! Waren das die Worte des Präsidenten des Deutschen Leichtathletik-Verbandes? Sollte das ein Witz sein, fand er das lustig? Ich tat es nicht! Wofür war ich denn da? Wollte der DLV seinen Quotenkrüppel vorstellen oder war ich ein Teil der Mannschaft? Ich fühlte mich als Teil der Mannschaft und war zutiefst verletzt. Er musste nicht von meiner Silbermedaille erzählen, er musste nicht erzählen, dass ich mir immer den Hintern aufreiße, um wieder Erfolg zu haben, er sollte einfach sagen: „Das ist Frank Busemann, Zehnkämpfer!" Das hätte gereicht und hätte mir den Sinn des Trips plausibel gemacht, doch der Präsident verunglimpfte mich vor dem Bundeskanzler. Das war sehr ernüchternd.

Die Schmerzen im Fuß wurden ein wenig besser, aber die rechte Leiste machte zunehmend Probleme. Ich konnte seitlich der Narbe immer ein wenig Flüssigkeit wegdrücken, die sich anfühlte, als presse man Gel durch eine zu enge Öffnung. Ich musste wieder Klarheit haben und wissen, wofür ich mich quälte. Ich wollte die Gewissheit haben, dass ich weitertrainieren konnte. Ich stellte mich noch einmal beim nächsten Arzt vor, der auf Leisten spezialisiert war. Zum Glück befand er sich in Duisburg und nicht in München oder am anderen Ende der Welt. Zur ersten Beruhigungsuntersuchung durfte ich ihn am Wochenende zu Hause besuchen. Er konnte all das tasten, was mir Sorgen bereitete. Wir sprachen eine Sprache und er ging auf mich ein. Die Untersuchung der Leisten dauerte fast eine Stunde. Letztendliche Sicherheit hätten wir aber erst nach einer Ultraschalluntersuchung. Für mich das Urteil. Er fühlte das Gleiche wie ich. Einen neuen Bruch und ein Rezidiv, einen wiederaufgebrochenen Bruch. Eine doppelte Operation.

Doch davor musste ich noch einige Dinge erledigen. Ich musste meinen Tresor aus meinem alten Zimmer bei meinen Eltern rausschaffen. Vor fast fünf Jahren hatte ich der Sparkasse einen alten ausrangierten Tresor abgekauft, den mein Vater und ich in die erste Etage unseres Hauses hievten. Dabei brachen wir mit der Sackkarre in jede Stufe zwei Kerben. Kurz vor dem Ziel hüpfte uns das alte Scheissding von der Karre und mein Vater hatte plötzlich geschätzte 150 Kilo auf den Knien, mit vereinten Kräften schoben wir den sperrigen Klotz dann in mein Zimmer mit dem Schwur, dass dieser

Stahlschrank bis zum Abriss des Hauses nicht mehr bewegt würde. Die ganzen Jahre wurde der Tresor dann zweckentfremdet als Fernsehtisch verwendet, da ich gar nicht so viel wertvolles Geklüngel besaß, um ihn auch nur annähernd zu füllen. Und trotzdem hatte ich zu meinem Fernseher-Tresor eine seltsame Beziehung.

Ich hatte ihn abgeschliffen, mit zahllosem Gerät, mit Atemmaske und mit Schmirgelpapier und ihm einen neuen hässlichen Anstrich verpasst - er wurde zum künstlerisch aufwändigsten Objekt meiner Künstlerkarriere. Dieses schwere Kunstwerk musste ich jetzt doch vor dem Abriss des Hauses wieder rausholen, da mein Bruder auszog. Die neuen Bewohner hatten die Wohnung ohne Tresor gemietet. Die Leisten waren ohnehin kaputt und wurden bald geflickt, also konnte ich mit meinem Bruder das Wagnis angehen und mein liebstes Stück in den Keller stellen. Man konnte ja nie wissen. Schwarzgeld musste ich nicht unterbringen, aber vielleicht tat sich ja noch mal eine Verwendung für den Brocken auf.

Dann ging ich zum Arzt. In der Hoffnung, die erleichternde Mitteilung Doppel-OP zu hören, teilte er mir nach der Ultraschalluntersuchung mit, dass an der rechten Seite nichts gemacht werden müsse. Ich war erfreut und erleichtert, dass ich mir wieder einmal nur etwas eingebildet und zu tief in meinen Körper gehorcht hatte. Aber da war ja noch die linke Leiste. An der im Februar auch ein Bruch, wenn auch nur ein kleiner, festgestellt worden war. Doch diese Seite war hinüber. Als Operationstermin bot er mir den darauffolgenden Tag an. Ich versuchte noch zu handeln. Aber es sollte schnell gehen.

Mit dieser verschlissenen Leiste war eine Teilnahme bei den deutschen Meisterschaften ausgeschlossen. Irgendwie war ich jetzt doch ein wenig bedröppelt. Kurzzeitig hatte ich wieder gehofft. Die Operation am nächsten Tag verlief sehr gut. Es war die sechste in drei Jahren, und die Öffentlichkeit sollte kaum etwas davon mitbekommen. Dank des Bundestrainers, der mir in einem öffentlichen Brief vorgeworfen hatte, meine Wehwehchen allzu gern in der Presse auszubreiten. Konnte ich da was für? Ich fand nicht. Die erste Frage der Journalisten galt schon seit längerem meinem Gesundheitszustand. Was sollte ich da machen? Sie anlügen? Einen Tag vor der Operation rief mich ein Journalist an und wir plauderten ein wenig, am Ende des Gespräches fragte er mich, ob es noch was Neues gäbe, was er wissen könne. „Nein!", war meine Antwort, und das erste Mal ertappte ich mich beim Lügen. Klar war da was, und zwar was ganz Gravierendes, und ich schwindelte für die Harmonie mit meinem Bundestrainer. Ich beruhigte mich, dass er die Frage bestimmt nicht auf zukünftige Ereignisse bezogen hatte. Zudem fragte er, ob er was wissen müsse. Und das musste er nicht wissen. Aber das war überhaupt nicht gut. Ich musste mir treu bleiben.

Das war die Verteidigung meines Charakters und das war die Ehrlichkeit gegenüber Journalisten und anderen Menschen. Ich beschloss, auch weiterhin auf direkte Fragen korrekt zu antworten - auch wenn ich dadurch meine Wehwehchen präsentierte. Ob das dem Bundestrainer passte oder nicht. Brauchte ich ihn zum Sporttreiben, brauchte ich jemanden, der glaubte, Athleten müssten zum Erfolg getreten werden, der glaubte, Athleten ohne diktatorische Anleitung wären nicht lebensfähig? Nein! Ich brauchte lediglich meinen Heimtrainer, meine Gruppe, meinen Verein und Menschen, die mich glücklich machten. Und da gehörte weder der Bundestrainer zu noch irgendwelche Hingsens, die mir aus der Ferne kluge Ratschläge sandten.

Die Öffentlichkeit stellte mir die Frage nach der Operation auch nicht. Und das war mir nicht unrecht. Ich war es auch ein wenig leid, immer meine Leidensgeschichten erzählen zu müssen. Aber es ließ sich schwer unterbinden. Ich hatte momentan keine Ansprüche an meine Leistungsfähigkeit, und daher kam ich sehr gut über die Runden. Die Abführtabletten für den sämigen Stuhlgang setzte ich zehn Tage nach der OP ab, und lachen konnte ich nach zwei Wochen auch wieder etwas ungenierter. Ein wichtiges Ereignis meines Lebens rückte immer näher. Internationale Meisterschaften im eigenen Land. Europameisterschaften in München. Ohne mich. Fast ohne mich.

Die ARD hatte mich als sogenannten Experten angeheuert, die Münchener Abendzeitung engagierte mich als täglichen Kolumnisten, und der DLV in Person des Präsidenten hatte mich als Teammitglied in die Unterkunft der Mannschaft eingeladen. Also mimte ich ganz unverdrossen den Funktionär im Team. Ich versuchte, den Athleten, wo es ging, aus dem Weg zu gehen und sie in ihrer Wettkampfkonzentration nicht zu stören. Ich kam mit dieser ungewohnten Rolle ganz gut zurecht. Und richtig gut fühlte ich mich nach dem Erhalt meiner Akkreditierung. Ich bekam ein ganz neues Selbstwertgefühl und merkte, wie mich Etikette stolz machte. Ich wurde behandelt wie der Chef des Weltverbandes höchstpersönlich. Athleten, welche auf ihrer Akkreditierung immer mit lediglich vier Zutrittsbereichen auskommen mussten, erstarrten bei meinem Halsgehänge vor Ehrfurcht.

Ich hatte eine Zulasskarte, die es in der Form wohl noch nie gegeben hatte. Athlet, Funktionär und VIP. Ich war fast alles und meine Plastikkarte schmückten so viele Zahlen, dass ich das aktive Zuschauen durchaus passabel fand. Beim Blick auf das Olympiastadion verflog diese Freude doch ein wenig, da dieser Wunsch, dabei zu sein, über die Jahre hinweg so stark gewachsen war, dass man ihn nicht so leicht verdrängen konnte. Die einzelnen Wettkämpfe weckten dann doch mein neutrales Interesse und ließen die Emotionen nicht hochkommen. Einzig und allein das Betrachten des Gesamtbildes „EM in München" hauchte mir ein wenig Traurigkeit ein. Die Erfahrung der letzten Jahre hatten mir allerdings das Zuschauen vertraut gemacht. Leider.

Und ich konnte arbeiten. Zu diesem Zweck hatte ich mir extra ein Notebook gekauft, um sogar im Stadion die Kolumnen verfassen zu können.

Wofür ich den Laptop außer als Schreibmaschine noch gebrauchen konnte, war mir in dem Moment nicht so ganz klar. Katrin riet, mir doch mal etwas zu gönnen. So tippte ich freudig drauf los und erntete das erste Lob des Sportchefs. Ich wollte gut sein. Ich wollte mich empfehlen und allen zeigen, dass ich noch etwas anderes kann. Die Anspannung war dementsprechend riesig.

Man merkt recht schnell, dass man nie perfekt schreiben kann, es gibt immer noch etwas zu verbessern. Oder war es nur bei mir so? Konnte man den perfekten Bericht schreiben, konnte man die 9000-Punkte-Kolumne schreiben? Es musste wohl gehen. Da es auch in diesem Beruf die Kreismeister, die Deutschen Meister und die Weltmeister geben musste. Aber man konnte nicht auf eine Punktetabelle gucken und die Perfektion ablesen. Ob die Kolumne 8500 oder eher 8700 Punkte hergab, wer wollte das bestimmen? Meine vierte Kolumne schätzte ich im sicheren 8000-er Bereich ein, mein Freund Thomas ordnete sie eher im 6500-Punkte-Bereich an. Ansichtssache. Trotzdem irgendwie ernüchternd. Damit musste man als Journalist wohl leben. Das war die erste Lektion.

Ich erlebte die Meisterschaften in einer Hektik, die mich aufblühen ließ. Ich lief immerzu. Ich konnte nicht gehen. Sobald ich ging und mich die im und um das Stadion strömenden Zuschauer erkannten, verlangsamte sich mein Tempo von 6 Stundenkilometern auf nahezu 0. Ich verbrachte die Zeit mit dem Schreiben von Autogrammen. Da die Masse eines Stadions für den Autogrammschreiber gegen unendlich geht, begibt sich seine Standzeit auch auf unendlich. Das hieß: Laufen war fast unendlich schneller. Also joggte ich durch die Massen. Ich war nie in Ruhe. Ich hatte immer etwas zu tun. Vom Treffen mit Journalisten, mit Kollegen sozusagen, bis zum Gespräch mit Athleten, Kollegen sozusagen, bis zum Plausch mit Freunden, auch Kollegen, verbrachte ich die Zeit wie im Fluge. Langeweile kam nie auf. Es war ein neues, altes Gefühl.

Dann kam die Meldung, dass vor dem Athletendorf drei vermeintliche Terroristen festgenommen wurden, die Baupläne unseres Gebäudes bei sich hatten. Die Information stammte aus sicherer Quelle und meine Nerven lagen blank. Ich musste mit jemandem darüber reden, musste alle Eventualitäten mit jemandem durchdiskutieren. München war ein geschichtsträchtiger Ort, das Olympiaattentat von 1972 wird niemals vergessen. Zudem war die Mannschaft Israels in unserem Haus untergebracht. In der Etage zwischen der deutschen Delegation. Mit den Athleten konnte ich über dieses Gerücht nicht reden. Vielleicht hatten sie es noch gar nicht mitbekommen, ich wollte sie nicht unnötig beunruhigen. Ich überlegte und beschloss, aus dem Dorf auszuziehen. Ich musste hier raus. Aber wo sollte ich hin? - Ich würde mir das Auto von Katrin besorgen und die Nächte darin verbringen. Ein anderer Plan: nachts das Zimmer meiden und tagsüber ein wenig schlafen. Nach einigen Gesprächen mit Katrin und meinen Eltern entschied ich mich dafür, Gerücht Gerücht sein zu lassen um mich nicht in panische Aktionen zu stürzen. Ich blieb im Olympischen Dorf wohnen und veränderte weder meine Schlafgewohnheiten noch ließ ich mich vertreiben.

Ich konzentrierte mich weiter auf meine Mission. Ich war zum Arbeiten und Genießen hier, und mein zweiter Journalisten-Joker wurde ja erst am zweiten Zehnkampftag ausgespielt. Ich war der TV-Experte - und redete dreimal fünf Minuten. Zuletzt um 17:55 Uhr. Dafür saß ich von 8:00 Uhr bis 13:00 Uhr und von 17:00 Uhr bis 22:30Uhr im Container und wartete stets auf meinen möglichen Einsatz. Als um 22:35 Uhr die Studiobeleuchtung und die Kameras ausgeschaltet wurden, wertete ich das als Zeichen für das Ende des Arbeitstages. Ich wusste nicht so recht, was ich von meinen Auftritten halten sollte, war ich so schlecht, dass es nur zu insgesamt 15 Minuten reichte?

War der Zehnkampf aus deutscher Sicht nicht spannend genug? International war es auch nicht so prickelnd, da die beiden Erstplatzierten schon vor der ersten Disziplin feststanden. Vielleicht war es aber auch die reiche Medaillenausbeute der anderen deutschen Sportler, die logischerweise viel Sendezeit beanspruchte. Ich hatte ein schlechtes Gewissen. Für so wenig Arbeit so viel Geld zu bekommen, war schon gewöhnungsbedürftig.

Nach drei Tagen EM war mein Akku leer. Wir hatten gerade mal Halbzeit und ich war fix und fertig. Ich lag Freitagnachmittag im Bett und wollte nicht mehr. Ich genoss die Ruhe und Einsamkeit. Als ich noch dem großen Traum hinterher jagte, hatte ich den Stress und die Hektik hassen gelernt. Ich hatte mir gewünscht, nie mehr müde sein zu müssen. Doch jetzt war ich müde und zufrieden. „Und wie hast du dich dabei gefühlt?" war Katrins Frage. Ich war kaputt und glücklich. Plötzlich lernte ich die Erholung als solche wieder schätzen, sie war eine Eigenschaft, die man sich erarbeiten musste. Erholung ohne vorherige Arbeit gab es nicht, dann packte einen nur die Langeweile, da es nichts zum Ausruhen gab.

Nach diesem Nachmittag Erholung stürzte ich mich wieder freudig ins Getümmel. Am Abend traf ich im „Deutschen Haus", Begegnungsstätte der Sportler, Sponsoren und Journalisten, zahlreiche „Kollegen", denen ich, der Neu-Kolumnist, etwas gehemmt gegenübertrat. Bestimmt hatten sie meine Erstlings-Werke gelesen - und wie schnitt ich ab? Wie viele Punkte? Gestandene, berufserfahrene Sportreporter sah ich plötzlich als strenge Kritiker, die ihren Daumen nach oben oder nach unten streckten. Bisher hielt sich jeder in seinem Terrain auf, aber nun wilderte ich in ihrem Revier. Ich traute mich kaum in ihre Nähe, negative Kritik wollte ich auf keinen Fall hören und positive auch nicht - ich hätte nicht gewusst, wie ich darauf reagieren sollte.

Von einem Neu-Kollegen wurde ich gefragt, wie ich die Äußerung Christian Schenks erwidere. Ich musste mich zuerst schlau machen. Ich las die Süddeutsche Zeitung. Dort hieß es: „...Zehnkampf ist Charaktersache und eine sehr deutsche Disziplin, du brauchst Ordnung, Disziplin und Willen. Ich sehe zurzeit niemanden, der das Talent hat, derlei aufzubringen. Ich stelle überhaupt kein Wollen fest, Zehnkämpfer zu werden." (...)...Was macht Busemann?

Dem ehedem populärsten deutschen Leichtathleten aber spricht Schenk heute jede Vorbildwirkung auf junge Talente ab: nicht mit dem anfälligen Körper, nicht mit dieser ausgezehrt wirkenden Figur. „Frank hat nichts dafür getan, aus diesem Bild rauszukommen". Ich war geplättet. Was sollte ich darauf erwidern. Ich konnte mir meine Antwortkanonade ausreichend lange durch den Kopf gehen lassen.

Vielleicht sollte ich sagen, dass mir Kritik von Leuten Wurscht ist, die keine Ahnung haben. Und dass er keine Ahnung hat, das hat Schenk mit dieser Attacke bewiesen. Oder sollte ich besser sagen, wenn der Schenk früher so schnell wie ich gelaufen wäre, hätte er sich auch verletzt, oder sollte ich die ganz arrogante Variante wählen? „Leute, die auf einem so niedrigen Punktniveau Zehnkampf gemacht haben, sollten sich nicht zu weit aus dem Fenster lehnen!"

Ich entschied mich zu der Version mit der seltsamen Sichtweise des Herrn Schenk und versicherte dem Journalisten meine Absicht, wenn Schenk eine solche Kontroverse über die Presse austragen wolle, dann könne er diese Form der Auseinandersetzung habe. Doch dann kam Schenk, der Meetingdirektor des Berliner ISTAF, um die Ecke, grinste mich an und fragte mich, ob ich mir in vier Wochen einen Vierkampf bei diesem Meeting vorstellen könne. „Das fragst du mich! Nein, ich werde da nicht starten, weil ich deinem Bild entsprechen will und für meine Genesung und mein Erscheinungsbild nichts tun will. Und außerdem ist es eine Frechheit von dir zu behaupten, dass die deutschen Athleten nicht wollen. Keiner lässt sich vorführen. Und ich schon gar nicht!" So, wenn ich jemandem so was ins Gesicht sage, muss er mich schon ganz schön gereizt haben. Ich war über meinen emotionalen Ausbruch freudig überrascht. - Schenk versuchte sich zu rechtfertigen: Er wollte aufwecken, wachrütteln, das Team aus seiner Lethargie befreien, überspitzt formulieren, aber keinem Athleten auf den Schlips treten. Wir redeten fünf Minuten, verabschiedeten uns mit einem Handschlag und ich machte mich auf den Weg zu dem Journalisten, dem ich meine wütende Antwort in den Block diktiert hatte, um meine Aussage zu revidieren und das überaus seltene Ereignis der Aussprache als Erfolg zu verkünden. Trotzdem hatten mir meine Gedanken irgendwie gefallen.

Meine letzte Kolumne gab ich nur auf Katrins Druck ab. Einen ähnlichen Bericht hatte ich am vorletzten Tag in der gleichen Zeitung gelesen, und nun traute ich mich nicht mehr, meinen Artikel abzugeben. Es war schade, denn ich fand ihn gut. Notgedrungen hämmerte ich einen zweiten in meinen Computer und wollte ihn schon abgeben. Katrin bestand darauf, beide in Augenschein zu nehmen. Ihr Urteil: Meine erste Kolumne war gut und die sollte ich auch abgeben. Meine schärfste und ehrlichste Kritikerin hatte gesprochen und ich gab die Diskette kurz vor meiner Abreise ab. Deshalb konnte ich meinen Bericht nicht lesen, da wir an diesem Montag schon zu Hause waren.

Der Sportchef kontaktierte mich allerdings am Morgen telefonisch. Sie hätten meine Kolumne auf eine ganz exponierte Seite gepackt, raus aus dem Sportteil, rauf auf die Seite drei. Weil es so gut war. Dafür gäbe es dann noch mal 200 Euro extra. - Ich hatte es geschafft. Das waren mindestens 8800 Punkte - Bestleistung. Es war gut! Ich war so glücklich. Diese 200 Euro waren die wichtigste Anerkennung, die ich seit langem erhalten hatte. Es war eine Auszeichnung, es waren nicht die 200 Euro, es war die Seite drei. Diese Woche hatte wirklich gut getan. Ich hatte meinen Münchener Mehrkampf mit Bravour bestanden. Es war glücklicher Stress mit Sternchen.

Kapitel 17 – August bis September 2002

Auf und nieder immer wieder

Doch auch glücklichen Stress muss man sich erarbeiten und weiter pflegen. Das vergaß ich offensichtlich. Ich kam aus München nach Hause und hatte nichts mehr. Ich spannte einige Tage aus und fasste kurzerhand ein neues Ziel. Ich wollte in diesem Jahr noch eine neue Bestleistung über 1500 Meter aufstellen. Dazu hatte ich noch genau einen Monat Zeit. Nicht viel, wenn man das untrainierte Körperaggregat von null auf 100 hochziehen muss. Aber ich brauchte ein Ziel. Wenigstens ein kleines. Ich hatte über vier Wochen jeden Tag von morgens bis abends Zeit, um dieses Ziel zu verfolgen. Aber der Tag besteht nicht aus 30 Minuten Dauerlauf. Da gibt es dann noch etwas mehr als 23 Stunden, die auch beschäftigt werden wollen. Als dann Katrin noch mit einer Freundin in die USA in ihren langgeplanten Traumurlaub flog, war ich in meiner Wohnung gefangen. Ich zog ein Resümee meines Lebens. Nachdem mir die finanzielle Bilanz vor einiger Zeit schon einen kleinen Schock verpasste, konzentrierte ich mich jetzt auf die körperliche Bilanzierung. Mal wieder. Und das desaströse seelische Befinden.

Meine Seele fuhr weiter Achterbahn. Vermeintliche Auswege aus der Lethargie endeten meist schnell und abrupt. Die linke Achillessehne schmerzte wie zu Beginn der Behandlungen. Es war wieder einmal der typisch Busemannsche GAU. Ich habe was, was du nicht hast, was du nicht weißt und du nicht findest. Es tut nur verdammt weh. Ich musste und wollte mir selber helfen. Mal wieder.

Die operierte linke Leiste entwickelte sich endlich mal so, wie es normal üblich ist. Die rechte, schon im Februar operierte Leiste blubberte immer noch und nervte durch ein Ziehen trotz aller Dementis der Ärzte, die einen baldigen, vollständigen Heilungsverlauf des Narbengewebes vorausgesagt hatten. Meiner Meinung nach war die auf 0,3 Prozent taxierte Wahrscheinlichkeit eines Rückfalls aufgetreten. Ich testete die Leiste nicht weiter, da es nichts ändern sollte. Eine Operation im September würde meine Planung, im Winter wieder einen Siebenkampf zu bestreiten, zunichte machen. Hilf dir selbst und bleibe hart. Der Siebenkampf sollte mein Ein und Alles werden, da mir der linke Ellenbogen so große Sorgen machte, dass ich mir immer noch keinen Speerwurf damit zutraute, obwohl ich den Arm beim Schlafen in der Streckung nicht mehr unterpolstern musste. Ich hoffte, durch diese einjährige Zwangspause käme Bewegung in diese festgefahrene Lockerheit des Gelenks.

Seelisch sah es weitaus dramatischer aus. Ich tat nichts. Ich verbrachte ganze Tage in meinen vier Wänden und nutzte die Zeit, um den Standort des Nichtstuns zu verändern. Ich lag morgens im Bett, bis mir die Langeweile unerträglich wurde. Ich guckte fern bis mich alles anödete, und ich verharrte auf meinem Schreibtischstuhl, um irgendeine spannende Arbeit auf dem Tisch zu entdecken. Und sollte ich sie mal entdecken, vertagte ich sie auf später. Meist fühlte ich mich nicht imstande, einen Umschlag zu beschriften, eine Autogrammkarte hineinzulegen und den Brief hinter mich auf die Ablage zu legen. Die halbstündige Ablenkung auf dem Fahrradergometer war eine Mordsüberwindung, aber auch ein absolutes Muss, um mein „wahnsinnig wichtiges Ziel", die 1500 Meter, nicht ganz aus den Augen zu verlieren.

Ich scheute den Kontakt zu meinen Nachbarn. Bevor ich den Müll rausbrachte, lauschte ich an der Tür, um mich zu vergewissern, dass ich nicht Gefahr liefe, mich unterhalten zu müssen. Ich überlegte nach Alternativen aus der Lethargie und vertagte sie auf morgen. Ich wollte nichts ändern. Ich war in mir gefangen. Ich scheute es, Verantwortung zu übernehmen. Ich wollte nicht studieren, da ich mir den Einstieg in den längst abgefahrenen Zug nicht vorstellen konnte. Ich hatte Angst vor dem einschüchternden Berg der Regeln und Paragraphen. Ich wollte nicht arbeiten, da ich vor einem geregeltem Tagesablauf Schiss hatte, ich fürchtete den Verlust meiner Flexibilität. Doch welche Flexibilität? Die spannende Entscheidung, ob der Ort der Langeweile die Couch im Wohnzimmer oder der Stuhl am Schreibtisch war.

War das flexibel? Wohl kaum. Mein Traum war es immer, finanziell unabhängig zu sein und mich nicht in die Abhängigkeit irgendwelcher Arbeitgeber begeben zu müssen. Aber wofür brauchte ich in diesem Leben überhaupt noch Geld. Um es an der Börse zu verprassen? Nichts machte mir Spaß. Ich hatte zu lang in einer Welt der Superlative gelebt. Es gab nur das „Weiter, höher, schneller". Gespräche ödeten mich schnell an, zu irgendwelchen Treffen mussten mich meine Freunde irgendwie zwingen. Der Zirkus um die Ecke war langweilig, ich hatte alles schon viel besser im Fernsehen gesehen. Mit einer Aktie 20 Prozent zu verdienen war kaum ein Gähnen wert, da nur Risiko Gewinn versprach und somit auch mal 100 Prozent verbrannt wurden. Musicals waren langweilig, ich verstand ja keine Texte. Wofür brauchte man Mathematik? Mein Lieblingsfach in der Schule verkam zu einem Überbegriff für meine Taschenrechnerkünste. Durch die Stadt zu schlendern war harte Arbeit. Menschenmassen waren angsteinflössend und nicht berechenbar, zudem laut und wirr. Meist konnte ich nach knapp einer Stunde kaum noch sitzen. Wofür sollte ich Geld für Kleidung ausgeben?

Der Pullover von vor fünf Jahren war doch noch gut. Zum Rasieren hatte ich auch nur manchmal Zeit, wofür? Geht doch auch stoppelig. So eitel ich als Teenager war, so uninteressiert an meinem Äußeren war ich jetzt. Ich musste nicht mehr geschniegelt und gestriegelt aus dem Haus gehen. Ich verlotterte zwar nicht, aber irgendwie war ich gleichgültiger geworden. Wenn ich in Sportzeug einkaufen ging, dachte ich nicht „Oh, wie prollig!", vielmehr dachte ich „Hey, ich bin Frank Busemann und das ist mein Arbeitszeug. Ich verdiene mit dem Sport mein Geld. Ich bin ein Profi!". Da fühlte ich mich schon gleich viel besser. Trotzdem fühlte ich mich seit Jahren wie ein Jugendlicher. Ich entwickelte mich eher rückwärts, maximal auf der Stelle tretend, ich verspürte keinen Drang, nach vorn zu schauen. Ich wollte nichts an meiner Entwicklung tun.

Ich wartete auf den großen Moment meines Lebens, der darauf beschränkt zu sein schien, Olympiasieger oder so was zu werden. Ich misshandelte die Lebensweisheiten, welche ich früher lauthals propagiert hatte. Ich plädierte immerzu für die Schaffung mehrerer Standbeine. Sport war und bleibt die schönste Nebensache der Welt. Nicht mehr und nicht weniger. Von den sechs Milliarden Menschen der Erde sind die wenigsten Olympiasieger, nur wenige halten einen Weltrekord und viele sind trotzdem verdammt glücklich. Sie freuen sich an jedem Tag, den sie erleben - und ich? Ich warte lethargisch auf morgen! Und wofür? Dafür, dass ich auf übermorgen warten kann.

In der Hoffnung, dass übermorgen endlich schön wird. So wie früher, an dem schönsten Tag meines Lebens. An dem Tag, als ich bei den Olympischen Spielen die Silbermedaille gewonnen habe. Oder an dem Tag, als ich den ganzen Sonntag mit meiner Freundin im Bett gelegen habe und wir uns echt dynamisch gelangweilt haben. Und das hat Spaß gemacht. Und warum? Weil ich mir die Muße durch Arbeit verdient hatte! Und - braucht man zum Genießen Geld? Ein wenig, aber genießen kann man nur, wenn man vorher gearbeitet hat, und dann hat man ein wenig Geld.

Ich wollte, ich musste etwas ändern. Dieses planungslose Auf und Ab war selbstzerstörerisch. Ich hatte schon vier Jahre meines Lebens verschwendet. Meine Freunde sahen mich in dieser Vereinsamung und der Auseinandersetzung mit dahinsiechenden Träumen. Sie ergriffen die Initiative. Immer häufiger rief Philipp an und lud mich einfach ein. Ich konnte nicht Nein sagen. Wollte ich ja auch nicht. Dann rief Björn an und präsentierte das geplante Programm. Thommi fragte nach einem Treffen in der Unimensa, Thomas motivierte mich zum Joggen. Volker hörte mir zu und ich konnte reden. Ich konnte zu allen verdammt ehrlich sein, und das liebte ich so an ihnen. Sie unterstützten mich in dem, was ich tat, sie respektierten mich für das, was ich war, und sie verstanden mich in meinem Wahn.

Sie stupsten mich und zerrten mich und trieben mich zu Abwechslungen. Die Treffen wurden immer häufiger, und immer häufiger fand ich sie kurzweilig. Sie waren so unkompliziert, bei ihnen und mit ihnen konnte ich sein, wie ich wollte. Ich selbst. Dafür waren sie meine Freunde und sie halfen mir, ohne es zu wissen. Oder wussten sie, wie sie mir helfen konnten? Sie präsentierten mir wie Katrin etwas anderes als den Sport. Der Weg war eingeschlagen und er konnte Spaß machen. Doch ich hatte schon oft etwas ändern wollen und geändert hatte sich schließlich doch nichts. Nun willigte ich sogar in ein Referat ein, indem ich über Selbstmotivation erzählen sollte. Vor nahezu 100 Managern sollte ich über Selbstmotivation erzählen. Ich - der Strahlemann, bei dem außerhalb seiner Wohnung immer alles paletti ist. Bei mir, der draußen nicht anders kann als immer alles zu ertragen. Meine Schüchternheit zwang mich dazu, in Gegenwart Anderer ein verzerrtes Ich zu zeigen.

Zwar versuchte ich, Ängste zu offenbaren, aber man konnte es mir nicht abnehmen, weil ich mich aus jeder aufgedeckten misslichen Lage immer wieder befreite. Bedenken über meine Form zerstreute ich allzu oft mit guten Leistungen. Wo die herkamen, wusste ich meist selbst nicht. Andere Probleme schilderte ich immer noch mit einer Freundlichkeit, die am Gewicht und der Ernsthaftigkeit zweifeln ließen. Nur meiner Freundin offenbarte ich Ängste, Sorgen und Macken, aber draußen schien ich perfekt und strahlend. Wenn ich Ängste zuließ und sie zeigen wollte, garnierte ich sie mit einem spaßigen Unterton, dass alle Welt denken musste, bei Busemann ist alles in Ordnung. Den wahren Busemann konnte nur Katrin verstehen. Aber warum? Warum belästigte ich den Menschen, den ich über alles liebte, dermaßen, und fremden Menschen präsentierte ich den Frank notgedrungen sorgenfrei.

Was war mein wahres Ich? Ich war doch ein Kämpfer, der sich nie unterkriegen ließ und immer wieder aufstand, auch wenn alles aussichtslos schien. Ich war noch nicht verloren. Was sollten die Kernaussagen meines Referates über Selbstmotivation werden? Dass der Sport, eine Nebensache, für das wahre Leben prägt und formt. Und diese Perfektion beherrschte ich bis ins kleinste Detail. Dieser eingeschlafene Charakterzug musste wieder wachgerüttelt werden. Er war doch da. Wenn man eine persönliche Eigenschaft in irgendeinem Bereich des Lebens einsetzen kann, ist sie problemlos auf einen anderen Bereich übertragbar. Das Leben war zu vielseitig und zu kurz, als dass man es so vergeuden konnte. Ich wollte wieder dahin zurückkehren, wo ich herkam. Aus der Ecke des erfolgshungrigen Lebensgenießers.

Das Gefühl ist irgendwo abgetaucht, aber ich kenne es noch. War ich nicht derjenige, welcher die Bewältigung seiner nervlichen Misere im Sport alleine bewältigen wollte? Und wie wollte ich das schaffen? Durch die Besinnung auf bereits Erlebtes. Es hat früher funktioniert und es wird auch bald wieder funktionieren. Ich bin immer noch derselbe und das Leben will geführt werden. Tu es, Frank, das bist du dir schuldig!

Die geplanten 1500 Meter brachten mich in einen Konflikt. Auf der einen Seite tat meine Achillessehne dermaßen weh, dass ich die Tage bis zum Start gar nicht mehr ertragen konnte und ihn somit drei Tage vorzog, um diesem Leiden endlich davon zulaufen. Ich musste es tun. Ich zweifelte noch kurz vor dem Wettkampf an mir. Charles Friedeck sagte mir, dass man diesen Zwiespalt in meinen Augen ablesen könne und dass ich keinen Scheiß machen solle. Philipp sagte, wenn es weh tut, solle ich doch besser auf den Lauf verzichten. Mein Trainer Bernd ebnete mir die Möglichkeit des Ausstiegs und riet mir, bei zu großen Schmerzen das Vorhaben doch besser fallen zu lassen.

Er hatte mich in dieser Disziplin ja nicht gefordert, es war einzig und allein meine wirre Geburt. Ich wollte ein Ziel haben und musste daran festhalten. Es musste sein. Ich musste laufen. Obwohl ich stark an der Vernunft dieses Planes zweifelte. Ich gewann damit keinen Blumentopf, ich steigerte weder meinen Marktwert, noch erregte ich mit dieser Leistung Aufsehen. Es war einzig und allein mein Ziel. Ich wollte mir Schmerzen zufügen, ich wollte mich quälen und mir zeigen, dass ich es immer noch konnte, wenn ich wollte. Ich wollte die Wettkampfluft und die Angst spüren und ich wollte sie besiegen - mit einer Bestleistung. Für mich. Aber ich fuhr hadernd zum Stadion. Und wenn die Sehne riss? Dann wäre ich wirklich am Ende. Dann könnte ich nicht einmal in neun Tagen zu Katrin in den Urlaub nach New York fahren, dann könnte ich nur noch eines: meine Karriere beenden. Wollte mir der Fuß nicht schon einige Male unmissverständlich klarmachen: Junge, es ist vorbei. Ich war aber noch nicht so weit, das konnte ich noch nicht akzeptieren. Ich hatte noch eine Rechnung offen.

Mit wem und über was, das vermochte ich nicht zu sagen, aber es war noch eine innere Unruhe in mir, die mir befahl: Mach weiter, Junge! Und ich hatte die Lust an der Qual noch nicht verlernt.

So startete ich auch zu meinem 1500-Meter-Lauf und erntete in meinem Freundeskreis seltsame Anerkennung: „Du bist echt behämmert!" Danke für das Lob. Ich wollte freiwillig die Hassdisziplin der Zehnkämpfer angehen, ich wollte mich freiwillig ins mögliche Verderben stürzen. Ich musste. Ich hatte es mir vorgenommen.

So lief ich mit 4:20,08 Minuten eine neue Bestleistung und merkte, dass hartes, kontinuierliches Training doch seine Zeit braucht und nicht in drei Wochen eingetrichtert werden kann. Ich lief über meine Verhältnisse, etwas langsamer als meine persönliche Vorgabe, aber die Achillessehne schmerzte während dieser vier Minuten überhaupt nicht mehr. Ich hatte den nervenaufreibenden Schmerz für den Moment besiegt und ergötzte mich im Schmerz der Übelkeit.

Verschwommenen Blickes erreichte ich das Ziel und blieb die nächsten 45 Minuten auch dort liegen. Ich bedauerte mich und fragte mich immer wieder, wie ich auf diese hirnrissige Idee kommen konnte, die Strecke freiwillig anzugehen. Das würde ich nie wieder tun, da war ich mir sicher. Alle Versuche, endlich aufzustehen, scheiterten an einem Brechreiz und einen Kopfschmerz, der mir den Schädel sprengen wollte. So blieb ich dort liegen und hasste mich für diese Pein. Freiwillig. Es sollte ein einmaliger Ausflug bleiben. Auch wenn ich die 1500 Meter irgendwie liebte. Vielleicht war es eine Art Kriegsführung. Ich machte sie mir zum Freund, da diese Disziplin in den Reihen der anderen Zehnkämpfer nur der Feind war.

Ich blickte der Angst in die Augen und ließ sie zu meinem besten Kumpel werden. Eigentlich mochte ich den Schweinehund ja auch. Man hatte Angst vor ihm und fühlte sich wie der Krösus, wenn man ihn überwunden hatte. Freiwillig. Ich hatte ihn überwunden, auf einem Sportplatz in der Walachei. Ein Haufen verschiedenster Altersklassen rannte vor vier Zuschauern um nichts als die Ehre. Der Platzwart scheuchte mich nach fünfzig Minuten aus dem Stadion „Ich muss jetzt abschließen!". Ungeduscht schlich ich zu meinem Auto, so richtig klar konnte ich die Straße noch nicht erkennen. Aber so langsam vergaß ich, was ich noch vor einigen Minuten an meinem Gefühlszustand so ätzend fand.

Mir ging es doch schon wieder recht gut. Ich hatte eine Bestleistung aufgestellt, und an den Einsatz konnte ich mich nicht mehr erinnern. Es war wie weggeblasen. Genau achtzig Minuten nach Zielankunft hatte ich all die Qualen und die Übelkeit vergessen. Komplett vergessen. Es war wie immer. Auf der Strecke bemitleidet man sich herzzerreißend, doch nach einiger Zeit schüttet der Körper so viele Glückshormone aus, die die Festplatte der Übelkeit löschen. Ich war so zufrieden. Ich hatte es getan. 1500 Meter, Bestleistung, Schweinehund bekämpft. Ich war behämmert und stolz darauf. Noch auf der Heimfahrt überlegte ich, wann ich den nächsten Lauf machen könnte. Doch nach zweieinhalb Stunden holte mich die Vernunft ein und die Euphorie sank. Die Sehne brauchte jetzt aber absolute Ruhe und ich war froh, dass ich diesem körperlichen Schmerz nun aus dem Weg gehen konnte, und halbwegs gehfit trat ich die Reise nach New York an.

Ich wollte mal wieder Klarheit über meinen Gesundheitszustand. Ich wollte die Antwort auf die unsichere Frage haben. Ich wollte zum Arzt gehen, um zu wissen, weshalb mir mein Körper immer mehr zum Feind wurde. Ich hatte mal wieder Angst vor der Diagnose und erhoffte mir Entspannung im Seelenleben. Die Bilder des Fußes brachten Ungeheuerliches zum Vorschein. Der Fuß war gebrochen. Genauer gesagt war ein Stück Knochen an der Ferse abgebrochen und drückte jetzt auf die völlig intakte Achillessehne. Und dieser Unfall hatte sich vor nun über drei Monaten ereignet. Deshalb konnte die Sehne natürlich nicht besser werden. Der Knochen hatte durch meine stete Bewegung gar nicht die Zeit, wieder richtig zusammen zu wachsen.

Nun sah man auf den gemachten Bildern ein gebrochenes Knochenstück, welches auch nicht mehr anwachsen sollte. Meine erste Angst war, dass ich die lang geplante und längst bezahlte Reise nach New York gar nicht oder nur mit Gipsfuß antreten könnte. Aber ich durfte fliegen, musste aber nach meiner Rückkehr mit einem kleinen operativen Eingriff rechnen. Jetzt wusste ich zumindest, was los war. Meine zweite Angst, dass es das unwiderrufliche Ende meiner Karriere sein sollte, wurde von Dr. Graff auch verneint. Mein gesundheitlicher Zustand und mein intakter Wille sollten eine Fortsetzung ohne Probleme ermöglichen. Daran hegte er keinen Zweifel. Jetzt wusste ich, was ich hatte, was zu tun war und dass es weiter ging. Es war beruhigend.

Ich nutzte die Gunst der Stunde und musste mir über eines klar werden: Aufgrund der Schwere der Verletzung und der nun dritten Operation in diesem Jahr war eine Hallensaison völlig ausgeschlossen. Ich konnte somit mein Leben vorantreiben und nach fünf Semestern endlich wieder studieren. Sollte ich es jetzt nicht tun, würde ich es niemals tun. Ich brauchte mich nicht mehr in den Ausreden der optimalen sportlichen Vorbereitung und der davonlaufenden Zeit zu verstecken. Das Schicksal hatte über das nächste halbe Jahr entschieden. Und ich durfte auch in Zukunft weiter Sport machen. Und ich wollte etwas für meinen Kopf tun.

Pünktlich zu der eigentlich notwendigen Operation hatte ich vor langer Zeit ja die Reise nach New York gelegt. Schön an das Ende der Saison und an das Ende der Rehabilitationszeit. Dass nun die Operation ins Haus stand, konnte zur Buchung nicht geplant werden. Wie allzu oft musste ich meine Pläne umwerfen und den Krankenhausaufenthalt im Fuß um zehn Tage verschieben. Amerika, ich komme. Aber beinahe wäre ich doch nicht gekommen. Ich, der immer weit vor der Zeit an Ort und Stelle ist, ich, der so manchen Gastgeber mit meiner allzu großen penetranten Pünktlichkeit in Verlegenheit bringt, ich steige in Düsseldorf fast als Letzter ins Flugzeug, weil ich weder mit dem weiten Weg von der Bahn zum Abflug gerechnet habe noch die erschreckend langen Warteschlangen am Check-in-Schalter einkalkuliert hatte. Und es gab auch plötzlich noch diese zweite Sicherheitsschleuse, die das Weiterkommen auch nicht leichter machte. Aber ich schaffte es noch. Bei meinem Zwischenstopp in London wurde ich allerlei komische Dinge gefragt, die sich um mein Gepäck drehten. Ob alle Sachen in meiner Tasche mir gehörten, ob ich die Tasche alleine gepackt hätte und ob ich elektronische Geräte verstaut hätte. Nein, hatte ich nicht. Die Sicherheitsbeamtin stutzte. Ich hätte noch nicht mal einen Rasierer bei mir? Nichts? Nein, absolut nichts Gefährliches. Ich hatte in meiner Sporttasche lediglich sieben alte Unterhosen, sieben löcherige Paar Socken, sieben T-Shirts, zwei Pullover, eine lange Hose und zwei kurze Hosen, einen großen Briefumschlag, eine Zahnbürste, eine fast leere Tube Zahnpasta und ein Deo. Das war es. Socken und Unterhosen sollten in Amerika bleiben, die wollte ich genauso wie ein paar T-Shirts wegwerfen, denn Katrin hatte bereits im großen Stil eingekauft. Ich hatte die Reise optimal vorbereitet. Um Gewicht und Platz zu sparen, verzichtete ich selbst auf den Rasierer. Vor der Reise epilierte ich die Barthaare, wie man die tiefgründliche Beseitigung wohl nennt. Das musste doch für eine Woche Glätte reichen. Meine Fingernägel hatte ich auch auf unterste Kürze geschnitten, so konnte ich mir auch das Nagelset ersparen. Ich brauchte den Platz für die platzraubenden Einkäufe meiner Freundin. Mit exakter Planung konnte man mit 7,9 Kilo Gepäck doch locker eine Woche auskommen. Dachte ich. Dachte die Zollbeamtin in New York aber nicht.

Kaum auf amerikanischem Boden, wurde ich als Staatsfeind Nummer eins empfangen. Dass ein extrem kurzhaariger, zudem noch epilierter (was man aber nicht sah, da es lupenrein rasiert wirkte) junger Deutscher mit nur einer fast leeren Tasche und allein das Land der unbegrenzten Möglichkeiten betreten wollte, schien der Beamtin extrem verdächtig. Da mein Englisch mangels Praxis etwas eingerostet war, verstand ich auch nur die Hälfte von dem, was sie wollte. Nach einem kurzen, wenig ergiebigen Gespräch streifte sie sich die Handschuhe über und griff sich die Tasche. Zuerst ertastete sie den großen, gelben Briefumschlag. Nach den Milzbrandanschlägen war in Amerika zu dieser Zeit jedes Kuvert höchst verdächtig. Meiner hatte allerdings eine ganz harmlose Geschichte: Im Jahr 1999 kam dieser Brief aus den USA in Recklinghausen an. Der Absender hatte selbst 2,40 Dollar auf sein Kuvert geklebt, aber nur einen Dollar Rückporto beigelegt - und bat um ein Autogramm. So hätte ich für die Beantwortung ganz schön drauflegen müssen. Ich schickte ihn nicht ab, hob das Kuvert jedoch auf und hatte eine glänzende Idee. Wenn ich drüben angekommen war, beklebte ich die Post mit einem Dollar und fertig. Ich hätte mein schlechtes Gewissen beruhigt, wenn auch mit dreijähriger Verzögerung. Am Immigrationsschalter hatte ich jetzt ein kleines Problem. Ich musste dem weiblichen Officer die Geschichte bergreiflich machen. Sie nickte und rief nach einem Kollegen. Sie durchsuchten meine Sachen und nuschelten die Köpfe zusammensteckend Dinge wie, „...er behauptet...er macht hier nichts...ist nur im Urlaub...kein richtiges Gepäck." Meine Zollerklärung wurde oben rechts mit einem großen X geschmückt. Das bedeutete wohl nichts Gutes. Ich fühlte mich wie ein Gangster. Dabei wollte ich doch nur bequem reisen, wenig mitschleppen, auf dem Rückflug viel Platz für die gekauften Sachen haben, einen Amerikaner mit einem Autogramm glücklich machen, meine Freundin gleich auf dem Flughafen treffen und eine schöne Woche in der aufregendsten Stadt der Welt erleben. Ich wurde immer nervöser.

Nachdem sie endlich fertig waren und im Computer wohl auch kein Terrorist Busemann zu finden war, war auch ich fertig. Fix und fertig. Es war zum Kotzen. Ich war der ehrlichste Mensch, den ich kannte, hatte noch nie geklaut, bisher keine Steuern hinterzogen, hatte noch keinen Punkt in Flensburg (gut, vor einigen Wochen war ich in Hektik in einer Dreißiger Zone sechzig gefahren, aber meine Reflexe hatten das Auto auf 36 runtergebremst). Und sonst konnte man mich Pinocchio nennen, da mir bei einer Lüge zwar keine Nase wuchs, aber die Röte im Gesicht genauso entlarvend war. Jetzt stand ich hier mit ein paar alten äußerst verdächtigen Unterhosen und sollte eine Gefahr für die Weltmacht USA sein? Wie konnte mir Mr. Bush das nur antun? Nachdem ich meine Sachen endlich wieder eingepackt hatte, durfte ich die ersten Schritte in der Neuen Welt machen. Im Computer der CIA oder irgendeines anderen mysteriösen Vereins stand jetzt zwar ein Busemann mit einem großen X, aber ich war drin.

Kurz darauf kam Katrins Flieger aus Los Angeles und wir machten uns auf ins gemeinsame Abenteuer Amerika. Der erste Urlaub, in dem ich weder Joggingschuhe noch Sportzeug dabei hatte. Im Hotel inspizierten wir belustigt unser Zimmer, was schnell erledigt war, da es kaum zehn Quadratmeter groß war. Nach einigen logistischen Überlegungen brachten wir unsere drei Koffer irgendwie unter. Für 1292 Euro pro Woche konnte man in Manhattan eben keine Penthouse-Suite mit Blick auf den Central Park erwarten. Ein wenig müde wollten wir uns einen ersten Gute-Nacht-Burger gönnen.

Da Katrin aus Los Angeles kam und ich aus Deutschland, hatte sie drei Stunden dazubekommen und mir wurden sechs Stunden abgezogen. Dementsprechend war unser Timing am nächsten Morgen. Als ich aufstehen wollte, schlief sie tief und fest. Ich ließ ihr noch eine Stunde Zeit und wollte dann die Welt erkunden. Ich hatte die fünf Wochen Lethargie satt und ich wollte voller Dynamik New York erobern. Und Katrin schlief. Ich wippte die ganze Zeit auf dem Bett, freute mich wie ein kleines Kind auf Weihnachten. So lange, bis sie entnervt ins Badezimmer ging und sich für den Tag fertig machte. In irgendeiner Frühstücksbude bestellten wir zwei Bagels und einen Kaffee und durften dafür fünfzehn Dollar berappen. Ich konnte nur noch lachen. Ein Brötchen mit Marmelade für 5 Euro - aber dafür speisten wir eben am Times Square, im Zentrum des amerikanischen Lebens. Dass wir im Keller direkt neben der Küche saßen, machte die Sache nicht billiger. Die nächsten Tage aßen wir morgens zwei Bagels von der Abholbude für weniger als die Hälfte. Aber manchmal musste man auch teure Erfahrungen machen.

Bei einem unserer Shopping-Erlebnisse in einer Riesen-Mall wurden wir von einem Mann angesprochen. Er erkundigte sich nach meiner Größe und war verwirrt. Da er in Fuß und ich in Metern rechnete, kamen wir nicht so richtig zusammen. Schließlich gab er sich mit einer groben Schätzung zufrieden und rückte mit seinem wahren Anliegen heraus. Er war ein sogenannter Talent- oder Model-Scout, wie solche Typen auch immer heißen mögen.

Könnte ich es mir vorstellen zu modeln, und hatte ich Erfahrung darin? Das Model Busemann. Der schüchterne Junge aus Recklinghausen, der sich so gar nicht präsentieren konnte und wollte. Als Athlet war ich das Interesse der Kameras ja gewohnt, und eine gewisse Routine bei den oft etwas skurrilen Werbeterminen hatte ich ja auch.

Das ließ ich ganz cool einfließen. Er wollte einen Dressman, irgendwelche Sportgeschichten kratzten ihn nicht. Also, wollte ich nun die neue Karriere im Scheinwerferlicht oder nicht? Ich lehnte ab und erklärte ihm, dass ich sowieso nur noch für ein paar Tage hier sei. Hinter der nächsten Ecke konnte ich mir nur in den Hintern treten. Was war ich doch für ein angeberischer Pinsel: Hoho, ich bin der große Sportsman und hab schon Commercials im Fernsehen gemacht! Diese Wichtigtuerei war doch sonst nicht meine Art, aber vielleicht war ich einfach amerikanisch infiziert und dachte: „Think big!". Und trotzdem kokettierte ich mit der Tatsache, dass mich ein Modelscout engagieren wollte. Der Tourist Busemann auf dem Sprung zum Model? Ganz schön absurd, aber auch witzig.

Wir liefen durch die Stadt, bis wir Blasen unter den Füßen hatten. Aber ich füllte die Energiespeicher mit Hamburgern und Pommes wieder auf. Ich genoss es, ungesund zu leben, ich genoss es, das Sparmenü für sieben Dollar in unserem Hotelbett zu vertilgen, anstatt in einem mittelmäßig schlechten Restaurant mindestens zwanzig Dollar auf den Tisch zu legen und auch noch pampig bedient zu werden. Wie alles in New York war auch das Essen schnell abgehandelt. Man verschwendete keine Zeit an roten Ampeln, die Autofahrer hupten so oft, wie sie schimpften, und die Fahrradfahrer benutzten stets eine Trillerpfeife als Signalhorn. Es war laut, teuer, hektisch, imposant, atemberaubend. Und die beiden kleinen Wittener mittendrin.

Wir staunten, genossen den Trubel und waren nach sieben Tagen doch froh, wieder ohne Hupkonzert, Sirenengeheul und Bagels den Tag beginnen zu können. Ich freute mich darauf, endlich wieder das Rot der Ampel akzeptieren und in einem Zimmer schlafen zu dürfen, in dem man nicht den Eindruck hatte, dass die U-Bahn durchs Badezimmer rausche. Vollbepackt traten wir die Heimreise an, und wie immer nach solch einer Fülle von Erlebnissen war ich herrlich aufgedreht. Ich war in den ersten drei Tagen nach New York wie ausgewechselt. Ich war aktiv und tatendurstig, ich musste mich über mich selbst wundern. Ich konnte keine Minute still sitzen und musste immer in Bewegung sein. Ich schlief, wann es mir passte, und ich lebte so intensiv wie schon lange nicht mehr. Aber wie lange würde der Kick diesmal anhalten?

Kapitel 18 – Oktober 2002 bis Mai 2003

Ich-AG

Zuerst musste ich mich allerdings wieder der Normalität stellen. Der linke Fuß wurde in einer kleinen ambulanten Operation ausgemistet. Der sollte mich nicht mehr nerven, zumal der Doktor mit dem Verlauf der OP außerordentlich zufrieden war. Musste er ja auch, er hatte ja alles nach bestem Wissen und Gewissen für mich getan. Den Erfolg würde ich aber erst langfristig spüren. Kurzfristig hatte ich nur Gewissheit, dass eine Schwachstelle wieder behoben wurde. Jetzt hatte ich nur noch zwei akute. Den Ellenbogen, über den ich nicht mehr soviel nachdenken wollte, da mich das Gegrübel sonst auffraß, weil die Realität eindeutig gegen mich war. Und diese verdammte rechte Leiste. Die operierte Hernie vom Februar wollte nicht besser werden. Alle Beteuerungen der Ärzte, dass der Heilungsverlauf durchaus normal und die optische Symmetrie beider Seiten nie hundertprozentig sein konnte, beruhigten mich immer nur die ersten 15 Minuten nach dem Arztbesuch. Ich konnte meine Ängste einfach nicht verdrängen. Ich merkte es bei den dann anstehenden Vertragsverhandlungen mit meinem Verein. Ich sollte zwar deutliche Einschnitte hinnehmen müssen, aber dass es letztlich mehr als die Hälfte war, war auch für mich etwas überraschend. Ich versuchte noch, meinen Popularitätsjoker zu ziehen und verdeutlichte, was für ein toller Hecht ich war und merkte an, dass es wohl kaum einen Leichtathleten gab, der mit einer 1500-Meter-Zeit von 4:20 Minuten vorn auf der Titelseite der Fachzeitschrift „Leichtathletik" groß auftauchte. Aber es half alles nichts. Ich war wohl nicht richtig überzeugend. Wie auch? Zu dem Gespräch schleppte ich mich mit Krücken und wusste, dass da noch ein Problem in der Hose schlummerte. Außerdem gab es für mich keinen anderen Verein. Ich schätzte meinen Trainer, ich mochte meine Gruppe, ich liebte das Flair dieses Großvereins, dass ein Vereinswechsel ausgeschlossen war. Schon gar nicht als Druckmittel.

Ich blieb trotz meiner Krücken aktiv. Ich ging tatsächlich zur Uni und stand jeden Morgen um 6:45 Uhr auf, um pünktlich eine dreiviertel Stunde vor der Vorlesung einen Parkplatz und einen Sitzplatz zu bekommen. Als die erste Vorlesung begann, wurde mir schlagartig klar, warum ich bisher die Universität immer gegen drei aufeinanderfolgende Zehnkämpfe eintauschen wollte. Ich saß in der engen Reihe auf einem heruntergeklappten Stuhl und stand zwanzig Mal auf, um Kommilitonen vorbei zu lassen. Ich drehte fast durch.

Der Raum füllte sich, und schon bald wähnte man sich auf Schalke in der Nordkurve. Zur ersten Veranstaltung waren so viele Studenten gekommen, dass noch nicht einmal alle auf die Stufen zwischen den Sitzreihen passten. Sie standen um den Professor herum und lauschten der Dinge die da kamen. Manche glücklichen Inhaber eines Sitzplatzes machten mich wütend, weil sie sich nach zehn Minuten doch entschlossen, die weitere Vorlesung in die Cafeteria zu verlegen.

Also wieder die ganze Reihe aufstehen, die Unterlagen in die Hand, den Tisch hochgeklappt, den Sitz hochgeklappt und die Lustlosen durchgelassen. Zu meiner Verwunderung kamen einige nach ein paar Minuten wieder zurück. Waren die denn noch ganz dicht? Alles Abitur-gestählte Menschen, aber unfähig, sich für neunzig Minuten zu disziplinieren. Aber nein, sie mussten pinkeln, rauchen oder obercool sein. Und richtig toll fanden sie sich offenbar, wie wenig dieser ganze Scheiß interessierte.

Eigentlich hätte ich mich freuen sollen. Denn diese dauernde Bewegung war doch eine angenehme Abwechslung in den engen Reihen. Der zweite Grund meines Grolls auf die Universität waren nämlich diese verdammten Sitzreihen. Ich war die ganze Zeit so eingeklemmt, dass ich weder die Beine ausstrecken noch in irgendeiner Position halbwegs bequem sitzen konnte.

Der herunter geklappte Tisch drückte auf meine Knie, meine beiden Poknochen bohrte ich in das Holz des Stuhls und steckte so fest, dass ich mich nur mit größter intellektueller Anstrengung aus dieser misslichen Lage befreien konnte. Wie sehr sehnte ich mir einen zwölfstündigen Flug nach Singapur in der Economy-Class herbei! Dort war man zwar Thrombose-gefährdeter, im Vergleich zur Uni verging dort jedoch die Zeit wie im Fluge. Aber ich war entschlossen, all diese lästigen Umstände zu ignorieren, mit denen hatte schließlich jeder Student zu kämpfen. Ich freute mich, mich dieser Herausforderung zu stellen. Ich freute mich wieder darauf, etwas zu lernen und den Kopf zu beanspruchen. Den hatte ich lange Zeit vernachlässigt, immer mit dem Ziel vor Augen, der beste Zehnkämpfer der Welt zu werden. Diese Obsession sollte die hundertprozentige Abstinenz von der Geisteswissenschaft rechfertigen. Vielleicht war das wieder der Weg zurück zum Erfolg. Zweigleisigkeit. So konnte man nach einem Crash auf dem einen Gleis immer noch aufs andere Gleis wechseln. Erstmals fühlte ich mich zweigleisig gut.

Mein Vater hatte sein sportliches Fernbleiben von allen Plätzen der Leibesertüchtigung so langsam beendet und besuchte zur Abwechslung wieder eine Trainerfortbildung. Und gleich wurde der arme Kerl mit der überraschenden Erkenntnis eines Referenten konfrontiert: Der philosophierte über Krafttraining und hatte auch das Paradebeispiel eines muskulär schlecht trainierten Athleten parat - Frank Busemann. Er hatte keine Ahnung, dass mein Vater unter den Zuhörern saß. Der fragte ihn sofort, ob er denn ein Konzept für diesen schlecht trainierten Athleten hätte. Der Referent bot meinem Vater seine Hilfe an. Er könne mit mir ein gezieltes Krafttraining über einen längeren Zeitraum durchziehen, und er glaubt, die Schwächen ausmerzen zu können.

Ich hielt das für sehr gewagt, weil er sich meiner Meinung nach ohne genauere Kenntnisse meines Trainings kaum ein Urteil erlauben durfte. Aber mein Vater fand diese Vorschläge gar nicht so abwegig. Er redete mir zu, es doch einmal zu versuchen. Doch ich konnte es nicht. Und ich wollte es nicht. Finanziell konnte ich die entstehenden Kosten nicht mehr übernehmen und ich wollte keine fremde Hilfe mehr annehmen. Ich hatte einen Weg eingeschlagen, der nach Erfolg roch. Den wollte ich zu Ende bringen. Dafür brauchte ich nur meine Freundin, meinen Trainer, meine Trainingsgruppe, meine Freunde und mich. Mich ganz allein! Und nicht irgendwelche Ratgeber, die mal kurz zum Training vorbeischauten und jeden späteren Erfolg ganz logisch auf ihre tollen Einfälle zurückführten. Ich gönnte es all diesen selbsternannten Tippgebern nicht, dass sie sich im Falle meines Comebacks für ihre Arbeit feiern ließen. Ich war so verbohrt. Ich wollte keine Hilfe mehr annehmen. Ich wollte den Erfolg, an den ich immer noch glaubte, den wirklich beteiligten Personen, quasi meinem Inner Circle, zukommen lassen. Und ich wähnte mich auf dem richtigen Weg. Mehr als jemals zuvor. Den Ellbogen musste ich in dieser Kriegserklärung gegen das Schicksal allerdings ausklammern. Die Leiste auch. Daran wollte ich etwas ändern. Ich fuhr auch noch ein sechstes Mal zur Untersuchung und hörte nicht auf zu nerven, bis das Problem lokalisiert war. Und diesmal klappte es.

Nach eingehender Untersuchung stimmte man meiner Eigendiagnose zu und erkannte den Defekt. Ich hatte wieder diese 0,3 Prozent Rückfallquote getroffen. Ich war wieder der unglückliche Gewinner dieser traurigen Bilanz. Ich gehörte wieder einmal zu diesen Menschen, die Minderheiten in statistischen Erhebungen darstellten. Die Leiste war im Arsch. Sie musste wieder operiert werden. Ich war erleichtert und so leer zu gleichen Teilen. Ich hatte Recht und hätte so gern Unrecht gehabt und wurde bald mit der nun vierten Operation des Jahres bedacht. Das erste Mal in meinem Leben stellte ich mir die Frage nach Gott. Ich hatte immer in irgendeiner Form an ihn geglaubt, dass er über das Schicksal eines jeden Einzelnen richtet und wacht. Aber jetzt war ich an dem Punkt angelangt, wo ich mich fragen musste: Wie konnte er so grausam sein? Ich hatte niemandem etwas getan. Ich war meist nett und zuvorkommend, ich belästigte niemanden, ich wollte nicht lügen und betrügen, und trotzdem bekam ich dafür nichts zurück. Warum liebte er mich nicht? Gab es ihn überhaupt? Ich war so leer und enttäuscht, dass ich die Frage nach seiner Existenz das erste Mal mit „Ich kann es mir nicht vorstelle"" beantwortete. Letztendlich musste ich an mich glauben und nicht an irgendetwas Überirdisches, das wahllos Glück und Pech verteilte. Nein, es gab nur mich und meinen Willen und nichts schwer Erklärbares. Zudem war die Unterbrechung meiner sportlichen Laufbahn in irgendeiner Art und Weise total normal geworden, aber dass ich mein gerade aufgenommenes Studium wiederum für weitere zwei Wochen unterbrechen musste, machte mich ein wenig fertig. Positiver Effekt der OP war allerdings, dass sich der wirkliche Schaden als nicht so schwerwiegend entpuppte wie befürchtet, und ich konnte nunmehr als halbwegs heile durchgehen. In meiner eingeschränkten Mobilität versuchte ich, meine wirtschaftliche Zukunft weiter abzusichern oder vielmehr meinen Unterhalt für die nächste Saison zusammen zu kratzen. Der Vertrag mit Bayer stand, der Anruf bei adidas machte mich ein wenig nervös, da ich bei meiner Anfrage am anderen Ende der Leitung mit höhnischem Gelächter rechnete. Doch es kam ganz anders. Nicht gerade selbstbewusst begann ich das Gespräch und kam dann zum Knackpunkt: Neuer Vertrag. Die Reaktion ließ mich tief durchatmen. Klar hätte adidas ein Interesse, mich weiter zu behalten, und wir wären uns doch bisher immer einig geworden. Sie waren bereit, den bestehenden Vertrag zu verlängern. Das überraschte mich noch mehr. Es war zwar nur noch ein Bruchteil meiner Atlantagagen - aber immerhin. Ich konnte mich offensichtlich nicht mehr verschlechtern. Es war egal, ich sah, dass adidas trotz alledem an mir festhielt. Und ich füllte meine Haushaltskasse noch um ein paar Euro.

Das langgeplante Referat Selbstmotivation wirkte. Es motivierte mich selbst und brachte viel Zufriedenheit. Ich war nervös, mehr noch, Angst schnürte mir die Kehle zu. Aber als ich dann nach vorne ging, redete ich ohne großen Versprecher über eine halbe Stunde. Es war beängstigend und wunderschön zu gleich. Ich hatte kein fertiges Manuskript, sondern nur einzelne Stichpunkte aufgeschrieben und überstand den 40-minütigen Monolog ohne Schweißausbrüche und Atemnot. Ich hatte mich ein Leben lang vor jeder mündlichen Prüfung gedrückt und referierte nun vor ausgewählten Managern der Autoindustrie. Dabei fixierte ich allerdings immer einen leeren Stuhl zwischen den Reihen, um mich von eventuellen Reaktionen der Zuhörer nicht irritieren zu lassen. Das Bemühen, meiner Unsicherheit durch die Stuhlhypnose zu kaschieren schlug fehl. Der Organisator der Veranstaltung teilte mir später mit, dass er mit dem Referat sehr zufrieden war, ich hätte die motivationsbereiten Leute durchaus anschauen können. So hätte man ja fast den Eindruck, ich sei schüchtern, und das hätte ich nicht nötig. Danke für die Blumen. Ich war so erleichtert. Ich hatte es geschafft, und dass es nicht so schlecht war, merkte ich durch die Anfrage von einem der Manager, ob ich mir einen ähnlichen Vortrag bei einer seiner Veranstaltungen auch vorstellen könne. Klar konnte ich das. Das war mein Job. Diese innere Zufriedenheit ließ mich den Sprung ins kalte Wasser wieder wagen. Ich konnte es und ich wollte es. So konnte ich Geld verdienen und den Schweinehund auch außersportlich besiegen. Er fragte nur unverbindlich an und wollte sich wieder melden. Ich hatte wie immer keine Visitenkarte dabei und schlug ihm vor, die Adresse meiner Homepage zu entnehmen oder meine Agentur zu kontaktieren. Aber warum sollte er meine Agentur kontaktieren? Ich sah es langsam nicht mehr ein. Dieses erste Referat wurde zuerst bei mir angefragt, und ich schaltete dann die Agentur ein. Für meine Dienste musste ich zwanzig Prozent abdrücken. 20 Prozent?! Ich hatte den Kontakt hergestellt, ich hatte mir die ganze Arbeit mit dem Referat gemacht. Vierzig Minuten geschwitzt und angestrengt monologisiert. Und dafür sollte ich jetzt einen Tausender abdrücken? Wofür? Gut, der Termin stand auf der Kippe und wäre wegen der hohen Gage fast gekippt worden. Ich wollte mich aber mehr auf mich besinnen. Brauchte man eine Agentur? Ich musste zwar billiger werden und wollte dieses auch, und dann sollte einer Selbstvermarktung doch nichts mehr im Wege stehen. Meine Gagen würden sich ganz einfach durch Angebot und Nachfrage regulieren.

Ich fuhr nach Hause mit einem Glücksgefühl in mir, dass ich alles erreichen könne, ich konnte alles erreichen. In Zukunft würde ich die Anfragen nicht weiterleiten, sondern die ganzen Abläufe selbst koordinieren. Ich hatte Zeit genug. Diese Chance hatte ich mir ganz allein erarbeitet. Durch meinen Vortrag, ohne die teure Arbeit eines Managers. Meine Strategie der Selbstvermarktung bestand ihren ersten Test sehr ermutigend. Ich wurde zu einer Diskussionsrunde gebeten. Mir wurden 2.000 Euro angeboten - das war mehr als genug. Und davon gingen jetzt keine zwanzig Prozent ab. Zum ersten Mal hatte ich für mich selbst verhandelt - und es hat gar nicht wehgetan. Insgesamt würde ich als Ich-AG vielleicht etwas weniger verdienen als mit einer professionellen Agentur. Und doch - es war ein gutes Gefühl. Fairness auf allen Seiten. Die Vertragspartner mussten nicht so tief in die Tasche greifen, die Agentur würde ihre Telefonrechnung auch ohne meine Provision begleichen können und ich hatte eine Herausforderung.

Mit dieser Strategie begab ich mich zwar ein wenig in die Inflation, aber ich war froh um jedes Angebot, das bei mir reinkam. Trotz alledem brauchte ich natürlich noch eine Agentur, die Kontakte hatte und neue aufbaute. Ein neuer Autosponsor wäre gut gewesen, da das Zehnkampf-Team die Jeeps am Ende des Jahres zurückgeben musste. Anstatt einfach nur zu sagen: „Wir gucken, was wir machen können," hörte ich: „Das ist schwer, das muss langfristig geplant werden, da müssen wir uns erst mal umhören...". Das wusste ich selber, dass es nicht leicht sein würde. Wofür fragte ich sonst eine Agentur? Was sollte die Prozente rechtfertigen? Ich wollte doch kein Bittsteller sein, der brav Provisionen überwies. Aber würden sich potenzielle Sponsoren in Zukunft direkt bei mir melden? Und wie lange noch?

Es gab erfreuliche Post von der Stadt. Wenn man weniger verdient, zahlt man auch weniger Steuern, also bekam ich aufgrund meines geringer gewordenen Einkommens Gewerbesteuervorauszahlungen in Höhe von 12.000 Euro zurück. Ich merkte, wie ich ruhiger wurde, als ich die Planung für das nächste Jahr machte. Alle laufenden Zahlungen und Kredite waren gesichert. Ich konnte zwar nicht mehr zwischendurch für ein paar tausend Euro Aktien kaufen, aber wollte ich das?

Ich hatte die letzten sechs Wochen kein Wertpapier mehr bewegt und mir fehlte nichts. Ich konnte auch keiner vertanen Chance hinterher heulen, da ich mir wegen des fehlenden Kapitals nicht den Kopf über mögliche Investitionen zerbrechen brauchte. Und mit dem erstatteten Geld konnte ich mir ein Auto kaufen. Zwar keinen Audi A6 oder einen Opel Omega, aber ein Opel Corsa fuhr ja auch. Oder wollte ich doch eher einen Ford Fiesta? Ich pendelte tagelang, stundenweise zwischen den beiden Modellen hin und her. Ich konnte mich nicht entscheiden. Ich rechnete mit spitzem Bleistift und entschied mich für einen Opel Corsa. Er war der Ökonomischere für mich. Ich brauchte keine Rücklagen, ich brauchte auch kein Millionen-Polster. Die Bewältigung des Alltags reichte mir. Ich musste mir keine Designerklamotten kaufen, ich brauchte keinen Karibik-Urlaub, ich brauchte keinen unnützen Luxus. Vielleicht kam ja noch der eine oder andere gutbezahlte Auftritt hinzu, und vielleicht lief der Sport ja auch mal wieder besser. Ich war frei vom Zwang des Geldverdienens. Der Jahresetat war gedeckt. Ich lernte die vom Geld losgelösten Facetten des Lebens kennen. Man musste keine 100.000 Euro in Aktien stecken. Ich war finanziell unabhängiger, als ich die letzte Zeit glaubte. Ich hatte alles. Eine Wohnung, eine Freundin, Talent und Träume. Mir ging es eigentlich ganz schön gut. Verdammt gut! Finanziell auf jeden Fall.

Nur den Journalisten gegenüber geriet ich in einen schwerwiegenden Konflikt. Ich begann, nicht mehr die ganze Wahrheit zu sagen. Ich fürchtete mich vor der Frage, wie viele Operationen ich dieses Jahr schon gehabt hätte. Die Frage, wie es mir ginge, beantwortete ich politisch korrekt mit: „Den Umständen entsprechend gut", die Frage nach der Schwere der Fußverletzung beließ ich bei der ersten nicht ganz so dramatischen Fassung: Knochenstauchung. Der Frage nach der nach Ratingen operierten Leiste wich ich aus, und die erneute rechte Leistenoperation verniedlichte ich als belanglose, oberflächliche Korrektur ab. Aber ich fühlte mich schlecht dabei, den Journalisten nicht alles zu erzählen. Ich rechtfertigte es als bloßen Selbstschutz. Mein Gemüt musste geschont werden, und da war es wichtig, von diesem ewigen Versehrtenimage wegzukommen. Ich machte mich immer kaputter als ich wirklich war. Jetzt machte ich mich halt gesünder als ich wirklich war.

Trotz aller Rückschläge glaubte ich ganz fest an mich, und da war das Wehklagen über Wehwehchen fehl am Platze. Ich erzählte nicht nur den

Journalisten nicht die ganze Wahrheit, ich belog mich auch selbst ein wenig. Obwohl ich bis zu diesem Zeitpunkt noch nicht so richtig geschwindelt hatte. Ich hatte nur nicht alles preisgegeben. Ich hoffte, dass die Verletzungen bald nur noch als Randnotiz behandelt würden. Dafür musste der Erfolg wieder kommen. Ich glaubte an ihn, und diese Zuversicht rechtfertigte meine Verschlossenheit. Aber ich fühlte mich sehr schlecht dabei. Mochte diese Frage nach den Operationen im Jahr 2002 nie direkt gestellt werden. Hoffte ich.

Ich schlug neue Wege ein und wollte die Zeit des Wartens mit nützlichen Dingen ausfüllen. Ich traute mich sogar zu einer Heilpraktikerin. Es war der erneute Versuch, grundlegende Dinge zu ändern. Erst wollte ich nur meine Pickel loswerden, die mich seit nunmehr über zehn Jahren ärgerten. Aus der Pubertät war ich schon einige Zeit raus, also musste es in meinem Körper etwas geben, was die Akne blühen ließ. Die Diagnose „Arthropathia psoriatica" machte wohl nur der Heilpraktikerin Angst, da sie mir andeutete, dass ich meinen Sport unter Umständen reduzieren müsse, da diese Fehlfunktion des Darmes Gelenke, Sehnen und Knochen befällt. Sie hatte keine Ahnung wer ich war und dass ich nicht nur ein Hobbysportler war. Sie vermutete Stoffwechselstörungen als den wahren Grund dafür, dass der Genesungsprozess meist so schleppend verlief. Aber es wurde tatsächlich immer spürbarer, dass Verletzungen und Wehwehchen immer langsamer verschwanden. Als sie begriff, wie verrückt ich nach diesen immerwährenden Verstümmelungsversuchen war, relativierte sie ihren Rat und wir einigten uns darauf, dass es zwar lange dauern würde, aber die stete Besserung das erklärte Ziel sein müsse.

So fuhr ich dreimal die Woche nach Kamen und erhielt unzählige Tropfe und Darmspülungen, sehr zur Belustigung meiner Trainingsgruppe die ab da bei mir immer einen breitbeinigen Gang feststellte. Um die Sache abzurunden ließ ich mir die Amalgamfüllungen entfernen und durch Gold ersetzen. Wenn schon keine Goldmedaille, dann wenigstens Geglitzer im Mund. Auch die Ernährung wurde umgestellt. Der Erfolg musste sich somit wieder zeigen. In der Zukunft. Ich hatte Hoffnung. Es war ein riesengroßer Aufwand mit ein bisschen Selbstbetrug, aber ich glaubte an meine Fähigkeiten und den eingeschlagenen Weg. Dazu gehörte auch, dass ich mich Dezember 2002 nun endgültig dazu entschloss, den Speerwurfarm zu wechseln. Ich vertraute dem linken Arm nicht mehr, und ich hatte Angst, etwas für immer zu zerstören. Meine Gesundheit in zwanzig Jahren. Die Knochen rieben im Ellbogen dermaßen stark aufeinander, dass ich mir nicht vorstellen konnte, dass ein angezüchtetes Muskelkorsett so stark wie vorher intakte Sehnen und Bänder sein konnte. Aber ich sah das Ganze nicht als Handicap, sondern als lohnenswerte Herausforderung. Ich wollte es schaffen. Was ich wollte, nahm ich in Angriff. Ich war mit mir im Reinen und hoffte nicht auf eine baldige Genesung meines Wurfarmes, sondern sah die Erleichterung durch die Schmerzfreiheit.

Warum begab ich mich plötzlich auf eine andere Straße in der Hoffnung, dass auch die in Richtung Erfolg führte? Ich sah die sportliche Leistung nicht mehr als das Nonplusultra an, die Gedanken der Vergangenheit, die Hilfe durch Katrin und die Erlebnisse mit meinen Freunden und andere Geschehnisse ließen mich ruhiger und entspannter werden. Erfolg war nicht absolut, ich sah ihn persönlich für mich. Die Angst, dass ich meine Karriere beenden müsste und das im August 1996 aufgestellte Ziel nicht erreichen konnte, war nicht mehr angsteinflößend. Ich hatte mich in den letzten Monaten ausgiebig mit mir beschäftigt und hatte mir einiges klargemacht. Es war noch nicht beendet und ich hatte Mut. Und nun sollte ich wieder zurückkehren, der linke Arm sollte beim Speerwurf linkisch werden, der rechte Arm meine Rettung. Ich steckte mir als Ziel 55 Meter für 2003 und sechzig Meter für das Olympische Jahr 2004. Ich wollte meine ganz persönliche Geschichte schreiben. Ich nahm es mit allen Unwägbarkeiten auf und wollte als Sieger hervorgehen. Ich musste nur an mich glauben. Und das tat ich wieder. Ich baute endgültig auf den rechten Arm.

Die alljährliche Einladung zum „Sportler des Jahres" trat ich mit der Angst an, vielleicht auch als Preisträger gekürt zu werden. Allerdings eher als größter Pechvogel des Jahres mit dem „Prix d'Malheure". Doch glücklicherweise war diese vor vier Jahren ins Programm genommene Auszeichnung nicht weitergeführt worden. Trotzdem wurde ich mit vielen anderen Verletzten namentlich genannt und erkannte freudig, wie groß mein Stellenwert in der Szene immer noch war. Es war bemerkenswert. Ich mühte mich jahrelang ab und ich wurde nur sehr langsam abgeschrieben. Meine Halbwertzeit glich der eines radioaktiven Elements, ich war nicht kaputtzukriegen, weder psychisch noch gesellschaftlich. So sehr mich diese Veranstaltung auch verunsicherte, weil ich nicht wusste, wer mich noch kannte, wen ich kennen durfte, ohne dass er meint, ich wäre ein Groupie oder so was und ich noch gern gesehen war, umso mehr ließ mich diese Veranstaltung auch wieder wachsen. Ich war fest davon überzeugt, dass ich noch einmal in dieser Wahl zum Sportler des Jahres als einer der Besten genannt wurde. Nicht als der beste, aber in der Kategorie der Nicht-Verletzten und Erfolgreichen. Aber den Titel "Sportler des Jahres 1996" konnte mir ohnehin keiner mehr nehmen. Und ich stand in einer Reihe mit Boris Becker und Michael Schumacher und den ganzen anderen Superstars. Dabei war ich bei meiner Wahl nur der Zweitbeste der Welt. Das machte diese Auszeichnung noch viel außergewöhnlicher. Da steckte ich wieder in meinen geliebten und mich triezenden Superlativen. Dieser Ansporn ließ mich an meinen Erfolg in der Zukunft glauben.

So ließ ich mir in meinen Taten erst einmal Zeit und vergnügte mich mit der Geisteswissenschaft. Ein richtiges Vergnügen wurde es auch nach drei Monaten nicht. Es war und blieb eine Qual. Doch während des Studierens schweiften meine Gedanken ein wenig von der nicht heilen wollenden Leiste und dem immer noch knackenden und schmerzenden Fuß ab. Ich hatte zwar die Versicherung der Ärzte, dass alles seinen normalen Heilungsverlauf nähme, aber so ganz konnte ich daran nicht glauben.

Beides schmerzte noch zu sehr, was aber momentan nicht weiter auffiel. Das Studium lenkte mich ab. Ich war ausgefüllter als in all den anderen Jahren, in denen ich mich nur mit Gesundheit, Sport und Krankheit beschäftigte. Ich stand jeden Morgen um kurz vor sieben auf und lebte eher wie ein Student als ein Profisportler. Ich trainierte aufgrund meiner Malaisen weniger, ich studierte mehr und ich merkte nach all den Jahren das erste mal wieder, dass das Leben mehr zu bieten hatte als Sport und Hechelei. Ich räumte in meinem Leben auf. Die Anstrengungen der vergangenen Monate zeigten ein wenig Wirkung. Ich sollte meinen Absprung schon irgendwie schaffen. Irgendwann.

In der Neujahrssekunde erschrak ich. Als der Zeiger ins neue Jahr wechselte, war mein Kopf leer. Ich dachte an absolut nichts, genoss nur das Hier und Jetzt. All die Feiern zuvor ließ ich das abgelaufene Jahr stets Revue passieren und dachte beim Nulluhr-Schlag an all das, was ich im kommenden Jahr erreichen wollte. Ich schmiedete immerzu Pläne und hatte Ziele, die zwar utopisch waren, aber der Glaube an meine Fähigkeiten ließ mich so fest an der Verwirklichung der Ziele (oder waren es nur Träume?) glauben, dass ich mit vollstem Einsatz diese ersten Sekunden des Jahres damit verbrachte. Ich glaubte, je fester man daran denkt, desto wahrscheinlicher wird das Ereignis auch eintreten. Und nun war ich so leer und planlos, dass ich es im ersten Moment gar nicht merkte.

Erst ein wenig später wurde mir klar, dass ich in das Jahr 2003 ohne jeglichen Vorsatz und ohne Kampferklärung gegangen war. Ich begann dass Jahr mit einem Kuss für meine Freundin. Wie sonst auch, nur dass ich jetzt ans Küssen dachte und an die Liebe und nicht an die Sucht des Zehnkampfes. Musste ich mich ärgern, dass ich den alljährlichen Schlachtplan vergessen hatte, oder war es völlig egal, da die Sylvesterwünsche und die Neujahrsträume sowieso nie eintraten? Zumindest die vergangenen sieben Jahre nicht. Vielleicht war genau das der richtige Weg, meine Verbohrtheit abzulegen und etwas entspannter in die Zukunft zu blicken. Oder waren es erste Zeichen der Aufgabe?

Ich beantwortete mir die Frage mit NEIN. Ich würde niemals aufgeben, ich würde immer alles versuchen. Ein Kämpfer kann nicht verlieren, ein Verlierer hat nicht gekämpft. Träume relativieren, Ziele korrigieren und der Realität eine Chance zu geben war keine Kapitulation. Ich nahm es als Einsicht, als Erfahrenheit und Cleverness hin. Noch hatte ich nicht aufgegeben. Dass es so war, zeigte mir mein alljährliches Ritual, ab dem ersten Januar mir mein größtes Laster, den Schokoladenkonsum, wieder vollständig zu verbieten. Die Ziele waren nicht definiert, aber die Voraussetzung für den Wunsch, etwas zu erreichen, hatte ich geschaffen. Dazu zählte auch wieder das Jonglieren mit Extremen. In der zweiten Woche des Jahres begab ich mich an das nächste Experiment. Einer einwöchigen Fastenkur, die mich bis an die Grenze des Belastbaren schickte. Ich magerte in sieben Tagen um über sechs Kilo auf 80 Kilogramm ab. Es war eine Grenzerfahrung, die ich kein zweites Mal machen würde. Die Heilpraktikerin versicherte mir zu Beginn der Tortur zwar, dass das Fasten ab dem fünften Tag ein Kinderspiel sei, da der Körper von nun an frei von Giften war, für mich war es das aber erst ab dem achten Tag, mit einem Brötchen zwischen den Zähnen. Für die Behandlung war das aber eine gute Vorführung, da sie jetzt wusste, dass ich bis zum Äußersten ging und die empfohlene Notration bei Schwindel und Schwächegefühl dem Sieg opferte. Entweder ganz oder gar nicht. Halb fasten gab es nicht. Sie war beeindruckt von meiner Hartnäckigkeit, ich allerdings auch, weil ich unterwegs sicher war, verhungern zu müssen.

Für mein neues Auto musste ich einen großen Kassensturz machen. Ich suchte all mein Kleingeld, alle Scheine und alle Wertgegenstände zusammen und zahlte sie auf mein Konto ein. Bei Ebay wurde im Internet angeboten, was ich beim Aufräumen im Keller fand und garantiert nicht mehr brauchte. Zudem reizte ich noch meine Dispo. Das Auto war bezahlt und die restlichen 120 Euro sollten noch für die nächsten zwei Wochen reichen. Das hörte sich zwar schlimm an, aber meine Aktien würden sich bald auch wieder erholen.

Anstatt mich mit der Materie des Geldbeschaffens mittels Internetauktionen zu befassen, hätte ich lieber lernen sollen. Aber verkaufen war eine ebenso probate Ablenkung von der Lernerei wie bügeln oder saugen. Ich hasste das Pauken. Zudem konnte ich mich in der Zeit gar nicht konzentrieren. Die störenden Einflüsse meines sensiblen Gemüts machten mir schwer zu schaffen. Ich hatte einen Füllfederhalter verkauft und hatte ihn mit Bild und ohne Beschreibung inseriert mit der Hoffnung, vielleicht 25 Euro für ihn zu erhalten. Wie er hieß und was er konnte, überließ ich dem fachmännischen Käufer. Die 50 Euro, für die er letztlich ersteigert wurde, fand ich grandios.

Die Beschwerde, die einige Tage später kam, schockierte mich. Mir wurde Betrug vorgeworfen, da dieses Modell nur mit Goldfeder gefertigt und offensichtlich gegen eine Stahlfeder ausgetauscht worden sei. Ich verstand nur Feder. Ich hatte an diesem Füller nicht herumgefummelt. Ich hatte weder eine Goldfeder entfernt noch eine Stahlfeder drauf gesteckt oder irgendetwas anderes angepriesen und konnte mich somit hinter meiner naiven Unwissenheit verstecken. Aber glaubte man mir das auch? Ich war am Ende. Ich wollte weder betrügen noch bescheißen. Ich wollte lediglich diese Möglichkeit der Internetauktion nutzen, um ein wenig Geld zu machen. Und dann so ein böses Erwachen. Bis zum Erhalt der Beschwerdemail hatte ich noch den guten Vorsatz gehegt, den ganzen Sonntag zu lernen, nach der Mail war ich damit beschäftigt, mich zu beruhigen. Ich grübelte und rätselte, wie ich mich aus der Misere befreien sollte. Ich wollte das Geschäft sofort rückgängig machen - nur nicht mehr als Betrüger dastehen. Doch Katrin redete auf mich ein. Ich dürfe auf keinen Fall einen Rückzieher machen. Meiner Artikelbeschreibung konnte man entnehmen, dass ich von Füllern überhaupt keine Ahnung hatte, und der Käufer wollte bestimmt nur ein billiges Schnäppchen mit Goldfeder ergattern. Hätte der Füller den fünffachen Wert gehabt, hätte sich auch keiner beschwert und man hätte sich über meine Dummheit lustig machen können. Ich hatte den Füller aber ab einem Gebot von einem Euro inseriert. Was hatte ich mir also vorzuwerfen? Ich verfasste kurzerhand eine Mail. Ich habe nicht betrogen, dieses Geschäft lief völlig korrekt. Diese Mail kostete mich einige Überwindung, war aber um einiges besser, als dem Käufer in die Augen schauen zu müssen. Die Geschichte endete versöhnlich. Der Käufer entdeckte später ein Sondermodell ohne Goldfeder und gestand seinen Fehlkauf ein. Also doch kein Betrug. Puh.

Ende Februar führte ich vor den erstmals stattfindenden deutschen Hallen-Mehrkampf-Meisterschaften ein kleines Interview mit dramatischem Echo. Wir unterhielten uns über Träume und Ziele und das Leben. Ich schilderte meine Eindrücke des Studiums und die Perspektiven. Ich erklärte, dass ich mich weiter entwickelt hätte und auch dem außersportlichen Leben einen gewissen Reiz abringen konnte. So verkündete ich stolz, dass ich nun endlich soweit wäre, dass ich auch ein Ende der sportlichen Laufbahn sähe und dass man sich mit 28 Jahren auch so langsam mit der Zeit nach dem Sport beschäftigen müsse. Mit 21 Jahren konnte ich ein Ende noch nicht absehen, mit 28 wüsste ich, dass das Ende nicht mehr so fern sei. Die Schlagzeile "Busemann denkt ans Aufhören!" verzerrte das Interview dermaßen, dass das Telefon die folgende Woche nicht stillstand. Ich musste mich überall rechtfertigen, weshalb mein Entschluss nun so plötzlich kam und ich dann doch die Brocken hinwerfen wollte.

Nach meinen Dementis antworteten alle einstimmig, dass sie sich einen derartigen Abgang, der einer Niederlage gleichgekommen würde, bei mir auch nicht vorstellen konnten. Doch als ich mir den vollständigen Text, welcher die deftige Schlagzeile relativierte und näher an der Wahrheit war, durchlas, erschrak ich. Wusste der Schreiber vielleicht mehr über mich als ich selber oder ich es mir selber eingestehen wollte? Manchmal zweifelte ich an meiner Kraft, an meiner Stärke, an meinen Willen. Nach 27 Jahren des Kampfes machten sich im 28. Jahr erste Zeichen von Resignation, Hilflosigkeit und Müdigkeit bemerkbar. Mir und meiner Freundin gestand ich es manchmal ein, obwohl ich es nicht wirklich wahrhaben wollte. Aber konnte ein Journalist, der nur meine Stimme hörte, so sehr zwischen den Worten interpretieren? Im ersten Moment regte ich mich über seine Dreistigkeit auf, solch eine Schlagzeile zu produzieren. Im zweiten Moment hatte ich Angst, dass die Sachlage eine ganz andere war: Ich musste eine Schlagzeile lesen, die ich jetzt noch nicht lesen wollte. Ich musste noch kämpfen. Ich konnte so nicht aufgeben, ich musste mir es noch einmal zeigen. Nur noch einmal! Es klang wie der Hilfeschrei eines Verlorenen.

Katrin versuchte, mich aus der Reserve zu locken. Würde ich es schaffen, ab dem 1. Februar die nächsten siebzehn Tage bis zur Prüfung täglich drei Stunden zu lernen? Das war ein Pensum, das ich nicht gewohnt war. Ich wollte es ihr zeigen. Insgesamt sieben Fächer musste ich in insgesamt 50 Stunden jetzt lernen. Das wären pro Fach allerdings nur sieben Stunden im Schnitt, aber ohne ihre Stichelei wäre ich wohl lediglich auf die Hälfte gekommen. Ich mochte es mittlerweile zwar, neben dem Sport eine geregelte Beschäftigung zu haben, aber so liebte ich die Lernerei nun auch wieder nicht. Und doch quälte ich mich durch die 50 Stunden. In der ersten Klausur saß ich da und zerkratzte mit meinem Füller das Papier. Ich blieb andauernd mit der Feder irgendwo stecken und hatte Probleme, meinen Namen in das vorgesehene Kästchen zu quetschen. Ich vergaß immerzu, einen Rand zu lassen, und schrieb Sätze, die so klangen, als das ich sein ein ausländisches Student mit weniger als Jahre Deutsch gelernt. Es war mir so egal. Ich achtete nicht auf Klein- und Großschreibung, ich setzte Kommata, wenn ich Pausen brauchte, und baute die Sätze zusammen, dass die Grammatik in ihren Grundfesten erschüttert wurde. Ich strich durch und kritzelte weg und rum und durch und es war grausam. Nach einer Stunde wechselte ich den Füller gegen einen Kugelschreiber, da ich das Papier zu oft durchzustechen versuchte. Doch der neue Schreiber war nicht besser. Vor lauter Schweiß glitt er mir immer nach oben durch die Finger. Nach zwei Jahren ohne Prüfung war ich ein Nervenbündel. Mir fehlten die Big Points. Ich schrieb nur Müll und war alles andere als zufrieden. Ich wusste zwar ein paar Sachen, konnte mir aber nicht vorstellen, dass ich mit diesem oberflächlichen Gekrakel auf eine "vier" kommen würde. Mir fehlten die wirklich guten Einfälle. Die Ideen, bei denen man sich während des Schreibens fragt, wie man nur auf diese tollen Einfälle kommen konnte. Ich war eine Null.

Die zweite Zwischenprüfung, Informatik, beendete ich nach der Hälfte der Zeit. Es hatte keinen Sinn mehr. Ich machte alles nur noch schlimmer, indem ich immer mehr wirres Zeug und unleserliche Botschaften hinzudichtete. Das letzte Drittel der Klausur formulierte ich, ohne zu wissen, was von mir verlangt wurde. Ich schrieb über Dinge, die ich nicht kannte. Es musste auffallen, dass ich nichtswissend schwafelte, aber was blieb mir anderes übrig? Vielleicht konnte ich ein paar Mitleidspunkte und Glückstreffer einheimsen. Ich ärgerte mich über meine Doofheit, zu meiner Faulheit stand ich, aber der Ärger über die Nervosität und die durchtrennten Hirnverzweigungen war groß. Der Gang zum Notenaushang sollte dem Kampf gegen Sauerstoffarmut und Milchsäure gleichkommen. Bis dahin sollten noch einige Wochen und unzählige beruhigende Beschwichtigungen vergehen. Ich brauchte zum Bestehen eine 4,0. Das waren vierzig Prozent! Das war eigentlich nicht mehr, als zu dem Namen noch die Matrikelnummer zu schreiben. Aber selbst dabei hatte ich ja schon Probleme! 4,0 war die Zauberformel. Ich wartete. Notgedrungen.

Und das Warten hatte sich gelohnt. Ich bestand die Informatik-Zwischenprüfung mit 4,0, was einer Punktlandung gleichkam, und musste in BWL eine Menge Small-Points gesammelt haben. Ich traute meinen Augen nicht, als ich auf dem Notenaushang hinter meiner Matrikelnummer nicht eine 3,7 oder 4,0 sah, sondern eine hervorragende 2,3. Damit hatte ich die elfbeste Note der zirka 450 Studenten. Mann, war ich überrascht. So überrascht, dass ich mich gar nicht freuen konnte, weil ich befürchten musste, dass in der Notenübermittlung ein Fehler passiert sei. Doch ich überzeugte mich von der Richtigkeit der Leistung. Ich konnte mir eine derartige Fehleinschätzung nicht erklären. Ich hoffte durchzukommen und bewegte mich in Sphären, die mir mit meinem Wissen unwirklich erschienen.

Katrin, die mittlerweile an einem anderen Lehrstuhl promovierte freute sich riesig und versuchte mich zu besänftigen. Es war klar, dass ich einen ganz anderen Anspruch an mich stellte und die vermissten Big-Points die Vorraussetzung für eine 1,0 seien. Sie hätte schon immer gewusst, dass ich intelligenter war, als ich immer tat. Ich hätte ein ökonomisches Gespür und könnte Nichtgelerntes durch Konstruktion herleiten. Es war mir ziemlich egal, wie ich zu diesen Noten kam, Hauptsache, es war geschafft.

Dass ich ökonomisches Denken hatte, bewies ich an dem Tag, an dem mich der für das Zehnkampf-Team kämpfende Bundestrainer anrief und mir eröffnete, dass dem Team eine Steuernachzahlung drohte. Um diese Lücken decken zu können, telefonierte er jetzt die Athleten ab, die in der Vergangenheit am meisten verdient hatten. Er wollte an ihre Solidarität appellieren und die Möglichkeit der Bereitstellung eines Krediktes abfragen. Sonst stände das Team vor der Pleite. Dieser Satz kam mir irgendwie bekannt vor (Er war genau vier Jahre und viele durchgebrachte Euros alt).

Damals hatte ich Angst um das Team. Heute stand ich der Sache etwas gleichgültiger gegenüber. Es war zu viel vorgefallen, mit einem Kredit von mir konnten sie nicht rechnen. Diese neuerliche, drohende Pleite konnte ich nicht verstehen. Die ganze Rederei von Teamgedanken, von Kameradschaft und Loyalität kam mir sehr bekannt vor. Sicher gab es Zeiten, in denen ich das Team liebte und ich mich in dieser homogenen Masse sauwohl fühlte. Ich hatte Spaß, weil wir Spaß hatten. Doch an dem Tag, als mir einer dieser Kameraden das Messer in den Rücken bohrte, vertraute ich nur noch auf mich selber. Wer würde mir denn helfen? Warum sollte ich dann anderen helfen? Ich hatte nichts mehr zu verschenken. Ich hatte im Moment gerade selber genug, um klar zu kommen. Warum sollte ich die nun wieder drohende Pleite abwenden? Ich hatte mich doch schon einmal für das Team stark gemacht. In den letzten Jahren wurden mir zwar zahlreiche Trainingslager finanziert und viele Kadermaßnahmen ermöglicht, aber ein Teil des Geldes wurde offensichtlich sinnlos verbraten. Jetzt war es wieder weg. Meins aber auch. Ich brauchte es für mich. Ich konnte dem Team nicht mehr helfen. Es tat mir leid.

Kapitel 19 – Mai 2003

Standortbestimmung

Ich könnte ihm dauernd in die Fresse schlagen. Immerzu und immer wieder. Was fiel ihm ein, mich derart zu verletzen? Und er merkte es noch nicht mal. Ich kämpfte um mein nacktes Überleben, ich kämpfte um die Existenz meines Sports und zermarterte mir den Kopf, wie ich mit all den Schwierigkeiten fertig würde, und er sagte nur lapidar: „Wofür hast du Spikes an? Um beim Wandern nicht auszurutschen? Das bringt doch alles nix mehr! Hahahaha!" Und dieses dreckige Lachen hätte ich ihm am liebsten mit einer rechten Geraden verschoben. Wir kannten uns seit einiger Zeit und liefen uns auf dem Dortmunder Sportplatz über den Weg. Ich unterhielt mich ganz gern mit ihm, es gab immer lockere Sprüche. In der Vergangenheit war es so. Vielleicht waren seine Scherze heute noch die gleichen, aber der Empfänger war nicht mehr der gleiche.

Als wir uns früher trafen, war ich voller Hoffnung, voller Illusion. Schmerzen gingen vorüber und Verletzungen heilten. So war es immer und so konnte ich auch viel mehr einstecken. In der Zeit der Hoffnung ertrug ich jeden Scherz, auch wenn der sehr derb war. Doch in Zeiten der Verzweiflung und der Erkenntnis, dass seine dummen Scherze näher an der Realität waren, als mir lieb war, wurde ich zornig und traurig zugleich. „Und was macht der Arm? Immer noch schön kaputt? Musst wohl mit dem anderen werfen, was? 25 Meter!? Hahahahaha!" Und immer dieses schmutzige Lachen.

Wenn er wüsste, wie nah er an der Realität Witze machte, wenn er nur wüsste, wie sehr er mich verletzte. Er redete sich in Hochform. Und ich versuchte, seine Späßchen zu ignorieren. Aber er begriff nicht, wie nah er mit Feststellungen wie „ob mein Trainingslager Urlaub oder Sanatorium war" an den Kern der Wahrheit rückte. Er konnte auch nicht wissen, wie sehr ich mir den Kopf zermarterte. Er wusste nicht, wie stolz ich auf mich war, dass ich in Gedanken meinen körperlichen Bankrott vorbereitet hatte. Seit Monaten arbeitete ich daran, den Absprung aus meiner Traumwelt der hohen Ziele zu schaffen, und jetzt merkte ich, dass dieser Prozess noch nicht vollständig geschafft war. Er war so ahnungslos und amüsierte sich auf meine Kosten mit einer Penetranz, die mich immer wütender machte.

Wenn diese Feststellungen mit einem witzigen und verständnisvollen Unterton von meinen Freunden oder gar von mir selbst kamen, dann war es okay. Aber nicht immerzu und immer wieder und nicht von ihm. Er durfte es nicht. Er kannte mich nicht. Das war vielleicht das Problem. Er wusste nicht, dass ich im schwierigsten seelischen Prozess meines Lebens stand. Wie sollte solch ein Spaßvogel ahnen, dass ich in dieser Hinsicht riesige Fortschritte gemacht hatte? Ich arbeitete an mir und er merkte nicht, wie viel Kraft mich all diese Anstrengungen kosteten. Woher auch, er kannte mich nicht! Als er wieder ausholte, tat ich etwas, was ich nie tat: Ich drehte mich um und ging. Zum diesem Herrn wollte der nette Busemann nicht mehr nett sein.

Dieses Bild beantwortet auch indirekt die Frage nach dem Sinn dieses Buches. Ich wollte das wahre Gesicht des Frank Busemann zeigen, mit all seinen Ängsten und Zweifeln. Und das Prädikat „Strahlemann" ein wenig relativieren. Klar liebte ich meinen Sport und selbstverständlich hatte ich auch viele Tiefschläge zu bewältigen. Ich kämpfte mein Leben lang für Ziele, die ich mir steckte. Ich träumte Träume und ich lebte sie. Ich nahm Hindernisse als Aufgabe und versuchte, mich nicht unterkriegen zu lassen. Ich wollte immer wieder aufstehen. Auf meine eigene Art und Weise und mit meinen ganz persönlichen Techniken und Kräften. Ich hatte das wahnsinnige Glück, mit einem Körper ausgestattet zu sein, der Besonderes leisten konnte, und einen Willen zu entwickeln, der dieses Potenzial ausschöpfte.

Aber wen interessierte die Geschichte des Frank Busemann? Vielleicht nur einige wenige, und das Gros denkt: Was ist das nur für ein Spinner, was für ein unrealistischer Träumer! Immer wenn ich Menschen traf, die mit meinem Weg nicht einverstanden waren, dann kamen Zweifel an dem Sinn einer derartigen Lebenszusammenfassung. Wenn ich im Internet in irgendwelchen Chatrooms lesen musste, dass Leute den Sinn meines manchmal verzweifelten Tuns missverstanden, wurde ich unsicher und traurig zugleich. Aber wie sollten sechs Milliarden Menschen Busemann respektieren, akzeptieren und goutieren?

Unmöglich. Aber das war immer mein Ziel. Darum schockten mich Internetfragen wie „Warum ist der noch im A-Kader?" oder „Wann ist Busemann endlich mal nicht verletzt?" Es waren klitzekleine Kleinigkeiten, die mich als Person unsicher werden ließen. Als Sportler stellte ich mich nie in Frage. Nur den netten Jungen von nebenan stellte ich in Frage, der niemandem Leid zufügen wollte.

Braucht die Welt ein Buch von einem kleinen, unbedeutenden Kämpfer, der nie aufgeben wollte und an Träumen festhielt, als wenn er mit ihnen verwachsen wäre? Nein! Aber ich brauche es! Ich muss alle Erlebnisse noch einmal erleben. Ich muss mir verdeutlichen, was ich erreicht habe und wie viel Glück ich in meinem Leben schon hatte. Diese Seiten sind in erster Linie für mich. Ich hatte Spaß daran zu schreiben, und irgendwie hatte ich auch das Bedürfnis, Leuten, die sich wirklich dafür interessieren, zu zeigen, dass Menschen auch durch die mediale Dauerbefeuerung nur sehr schemenhaft darstellbar bleiben. Ich wollte keines dieser gerade so modernen Enthüllungsbücher schreiben, ich habe mit diesem Buch angefangen, da hat der Bohlen noch auf der Gitarre gezupft. Ich wollte ein ehrliches Werk schaffen, was mir die schönsten Erinnerungen der ersten 28 Jahre meines Lebens verdeutlicht.

Die Öffentlichkeit verpasste mir den Stempel „dauerverletzt" und ich kokettierte auch ein wenig damit. Aber in meinem Kampf vergaß ich oft, wie viel ich schon erreicht hatte und wie süß Erfolg schmeckt. Und die Öffentlichkeit wusste auch, dass ich nie aufgab.

Ich wollte nie käuflich sein und alle guten Vorsätze an die erste Stelle rücken, wenn es darum ging, mich und meinen Körper zu schützen. Ich hatte in der Vergangenheit schon oft feststellen müssen, wie sehr das Geld die Schmerzgrenze hinuntersetzt. Aber jetzt nahm ich dafür das Saisonende wissentlich in Kauf. Was hatte ich zu verlieren? Mindestens 10.000 Euro! So viel, wie ich in Ratingen niemals verdienen könnte. Ich rief in Österreich an, um mit einem Veranstalter abzuklären, ob ich dort nicht nur sechs Disziplinen absolvieren könnte. Ein paar Wochen zuvor hatte er für eine „gute Antrittsgage", einen 100-Minuten-Zehnkampf angeboten, den ich aufgrund meiner gesundheitlichen Einschränkungen ablehnte. Ich konnte weder Weit-, noch Stabhoch- geschweige denn Hochspringen. Aber er wollte mich nur als kompletten Zehnkämpfer.

Mein Traum, irgendwann mal einen Stundenzehnkampf zu absolvieren, war mir auf dem Tablett serviert worden und ich musste aufgrund meiner physischen Rückstände ablehnen. Es war zu schade. Kein Geld der Welt würde einen Start rechtfertigen. Trotz alledem wollte er mir die Startvereinbarung zufaxen. Konnte er ruhig machen, interessierte mich auch brennend, aber meine Entscheidung stand fest. Kein Start in Österreich. Er wusste, weshalb er mir wenig später nur so informationshalber den Vertrag zukommen ließ. Nur für meine Anwesenheit wären 5.000 Euro fällig, für jede weitere geschaffte Disziplin 500 Euro, für eine Pressekonferenz im Vorfeld 2.000 Euro, für 7600 Punkte zusätzliche 1.000 Euro. Meine Rechnung ergab für den Fall des Durchkommens mit mäßiger Leistung 13.000 Euro. Für einhundert Minuten Arbeit. Verdammte Scheiße!

Auf so ein unvernünftiges Experiment durfte ich mich nicht einlassen, aber auf so eine Gage durfte ich auch nicht verzichten. Ich ließ mich kaufen. Ich konstruierte Ausreden für mich: Würde ich diese nicht so belastende, da ja extrem kurzweilige Schauveranstaltung drei Wochen vor der WM-Quali in

Ratingen nicht schaffen, wäre ein Start dort sowieso sinnlos. Es war zwar nicht der gewünschte Stundenzehnkampf und er lag auch nicht, wie sonst üblich, am Ende der Saison, aber er war 10.000 Euro wert. Ich rannte durch die Wohnung mit den Worten: „Scheiße, scheiße, scheiße!" Da habe ich eine riesige Chance, aber weiß gar nicht, ob ich sie überhaupt hinbekäme. Wie sollte der Körper das aushalten? Ich war bei weitem noch nicht so weit, es konnte noch gar nicht funktionieren. Ich war verrückt, geldgierig und gespannt. Wie würde sich ein Hundert-Minuten-Wettkampf anfühlen?

Vor der Qualifikation in Ratingen wurde ich angesprochen, ob ich für einen Sponsor der Veranstaltung nicht eine Autogrammstunde mit einigen anderen bereits „pensionierten" Athleten geben könnte. Klar konnte ich das. Es war allerdings eine Frage des Geldes. Ich war nicht billig, und das wollte ich den Vermittler spüren lassen. Ich hatte noch eine Rechnung aus dem Vorjahr zu begleichen.

Damals hatte ich Rache geschworen, und wie es das Schicksal wollte, jetzt war es so weit. 2002 hatte ich als Antrittsgage 4.000 Euro bekommen, was völlig unüblich war, da der Zehnkämpfer eigentlich erst immer im Ziel bezahlt wird. Ich war zwar der einzige Deutsche, der solch eine Zuwendung erhielt, aber das fand ich in diesem Fall nur legitim, da die ausländischen Starter auch mit solchen Summen geködert worden waren. Dafür leistete ich schon vor dem Wettkampf genug. Auf drei PR-Veranstaltungen trommelte ich für das Meeting, was die Antrittsgage schon wieder ein wenig relativierte. Der Ausrichter sah das anders, nach der dritten Disziplin musste ich aussteigen. Da im Vertrag nur von einer Antrittsgage und nicht von einer „Durchkommprämie" die Rede war, schickte ich nach einer einwöchigen Anstandsfrist meine Rechnung. Die vereinbarten 4.000 Euro. Etwas pikiert meldete sich kurz darauf der Finanzchef des Meetings.

Klar stünde mir das Geld zu, aber er hätte sich eine kurze Rücksprache über die Vorgehensweise gewünscht und nicht einfach die kommentarlose Einforderung einen Tag nach dem Wettkampf. Dabei hatte ich mir - dieser Problematik bewusst - mehrere Tage mit der Rechnungsstellung Zeit genommen. Ich sah es gar nicht ein. Ich erwiderte ihm, dass mir in der Regel allein die vorher abgerissenen PR-Veranstaltungen mit dem Dreifachen honoriert wurden, worauf ich nur ein müdes Lächeln erntete. Es klang wie: „Jaja, red´ du mal, du kleiner Aufschneider!" Diese Häme hätte er sich sparen sollen. Er kannte die Preise offensichtlich nicht. Die waren zwar exorbitant hoch und teilweise unverschämt, aber sie wurden bezahlt.

Und jetzt wollte das Ratinger Meeting ein Jahr später diese Autogrammstunde von mir. Rache ist nicht billig und ich war nicht nett. Zwar hatte ich den Disput im letzten Jahr gar nicht mit dem Sponsorenkoordinator des örtlichen Ausrichters, aber da machte ich jetzt keinen Unterschied. Ich wollte sie bluten lassen und sie sollten für ihre Häme des Vorjahres bezahlen. Dass ich hier Äpfel mit Birnen verglich, vergaß ich in meinem heiligen Zorn. Es sollte sich rumsprechen. Ich würde nichts mehr tun außerhalb genauer Absprachen, wie ich es in der Vergangenheit wohl all zu oft gemacht hatte mit dem Erfolg, dass von meinem Einsatz hauptsächlich andere profitierten.

Ich war noch nicht mal aufgeregt, als wir zur Besprechung der Autogrammgage hinter eine Ecke gingen. Ich wurde nach meiner Forderung gefragt. „Es gibt zwei Möglichkeiten. Die erste ist, du rufst meine Agentur an, die fangen bei 5.000 Euro an." Er schnappte nach Luft und meinte sofort, dass wir es dann knicken könnten. „Die zweite ist, wir sparen uns die Agenturprovision und machen es direkt, für die Hälfte!" Er schüttelte nur den Kopf. Das würde er niemals durchkriegen. Aber das war mein Preis! Das Honorar für einen ganz gewöhnlichen PR-Termin, und nichts anderes war es. Plötzlich nannte er Summen, die interessant waren. Vor kurzem hatte er eine ähnliche Veranstaltung mit ehemaligen Olympiasiegern, die hätten nur 800 bis 1000 Euro bekommen. Aha, das war schon mal sehr interessant.

So eine Indiskretion lobte ich mir. Ich hatte die Möglichkeit, meinen Marktwert unverbindlich zu überprüfen, und er plauderte aus dem Nähkästchen. Aber bei meinem Preis könne er nicht auf mich zurückgreifen. Er wollte bei den anderen, die er mit mir zusammen präsentieren wollte, nachfragen, und wenn die ihm auch solche Summen „an den Kopf knallen" würden, könnte er die ganze Geschichte vergessen. Er redete und redete und versuchte sein Entsetzen über meine horrende Forderung zu verdauen, ich stand fast unbeteiligt daneben und kaute genüsslich auf meinen Brötchen herum und gewährte ihm keine Aussicht auf einen Euro Nachlass. Dann sollte er es eben mit den anderen machen. Sollte er doch, ein Freundschaftspreis war nicht drin, und zu einem Disput wie im letzten Jahr wollte ich es nicht kommen lassen. Pech gehabt. Ich fühlte mich richtig gut. Für einen kurzen Moment.

Auf der Heimfahrt dachte ich über mein Auftreten nach. War das falsch, oder war das nur die gerechte Strafe, die Rache für das letzte Jahr? War es fair, ihn dafür bluten zu lassen? Hätte ich nicht direkt mit der Fördergesellschaft so hart verhandeln sollen oder durfte ich meinen letztjährigen Ärger einfach eins zu eins auf den örtlichen Ausrichter übertragen? War das nicht alles ein Verein? Was würden die jetzt von mir denken? Ich fühlte mich jetzt gar nicht mehr so gut. Meine knallharte Forderung sollte sich rumsprechen, seine Indiskretion war die Gewähr dafür. Sei es drum: Dann sollten eben alle wissen, dass ich nicht mit mir rumspringen lasse und meinen Preis hatte. Ich rief Katrin an. Ich musste reden, ich wollte, dass sie mir Recht gab. Nach jedem Termin rief ich sie an. Immer. Ich musste mir das Erlebte von der Seele reden. Sie beglückwünschte mich zu meiner harten Vorgehensweise. Aber würde man es in Zusammenhang zu der letztjährigen Geschichte bringen? Wohl kaum, aber ich hatte mir es vor zwölf Monaten vorgenommen.

Dieses Erlebnis zeigte mir einmal mehr den Sinn und Zweck eines Managers. Der bekam zwar eine stattliche Provision, aber dafür konnte sich der Athlet prima hinter ihm verstecken. Verhandlungspartner war der Manager, der stellte gewagte Forderungen, von denen sein Klient natürlich nichts wusste. Der Athlet war der untergebene Knecht der Maschinerie der Honorareintreibung, ohne Rechte, nur mit Pflichten. Er war derjenige, der immer sprang und alles tat, was von ihm verlangt wurde, und niemals über das Geld Bescheid wusste. So der Schein. Obwohl ich mich schon oft über Agenturen geärgert hatte und den Sinn und die Effektivität oft anzweifelte, konnte ich doch irgendwie froh sein, dass ich eine hatte. Jetzt, wo die Zeit des Geldverdienens schwieriger wurde und sie tatsächlich PR-Veranstaltungen fix machten, fühlte ich mich als ihr Vertragspartner wohler als in einer Zeit, wo ich die Anfragen entgegennahm, weiterleitete und sie für ein Telefonat teilweise 1.000 Euro einstrichen. Das war nicht fair. Aber jetzt verdienten sie ihre Prozente.

Kapitel 20 – Juni 2003

Geschafft!

Am 31. Mai 2003 war alles vorbei. Auf der Fahrt zum Training nach Leverkusen drangsalierte ich mein Gehirn. So wie ich es in den letzten Monaten intensiv getan hatte. In den vergangenen 20 Wochen hatte ich mich oft und lang mit allen Möglichkeiten meines weiteren Lebens auseinandergesetzt. Ich führte mir immer wieder die Schönheit des Sports vor Augen. Ich war von mir selbst überrascht, aber das Undenkbare war denkbar geworden: das Ende, das Finale, der Abschied, das Aufhören. All das war nicht mehr so fern, wie es in all den Jahren schien, so unerreichbar weit weg. Das endgültige Ende war greifbar, aber die Vollstreckung der Entscheidung war unwirklich und unvorstellbar.

In meinem Auto zählte ich die körperlichen Probleme zusammen. Der linke Fuß, er tat wieder höllisch weh, und das nach nur fünf Trainingssprüngen mit dem Stab. Die alte Verletzung aus dem letzten Jahr schien wieder aufgebrochen zu sein. Trotz einer Operation, trotz einer langwierigen Behandlung, trotz einer mehrmonatigen absoluten Schonung. Selbst das Gehen bereitete mir Schmerzen. Die rechte Leiste wölbte sich bedrohlich, aber ich schaffte es mittlerweile ziemlich gut, sie einfach zu ignorieren. Ein konsequentes Krafttraining war nicht mehr möglich. Meine Angst vor einem Durchbruch war zu groß. Obwohl mir die Ärzte versicherten, dass keine Gefahr bestünde und nach zwei Operationen eigentlich alles in Ordnung sein müsste. Diese Ordnung galt bei mir nie, ich hatte auch immer Dinge, die kein anderer hatte und die nur schwer zu erkennen waren. Und meist schienen die Ärzte mit mir und meinen Leiden überfordert. Eigentlich war relativ und ich fühlte mich meist relativ beschissen, wenn mir ein Arzt eine Diagnose gegen mein Gefühl stellte. Ganz wenige Mediziner redeten meine Sprache und gaben mir das Gefühl, mich zu verstehen. Seit kurzem war ich in der Lage, das Gefühl einfach auszuschalten und weiterzutrainieren, da eine dritte Leistenoperation mein sicheres Aus bedeutet hätte. Der Ellbogen war dermaßen kaputt, dass ich nicht mehr mit meinem starken und geschickten Arm werfen konnte. Es war ein hoffnungsloses Unterfangen. Immer, wenn er sich nach einer Schonzeit so weit erholt hatte, dass ich plötzlich wieder an ihn glaubte, holte mich ein einziger Wurf schmerzhaft in die Realität zurück. Mit dem Arm hatte ich abgeschlossen, was mir anfangs aber auch egal war - eine schlechte Disziplin konnte ich mit neun anderen ausgleichen.

Und ich nahm für mich in Anspruch, ein Riesentalent zu sein, so dass ich sogar den Wurfarm umpolen konnte. Doch nun müsste ich auch den Sprungfuß umstellen, der hoffnungslos kaputt schien. Nun müsste ich vier Disziplinen ausgleichen. Mein Zehnkampf war zu einem lächerlichen Sechskampf geschrumpft. Was brachte es mir, wenn ich anstatt acht nur noch sieben Meter weit spränge, wie viel würde ich beim Hochsprung einbüßen? Geschweige denn beim Stabhochsprung? Dort musste ich nicht nur die Beine, sondern auch auf eine andershändige Technik umstellen. Was würde die Summe all dieser Alternativen ergeben? Ein Punkteniveau weit, weit unter meinem Anspruch!

Ich sah die Möglichkeit der körperlichen Regeneration nicht mehr. Es ging nicht darum, wieder gesund zu werden, es ging nur noch darum, es nicht mehr schlimmer zu machen. Mit jeder Bewegung und mit jeder neuen Verletzung gefährdete ich die relative Schmerzfreiheit in meinem späteren, sportfreien, normalen Alltag. Früher war es immer eine Frage der Zeit, des speziellen Trainings und schlimmstenfalls die Frage einer kleinen Operation - und die Probleme waren (manchmal) beseitigt. Aber jetzt, jetzt sah selbst ich keine Perspektiven mehr.

Der 31. Mai 2003 sollte der Tag der Entscheidung werden. Es machte keinen Sinn mehr. Ich zerstörte mich in Raten und würde mich niemals mehr wehren können. Nur mit Willen und Einsatz gelangte ich nicht mehr zum Ziel. Meine kostbarste Eigenschaft, meine außergewöhnliche Fähigkeit, war ohne den passenden Gegenpart, meinen Körper, nichts mehr wert. Genau der machte nicht mehr mit. Jetzt, wo ich wieder den Instinkt eines Siegers spürte, die innere Ruhe wieder gefunden hatte, in einer Zeit, in der ich mit allergrößter Anstrengung an einem psychischen Punkt angelangt war, der förmlich nach Erfolg schrie, da merkte ich: All mein Streben nach einem Comeback war eine Illusion.

Aber war nicht diese Erkenntnis der Erfolg, den ich mir selbst erarbeitet hatte?! War es nicht schön, an dem Punkt angelangt zu sein, an dem man loslassen konnte? Einfach mit einem Befreiungsschlag auf alles Erlebte mit Stolz zurückzublicken und nicht mehr einer Utopie verfallen zu sein? War es nicht bewundernswert, sich mit Zufriedenheit von seinem Lebenstraum zu lösen und die Vergangenheit - auch die unvollendete Vergangenheit - mit Freude und ohne Groll zu betrachten? Ich hasste es zwar, gesteckte Ziele nicht zu erreichen, aber ich hatte mir ein über allem stehendes Ziel gesteckt:

Ich wollte glücklich werden. Und ich wusste: Es gibt ein Glück auch ohne Sport. Es war so schade. Jetzt, mit 28 Jahren, mit der Erfahrung von fast achthundert Wettkämpfen, mit der Erfahrung vieler wichtiger und weniger wichtiger Siege und mit der Erfahrung unzähliger Niederschläge, trotz all dieser Erfahrungen konnte ich meinen Körper nicht mehr mit dem neuen Selbstbewusstsein in Einklang bringen. Es war gemein. Und schön. Ich begriff, dass man ohne einen Olympiasieg glücklich werden konnte. Ich fasste mir ein Herz, gab mir einen Ruck, gab der Vernunft einen Schubs und formulierte das erste Mal in meinem Leben die Worte, die ich mir nie vorstellen wollte und konnte:

„Ich beende meine Karriere!"

Hier und jetzt und in diesem Opel Corsa nahm ich Abschied von dem Sportler Frank Busemann. Die Entscheidung war gefallen. Ich wollte mir aber noch einen Monat stille Bedenkzeit gönnen. Ich konnte die Fragen nicht mehr ertragen, wie es mir ginge und ob ich noch mal zurückkehren wollte. Es war nur freundliches Interesse, aber nach der hundertsten Auskunft tat es mir immer weh. Solange ich am Ende des Tunnels noch ein wenig Licht sah, konnte ich über Scherze lachen, da konnte ich es ertragen, wenn über meine körperlichen Gebrechen gewitzelt wurde. Aber jetzt, da ich nicht mehr glaubte, da wollte ich diese Fragen nicht mehr beantworten. Nie mehr. Es sollte mir gut gehen, ich war die Fragerei leid. Und ich hatte es in der Hand. Es sollte zu Ende gehen. Mein Traum war es immer, ins Ziel meines letzten 1500-Meter-Laufes zu kommen und zu wissen: „Das war´s, ich kann aufhören!" Doch dieses Ziel würde ich nie mehr erreichen. Aber ich konnte mir jetzt vorstellen, es zu verkraften. Ich hatte alles aus meinem Körper herausgeholt, was er hergab, und oft auch mehr als das, was er hergeben wollte. Die Angst vor dem zu frühen Aufhören war nicht mehr da. Ich hatte es bis ans Ende getrieben und musste mir nicht in einigen Jahren vorwerfen, dass ich nicht die letzten Möglichkeiten ausgeschöpft hätte. Dass ich zu noch mehr fähig gewesen wäre, daran zweifelte ich nie. Aber das Talent und der Wille brauchen einen Körper, auf den sie sich verlassen können.

Den Monat der Bedenkzeit brauchte ich für mich und meinen Verstand. Ich musste die Entscheidung testen, wie sie sich anfühlte. Es würde mir fehlen, auf einen Schuss zu reagieren und mir den Sand aus der Sporthose zu kratzen. Es würde mir so fehlen, bereits Tage vor dem Zehnkampf all meine Spezialspikes in Reih´ und Glied aufzustellen und mich emotional auf die Herausforderung einzustellen, indem ich alle Utensilien Tage lang in meinem Zimmer stapelte und sie auf ihren Einsatz vorbereitete. Es würde mir fehlen, mit anderen zu trainieren und mit meinen Freunden um Leistungen zu wetten. Ich würde es vermissen, den inneren Schweinehund anzugehen und persönliche Grenzen auszuloten. Aber dafür hatte ich mir jetzt seit Monaten alles von der Seele geschrieben und geredet, und ich hatte mich intensiv mit allem beschäftigt. Es nahm konkrete Formen an.

Und die Formen wurden beschleunigt. Am 3. Juni 2003 bekam ich Post vom Deutschen Leichtathletik Verband.

Lieber Frank,

in Verbindung mit der Pressekonferenz vom 30.05.03/Ratingen mussten wir zur Kenntnis nehmen, dass du am 21. oder 22.06.03 in Wien einen 100-Minuten-Zehnkampf durchführen willst. Die Kontaktaufnahme mit dir durch den Teamleiter und Bundestrainer Claus Marek am 02.06.03 hat diese Tatsache bestätigt. Über einen Start bei dieser Veranstaltung möchten der Vizepräsident Leistungssport und der Cheftrainer des DLV mit dir am
Sonntag, 15. Juni 2003 um 10:00 Uhr
Im Hotel "Hilton" Dortmund
sprechen. An diesem Gespräch wird gleichfalls dein Teamleiter und Bundestrainer Claus Marek teilnehmen. Wir bitten umgehend um Rückbestätigung deiner Gesprächsteilnahme.

Mit freundlichen Grüßen
DLV

Die wollten mich wohl von der Teilnahme in Wien abhalten. Wollten sie mir ins Gewissen reden oder vielleicht sogar ein wenig Druck machen? Doch womit? Dass sie mich nicht für die WM in Paris nominieren würden? Ich würde ja noch nicht mal die Qualifikation schaffen, ich würde ja gar nicht antreten. Einen „kurzen" Zehnkampf könnte ich unter Umständen mit dem anderen Fuß probieren, doch war ich von dieser Vorstellung Lichtjahre entfernt. Und einen richtigen Zehnkampf würde ich unter gar keinen Umständen überstehen. Ich hatte die Flüge nach Wien zu diesem Zeitpunkt noch gar nicht gebucht, weil ein Start illusorisch war und ich ja längst mein Karriereende beschlossen hatte. Aber was sollte dieser Brief? Musste ich mich für alles rechtfertigen? Warum konnte ich nicht meine eigenen Entscheidungen treffen? Allein aufgrund dieses Briefes wollte ich erst recht in Wien starten. Die wussten doch gar nicht, wie es in mir und meinem Körper aussah. Ich war ein Wrack, zerstört für den Zehnkampf, warum konnte ich nicht noch einmal mit meiner Passion ein wenig Spaß haben, und sei es auf einer gutbezahlten Kirmesveranstaltung?

Ich wollte sofort, heute, hier und jetzt, an diesem 3. Juni 2003 meinen Rücktritt erklären und nach einer Alternative suchen. Der Bundestrainer hatte mich tags zuvor angerufen und mit den Worten begonnen: „... die meinten hier, ich sollte dich mal anrufen. Das habe ich jetzt gemacht. Ich habe gehört, dass du einen 100-Minuten-Zehnkampf machen willst. Was soll der Scheiß? Das ist nicht vernünftig. Wenn du dich dabei verletzt, sind einige verdammt böse auf dich. Mir ist das ja egal, aber ich will es dir nur sagen..." Mir war die letzte Verletzung meiner Karriere auch egal. Eigentlich könnte der Bundestrainer doch froh sein, dass ich schon vor Ratingen aufhören wollte. „Wenn ich in Wien nicht durchkomme, dann in Ratingen erst recht nicht," erwiderte ich. Er hatte mich ein Jahr zuvor öffentlich attackiert, dass ich mein Ausscheiden aus dem Ratinger Wettbewerb zu publikumswirksam inszeniert hätte.

„Ratingen 2002, Samstag in der ARD, 1 Std. beste Fernsehzeit. U.a. 4 Interviews mit Frank Busemann und seiner Leidensgeschichte. Ich würde mir wünschen, lieber Frank, wenn Du Dich zukünftig in der öffentlichen Präsentation Deiner Leiden etwas zurücknehmen könntest." Das formulierte er in einem öffentlichen Brief. Das war eigentlich schon eine Frechheit, ich hatte nicht nach den Journalisten geschrieen: „Hier, ich bin verletzt, ich bin so arm dran, bitte macht einen Bericht über mich!" Der nächste Satz seiner Ausführung: „Die Darstellung des Zehnkampfes in der Öffentlichkeit liegt in Eurer Verantwortung, in der Verantwortung eines jeden Athleten im Zusammenspiel mit den Medien."

Da hatte er glatt übersehen, dass ich für dieses Zusammenspiel jahrelang eine Menge getan hatte. Es fuchste den Bundestrainer anscheinend, dass meine Verletzung mehr beachtet wurde als der laufende Wettkampf, in den er sehr viel Arbeit investiert hatte. Ich konnte nichts dafür, dass meine Blessuren interessanter zu sein schienen als irgendwelche Kunstgestalten, die hauptsächlich nehmen wollten und wenig gaben. Und dieses Jahr könnte ich ihm dieses ersparen. Ich würde die Fronten abstecken und musste nicht wieder angeschlagen in den Zehnkampf von Ratingen gehen. Dieses Jahr machte ich einfach den Weg frei für einen tollen, verletzungsfreien Zehnkampf der anderen. Der Zehnkampf sollte auch ohne Busemann existieren. Das brauchte er mir nicht zu sagen, ich sah mich ohnehin als kleines Rad in dieser geschichtsträchtigen Sportart. Ich wollte nur ein wenig Respekt, Achtung und Fairness, auf Scheinwerferlicht konnte ich problemlos verzichten. Ich wollte nie mehr jemandem im Weg stehen, der sich um seine Aufmerksamkeit betrogen fühlte, da „das Spikesanziehen von Busemann wichtiger ist als der Wettkampf der zweiten Riege," wie mal einer aus dieser zweiten Reihe sagte.

Warum war ich nur so verbittert, wenn es um das Zehnkampfteam ging? Hatte ich zuviel verlangt? Die guten Erlebnisse waren zwar irgendwie in meinem Kopf eingespeichert, die schlechten allerdings waren eingebrannt. War ich unfair? Unfair wurde ich nur, wenn ich mich ungerecht behandelt fühlte. Manche warfen mir vor, mich in den Vordergrund zu drängen. Was für ein Quatsch! Ich war nun mal die Nummer eins. Das hatte ich mir erarbeitet. Mir war es egal, dass ich ohne den Sport weniger Interviews geben oder seltener in der Zeitung stehen würde. Mir war es nicht ganz so egal, dass ich ohne den Sport nicht mehr die tiefen Erfahrungen einer Bestleistung oder die schönen Erlebnisse mit anderen Athleten hatte. Trotz meiner jetzt geballt wirkenden Kritik am Bundestrainer und dem Zehnkampfteam würden mir auch die vielen, tollen Geschichten um diesen Verein fehlen - und es gab viele davon!

Wie sollte ich jetzt abtreten? Die Entscheidung spukte erst seit genau drei Tagen in meinem Kopf herum. Sollte ich eine Konfrontation mit dem Verband wagen und mich einfach über deren Rat hinwegsetzen? Oder sollte ich klein beigeben? Ich war so zornig, leer und enttäuscht. Ich musste erst mit Katrin sprechen. Sie war nicht so aufbrausend und emotionsgesteuert. Sie wog alles Für und Wider ab und gab mir einen Rat, auf den ich mich verlassen konnte. Ich musste erst einmal darüber schlafen. Mit ein bisschen Abstand konnte ich klarer und objektiver entscheiden. Doch erst mal musste ich beim DLV anrufen und nachfragen, was die in Dortmund überhaupt wollten. Vielleicht interpretierte ich viel zu viel in diesen Brief und lag vollkommen daneben - was ich aber eher bezweifelte. Ich wollte nicht unehrenhaft aus dem Kader geworfen werden, das wäre nicht ich. War nicht ich derjenige, der immer einen diplomatischen Ausweg suchte? Warum mischte man sich von außen in Dinge ein, die niemand auch nur im Ansatz beurteilen konnte? Ich war fertig mit dem Zehnkampf, warum ließen sie mich nicht einfach gewähren? Ich wurde wieder so emotional. Ich folgte Katrins Rat: Ruf doch erst mal an und frag, was die wollen. Es war aber niemand der Gesprächspartner da. Also bestätigte ich der Sekretärin das Dortmunder Treffen am 15. Juni.

In der Uni saß ich acht Stunden in irgendwelchen Vorlesungen, denen ich nicht im Geringsten folgen konnte. Die Nächte waren schlaflos. Dabei hätte ich doch so entspannt pennen können. Ich musste mir für die Zukunft keinerlei Sorgen mehr machen. In Kürze würde ich mich erlösen, endlich mal ehrlich zu mir selber sein und die Entscheidung vollstrecken. Aber es war viel komplizierter. Wie sollte ich es meinem Trainer beibringen? Er hatte so viel Energie und Vertrauen in mich gesteckt, und jetzt würde ich zu ihm gehen und würde ihm wohl einen mittelgroßen Schock verpassen. Im Training sah er in der letzten Woche einen Athleten, der immer schneller wurde und dabei über Schmerzen im Fuß klagte. Eine alltägliche Situation im Leistungssport. Doch dieser Athlet war nicht alltäglich. Ich schonte wieder meinen Trainer, indem ich nicht das ganze Ausmaß meiner Schmerzen ansprach. Wie konnte ich noch vor einigen Wochen sagen, ich wollte angreifen - und jetzt wollte ich Schluss machen? Wie sagte ich es dem österreichischen Organisator des 100-Minuten-Zehnkampfes? Er rührte die Werbetrommel, um für den Wettkampf noch deutsche Fernsehsender zu interessieren. Es war vergebens. Oder konnte ich mich für Wien noch einmal zusammenreißen und die 10.000 Euro nur fürs Durchkommen einstreichen? Aber das wäre nicht ehrlich. Und es hatte keinen Sinn, da mich diese Raffgier vollkommen verstümmeln würde. Doch wann sagte ich dort ab?

Katrin wollte mich zum Arzt jagen, da sie meine Gewissheit auf Bildern bestätigt sehen wollte. Doch ich hatte keinen Funken Hoffnung mehr. Ich, der sonst an das Gute im Menschen und die Gerechtigkeit des Sports glaubte, ich, der immerzu von seiner baldigen Genesung überzeugt war, ich vertraute mir nicht mehr. Gäbe es da noch einen Funken Hoffnung in mir, ich hätte alles probiert, doch meine Hoffnung war erloschen. Ich redete mit meinen Freunden. Bei denen konnte ich erst mal die Formulierung des Abschieds üben. Sie waren entsetzt. Ein Busemann ohne Sport konnten sie sich nicht vorstellen. Ganz aufhören wollte ich ja auch nicht. Ein wenig sprinten, werfen oder vielleicht Fußball spielen, das waren meine neuen bescheidenen sportlichen Ausgleiche. Aber einen Mehrkämpfer Frank Busemann würde es nicht mehr geben. Meinem Vater musste ich es irgendwie beibringen. Ich traf ihn an diesem 4. Juni auf dem Sportplatz. Ich erzählte ihm von meiner letzten Hochsprungeinheit am 31. Mai, am Tag meiner Entscheidung. Ich sprang aus der kalten Hose, mit dem „falschen", anderen Bein 1,90 Meter hoch. Kurz nachdem ich gedanklich mit dem Sport abgeschlossen hatte. Kurz dachte ich, dass ich das Sprungbein für Wien wechseln würde. Doch vier Tage danach hüpfte ich plötzlich nur noch 1,70 Meter. Ich hatte es noch einmal probiert. Ich fürchtete mich vor der geschockten Reaktion meines Vaters. Wie sollte er es verkraften, dass ich nicht mehr konnte? Doch er nahm es relativ gelassen auf, ich konnte sogar ein wenig Erleichterung sehen. Er forderte mich auf, zu leben und mir nicht so viele Sorgen machen. Er würde gerade ein Buch lesen, in dem all dies beschrieben war. Man sollte Dinge einfach akzeptieren und das Beste daraus machen. Eben dieses hatte ich vor, eben dieses tat ich. Dass ich das auf über dreihundert Seiten zusammengefasst hatte und beim Schreiben mit mir ins Reine gekommen war, das konnte ich ihm nicht erzählen - noch nicht.

Wie verfuhr ich mit Journalisten, die vor Ratingen wieder vermehrt anriefen? Ich konnte ihnen noch nicht alles sagen, aber ich konnte auch nicht Larifari reden. Ich entschied mich für Funkstille. Das war zwar nicht die feine busemannsche Art, aber so musste ich niemanden anlügen. Ich stellte mein Handy aus und ging zu Hause nicht mehr ans Telefon. Ich musste für mich erst die klare definitive Entscheidung fällen, musste mit meinem Trainer geredet haben, und dann, erst dann konnte ich alles publik machen. Wie sollte ich es formulieren? Karriereende? Zehnkampfkarriereende? Verzicht auf die Zehnkämpfe in diesem Jahr? Nein - es musste hart formuliert werden. Kein Wischiwaschi. Jeder musste wissen, dass es vorbei war! Doch wann und wie? Jetzt war zu früh, morgen war zu spät. Es war so konfus und aufreibend. Wollte ich nicht eben diese Sorgenmacherei beenden? Und jetzt trieb ich einen Berg von Problemen noch zwei Wochen vor mir her. Es kam jetzt irgendwie so plötzlich, und es schien mir auch kein guter Moment mehr so mitten in der Saison und mittendrin in einer Berichterstattung, die mich wieder vor einem Comeback wähnte. Doch es war mein

Gefühl, und das signalisierte mir jetzt das Ende an. Was sollte ich dagegen machen? Gar nichts! Ich sollte froh sein, dieses Gefühl entwickelt zu haben. Nur das Timing ließ etwas zu wünschen übrig. Egal!

Am 5. Juni schickte mich Katrin zum Arzt. Sie nervte dermaßen, dass ich nicht mehr anders konnte. Und sie hatte ihr Ziel mal wieder erreicht. Es war ohnehin der letzte Arztbesuch als Leichtathlet. Sie wollte die Gewissheit haben, dass ich meinen Abschied nicht überstürzte. Katrin war Akademikerin, sie wollte Beweise. Sie glaubte mir zwar, aber die Bestätigung meines Gefühls würde sie beruhigen. Doch wofür veranstaltete ich diesen Zauber? Die Diagnose der Ärzte würde ohnehin lauten, dass es nur eine Frage der Zeit bis zur vollständigen Genesung sei.

Es würde wieder eine Diagnose gestellt, die mit meinem Gefühl voll kollidierte und dann soviel wert war wie keine Diagnose. Es war gar nicht so einfach, einen Arzt aufzutreiben. Alle, die ich anrief, waren im Urlaub. Und ich konnte nicht von irgendeinem Fremden untersucht werden. Wenn man die Vorgeschichte nicht kannte, war das ein Problem. Aber was sollte das? Es sollten ja nur Bilder im Kernspintomographen gemacht werden, und daraus konnte ich schon meine ersten Schlüsse ziehen. Ein Arzt würde diese Bilder dann deuten können.

Doch es lief wie so häufig. Ich erklärte die Problematik, und die Diagnose wollte so überhaupt nicht dazu passen. Redete ich wieder so wirr? Ich hatte mir extra ein Kreuzchen auf die Schmerzstelle gemalt, da ich meine Probleme während des Besuches mit Vorliebe vergaß. Ich hatte alles geschildert, aber erklärte nicht so viel, da ich die Diagnose nicht vorwegnehmen wollte in der Hoffnung, dass der Arzt von mir unbeeinflusst mein Gefühl bestätigen würde. Als er irgendwie in die falsche Richtung schlitterte, fragte ich noch einmal anders und merkte, dass wir auch an diesem Tag nicht die gleiche Sprache sprachen.

Viele Ärzte und dieser Busemann vertrugen sich nicht. Vielleicht war es aber auch die Disbalance der Schulmedizin zu unerklärlichen Körperphänomenen eines Athleten. Zwei Spritzen, ein paar Tabletten, Salbe und Massage - alles paletti. Dann würde die Wadenatrophie zurückgehen. Zu Hause guckte ich erst mal, was das überhaupt bedeutete. Es war die Rückbildung der Wade. Diese Diagnose war meilenweit daneben. Das wusste ich. Sollte das Problem nicht verschwinden, sollte ich in einer Woche einen Kernspin machen. Das stielte ich am nächsten Tag ein. Es hatte ja kein Zweck. Ich glaubte während des Arztbesuches wieder an die Diagnose und war fast enttäuscht, dass eine solche Verletzung eine Beendigung der Karriere nicht rechtfertigte. Ich wollte nicht aufgeben ohne Grund, nur weil ich den leichteren Weg der Flucht antreten konnte. Doch mein Gefühl sagte mir doch, dass ein Ende besser wäre. Und mein Gefühl hatte mich nur in ganz wenigen Fällen in die Irre geführt. Es war meist verlässlicher als medizinische Diagnosen. Ich vertraute fünf Minuten später wieder auf mich.

Als ich meinem Trainer Bernd die Diagnose erzählte und sie anzweifelte, da schüttelte er mit dem Kopf, da er mir einreden wollte, dass ich mich doch an dieser schönen Nachricht erfreuen sollte. Aber was nützte es, wenn ich mir wieder was vormachte. Es würde nicht gehen!

Am Morgen des 6. Juni 2003 stieg ich aus meinem Bett und fühlte keinen Schmerz in der Ferse. War doch nicht alles verloren und die Spritze hatte geholfen? War so etwas möglich? Musste oder konnte ich meinen Entschluss revidieren und doch weitermachen? Hoffnung keimte auf. Die Enttäuschung über mein vermeintlich falsches Körpergefühl hielt dagegen. Doch nach einer Viertelstunde war alles beim alten. Ich beschäftigte mich gedanklich mit ganz anderen Dingen als der Leichtathletik.

Am Abend zuvor guckte ich mir im Internet die verschiedenen Fußballligen an. Jetzt könnte ich in der Zeit des Abtrainierens ja ein bisschen kicken. Aber wo und wie? Ich rief die Seite des BVB auf. Die hatten anscheinend keine Thekenmannschaft. Gab es da nur Profis und Regionalliga-Amateure? Hatte so ein Riesenverein keine vierte oder sechste Mannschaft? Ich hatte von der Struktur des Fußballs überhaupt keine Ahnung. Egal. Nach meinem Abschied könnte ich immer noch nach einer Mannschaft schauen.

Um 13 Uhr dieses 6. Juni schaffte ich meine Zehnkampfutensilien und fast alle meine Spikes in den Keller und verstaute sie in ihren Kartons. Dass mir dieser Schritt so schwer fallen würde, hatte ich nicht vermutet. Ich fühlte mich wie bei meiner eigenen Beerdigung. Ich begrub meine Hoffnung, ich verscharrte meine Arbeitsgeräte in ihrem Grab. Bisher war mein Entschluss ja ganz einfach rückgängig zu machen. Es wussten maximal fünf oder sechs Leute, aber mit dieser traurigen Aktion nahm alles sehr konkrete Formen an. Es war beängstigend.

Die Sprintspikes für den Hürdenlauf am folgenden Tag bekamen noch eine Gnadenfrist. Einmal wollte ich noch offiziell laufen. Danach nur noch als Hobbysportler. Ich musste noch einmal laufen und meinem Trainer den drohenden Abschied verdeutlichen. Ich hatte es versäumt, ihn darauf vorzubereiten. Wie auch? Bis vor einer Woche glaubte ich noch an all meine Träume. Nicht mehr so euphorisch wie in der Vergangenheit, aber doch auf einem für mich akzeptablen Niveau.

An diesem Freitag hatte ich auch den Termin meiner hoffentlich allerletzten Kernspintomografie gemacht. In fünf Tagen würde ich alles Schwarz auf Durchsichtig auf dem Bild sehen können. Ich hatte auch keine Lust mehr, mich für jeden querliegenden Furz in diese verdammte Röhre zu quetschen. Ich hatte dort bestimmt schon Tage lang drin gelegen. Mit den Füßen, mit den Knien, mit der Hüfte, mit der Wirbelsäule, mit dem Ellbogen, mit dem Kopf, mit der Hand, mit der Leiste. Nach der Handuntersuchung schwor ich mir, nach einer Stunde auf dem Bauch liegend, dass ich eher die Schmerzen im Gelenk ertragen würde, als dass ich mich noch einmal in „Superman-Flugstellung" mit dem linken Arm in Oberhalte dort hinkauern würde.

Es war genug. Meine Krankenkasse würde es freuen. Ich hatte in den fünf Jahren bei der DKV über 50.000 Euro Kosten verursacht. Schätzungsweise waren davon 2.000 Euro nicht durch den Sport verursacht. 18.000 Euro Beiträge hatte ich gezahlt. Ich konnte meine Arztaufenthalte, Röntgen- und MRT-Untersuchungen kaum mehr zählen. Es nervte mich nur. Zwei Jahre zuvor hatte mir eine andere Versicherung eine Invaliditätsversicherung angeboten. Ich würde eine Millionen Mark erhalten, wenn ich vor dem dreißigsten Lebensjahr den Sport aufgeben musste. Dafür hätte ich jährlich eine Versicherungsprämie von 20.000 Mark aufbringen müssen. Eigentlich ein lohnendes Geschäft für mich, doch was war Sportinvalidität? Ich würde mich noch mit einem künstlichen Hüftgelenk über die Hürden quälen. War eine subjektive oder objektive Entscheidung notwendig? Wer bescheinigte mir diesen Zustand? Die Versicherung? Es waren viele ungeklärte Fragen, und ich konnte mir damals mit 26 Jahren absolut nicht vorstellen, dass ich in vier Jahren so kaputt sein sollte, dass nichts mehr ging. Seit dem Eine-Million-Mark-Angebot waren zwei Jahre vergangen. Doch jetzt war der Körper am Ende und ich freute mich auf die arztfreie Zeit. Hätte ich Hoffnung, würde ich an mich glauben, würde ich all das in Kauf nehmen nur für diesen einen Moment, der all das rechtfertigen würde, für diesen einen Wettkampf, der mich erlösen würde. Aber er würde nicht mehr kommen. Definitiv nicht. Ich war mir sicher. Jeden Tag ein bisschen mehr.

Nachdem ich am 7. und 9. Juni noch einmal gegen alle Vernunft insgesamt zu drei 110-Meter-Hürdenläufen angetreten war, legte ich mich einen Tag später in meine verhasste Röhre. Hoffentlich zum letzten Mal. Die Wettkämpfe waren alles andere als geschmeidig, da ich nicht wusste, wie ich mich schmerzfrei einlaufen sollte. Beim Startschuss fühlte ich wie immer kaum Schmerzen, aber das war ich ja nach all den Jahren gewohnt. Die körperliche Beherrschung drückte alle unangenehmen Empfindungen in die hinterste Ecke. Der Arzt und die Bilder bestätigten meine erhoffte Befürchtung. Die Operation im letzten Jahr hatte eigentlich gar nichts gebracht, da der Knochen schon wieder an- oder abgebrochen war und die so genannte Knochenstauchung wieder in schönster Ausprägung vorhanden war. Lästig war die Tatsache, dass eine nächste Operation mit 90-prozentiger Wahrscheinlichkeit nötig war, um Spätfolgen auszuschließen. Ich hatte also mal wieder Recht gehabt. Meine Diagnose erschreckte Katrin. Ich brauchte keine Aufnahme, um mir ein Bild von meinem körperlichen Zustand zu machen. Mein Gefühl hatte sich in den Jahren zu einer Genauigkeit entwickelt, auf die ich bauen konnte - jetzt brauchte ich nicht mal mehr einen Arzt für die Diagnose. Und ich fühlte, dass es genug war.

Ich konfrontierte meinen Trainer Bernd mit der Diagnose und meiner Entscheidung. Er alterte in einem kurzen Augenblick um Jahre. Immerzu hatte er an mich geglaubt und wusste um die Begabung in mir, und was jetzt? Mein Vater hingegen nahm mein jetzt konkreter formuliertes Karriereende mit Freude auf. Tage zuvor hatte er meine Andeutung noch nicht ganz verstanden, aber jetzt ließ ich keinen Zweifel mehr und er begriff es. Nachdem er sich noch einmal vergewisserte, ob er es richtig verstanden hätte, kämpfte er sogar mit den Tränen. Er freute sich. Er versuchte mir einzureden, dass ich nicht aufgegeben hätte - aber das wusste ich selber. Nur aus diesem Grund konnte ich meine Karriere beenden, weil ich nicht aufgegeben hatte, sondern die Entscheidung aus freien Stücken gefällt hatte. Es war der glücklichste Tag seit langem für ihn.

Zwei Tage vor dem Gespräch mit dem Verband informierte ich den DLV-Cheftrainer von meiner Absage des 100-Minuten-Zehnkampfes. Unser Treffen war somit hinfällig. Und es stellte sich heraus, dass ich wieder einmal vollkommen überzogen reagiert hatte. Dr. Schubert hatte vollstes Verständnis für mein Handeln und wir redeten die gleiche Sprache! Es war schön, verstanden zu werden. Er respektierte meinen Wunsch nach der Möglichkeit, Geld zu verdienen, und sah einen Start aus dem gleichen Blickwinkel wie ich. Wenn es meiner Vorstellung entsprach und ich meinte, dort an den Start gehen zu müssen, sollte das nur unter der Prämisse stattfinden, dass ich für die weitere Jahresplanung sowieso keine Chance mehr sah. Und genau so war es. Ich deutete ihm an, dass mein Karriereende unmittelbar bevorstand und er zollte mir Respekt. Er stellte heraus, wie viel ich für den DLV getan hatte und wie sehr sie an mich glaubten, sonst hätten sie mich nicht immer wieder in den A-Kader aufgenommen. Ich war glücklich. Der vermeintliche Streit mit dem Verband entpuppte sich als Balsam für die Seele. Ich hatte befürchtet, im Ärger zu scheiden, und jetzt konnte ich es mit stolzgeschwellter Brust tun. Sie wollten das Beste für den Athleten und fühlten sich deshalb gefordert, mich vor einer Harakiri-Veranstaltung zu warnen. Letztendlich würde jede Entscheidung ohnehin bei mir liegen. Das tat gut. Kein Streit, Respekt und verständnisvolle Worte. Ich konnte den Verband in guter Erinnerung behalten. Und er mich.

Mein schlechtes Gewissen gegenüber der Presse wurde immer größer. Ich verschanzte mich drei lange Wochen in meiner Höhle und ließ mir die Entscheidung immer wieder durch den Kopf gehen. Dabei war diese Tatsache schon seit fast zwanzig Tagen ein fester Bestandteil meines Lebens. Ich zweifelte in dieser Zeit des Nachdenkens nur für wenige Minuten an meinem Entschluss, um mir danach immer ein wenig sicherer zu sein. Ich brauchte die Zeit für mich und meine Seele. Ich konnte in einem Prozess, der mein Leben so radikal veränderte, nicht mit Journalisten reden und nichts sagen. Der Rücktritt war noch nicht vollzogen, nur weit gedacht. So zog ich es vor zu schweigen, um der drohenden Lüge aus dem Weg zu gehen. Da merkte ich erst, wie häufig ich mich sonst mit Journalisten unterhielt und wie oft ich jetzt das Klingeln des Telefons missachtete. Eine Woche früher als gedacht konnte ich die einmonatige Bedenkzeit, die ich mir zubilligte, für die befreiendste Entscheidung meines Lebens beenden.

Nun war es endgültig vorbei. Am 23. Juni gab ich das Ende meiner Karriere bekannt. Wie sollte ich das anstellen? Sollte ich alle Journalisten zeitgleich per E-Mail informieren? Ich würde immer nur wenige erreichen, da mir einfach die Adressen fehlten. Sollte ich die mir bekannten anrufen? Ich würde so nicht alle gleichermaßen fair behandeln. Was war, wenn es überhaupt niemanden kratzte, wenn ich mich einfach zu wichtig nahm? Aber das konnte ich mir nicht vorstellen, dafür ebbte das Interesse auch nach fünf vermeintlich erfolglosen Jahren nicht ab. Ich verstand es zwar nicht, aber das konnte ich ausschließen. Es würde bestimmt jemanden interessieren.

Nachdem ich meinen Verein Bayer Leverkusen, meinen Sponsor adidas, den Verband und den Bundestrainer informiert hatte, versuchte ich vergeblich, meinen Trainer Bernd zu erreichen. Er befand sich im Ausland. Doch nun konnte ich die Meldung nicht mehr zurückhalten. Es musste raus. Ich konnte nicht mehr schlafen.

Mein Freund Björn stellte die kurze Nachricht über meinen Rücktritt auf meine Homepage. Ich rief Andreas Rorowski an, den Journalisten, der vor elf Jahren das erste große Interview mit mir geführt und mich schon vor meiner internationalen Karriere begleitete hatte. Danach rief ich den Sportinformationsdienst an in der Hoffnung, dass diese Schiene eine faire Verteilung der Information garantiert. So hatte ich mich nicht aufgedrängt und behandelte niemanden bevorzugt.

Fünfzehn Minuten nach dem Telefonat lief das Telefon für die kommenden sechs Stunden heiß. Ich war beeindruckt und glücklich über die Anteilnahme der Presse. Dass sie total überrascht waren, war klar - aber wie viel Mitgefühl und Verständnis sie zeigten, tat gut. Sie beglückwünschten mich zu meiner Entscheidung und viele bedankten sich für die Zeit mit mir. Ich entspannte mich immer mehr und wurde immer zufriedener. Ich hatte mir den Abschied nicht so laut vorgestellt. Kleiner. Unscheinbarer. Heimlich, still und leise wollte ich von der Bildfläche verschwinden. Ich war nur noch ein kleiner Athlet, der vor ein paar Jahren eine Silbermedaille bei den Olympischen Spielen gewonnen hatte.

Als mir diese Plakette ein paar Tage vor dem Tag X in die Hände fiel, schoss mir das Wasser in die Augen. Da hielt ich mein größtes sportliches Erlebnis, geballt in ein paar Gramm, in der Hand. Diese Medaille strahlte so viel Kraft aus, ich konnte es noch einmal spüren. Ich war stolz auf sie. Sie war doch nicht einfach nur das Stück Silber in meinem Schrank, sie strahlte plötzlich ein besonderes Gefühl ab, dem ich jahrelang hintergejagt war. In all den Jahren hatte ich nicht einmal das Verlangen gehabt, sie in Händen halten zu wollen. Ich war immer bereit für die Steigerung.

Doch am Ende meiner Karriere blickte ich auf sie - sicher etwas sentimental, etwas traurig. Ich hatte sie gewinnen dürfen. So wie viele andere Athleten auch, und so wollte ich mich auch verdünnisieren. Als einer von vielen. Das Stück Silber versüßte mir den Abschied. Doch meine Umwelt sah das anders.

Sie vermittelte mir den Eindruck, als gehe jemand Besonderes. Mich umgab eine beruhigende innere Zufriedenheit. Ich hatte in all den Jahren niemals aufgegeben und ich hatte absolut alles aus mir herausgeholt. Da konnte ich mir sicher sein. Ich würde es in ein paar Jahren nicht bereuen, vielleicht zu früh aufgehört zu haben. Der Zeitpunkt war genau richtig. Zu diesem Moment wusste ich, dass ich nie mehr an meine Bestleistung kommen würde, und das reichte mir als Gewissheit.

Ich würde den körperlichen Zustand nur noch verschlechtern. Ich war wohl zu oft über meine Grenzen gegangen, und manchmal hatte ich das auch mit der Gesundheit bezahlt. Es war ausgereizt. Ich hatte zwar nicht alles erreicht, was ich mir zu Beginn meines langen „Wettlaufes" vorgenommen hatte, doch ich war mir nach all den Jahren und den Versuchen jetzt endlich sicher, dass es für die Mannschaft Körper, Talent, Psyche und Glück das Maximum war. Ich hatte niemals betrogen und war mir immer treu geblieben. Ich konnte mir auf ewig in die Augen schauen.

Ich hatte mir in der Vergangenheit Ziele gesetzt, die oft utopisch schienen. Ich lebte stets für die größte Herausforderung meines Lebens, der Beste der Welt sein zu wollen. Ich glaubte ein Leben lang an kein Limit und sah in der stetigen Verbesserung das Ziel. Es gab kein Ende der Leistungsfähigkeit, und das Unmögliche war das Erstrebenswerte. Ich liebte das Unvorstellbare und die Überraschung. Ich liebte es, die Grenzen auszuloten und sie immer weiter nach oben zu schieben. Der Glaube an mich und meine Fähigkeiten hatte allzu oft Berge versetzt. Nach jeder vermeintlichen Niederlage bin ich gestärkt in die nächste Herausforderung gestartet und habe durch jeden Nackenschlag mindestens so viel hinzugelernt wie durch einen Sieg. Durch meinen stetigen Kampf und meinen Einsatz konnte ich niemals verlieren, da ich immer das Tagesoptimum zeigte.

Ich ging durch so viele Täler und stand immer wieder auf, dass mich meine eigene Zähigkeit beeindruckte. Es war eine Freude, auf einen Punkt hinzutrainieren und es dann zeigen zu können. Obwohl mir die freie Entfaltung meiner ganzen Leistungsfähigkeit nicht oft gelungen ist, habe ich nicht das Gefühl, zu kurz gekommen zu sein. Ich war an dem Punkt angelangt, an dem ich meinen geliebten Sport beenden konnte und ohne Verbitterung dankbar war. Konnte ich vor 28 Jahren mit einer derartigen Befriedigung des Ehrgeizes rechnen?

Mein Segen, der zweite Platz bei Olympischen Spielen, eröffnete mir erst das Tor zu einer neuen Dimension. Nur durch dieses Erlebnis dachte ich an noch größere Ziele. Es war die Sucht des „Magischen Moments", und ich hatte meinen erlebt und genossen. Und nur weil er da war und ich den Sport so liebte, konnte dieser mir manchmal auch so wehtun. Doch er schaffte mich nicht. Ich sah, dass das Leben noch viele andere besondere Augenblicke für mich bereithält - außerhalb des Stadions. Leistung war nicht absolut, Leistung definierte ich für mich allein. Der Sport hat mein Leben und meine

Persönlichkeit geprägt und verändert. Ich glaube, meinem Charakter treu geblieben zu sein, und ich bin mit mir ins Reine gekommen. Ich habe nicht aufgegeben. Ich habe gewonnen. Ich habe immer gekämpft.

Jetzt kann ich endlich loslassen. Dieses Ende der Karriere ist ein Sieg. Der Größte meines Lebens!

Danke!

Ich breitete die Arme aus, legte den Kopf in den Nacken und schaute in den Himmel. Ich drehte mich um meine eigene Achse und genoss ein Gefühl, dem ich sieben Jahre hinterhergelaufen war. Ich war glücklich. So hatte ich mir immer die vollständige Entladung aller angesammelten Kraftreserven im wichtigsten Wettkampf meines Lebens vorgestellt. So hatte ich mir den Geschmack des Erfolges vorgestellt. Ich konnte nur noch heulen. Ich drehte mich in meinem wahrgewordenen Traum und kämpfte immerzu gegen den Tränenfluss an. Ich war so unendlich glücklich! Ich war so überwältigt von den Erlebnissen der letzten Tage und sah in jeder Stunde die Richtigkeit meines Tuns. Warum hatte ich das Spiel nicht ein paar Jahre früher beendet? Das ging nicht. Ich hätte mir den früheren Abschied nie verziehen und hätte ihn nie verkraftet. Ich musste bereit sein für das Karriereende. Ich musste mir diesen Moment erarbeiten. Einfach nur so aufzuhören wäre Kapitulation gewesen.

Die Angst davor, dass mein Schlussstrich außerhalb meines Freundeskreises als Resignation gewertet würde, war gänzlich unbegründet. Vielmehr hatte ich den Eindruck, als wäre ich von tausenden Freunden und ihrem Verständnis umgeben. Ich war überwältigt von der Fülle der Anrufe, ich war gerührt von den hunderten E-Mails. Menschen, die ich nicht kannte, übermittelten ihren tiefen Respekt. Sie bedankten sich für die schönen Momente, die sie mit mir erleben durften. Sie demonstrierten mir, dass ich eine Vorbildfunktion innehatte. Ich! Der kleine Junge! Was für eine Diskrepanz zwischen der öffentlichen Wahrnehmung und meinem Bonsai-Ego. Ich hatte mich nie so wichtig genommen. Mein Rücktritt stand im Videotext eines jeden Senders, es liefen Berichte im Fernsehen und im Radio. Die Tagesschau um 20 Uhr und die heute-Nachrichten um 19 Uhr hatten mir lange Meldungen mit Wort und Bild zugebilligt. Ich sah mich in anderen Sendern. Nur weil ich zurücktrat. Ich war kein Olympiasieger. Ich war kein Weltmeister. Ich war „nur" Frank Busemann.

Diesem Frank Busemann wurden am nächsten Tag in fast allen Zeitungen Kommentare gewidmet, die ihn wieder zum Heulen brachten. Ich konnte es nicht glauben, wie genau mich viele Menschen offensichtlich doch kannten. Sie redeten und schrieben mir aus der Seele und kristallisierten den Aspekt heraus, der mir so unendlich wichtig war: Ich hatte nicht aufgegeben! Ich hatte alles versucht! Alles! Ich war so unendlich glücklich. Dass ich mit meinem persönlichen Abschied klarkommen würde, dass hatten mir die letzten Wochen gezeigt. Aber welches Echo dieser Rücktritt auslöste, konnte ich nicht ahnen.

Ich wollte mich bei allen Menschen bedanken, die immer mit mir gefiebert hatten, die mit mir litten und mich verstanden. Es waren mehr, als ich dachte. Es waren tausende. Ach was: Millionen. Ich wollte die Welt umarmen. Mir wurde Respekt entgegengebracht. Und ich konnte nur pauschal Danke sagen. Ich bekam wieder ein schlechtes Gewissen. Ich konnte nicht allen Reaktionen gerecht werden. Ich wollte mich bei jedem einzelnen bedanken, aber es waren zu viele. Ich musste mich auf Floskeln beschränken, die zu banal und zu kurz waren. Ich hatte immer versucht, fair mit meinen Mitmenschen umzugehen. Manchmal ist es mir nicht gelungen und ich hatte das Gefühl, über das Ziel hinausgeschossen zu sein, und bereute meine Flapsigkeit und meine Emotionalität. Nun kam die Fairness retour. Selbst mein Verein Bayer Leverkusen kegelte mich nicht aus dem Vertrag und zahlte meine Bezüge bis zum vereinbarten Ende. Mit der Begründung, dass ich bei den letzten Verhandlungen fair und verständnisvoll geblieben war, wollte man sich jetzt revanchieren. Diese vielen kleinen Geschehnisse mit großer Wirkung zeigten mir, dass es sich doch lohnte, sich selbst treu zu bleiben. Ich sei zu nett gewesen, um zu siegen? Diesen Spruch entkräftete ich jeden Tag aufs Neue, indem ich jeden Tag einen neuen, kleinen, persönlichen Sieg errang.

In meiner sportlichen Laufbahn und meinem außersportlichen Leben bin ich unzählig vielen Menschen begegnet, die mir wichtig, lieb und teuer waren und sind. Stellvertretend für alle möchte ich mich bei meiner Freundin Katrin bedanken. All denen, die mich stets begleitet haben und mir in guten und in schlechten Zeiten immer zu Seite standen, die um mein Wohl bemüht waren und mir zugebilligt haben, einfach ich selber zu sein, wissen, dass ich tief in ihrer Schuld stehe.

Danke für alles, was ich erleben durfte. Danke für all das, was mich prägte. Danke für jeden Kampf, den ich gewinnen konnte. Danke für die Liebe, die Du, liebe Katrin, mir schenkst. Das Leben ist wieder schön! Am Ende einer langen Suche bin ich jetzt völlig überraschend an mein großes Ziel gekommen. Innere Ruhe und grenzenlose Sicherheit. Die Sicherheit fehlte mir in den letzten Jahren immer wieder und immer wieder glaubte ich, sie zurückzubekommen. Immerzu wollte ich mein Leben neu ordnen und in neue Bahnen lenken. Immerzu kam ich kleiner Egoist und Zauderer von meinem Weg ab, und immerzu hast Du, Katrin, mich begleitet, unterstützt und mich geliebt. Bedingungslos. Am Tag meiner größten sportlichen Schwäche, dem 28. September 2000, nach den 33,71 Diskus-Metern von Sydney war für mich klar, dass es in diesem Leben auch noch etwas anderes geben musste als die ewige Hinterherrennerei nach einem Traum. Noch während des Wettkampfes fragte ich, ob wir nicht heiraten sollen. Nach Sydney stürzte ich von einem Ab ins nächstes Auf und gleich wieder runter. Ich wurde orientierungslos und manchmal schwer erträglich. So durcheinander gewirbelt verließ den kleinen Frank der Mut und ich fürchtete mich sogar vor dem Im-Mittelpunkt-Stehen auf unserer eigenen Hochzeit. Und trotzdem warst Du immer da. Und ich möchte, dass Du für immer bei mir bleibst. Deshalb muss ich Dich noch einmal fragen: Katrin, willst Du mich heiraten? Ich will bestimmt! Schnell!